주역의 기호학

퍼스 기호학으로 보는 卦의 재현과 관계

이 저서는 2016년 정부(교육부)의 재원으로 한국연구재단의 지원을 받아 수행된 연구임
(NRF-2016S1A6A4A01018643)

역학총서 13

주역의 기호학–퍼스 기호학으로 보는 卦의 재현과 관계
The Semiotics of the Yijing—
    The Peircean Approach to the Representation and Relation of the Yijing Hexagram

지은이 박연규
펴낸이 오정혜
펴낸곳 예문서원

편집 유미희
인쇄 및 제책 주) 상지사 P&B

초판 1쇄 2021년 11월 12일

출판등록 1993년 1월 7일(제307-2010-51호)
주소 서울시 성북구 안암로 9길 13, 4층
전화 925-5913~4 ∣ 팩스 929-2285
전자우편 yemoonsw@empas.com

ISBN 978-89-7646-466-8 93150
© 朴淵圭 2021 *Printed in Seoul, Korea*

YEMOONSEOWON 13, Anam-ro 9-gil, Seongbuk-Gu, Seoul, KOREA 02857
 Tel) 02-925-5913~4 ∣ Fax) 02-929-2285

값 32,000원

역학총서 13

주역의 기호학

퍼스 기호학으로 보는 卦의 재현과 관계

박연규 지음

예문서원

책을 시작하며

이 책은 주역周易의 괘卦를 재현과 관계의 관점에서 분석한 뒤 주역의 철학은 '기호학적 실재론'이 되어야 한다는 사실을 밝히고자 한 것이다. 이를 위해 미국의 기호학자인 찰스 샌더스 퍼스(Charles S. Peirce, 1839~1914)의 기호학 이론을 가져온다. 주역이 『논어』나 『맹자』와 같이 일반 고전 텍스트처럼 서술되어 있었다면 굳이 기호학을 빌려 올 이유가 없다. 주역의 서술 내용은 괘와 연관시키지 않는다면 그 가치가 현저히 반감되고 말 것이다. 괘사卦辭나 효사爻辭는 괘에 '의존되어' 있기 때문에 괘를 이해하지 못하면 괘사도 알 수 없다. 그리고 괘와 괘사와의 정합성이나 적절성에 주목하지 않는다면 주역 독해의 의의도 많은 부분 상실될 것이다. 괘사나 효사의 말들을 필요에 따라 인용해 쓸 수는 있지만 그렇게 되면 주역 독해는 제한적이 되며 효용성도 떨어지게 된다. 주역은 괘와 괘사를 같이 읽어야 한다. 이 너무나 당연한 문제의식이 주역을 기호학으로 보게 한 이유이다.

기호학과 주역의 만남이 우연하게 보일 수는 있지만 괘가 기호라는 사실을 인정한다면 둘의 만남이 낯설지 않을 것이다. 주역은 괘의 기호를 펼쳐내고 퍼스의 기호학은 기호를 분석한다. 주역은 괘를 보여 주고 괘로 말을 했지만 텍스트 자신이 기호의 세계에 있는 줄은 몰랐을 것이다. 이 책에서 자세히 논의되겠지만 주역이 말하고자 했던 것은 재현과 관계였고, 퍼스도 기호학을 통해 같은 것을 말하고자 했다. 다른 점이 있다면 주역은 재현과 관계를 괘를 통해 보여 주었고, 퍼스 기호학은 그것을 설명하고자 한 것이다. 이런 점에서 퍼스의 기호학은 괘를 분석하는 좋은 도구가 된다. 괘의 구조를 살펴보는 가운데 주역이 괘로써 말하고자 했던 재현과 관계의 정신이 퍼스 기호학의 틀에서 재구조화될 수 있다. 퍼스는 기호학을 재현과 관계의 철학으로 보았고 그 속에서 기호학적 실재론을 전개하였다. 주역의 괘도 기호학의 체계 속에 있는 한 기호학적 실재론에 놓이게 된다.

국내에서 주역을 기호학으로 처음 분석한 저술로 경북대 철학과 방인 교수의 『다산 정약용의 『주역사전』, 기호학으로 읽다』를 들 수 있다. 그는 기호학자들의 다양한 연구방법론을 가져와 정약용의 주역을 설명했으며, 주역 연구에 기호학적 접근의 가능성과 필요성을 본격적으로 제기했다. 그에 비해 이 책 『주역의 기호학―퍼스 기호학으로 보는 卦의 재현과 관계』는 주역의 괘에 주로 초점을 맞추었으며 퍼스의 기호학에 한정하여 기술하였다. 그럼에도 주역을 이해함에 있어 괘의 분석 도구로서 퍼스의 기호학을 최대한 활용하고자 했다. 즉 주역철학은 관념론도 유명론도 아니라는 것, 그리고 실재론이긴 하지만 거기에 '기호학적'이라는 수식어를 덧붙여 기호학적 실재론이어야한다는 것을 밝히고자 했다.

이 책은, 퍼스 기호학의 성격은 기호학적 실재론에 있으며 주역철학도 기호학적 실재론의 전통에 있음을 전제로 하고 있다. 다시 말하지만 시대나 지역 모두 다른 두 철학이 만날 수 있었던 지점은 '기호'라는 공통분모 때문이다. 주역의 괘가 기호가 아니라면 퍼스의 해석은 전혀 도움이 되지 않는다. 특히 괘는 언어 기호가 아닌 일반 기호이므로 다른 어떤 기호학과 달리 퍼스의 기호학이 직접 도움이 된다.

퍼스가 자신의 독특한 기호학을 만들어 낸 이유는 서양의 오래 묵은 관념론과 유명론, 그리고 실재론 논쟁을 종식시키려 한 데 있다. 실제로 주역철학의 성격 규정에는 철학사적으로 곤혹스러운 관념론, 유명론, 그리고 실재론 논쟁이 그대로 들어 있다. 예를 들어 태극太極이나 도道, 음양陰陽의 철학을 어떤 이론으로 볼 것인가 하는 데 있어 그 성격 규정이 명확하지 않으면 괘를 읽어 내는 데 혼란이 가중될 수밖에 없다. 퍼스의 기호학을 가져오면 주역의 괘나 효를 읽어 내고 그에 따른 괘사나 효사를 읽어 냄에 있어 이러한 혼란을 막아 낼 수 있다. 이 책에서 퍼스의 기호학으로 해결하고자 했던 것도 주역철학의 성격 문제 때문이다. 괘가 재현을 통해 상象으로 거듭나고 그것이 다른 괘들과 관계 맺어지는 이 모든 과정을 퍼스의 기호학이 지닌 기호학적 실재론이라는 관점에서 재구성할 수 있다. 주역의 괘가 기호학적으로 해석되고 그런 차원에서 기호학적으로 실재한다는 것을 보여 줄 수 있다면 철학적 난제에서 많이 벗어날 수 있다.

이 책은 3부로 구성되어 있는데, 1부에서는 주역의 이미지와 재현을 탐구하면서 전반적으로 주역 자체에 집중한다. 2부에서는 퍼스 기호학의 이미지와 논리를 다루면서 1부에서 충분하게 설명하지 못했던 퍼스의 기호학 전체의 성격을 개괄한다. 3부에서는 다시 주역으로 돌아와 괘가 지닌 재현성과 관계의 문제를 실례를 들면서 기술한다. 책의 체제를 위해 각 부마다 4개의 장으로 구성했고, 1부가 시작되기 전 「서론」을 배치했으며, 3부가 끝난 이후에는 「결론」을 두었다. 부와 장을 시작할 때는 부와 장의 내용을 간단히 기술했다. 「서론」에서는 주역이 왜 재현의 철학이어야 하는가에 대한 개괄과 주역과 기호학의 세계, 그리고 주역과 퍼스 기호학을 관련성을 밝혔다. 「결론」에서는 태극의 문제를 기호학적으로 다시 살펴보면서 괘를 보는 주체인 관계자아의 특징을 기술했다. 괘와 괘를 보는 사람이 하나의 닮은꼴을 하고 있다는 것을 보여 주고자 했다.

주역을 퍼스 기호학을 가져와 '기호학적 실재론'(the semeiotic realism)이라는 관점에서 논의하면서 서양철학의 인식론이나 존재론, 논리학과 같은 개념이나 이론들을 소개하다 보니 동양철학을 오래 해 온 주역 전공자들에게는 다소 어렵게 느껴질 수 있다. 특히 2부의 퍼스 기호학이 이런 어려움을 가중시키리라 본다. 이 문제를 해결하기 위해 1부에서부터 서양철학이나 퍼스의 개념들이 나올 때마다 간단한 설명을 추가하거나 각주로 처리했다. 단, 이런 설명으로 만족하지 못한다면 2부를 먼저 읽고 1부나 3부로 돌아가는 것도 괜찮을 것이다.

이 책을 쓰는 데 많은 부분에서 기존에 발표한 글들이 도움이 되었다. 비슷한 주제를 다루었지만 내용을 대폭 고치거나 새로운 글들을 추가했으며 최근의 서적이나 논문들을 인용했다. 이전의 생각과 달라진 것도 많이 있어 전혀 다른 글쓰기를 한 곳도 있다. 도움을 준 사람들도 기억한다. 먼저 주역학회와 기호학회의 여러 동료 연구자들에게 감사한다. 이들이 없었다면 주역 공부가 상당히 외로웠을 것이다. 그들 모두의 이름을 적을 수 없어 마음의 행간에 넣어 두는 것으로 대신한다. 그리고 삶의 희로애락을 같이하면서 올여름 내내 책이 마무리되는 순간을 말없이 지켜 주고 힘을 보태 준 아내 윤자에게 고마움을 전한다.

2021년 가을 광교산에서

서론_ 주역과 기호학*

1. 주역, 재현의 시작

주역周易[1]은 여섯 효爻의 묶음인 괘卦로 세계를 재현하고 이웃하는 괘들과의 배열을 통해서 인간과 세계의 관계를 드러내려는 책이다. 주역 본문은 괘와 그 괘가 갖는 특징들을 하나씩 설명해 나가는 방식으로 짜여 있다. 이런 방식은 건괘乾卦에서부터 시작하여 미제괘未濟卦까지 예순네 가지에 걸쳐 계속되면서 의미의 반복과 전복을 되풀이한다. 그러나 이러한 되풀이 과정은 다소 지루할 수도 있고 그 풀어내는 내용은 이해할 수 없는 예화로 가득 차 있어 기대감에 비해 실망이 앞설 수도 있다. 좀 더 사려 깊은 독자는 이런 기이한 형태의 책이 기원전에 만들어졌기 때문에 그럴 수도 있을 것이라며 별 문제가 없다는 식으로 느긋해할 수도 있다. 이런 여유는 어느 정도는 건전하다. 기원전의 책이 지금의 세련된 서사 형태의 책 모습을 가질 수는 없기 때문이다. 물론 이런 여유가 나쁘지는 않지만 좀 더 적극적으로 주역이라는 책을 생각할 필요가 있다. 왜냐하면 그 속에 등장하는 괘는 자연에 대한 이해와 삶의 모습과 특징을 "그림같이 재현하고 관계 맺기 위한" 큰 목적에서 만들어졌기 때문

---

* 「서론」에서는 주역의 논리와 이미지, 재현 등을 기호와 관련시켜 논의하면서 책의 전체 성격을 한 눈에 파악할 수 있도록 했다. 1절은 주역의 개략적 이해와 함께 주역의 재현과 관계, 2절에서는 주역의 기호의 일반적인 관련성, 그리고 3절에서는 주역을 퍼스 기호학으로 접근하는 의의를 기술했다.

1) 주역은 책 이름이므로 편집상 『주역』이라 표기하는 것이 맞지만 특별한 경우가 아니면 '주역'이라는 일반적인 말로 표기한다. 「계사전」도 마찬가지로 '계사전'이라고 단순 표기한다.

이다. 방법적으로는 자연과 인간의 삶을 이해하기에 좋게 추상성과 효율성을 극대화한 점이 있지만, 크게는 이 모든 것들을 쉽고 간단하게 나타내기 위한 것이라고 할 수 있다.

괘가 세계를 그림같이 재현한다는 뜻은 무엇일까. 그리고 이러한 재현 과정에 왜 괘라는 기호들이 필요할까. 주역의 안을 들여다보면 가장 눈에 띄는 것은 효라고 하는 여섯 개의 음양陰陽 획으로 구성된 예순넷의 괘이다. "점을 친다"는 점괘占卦의 약자로 쓰이기도 하는 괘는 '모양이 바뀌다' 또는 '마음이 바뀌다'라는 뜻을 갖고 있다. 음양 획의 조합으로 이루어진 괘를 설명 하는 전통적인 방식은 다음과 같다. 괘가 등장하면 그 괘의 전체 뜻과 괘상卦象 이 나오고 이어서 괘상이 만들어지게 된 동기와 의의를 설명하는 괘단卦彖이 나온다. 다음으로 괘를 구성하는 여섯 개의 음양효 하나마다 설명이 따른다. 설명하는 글을 괘사卦辭 또는 효사爻辭라 하는데, 괘사와 효사는 괘에 대한 느낌과 현실생활에서의 의사 결정을 제시하는 진술로 이루어져 있다. 이런 느낌과 의사결정은 모두 자연 현상이나 실제적인 삶의 현장에서 가져온 것으 로서 괘와 효가 이런 것을 가져오는 중간 역할을 한다. 그러니까 괘와 효는 세계를 그림같이 보여 주는 재현의 통로 역할을 한다.

세계의 사물과 사건 대상을 예순넷의 괘로 다 설명할 수는 없다. 그리하여 괘 하나마다에 축약된 의미가 주어진 뒤 일련의 단순화의 과정을 거쳐 여러 다양한 현상을 분류하고 정리하는 기능이 주어진다. 예를 들어 보자. 스무 번째의 관괘觀卦(䷓)에서는 관觀이라는 축약된 기능의 도움을 받아 현실생활에 서 관찰과 인연이 있는 모든 기능을 대신한다. 이 기능을 범주화한다고 한다. '보다' 또는 '살피다'와 같이 관찰과 관련된 말들이 이 괘 하나로 추상화되고 설명된다. 그럼에도 여러 형태의 관찰을 설명하려면 좀 더 정밀한 관찰 방식이 필요하다. 그래서 관괘에는 서로 위치를 달리하며 자리하고 있는 음양효가 마련된다. 여섯 개의 효 중 가장 밑에 있는 효부터 가장 위에 있는 것까지 서로 다른 형태의 관찰이 자리하는 것이다. 그러나 이렇게 해서도 파악되지 않는 관찰은 어떻게 할 것인가. 여섯 개 음양효의 조합된 괘로도 여러 형태의 관찰을 설명할 수 없을 때는 서로 이웃하는 다른 괘를 빌려 와 관괘 하나로 다 파악하지 못하는 현상을 잡아낸다. 이런 방식의 설명은 비유하자면 거미가 벌레를 잡기 위해 거미줄을 점점 더 촘촘하고 넓게 짜 나가는 것과 같다. 거미는 거미줄의 망을 넓혀 나가면서 벌레를 잡을 수 있는 포위망을 넓힌다. 괘 또한 여섯 개의 음양효에다가 다른 괘들의 도움을 받아 설명의 폭을 넓혀 나간다. 괘의 조합에 의해 괘와 괘끼리 또는 괘 안에 있는 음양효들끼리의 상호 관련의 범위가 넓어지면 거의 무한대로 관찰의 다양한 모습을 설명할 수 있게 된다.

괘가 만들어지는 과정을 보면 주역 책을 만든 그 시대의 사람들의 사고방식이 어떠했는지를 알 수 있다. 세계는 유기적으로 구성되어 있으므로 어떤 현상이나 사건도 단독으로 있지 아니하고 서로의 도움을 받아 존재한다. 64괘는 세계의 이런 모습을 예시와 모범을 통해 담아내려 한다. 또한 괘는 세계를 직접 관찰과 경험에 근거해 보려고 한다. 주역은 보이고 느껴지는 현상이나 사건에 주목하면서 우리들 주위에 흩어져 있는 모든 일들을 괘라는 하나의 이미지에다가 걸어 놓은 뒤 설명한다. 심지어 눈으로 직접 볼 수 없는 신비적이거나 정신적인 것도 괘를 통해 통찰하고자 한다.

주역 책은 점술의 도구일 수 있다. 고대인들이 가졌음 직한 천재지변에 대한 공포와 한 치 앞도 내다볼 수 없는 인간의 운명 그리고 크고 작은 전쟁. 이런 요인들이 그들로 하여금 예측 가능한 삶의 도구로서 점술을 발달시켰다고 할 수 있다. 예측한다는 말에는 적정 수준의 과학적 사유가 담겨 있다. 과학적 과정이나 행위는 예측을 목적으로 가설을 수립하고 그러한 가설에 따라 실험하고 검증하는 모든 행위를 일컫는다. 이런 차원에서 점을 치는 행위는 예측하기 위해 점괘를 불러내고 거기에 따른 행동 지침을 남기며 그 결과를 판단하고 수정하는 현대 과학의 과정을 비슷하게 밟는다. 점술은 고대인들의 과학이라고 할 만하다. 주역의 괘를 통해 점이 행해지기 전에 이미 여러 가지 형태의 점술로, 소의 어깨뼈를 사용하거나 거북 껍질을 불에 구워 갈라지는 모습을 통해 미래를 예측하려 했던 많은 시도들이 고고학적 유물로 발견되고 있다. 그럼에도 점술은 어디까지나 지금의 실험실에서 행해지는 자연과학의 전 과정을 따랐다기보다는 오히려 인문사회적 성격이 강했다. 권력 집단은 자기들의 여론 형성이나 국가 이념의 정당성을 위해서 그리고 민간의 사람들은 그들대로 인생의 다양한 욕구를 충족하기 위해 점을 쳤던 것이다.[2]

주역이 책의 형태를 갖추기까지는 상당한 시간이 흘렀지만 본격적인 사유의 형태로 구성된 것은 공자孔子가 괘에서 점술 성격 너머의 가치를 발견했을 때라고 할 것이다. 그는 괘의 세계를 묘사하고 기술하는 방식을 세계를 읽어내고 문화 형성의 모습을 설명하는 데 적용했다. 자연 현상을 어떻게 분류하고 설명해야 하며 인간의 삶의 형태는 어떤 가치를 지녀야 하는가를 추적한 것이다. 주역의 이러한 사상적 가치를 자세하게 설명하고 있는 것이 공자의 계사전繫辭傳이다. 계사전은 그 사상적 깊이 때문에 경經의 위치에까지 오르기도 한다. 주역의 학문적 가치를 부여하는 계사전이 만들어지면서 주역은 크게 두 가지

---

2) 占의 발생적 기원과 그것의 易經에서 易傳으로의 발달 과정에 대한 자세한 문헌학적 연구는 정병석의 책 『점에서 철학으로』가 많은 도움이 된다. 그는 점의 역전으로의 발달 과정에 주의를 기울일 것을 강조하면서도 역전에서 인문주의를 발견할 수 있다고 말한다. 다만 여기서는 점술 행위도 넓은 의미에서 인문적 사유일 수 있다는 가정을 해본다. 점술에는 분명히 수리적이고 자연과학적인 측면이 있지만 그것이 지향하는 목적이 인간에게 있다면 결국 인문적인 사유로 취급되어야 하지 않을까 한다.

길을 걷게 된다. 이전까지의 괘 자체의 이해에 치중해 온 상수象數적인 접근 방법과 괘가 만들어 내는 설명 내용의 사상적 특징에 주목하기 시작한 의리義 理적인 접근이 그것이다. 하나는 괘의 형식이나 구조에 근거해서 세계를 보는 것이고 다른 하나는 괘의 설명인 괘사에 근거해서 세계를 논의하는 것이다. 그 강조점과 세상을 보는 방식이 다르다 해도 사실 두 가지 접근 방법은 실제로는 하나로 맞춤해서 이해되어야 한다.

주역의 철학사적 의의는 인문적 사유의 전환에 있다. 최초로 자연을 관찰의 대상으로 삼기 시작한 것을 제1의 인문적 전환이라 한다면, 공자의 계사전에서 시작된 인간 중심적인 관찰 방식은 제2의 인문적 전환이라 할 수 있다. 인문 중심의 전환은 후대 사람들로 하여금 주역을 보는 태도에 있어 이성 중심의 역할을 강화하는 계기가 된다. 철학사에서 철학의 의미는 다양한 맥락에서 이야기할 수 있지만 무엇보다도 중요한 것은 신화적 세계관에서 벗어나 이성적 세계관으로 전환되었다는 사실에 있다. 서양에서 탈레스를 철학의 시조로 삼는 이유도 탈레스의 "세계는 물로 이루어져 있다"는 정도의 지극히 초보적인 과학 발언 그 자체에 있는 것이 아니다. 오히려 사람들이 처음으로 세계를 무엇이라고 규정하기 시작했다는 사실에 의미가 있다. 세계라는 거대 담론에 대해 이런저런 정의를 내린다는 것과 세계를 거리를 두고 객관적으로 관찰하기 시작했다는 것은 이성이 출현하기 시작했다는 것을 의미한다.

주역은 세계 이해를 거대 담론으로 구성한 책이다. 비록 점술 책의 운명을 지니고 만들어졌지만 예순넷의 괘로 이루어진 주역은 적용 영역에 맞추어 세계의 이모저모를 분류한 최초의 책이다. 주역의 고전으로서의 가치는 이러한 분류 작업에도 있다. 자연과학 중에서도 생물학이 학문으로서의 지위를 본격적으로 갖게 되는 시작이 분류학에 의해서라면, 주역의 '역학적' 사유 방식은 당연히 세계를 어떻게 분류하느냐에 있었다. 분류하는 것 자체가 아는 것이기 때문이다. 점술 서적의 위치에 머물던 주역이 세계를 분류하고 생각의 지도를 만드는 위치로 올라서게 된 것이다.

한 가지 가정을 해 보자. 만약에 현대인들이 고대에 살았다면 그들이 보고 느낀 우주자연의 모습과 인간 삶의 모습은 어떠했을까. 물론 지금 우리가 상식적으로 알고 있는 과학지식은 전혀 없는 상태이다. 지구가 태양계에 속한다든지 중력이 뭔지도 모르며 유전자의 구조가 어떠한지 뇌 과학이 무엇인지를 모른다는 것을 상상해 보자. 또한 그들은 지금의 민주사회의 개인의 자유나 평등의식이나 자본주의의 노동과 자본의 성격도 이해하지 못할 것이다. 그렇다면 그들은 세계를 어떻게 설명하는 것이 최선이었을까. 이러한 가정을 하는 이유는 세계를 처음으로 무엇이라고 규정하고자 할 때의 적절성 문제를 생각해 보기 위해서이다. 아마 조금이라도 지혜로운 사람은 세계를 사소한 것까지 다 설명하려고 하지 않을 것이고 가능하면 쉽게 이해할 수 있는 방법을 찾아 설명의 효율성을 증대시키려 했을 것이다.

태극太極이나 음양陰陽과 같은 말은 고대인들의 이러한 '쉽고 간단하게' 세계를 설명하려는 시도에 의해서 만들어졌다고 해야 한다. 무엇인지는 모르지만 세계를 움직여 가는 큰 힘을 태극이라고 불렀을 테고 이러한 태극을 실제적으로 기능하게 하는 역할의 결과로 음양이라는 말을 찾아냈을 것이다. 이렇게 기능하는 모습을 그들은 도道라고 부르기도 했다. 주역의 철학이 무엇인가 라고 물을 때 가장 원초적인 대답은 "세계는 음양의 끊임없는 변화"라고 하는 것이 적절하다. 음양의 작용은 괘의 상대 요소인 음효陰爻와 양효陽爻인 일차적인 기호를 만들어 낸다. 일차적인 기호인 음효와 양효는 부드러움과 강함, 밤과 낮, 고요함과 움직임 같은 현상을 설명하면서 사상四象으로 팔괘八卦로 발전하고 마침내 지금의 주역에서 보이는 음양 여섯 효의 조합인 괘로 마감된다. 이 모든 과정에서 세계의 여러 모습들은 구분되고 정리되면서 동아시아 특유의 분류학이 시작된다. 괘의 다양한 분류 양상이 '설명의 계보학'을 만들어 내었다고 할 수 있다.

주역이 시작하는 첫 괘인 건괘乾卦는 여섯 개의 양효로 이루어진 완전성을 갖고 있는 괘이다. 이 괘는 세계를 이해하는 제일 관문이다. 건乾이라는 글자는 백서본 주역에는 건鍵으로 쓰이기도 하는데 이 글자에는 '문을 열다' 또는 문을 여는 '열쇠'의 뜻이 있다. 행위의 시작과 의도를 의미하는 것이다. 세계를 괘로 분류하면서 주역 책의 처음에 가져다 놓은 괘가 바로 세계의 시작을 알리는 건괘라는 사실은 흥미롭다. 이 괘는 '하늘의 열람' 즉 우주창조의 시작이며 미지의 세계를 알아보려는 이성적 사유의 시작이다. 괘를 가지고 철학을 시작한 것이나 세계를 인식하려고 한 것이 절대 흔한 일은 아니다. 괘를 만드는 행위도 특이했지만 괘를 가지고 세계를 설명하는 것도 놀랍다.

그럼에도 괘가 어떠한 합목적성을 갖고 조합되었는지를 묻지 않을 수 없다. 만약 괘가 자의적인 조합에 불과하거나 그것을 설명하는 방식이 임의적이라면 주역은 자칫 유사 과학이 될 수 있다. 이러한 물음은 괘의 구성 모습을 처음 대하는 경우 자연스럽게 일어날 수 있다. 괘의 바탕이 되는 태극이나 음양이 자의적이고 합리성을 갖고 있지 않다면 주역을 정상적인 학문으로 규정할 수 없게 된다. 분명 세계를 음양으로 본 것에는 어떤 정당한 논리나 통찰이 있었다고 할 것이다. 그것은 아마 철학적 사유의 시작인 세계를 대하는 경이로움에서 출발했을 수 있다. 인간 앞에 펼쳐져 변화되고 진행되어 나가는 세계에 대한 놀라움은 보통 추론의 하나인 가정법으로 시작된다. 경이로움과 놀라움은 세계는 이럴 것이다 또는 이러해야 한다 라는 가정으로 인해 세계 이해와 해석의 안정감을 갖게 한다. 그것이 바로 음양으로 표현되었고 이렇게 표현된 음양 기호는 연역적이고 귀납적인 사유를 겪으면서 보다 다양한 괘들로 진행되고 더 많은 자기 확신과 현실성을 보태게 된 것이다.

주역은 오랜 시간을 거치면서 점점 더 합리성을 갖는 철학의 형태로 바뀌어 나갔다. 문화라고 부르는 것에는 이러한 합리성의 구조가 있다. 서구인들이 그들대로의 분류 방식을 통해 세계를 이해했다면, 중국을 비롯한 동아시아에서는 괘의 독특한 분류 방식을 통해 세계를 이해하려 했다. 주역을 통해 사람들은 세계가 하나의 그물망처럼 상호 연결되어 있다는 사실을 배우고 혼돈의 세계를 설명하고 그것을 예측하는 지혜를 갖게 되었다. 사람들 간의 일상적인 관계를 설정하는 방법, 그리고 사회가 발달되면서 만들어지는 수많은 현실적인 관계들에 어떻게 대처할 수 있는가를 배우게 된 것이다. 주역의 괘들을 단순히 임의적이고 자의적이라고 할 수 없는 이유는 그 괘가 세계를 합리적으로 설명할 수 있는 근거를 제시하기 때문이다. 임의적이고 자의적인 사유는 학문으로 자리 잡을 수 없다. 학문이 되기 위해서는 상식적인 설득 차원을 넘어서서 원리적으로 사태를 일관성 있게 설명해 낼 수 있어야 한다. 괘가 세계를 설명할 수 있다는 것은 보편 학문의 장르로 자리매김하는 것 외에도 그것을 통해 앎이 무엇이면 존재가 무엇인가 라고 물을 수 있기 때문이다. 이 책에서 재현이나 관계가 괘의 성격이라든지 주역이 기호학적 실재론에 근거하는 것이라는 주장도 괘가 앎과 존재의 구조를 형성하고 있다는 큰 전제에 기인하는 것이다.

2. 주역, 기호의 세계

이제 주역의 세계에 빠져들기 위해 긴 이야기를 시작해야 한다. 먼저 주역의 괘가 기호가 되기에 필요한 예비 작업으로 주역의 기호적인 성격을 기호학 일반론을 통해 살펴보자. 괘를 기호라는 관점에서 상호 소통하면서 자유롭게 살펴보다 보면 "괘卦는 기호"라는 명제가 좀 더 분명해질 것이다. 기호가 "무엇인가를 통해 다른 무엇을 나타낸 것"을 의미하듯이 괘사卦辭나 효사爻辭에 나타나는 사건, 에피소드, 비유, 주문呪文, 인물 등은 기호로서의 괘나 효가 다양한 현상과 대상을 나타낸다. 이때 괘나 효가 각각 하나의 기호로 작용한다. 세계가 표현된 것과 표현한 것의 합이듯 기호와 대상은 서로 밀접한 관계를 갖는다. 즉 괘에 천지인天地人의 세계가 표현되었다면 괘는 그러한 세계를 적극적으로 표현한 것이라고 할 수 있다.

기호학 전반을 간단히 이해하기 위해 먼저 구조주의 기호학과 퍼스의 기호학을 상호 비교하면서 퍼스 기호학적 접근이 주역 괘를 이해하는 데 어떤 장점이 있는지를 살펴보자. 나중에 자세히 설명하겠지만 특히 퍼스 기호학에서 해석의 중요한 역할을 하는 해석체(interpretant) 기호를 통한 괘 분석의 장점을 구조주의적 접근과 대비해서 살펴볼 것이다. 마지막으로 구조주의의 해체적 방식으로는 주역의 실재론적 특성을 드러내는 데 제한이 있음을 분명히 할 것이다.3)

일반적으로 기호학에서는 대상의 본질보다는 대상이 상황이나 맥락에서 어떻게 쓰이는가가 중요하다. 바로 이 지점에 기호의 특성이 있다. 주역의 괘도 상황이나 맥락에 있으므로 기호의 성질을 갖는다. 괘가 생성되는 과정에 일정하게 작용하는 논리가 있다면 그것이 바로 괘의 기호적 특성이므로 괘를 기호로 치환해서 설명할 수 있는 근거가 마련된다. 대상의 본질보다는 그 알 수 없는 본질이 어떤 상황과 맥락에서 괘의 형태로 나타나고 있는가를 보는 것이 기호로서의 괘를 이해하는 방식이기 때문이다.

---

3) 이하 나오는 구조주의자들의 기호학에 대한 개략적인 설명은 송효섭의 『인문학 기호학을 말하다: 송효섭 교수의 삶을 바꾸는 기호학 강의』를 참고했다. 그러나 퍼스 기호학과의 비교나 괘의 기호학적 성격에 대한 논의는 그의 책과 직접 관련이 없다.

패를 기호학으로 접근함에 있어 먼저 구조주의자의 기호학과 퍼스의 기호학의 공통점과 차이점을 살펴보자. 실체나 본질을 제거하거나 무시하려는 것이 기호학의 정신이라면 이는 소쉬르뿐만 아니라 퍼스에게도 일정 부분 그대로 적용된다. 다만 퍼스는 소쉬르식의 구조주의적이고 해체적인 사고와는 다른 관점에 있다. 퍼스에게는 도상(icon)이라는 대상 재현의 성질이 내포되어 있기 때문에 기호는 대상과 항상 밀접한 관련성을 가지며 결과적으로 대상과 결별할 수 없고 대상의 완전한 해체에도 이르지 못한다. 소쉬르의 언어 구조에서 파롤은 전혀 필요 없을지 모르지만 퍼스에게는 대상이라는 파롤 자체가 중요하다. 도상은 대상이 없다면 출발할 수 없는 기호이기 때문이다. 구조주의자들은 주체나 자아를 실체가 아닌 언어적 구성물로 본다. 물론 퍼스가 "인간은 기호이다"(Man is a Sign)라고 한 것처럼 인간을 주체로 본다면 이런 면에서 퍼스도 구조주의자로 볼 수는 있다. 다만 그들과의 차이점은 대상을 기호로 설정하느냐 하지 않느냐의 차이이다.

이 차이가 중요하므로 주의를 기울여야 한다. 예를 들어 보드리야르가 시뮬라시옹 개념으로 환상과 실제의 모호한 구분을 제시하는 것과 달리, 퍼스는 그런 복제 방식에 동조하고 있지 않다. 퍼스는 구조주의자가 될 수 없다. 그를 해체적 포스트모더니스트(deconstructive postmodernist)라고 하지 않고 구축적 포스트모더니스트(constructive postmodernist)로 부르는 까닭이 여기에 있다. 진리를 실용주의적 관점에서 보면서 언젠가는 진리가 발견될 수 있으리라는 그의 지식 공동체의 유토피아적 특성은 다른 구조주의적 기호학자들과 현격하게 다른 점이다. 퍼스의 기호학에서는 대상은 결코 해체되지 않는다. 대상도 기호 속에 있는 것이며 비록 기호화된다고 해서 그것이 사라지지 않기 때문이다.

퍼스의 기호는 소쉬르가 말하는 기의(signifie)와는 다르다. 소쉬르의 기호에서 지시물(referent)은 랑그로서 기의에 속한다. 이것이 구조주의 기호학에서

대상이 기호로 전환되는 모습이다. 기의 안으로 들어간 기호는 자의적(arbitrary)
이 되고 약속이 되어 버린다. 그러나 퍼스의 기호학에는 대상이 엄연히 살아
있고 재현의 성질을 그대로 유지하며 단순히 자의적이거나 약속으로 끝나지
않는다. 즉 재현의 인과관계가 여전히 성립한다. 소쉬르적 접근으로 괘를
이해하면 괘의 중요한 실재적이고 재현적인 특징을 놓치게 된다. 퍼스에게는
기호가 대상을 재현하되 그 대상은 죽지 않고 여전히 살아 있다. 그의 기호학
체계에서는 대상도 기호이며 단순히 기호의 지시물이 아닌 것이다.

　이 책의 철학적 전제는 괘는 대상의 재현에 근거한다는 것이며 그러한
대상도 기호의 연관성에 놓여 있다는 것이다. 이런 전제가 성립되어야만 주역
의 전체 구조를 설득력 있게 설명할 수 있으며 퍼스와 주역이 만날 수 있는
지점이 생겨난다. 주역을 기호학적으로 보되 실재론적인 관점에서 봐야 된다
는 것이 구조주의자들뿐만 아니라 소쉬르와도 차별되는 부분이다. 그들의
기호학이 구조가 관계들로 이루어지며 그것의 본질을 기술할 수 없다는 점에
서는 퍼스와 분명 공통점이 있다. 하지만 구조가 실체가 아닌 형식에 근간을
두기 때문에 모든 드러난 형식만이 소통의 매개가 된다는 것을 퍼스는 받아들
이지 못할 것이다. 괘에 대상이 사라진 것도 아니고 대상과 별도로 괘만이
작동하는 것이 아니기 때문에 구조주의로는 주역을 이해하는 데 한계가 있다.
괘에는 분명 대상의 흔적이 있기 때문이다.

　용어가 다소 생소하게 느껴질 수 있지만 퍼스 기호학의 중요한 특징의
하나인 해석체(interpretant)라는 개념이 괘를 이해하는 데 유익함을 잠시 언급하
고자 한다.[4] 퍼스에게 대상(object)은 현실에서 실제로 존재하지만 동시에 기호
로도 존재한다. 이러한 대상을 해석하는 것이 해석체의 역할이다. 이것은

---

4) 해석체 개념은 2부 1장에서 자세하게 설명되어 있다. 여기서는 개략적인 수준에서
　언급한다.

일반적으로 자주 사용하는 해석(interpretation)이라는 말과는 다르다. 해석은 대상과 분리된 관념적인 것이지만 해석체는 어디까지나 기호이다. 즉 관념의 기호이다. 해석에는 개인의 생각이 개입되기 때문에 대상의 성질을 담보하는 데 있어 일종의 '불순물'이 섞여 들어갈 수 있다. 그러나 해석체는 관념조차도 기호화하기 때문에 대상의 성질을 그대로 반영할 수 있어 대상과의 단절이 오지 않는다. 말하자면 관념의 불순물조차 기호로 전환되므로 대상과의 연속성을 보장한다. 한편 해석은 대상에 대한 개인의 이해로 끝나 종결되지만 해석체는 그 자체로 끝나는 것이 아니라 언제든지 다른 해석체로 전이될 상태에 있다. 이는 괘의 성격과 상당히 닮아 있다. 괘는 세계에 대한 해석이지만 그것으로 끝나지 않고 다른 이웃 괘들로 이동하면서 끊임없는 해석의 연속성에 들어가게 된다.

해석 행위는 주관적이 될 수 있으며 주관적이 되는 순간 기호의 세계에서 벗어나게 된다. "해석 행위를 할 때 그 현상을 해석한 사람의 생각이 중요한 것이 아니라, 그 생각을 통해 해석이 이루어지는 과정이 중요하다"[5]라는 말처럼 기호학에서는 주관 즉 마음의 변용도 기호 과정이 되어야 한다. 퍼스가 사람도 기호라고 했을 때의 그 뜻은 사람의 마음도 기호가 되어야 한다는 뜻이다. 해석을 주관하는 마음의 형성도 기호여야 한다. 퍼스의 해석체 이론에 따르면 마음은 주관적 상관물이 되어 기호화된다. 괘사나 효사는 그것들을 대하는 사람들에게 기호로 다가오며 그것들을 읽는 사람들의 감정이나 느낌을 '끝까지' 기호화한다. 이렇게 퍼스의 해석체로 설명하면 괘의 변화를 설명하는 데 도움이 된다.

해석체는 끊임없이 어떤 방향성을 지니고 전개된다. 1부 4장에서 괘의

---

5) 송효섭, 2013; 76.

도식(diagram)을 설명하면서 자세히 이야기하겠지만, 괘의 착종錯綜 과정에 이러한 해석체가 적용될 수 있다. 괘가 착종할 때는 끊임없이 해석자의 해석을 동반하면서 괘가 이해된다. 괘의 착종 과정은 해석체의 기능과 유사하다. 이 과정에서는 아무리 인간의 해석이 개입되더라도 괘가 관념이 되지 않는다. 괘는 괘로서 있을 뿐이다. 퍼스의 기호학에는 보이지 않는 것조차 보이는 것으로 끌어내리려는 작업이 끊임없이 이루어진다. 퍼스에게 세계의 모든 움직임은 기호이고 그런 기호조차도 움직임의 과정에 있다. 움직임의 한순간에 어떤 결정적이고 독립적이고 개체적이며 정적인 상황이 있을 수는 있지만 그것은 움직임의 과정의 하나일 뿐이다.

그의 기호학, 즉 세미오시스(semiosis)라는 말이나 그의 화용론(pragmaticism)의 정신도 움직임에 있다. 기호는 순간 멈추어진 정적인 것으로 있을 수는 있겠지만 이내 어딘가로 진행된다. 해석체가 비록 한 개인의 관념의 산물이며 해석의 한 단면으로 보일지라도 그것은 해석자를 강하게 의식하기 위한 것이 아니다. 해석자도 과정 속에 있을 수 있지만 해석자인 그가 해석의 움직임 또는 흐름에서 비켜나 해석의 주체가 될 수는 없다. 해석하는 순간 그의 해석은 기호가 되고 또 그 다음의 해석을 기다리는 대상이 된다. 해석체는 해석이 되는 순간 대상이 된다. 그것이 해석체의 숙명이다. 이는 마치 괘를 해석하는 순간 해석자가 괘 속으로 들어가게 되는 것과 같다. 괘가 된 사람은 해석체라는 기호가 되고 이내 다음에 이어지는 괘의 해석 대상이 되는 것이다.[6]

주역에서 점을 통해 나온 괘나 효를 이해하고자 할 때 괘사에 충실할 것인가 즉 괘사를 지어낸 제작자의 관점에 의존할 것인가, 아니면 그 괘사를

---

6) 사람이 괘가 된다는 표현이 비유적으로 들릴 수 있지만 주역에서 점을 치는 행위를 생각해 본다면 틀린 말도 아니다. 占辭와의 일체감 즉 점사가 인간에게 개입하는 정도를 생각한다면 이런 비유도 적절성을 얻을 것이다.

읽어 내는 해석자의 그때그때의 처한 상황이나 자기감정에 보다 더 충실할 것인가는, 점을 해석하는 데 있어 중요한 논쟁이 될 수 있다. 하지만 어떻게 되든 괘는 끊임없는 해석의 과정을 밟게 되며, 이러한 해석의 과정에 해석자의 인식이 끊임없이 개입된다. 그 과정에서 괘는 하나의 결정적이고 단일하고 멈추어진 괘로 남아 있을 수 없고 변용의 과정을 밟아 나갈 수밖에 없다. 괘의 착종은 거대한 변용의 흐름이며 괘의 변화도 해석의 변용이다. 퍼스식으로 말하자면 하나의 거대한 기호체계에 들어 있게 되는 것이다. "기호가 자라듯이"(Signs grow) 괘에 대한 해석도 자란다. 이것이 기호로서의 해석체의 정체성이며 괘의 정체성이기도 하다.

괘의 변화하는 모습은 퍼스의 변증적 실용주의 철학과 유사한 점이 있다. 그의 기호학에는 헤라클레이토스적인 변화의 에스프리가 있다. 이런 모습은 소쉬르에게서도 찾을 수 없고 구조주의자들에게서도 발견할 수 없다. 통시성(diachrony)을 배제한 공시성(synchrony)의 논의나 통합적(syntagmatic)이 아닌 계열적(paradigmatic) 관계 논의는 철학사적으로 보면 파르메니데스적이고 제논적인 멈춤 또는 정지의 철학을 전제로 한다. 그런 면에서 구조주의 기호학은 '멈추어져' 있는 기호학이다. 멈춤과 정지의 철학은 사물을 보는 올바른 태도도 아니며 무엇보다도 주역의 변화의 성격을 읽어 내지도 못한다. 괘가 변화에 있다는 사실은 구조주의적 기호학으로 주역을 보는 데 한계가 있다.

구조주의자들의 기호 일반론에 비추어 보면 64괘의 배열을 하나의 텍스트로 볼 수 있다. 주역이 문화 또는 문명의 산물이고 긴 역사를 통해 그러한 역할을 일부 수행해 왔다면 주역과 관련된 인문적 담론도 일종의 문화현상이라 할 것이다. "문화를 읽는다"라는 말을 할 수 있듯이 "주역을 읽는다"라는 말도 할 수 있으며 이는 주역이라는 텍스트를 읽는다는 뜻이 된다. 텍스트에는 연결고리 또는 짜임관계가 있는데 그 연결고리 역할을 하는 것이 기호이다.

64괘의 변화에 따라 나오는 괘사나 효사를 텍스트로 볼 수는 있지만 그러한 접근은 어디까지나 미시적인 괘의 착종의 확대 또는 확산으로 보는 것이 맞지 텍스트 개념을 빌려올 것까지는 없다고 본다. 그레마스의 '의미생성행로'(semantic generative trajectory)를 통해 괘사나 효사의 의미 발생의 과정을 심층에서 표층으로 거치는 담화 층위로 이행하는 과정으로 볼 수도 있다. 주역에 분명히 이러한 의미생성행로와 유사한 과정이 있다. 주역 담론의 의미론적 구조를 그레마스의 기호사각형(the semiotic square)에 빗대어 본다면 태극이나 양의, 그리고 팔괘로의 의미 변화가 그러할 것이다. 태극, 양의, 팔괘가 심층 구조라고 한다면 괘의 생성이나 괘효사의 생성은 표층 구조가 된다. 하지만 이런 방식으로는 주역 괘의 변화를 섬세하게 설명해 낼 수 없다.

바흐친이 제시한 대화적 요소로서의 '다성어'(hetroglossia) 개념이 주역에도 있을 수 있다. 괘와 괘들 간에는 끊임없는 대화가 진행된다. 각각의 괘를 하나의 목소리로 정의한다고 가정한다면 괘와 괘의 만남은 대화적 관계에 놓이고 괘 자체는 대화적 자아가 될 수 있다. 또한 데리다의 '놀이' 비유처럼 괘와 괘는 서로 놀이를 한다고도 할 수 있다. 괘가 다른 괘로 착종되는 과정을 보면 의미보다는 기표에 가까운 괘와 효들의 형식성이 우선하는 지점이 분명히 있다. 괘가 하나의 의미로 고정되어 있지 않고 변화에 의해 아주 재빠르게 다른 괘로 이동하는 것을 보면, 데리다가 차연(differance)이라는 말로 잘 설명했듯이 끊임없이 앞선 괘의 의미가 고정되는 상황을 유보시키면서 즉 연기시키면서 차이를 보여 주는 다른 괘로 이동하는 것을 알 수 있다.

괘를 설명함에 있어 바흐친의 대화, 데리다의 놀이나 차연 개념이 퍼스의 기호학보다 더 나을 수도 있지 않을까 라고 생각할 수도 있다. 그들의 방식이 크게 문제가 될 것은 없어 보이지만 괘가 지시하고 있는 대상이나 괘사나 효사는 어떠한 형식에도 얽매이지 않는다는 점을 간과해서는 안 된다. 구조주의자들이 말하듯 기표로의 이동에 기의를 거치지 않는다거나 기표와 기표 간의 건너뛰기만 있다면 그들의 주장이 괘를 이해하는 데 도움이 된다. 하지만 괘의 변화에는 단순한 기표들 간의 관계로 볼 수 있는 괘나 효의 착종만 있는 것이 아니다. 괘의 착종도 실제 괘 변화의 해석의 한 방법이지 괘가 실제로 그런 방식으로 이동할 것이라는 보장은 없다. 구조주의자들의 입장에서는 괘의 형식 이전에 괘사라는 파롤이 먼저 생성되었다고 할 수 있지만, 괘의 착종은 이러한 괘사를 설명하기 위해 덧붙여진 방법이지 그 착종 자체가 본질은 아니다.

괘를 설명함에 있어 콘텍스트(con-text)의 역할도 고려해 볼 수 있다. 텍스트가 기호의 확장이듯이 콘텍스트에 의한 소통 즉 커뮤니케이션의 과정도 기호의 확장으로 볼 수 있다. 기호 자체를 넘어 기호가 전달되는 상황에서 일어나는 모든 상황이 커뮤니케이션 영역이 된다. 콘텍스트가 필요한 이유는 텍스트 자체로는 그 의미가 충분히 드러나지 않아 텍스트를 둘러싼 여러 상황이 필요하기 때문이다. 그러나 그러한 콘텍스트의 상황도 기호화할 수 있어야 의미가 있다. 만약 어떤 괘사의 정합성을 괘나 효의 변화를 통해 얻어낼 수 없다고 해서 다른 텍스트, 예를 들어『시경』이나『논어』로 쉽게 이동하게 되면 괘효와 괘효사의 정합성은 영원히 놓치게 된다. 좁은 의미에서는 경經에 속하는 64괘 이해를 「계사전」, 「설괘전」, 「서괘전」, 또는 「잡괘전」을 통해 보는 것도 텍스트의 이동으로 볼 수 있다. 이러한 텍스트들이 64괘를 이해하는 데 있어 필수적인가 아니면 보조적인가 하는 문제가 있을 수 있지만, 주역에 대한 텍스트적인 접근 자체가 무용하지는 않다. 다만 텍스트적인 접근을 주역 해석의 중심에 놓는 것은 좋지 않다는 것을 말하고 싶다.

그라이스(Paul Grice)의 코텍스트(co-text) 개념도 언어적 상황에서 비언어적 상황으로의 탈출 또는 회피이기 때문에 괘효와 괘효사의 정합성을 얻어내려는 취지와 맞지 않다. 괘 해석을 그들 방식으로 하게 되면 주역은 '생짜로' 다른 텍스트로 이동하게 되거나 현실 상황으로 이동해야 하기 때문에 엄밀한 의미에서의 기호학적 접근이 될 수 없다. 그리고 어떤 식으로든 콘텍스트나 코텍스트적인 접근은 주역 기호학의 중심 논의는 아니다. 다만 괘사나 효사의 뜻 자체를 명확하게 한다는 점에서 즉 괘사와 효사의 파롤의 진술 내용을 보완하고자 할 때는 나름대로의 역할을 하게 될 것이다.

괘는 잠시 한순간도 멈추어 있지 않으며 다른 괘와 관계를 맺기 위해 일종의 대기상태에 있다고 봐야 한다. 괘를 보는 사람은 괘가 멈추어 있을 수 없다는 것을 알며 그 괘가 다른 괘로 곧 이동할 것이라는 것도 안다. 이는 효를 볼 때도 마찬가지이다. 괘나 효가 보이고 해석되는 순간 그 괘와 효는 다른 괘나 효와 함께 이해된다. 괘의 이동성을 명명할 수 있는 별도의 용어가 있으면 좋겠지만 일단 이것은 착종이라는 말로 대체 가능하며 퍼스 기호학의 차원에서 보면 앞서 언급했던 해석체가 될 것이다. 야콥슨의 위계(hierarchy)라는 말이 괘 이동의 성질을 이해하는 데 도움이 될 수도 있다. 위계는 구조를 구성하는 요소들이 비대칭적으로 존재하는 관계를 말하는 것으로 단순히 차이 정도가 아닌 '다른 것보다 우월'하다는 것과 그에 따라 구조가 변할 수 있다는 것을 말한다. 괘가 다른 괘로 변할 때 앞선 괘는 다른 변화된 괘를 통해 보아야 더 잘 볼 수 있다고 말한다면, 뒤의 괘는 앞의 괘보다 위계가 더 낫다고 할 수는 있다. 그러나 이러한 접근도 괘의 이동을 설명하는 중심 방법이라 할 수는 없고 보조 개념 정도로 받아들이는 것이 좋을 것이다.

괘의 성질은 변화되는 데 있다. 구조주의의 접근으로 괘를 보는 방식은 변화라는 괘의 존재론적 성질과는 관련이 없이 주역 독해 또는 주역 이해의 유용성에만 관여할 수 있다. 괘를 어떻게 읽어 낼 것인가 라는 물음에 앞서 괘는 해석자의 의도와 관련 없이 괘라는 기호 자체로 있다는 것이다. 그리고 그 속에서 해석의 구조를 찾아낼 수 있어야 한다. 괘는 그 자체 "존재의 두꺼운 살"을 지닌다고 해야 할 것이다. 괘는 자신의 논리를 가지고 변화된다. 그런 괘를 자의적이고 임의적인 해석으로 환원하는 것은 옳지 않다. 퍼스의 실재론적 관점에서 보면, 괘는 해석하는 사람과는 관련 없이 자기대로의 해석당하는 운명을 지닌 채 움직이고 있으며 그 자체의 역동성을 지니고 이동하고 있다. 해석자가 개입은 하지만 그 개입된 해석자도 기호가 되어 같이 움직인다. 64괘에는 괘를 보는 사람과 괘가 분리되지 않는 장치가 이미 설정되어 있다. 퍼스의 해석체가 진리를 드러내기 위해 또는 진리에 더 가깝게 가기 위해 지향성이나 방향성을 갖는 것처럼 괘도 다른 괘로 계속 이동하는 가운데 자신의 온전한 모습을 드러낸다. 주역이 기제괘旣濟卦로 끝나지 않고 미제괘未濟卦로 계속되는 이유도 여기에 있다 할 것이다.

　구조주의 기호학의 가장 큰 단점은 기호화 과정에서 대상이 실종되고 연속성이 파괴된다는 데 있다. 세계가 실종되는 것이다. 구조주의 기호학에는 랑그만 남고 파롤이 사라진다. 앞서도 말했지만 파롤이 없는데 랑그만 있을 수 없다. 퍼스는 파롤의 중요성을 절대 잊지 않는다. 구조주의자들이 랑그를 위해 파롤을 희생했지만 사실 사람들은 파롤의 세계에 살고 있지 않은가. 파롤의 대상이 없이 그리고 그러한 대상을 기호가 아닌 것으로 '남겨 두고' 랑그만의 기호 세계를 만든다는 것은 사고나 인식의 정상성은 아닐 것이다. 퍼스 기호학이 구조주의자들과 다른 점은 대상과의 연속성을 파괴하지 않고 그러한 대상조차도 기호체계 속에 넣어서 기호학을 구성한 것이라 할 것이다. 괘를 기호학 체계 속에 넣는다고 해서 세계를 버려두고 괘를 읽어서는 안 된다. 괘가 지닌 변화의 역동적 모습이 아무리 해체적으로 보이더라도 그것이 말 그대로 괘가 지시하는 대상 자체의 소멸을 뜻하지는 않는다. 비록 해석자나 주석자의 괘에 대한 대화나 담론이 부분적으로 해체의 과정을 밟는다고 해서 주역이 구조주의자들이 말하는 해체의 산물이 될 수는 없다. 해체의 즐거움이 해석의 즐거움은 될 수 있겠지만 진리 찾기의 즐거움이 될 수는 없다. 주역을 퍼스 기호학으로 접근해야 하는 이유도 해석의 과정을 밟되 최종 목표는 진리 찾기에 있기 때문이다. 진리는 세계 또는 대상과 대응해야 한다. 진리의 기준은 대상에 있는 것이지 말 그대로 해석자의 자의적 해석에 있지 않다.

세계를 무엇이라고 규정하는 순간 실체를 인정하게 되고 고루한 형이상학자로 전락하게 된다. 그렇다고 해서 세계가 있다는 사실을 부정할 수 없다. 퍼스는 세계 규정에 대해서 일종의 '무지의 베일'을 전제하고 있다. 퍼스의 기호학의 체계 즉 세미오시스 안에는 세계가 엄연히 존재한다. 다만 세계를 세계라고 부르는 순간 그것이 기호로 전이된다는 것만 다를 뿐이다. 퍼스의 철학은 실재론에서 출발한다. 이 분명한 사실을 잊어서는 안 된다. 그가 철학사의 흐름에서 가장 비판적이었던 곳도 버클리식의 관념론이다. 세계가 실재하는 것을 인정하되 다만 그것을 볼 수 없기 때문에 기호학을 가져온 것뿐이다.

3. 주역의 기호학

이 책은 주역의 괘를 퍼스의 기호학으로 이해하려는 데 그 목적이 있다. 퍼스의 방법론을 가져오게 되면 괘의 실재론적 특성과 논리 구조를 현대적인 관점에서 재구성할 수 있다. 퍼스는 그의 기호학에서 플라톤적 외재적 관념론이나 흄적(Humean)인 내재적 관념론 모두를 비판하고, 다른 한편으로는 유명론적 사고도 비판하면서 그 자신만의 독특한 실재론을 전개했다. 그러므로 괘를 퍼스 기호학으로 읽게 되면 주역의 실재론적 성격도 파악할 수 있고 주역을 기호학으로 보는 새로운 학제적 영역도 만들어 낼 수 있다.

서양철학의 실재론은 기독교 신학의 담론이 지배해 왔다. 20세기 초의 유럽 현상학자들과 실존주의자들의 존재론, 그리고 영미분석철학자들의 존재론에도 신의 그림자가 길게 드리워져 있다. 비록 이들에게 신의 실체성이 감각이나 신체 또는 언어로 변용되었다고 하더라도 그들 존재론에서 신의 만남의 흔적을 완전하게 벗겨 내기는 힘들 것이다. 퍼스는 비록 19세기 미국 땅에서 이들 학문의 흐름과 동떨어져 그의 철학을 진행시켜 왔음에도 그들보다 좀 더 일찍이 서양철학의 주된 논의였던 실체에 대해 의문을 제기했다. 그의 존재론에는 기존의 형이상학이나 신적 존재론의 굴레에 갇힌 흔적이 없다. 즉 그의 존재론에는 '신적 실체'가 없다. 일종의 현상학적 에포케를 자신도 모르게 실천하고 있었던 것이다. 이것이 가능했던 이유는 그의 존재론에는 기호라는 스크린이 있어 실체 찾기라는 관습적인 철학적 사유를 막아 줄 수 있었기 때문이다. 그는 기호를 통해 철학을 하려고 했다. 기호만이 그의 눈앞에 펼쳐져 있을 뿐이다. 퍼스의 기호학적 사고를 주역에 대입하면 "주역을 철학한다"고 했을 때 그것은 괘라는 기호의 스크린을 통해 철학하는 것이라 할 수 있다. 주역이 기호학적 담론에 놓인다는 말은 괘를 통해 세계를 해석한다는 데 있는 것이다.

퍼스의 실재론은 기호학적 실재론으로서, 그는 기존의 실재론이 갖고 있는 한계를 해석학적 접근을 통해 극복하려 했다. 주역은 퍼스가 말하는 기호학적 실재론의 특성을 잘 보여 준다. 주역을 철학의 이론적 논쟁의 한가운데에 내놓을 때 그것의 위상을 어떻게 정할 것인가, 그리고 주역을 하나의 철학적 사유로 접근하고자 할 때 그것은 어떤 이름의 철학이어야 하는가 라는 물음에 대한 대답이 기호학적 실재론이다. 주역은 괘를 설명하는 담론 방식인 괘사卦辭의 내용이나 괘들 간의 해석에 의해 기호학적 실재론으로 설명된다. 물론 서양의 전통 철학의 흐름에 있는 기호학으로 주역을 이해하려는 태도가 다소 위험하고 오해를 불러일으킬 수 있다. 그럼에도 이러한 시도는 주역철학 이론의 다양한 논변을 더 풍부하게 하고 동아시아적 사유로 정착된 괘의 상관적 관계(correlativity)를 구조화하는 데 도움이 된다. 어떤 면에서는 거꾸로 주역으로 기호학을 사유할 수도 있다. 주역 책이 단순히 해석의 대상이 아니라 기호학의 여러 논변들을 설명해 낼 수 있는 철학적 도구가 될 수도 있다.

본격적인 논의에 들어가기에 앞서 방인이 다산 정약용의 『주역사전周易四箋』을 기호학으로 읽어 낸 방식을 보자. 그는 다산의 주역 이해를 기호학으로 보아야 하는 이유와 다산역이 가질 수 있는 철학이 무엇이 되어야 하는가, 그리고 마지막으로 이러한 관점에서 다산역을 어떻게 연구해야 하는가에 대한 논의를 시도한다.7) 그의 책 2부 「다산역의 기호학적 체계」에서는 상象을 기호라는 전제 하에 두고 다산역이 지닌 기호학적 특성을 설명한다. 도상(icon)이나 미메시스와 같은 개념들이 그러하다. 2부 4장의 「기호계의 모형구조」에서의 벽괘辟卦와 연괘衍卦의 위계와 관계성 강조, 태극太極을 무극無極으로 보는 것에 대한 비판 의식도 주역 괘의 생성이나 진행 과정 전체를 철저하게 기호학의 관점에서 바라보고자 한 데 있다.

주역을 '있는 그대로' 이해하자는 취지에서 환원의 원칙은 현상학적 접근에 해당되며 주역 이해에 자의적인 설명 방식이 개입되는 것을 막기 위함이라 할 수 있다. 여기에 비록 고증적인 태도가 가미되어 있지만 강조되는 것은 역시 상수적인 자세이고 기호학적 분석 태도라 할 수 있다. 다산의 「독역요지」의 18개 해석 규칙은 기호학적 접근 방법과 닮은 점이 많다. 또한 사대의리 중에서 추이推移와 효변爻變에 대한 강화도 기호학적 접근의 정당성을 읽어 낼 수 있는 부분이다. 다산의 기호를 대하는 실증적 태도, 즉 대상이 없다면

---

7) 방인, 『다산 정약용의 『周易四箋』, 기호학으로 읽다』(예문서원, 2014).

기호도 없다는 명제는 태극도 물상物象으로 보며 용도 실재하는 것으로 보게한다. 이는 기호계 전체에는 어떤 틈이나 비약(jumping)이 있을 수 없다는 사실과 일치한다. 대상과 기호 사이에 조금의 간격도 있을 수 없으며 괘와 효사이에도 물샐 틈 없는 관계성이 자리해야 하기 때문이다. 기호를 있는 그대로보고 설명할 수 있다는 사실은 기호학자의 미덕이기도 하지만 주역 연구자의미덕이기도 하다.

방인도 지적했다시피 기호학으로 접근했을 때 주역이 더 잘 이해될 수있는 까닭은 괘의 구성요건이 세계에 대한 재현성에 있기 때문이다. 주역의우주관은 기본적으로는 모사설模寫說에 근거해 있고 괘효의 변화에서 나타나는 괘효사의 해석도 물상을 전제로 하기 때문이다. 「설괘전說卦傳」에서의 물상도 괘효사의 해석에 있어 중요한 역할을 하며 괘효사도 넓은 의미에서의 기호이므로 대상과 기호는 떼려야 뗄 수 없는 관계가 된다. 다산 「독역요지」의18개 해석 규칙에서 그가 강조한 해사該事, 영물詠物, 인자認字의 공통된 요소도모사설을 인정하는 사물과 사건의 대상과 기호로서의 괘효와의 관계이다. 즉 기호에는 대상을 모사한다는 전제가 깔려 있다. 모사는 결국 재현과 동의어이기 때문이다. 다만 기호 이전의 대상이 '어느 정도의 수준에서 그것의 실재성을 담보해야 할 것인가'라는 물음만 남는다.

다산역을 포함하여 일반적인 주역 해석은 대체로 사실주의에 근거해 있다. 다산이 유명론자나 관념론자가 아님이 분명하다. 퍼스 기호학의 정신도유명론과 관념론의 한계를 극복하려는 데 있었고 실재론으로 기울되 전통적인 의미에서의 실재론에서 벗어나려고 했다. 유명론이나 관념론이 "실재한다"는 명제로부터 벗어나려는 태도라면, 언어철학에서 파생된 화용론(pragmatics)이나 신실재론(new-realism), 해석학, 현상학 등은 실재론을 '부드럽게' 수용하려는철학 방법론이라 할 수 있다. 퍼스가 왜 대상을 기호로 보려고 했는가를 생각해 보자. 대상이 존재함은 상식적으로 인정할 수 있되 그것을 알 수 있는 유일한 경로는 대상을 기호로 인정해서 접근하는 방법밖에 없기 때문이다. 대상이 있다고 말하는 순간 실재론자가 되어 버리고 실체를 인정해야 하는 형이상학의 덫에 갇히게 된다. 그러므로 기호학자는 적어도 대상의 실재를 오직 기호를 통해서 확인할 수 있어야 한다.

괘가 태극에서 시작했다고 하더라도 기호의 세계에서 태극은 음양의 '희미한' 흔적으로 있어야 한다. 태극은 오직 괘를 통해서만 확인할 수 있다. 퍼스는 현실에서는 볼 수도 없고 알 수도 없는 존재마저 기호로 본다. 퍼스 기호학의 범주나 분류법을 처음 대하면 낯설게 느껴질 수밖에 없는 '원질적 도상적 질적기호'(rhematic iconic qualisign)라는 말은 태극과 같은 특성을 지칭하는 기호일 수 있다. 태극이라는 것을 인식할 수는 없다고 하더라도 기호화할 수는 있다는 의미이다. 그에게는 사물사건의 대상조차도 기호여야 한다. 만약 대상이 기호 이전에 있는 것으로 말하게 되면 그 순간 들어오는 수많은 철학적 공격을 견뎌 낼 수가 없을 것이다. 버클리나 흄의 비판을 막아 낼 수 있겠는가, 그리고 유명론자들의 공격은 또 어떻게 할 것인가. 그들에게는 대상의 실재나 실체의 실재 이 모든 것들이 일종의 '인식론적 상상력'(an epistemic imagination)일 뿐이다. 기호학은 이런 상상력이 개입될 수 있는 여지를 원천적으로 차단하지는 않지만 대상과 기호가 이분화되는 문제를 방치하지도 않는다.

태극은 한때 시공간적으로 존재했다가 괘만 남기고 사라진 것이 아니라 그 흔적이 괘에 남아 있다고 생각하는 것이 더 적절하다. '태극의 흔적'이 괘에서 작동한다면 적어도 그것은 실재론적 이미지로 남을 수 있으며 기호학적 분석 가능성의 요건이 될 수 있다. 즉 태극은 실재하되 '기호학적으로 실재'하는 어떤 것이다. '실재함'에 대한 실체적 이해에서 벗어나 만물이 해석의 대상이 될 수 있는 실재, 즉 기호로서 실재하고 있음을 의미한다. 기호학은 기호를 연구하는 학문이지 기호 이전에 대응하는 실체가 있느냐 없느냐를 고민하는 학문은 아니다. 대상의 실재성은 기호화 과정에서 드러날 뿐이다. 퍼스에게 대상이 실재할 것이라는 주장은 기호학의 물음이 아니다. 이 지점에서 기호학적 실재론의 관점에서 내릴 수 있는 철학적 명제는 이것이다. 즉 관념이 아니라고 해서 실재하지 않는다고 할 수 없으며 실재한다고 해서 사물 대상으로만 있어야 되는 것도 아니다. 주역을 기호학적 실재론으로 접근하고자 하는 이유가 여기에도 있다.

주역을 퍼스의 기호학으로 이해하고자 하는 이유는 괘가 기호로 구성되어 있다는 사실, 그리고 이에 대한 기호해석의 필요성 때문이었다. 괘의 해석이 자의적으로 이해되는 문제를 좀 더 체계적이고 분석적으로 논의하여 주역의 철학적 특성을 탐색하는 데 있었다. 괘가 가진 재현과 관계의 키워드는 주역철학을 해명하는 지름길이 된다. 괘의 해석에 완전한 코드화는 불가능하다. 괘는 불완전한 코드에 가깝다. 괘는 다른 나머지 괘들과 관련을 맺으며 이어져 나오는 괘와 관련을 맺는 과정에서 퍼스식의 세미오시스의 체계 내에 들어가 있기 때문이다.

1부

주역의 이미지와 재현

1부는 주역의 기호학적 실재론의 특성을 밝히기 위해 재현(representation)의 문제를 논의한다. 재현은 괘효卦爻나 괘효사卦爻辭의 이미지, 반복, 생략, 또는 보충과 관련이 있다. 이는 괘의 논리와 도식(diagram) 과정을 통해 설명된다. 1부 1장은 「주역의 은유적 이미지」, 2장은 「주역의 논리와 재현」, 3장은 「이미지의 재현: 백서본 계사전의 경우」 그리고 4장은 「괘와 도식(diagram): 진괘震卦의 경우」로 구성되어 있다. 재현의 다양한 사례와 관계 문제는 3부에서도 계속된다. 1장과 2장에서는 퍼스의 기호학과 논리학을 적용하여 상象, 즉 이미지(image)를 살펴보면서 자연스럽게 재현성 논의와 연결되도록 했다. 괘상卦象은 그 자체로 이미지와 은유 등의 관점에서 논의될 수도 있지만 괘가 지닌 논리 구조를 이해해야만 완전한 독해가 된다고 보기 때문이다. 3장에서는 주역의 이미지의 재현성을 마왕퇴 백서본 계사전을 통해 살펴보면서, 괘상의 이미지가 어떻게 계사전에서 전개되고 있는지를 알아보았다. 4장에서는 퍼스 기호학의 도식(diagram) 개념을 가져와 괘가 지닌 재현의 문제를 살펴본다. 특히 진괘震卦를 집중적으로 분석하는 과정에서 재현의 특성에 관계의 특성이 작동한다는 것을 착종錯綜과 연계해서 분석하였다. 착종에 대한 논의는 이 책의 「결론」에서 "관계자아"를 논의할 때 다시 다룰 것이다.

　괘효사의 서술 방식과 괘와 괘들 간의 관계 서술 방식에 대한 논의는 이미지적 특성과 재현의 의미를 추적하는 데 꼭 필요하다. 흔히 주역 담론의 서사 이해는 역사적 사건과의 일대일 대응이나 자의적인 사례 적용 수준에서 그치곤 하는데, 이는 괘효와 괘효사와의 기호학적 관련성을 놓치게 되는 문제가 있다. 괘효사를 기호학적 관점에서 본다는 것은 기술된 언표를 우선으로 하되 괘상과 효상의 관련성을 밝혀 주는 것을 말한다. 괘효사의 의미 발생은 무엇보다도 괘와 효라는 기호적 매체에 의존하기 때문이다. 주역의 기본적 이해는 괘효와 그에 따라 나오는 괘효사들의 이미지적 연관성에 있다. 괘효와 괘효사 전체를 인간의 신체로 가정했을 때 괘효는 사람의 뼈에 해당되고 괘효사는 살에 비유될 수 있듯이 이 둘의 관계는 떨어질 수 없다. 이 관련성을 무시하고 괘효사만으로 주역 독해의 즐거움으로 삼는다면 전통적인 상수적 이해와 의리적 이해의 균형감을 잃을 수 있다. 괘효사를 괘효와의 관련성에 주목하는 것은 괘효사의 서사를 독해하는 데도 도움이 된다.

괘효와 괘효사에 대한 관련성을 보여 주는 몇 가지 예를 보자. 복괘復卦(䷗)는 초효부터 상효까지의 불원복不遠復(머지않아 회복), 휴복休復(아름다운 회복), 빈복頻復(자주 바뀌는 회복), 독복獨復(홀로 회복), 돈복敦復(돈독한 회복), 미복迷復(미혹된 회복) 등의 각각의 효의 위치나 시점에 따라 설명된다. 또한 건괘乾卦 상구효의 효사인 항룡유회亢龍有悔는 "극에 달한 용의 뉘우침"으로서 상구효의 위치나 시점에 근거한다. 용의 뉘우침은 효의 위치와 시간 변화에 따른 것이다. 그러므로 효사는 어떤 사실의 이야기라기보다는 효의 기호적 특성으로서 존재한다. 즉 역사적 사건이나 사물의 이야기화의 수준을 넘어 효라는 기호의 질적 또는 형식적 구조에 맞춤어 있다. 괘효사는 괘효의 기호학적 구조와의 관련성을 무시하고는 이해될 수 없다. 효사에서 왜 어떤 특정 물상이나 심상이 선택되었는가, 또는 관련 괘에서 왜 같은 물상이나 심상이 중복되어 배치되었는가를 알려면 괘효의 구조가 중요하며 바로 이런 점이 기호학적 접근이 필요한 이유이다.

1장 주역의 은유적 이미지

주역의 음양陰陽은 단순히 개념이 아니라 사물이나 사건의 재현된 이미지이며, 이러한 이미지가 은유라는 기호로 재구성되는 특성을 갖고 있다. 먼저 개념과 이미지의 관계를 심도 있게 다룬 헬무트 빌헬름(Helmut Wilhelm)과 이즈쓰 도시히코(井筒俊彦, Toshihiko Izusu)의 논의와 왕필王弼의 의意(idea)의 뜻을 함께 살펴보자. 왜 괘가 은유로 취급되어야 하는가에 대해서는 서구의 잘 알려진 동양학자들인 윌러드 피터슨(Willard Peterson)의 '병치성'(Parallelism), 앵거스 그레이엄(A. C. Graham)의 '상관성'(Correlativism), 데이비드 홀과 로저 에임스(D. Hall and R. Ames)의 '개별성'(Particularism)의 용어를 통해서도 알 수 있다. 마지막으로 이미지와 은유의 관련성을 보기 위해 찰스 퍼스(Charles Sanders Peirce)의 기호학을 가져와 은유는 이미지가 도상적(iconic)으로 발전되어진 것이라는 사실을 확인할 수 있다. 도상(icon) 기호는 이미지가 은유가 되는 데 있어 중요한 역할을 한다. 그리하여 주역철학이 왜 '기호학적 실재론'(the semeiotic realism)의 관점에서 논의될 수 있는가에 대한 출발점으로 삼고자 한다.

1. 주역의 이미지—상象

중국어 '상象'은 영어권에서 흔히 이미지(image) 또는 개념(idea)으로 번역되어 왔다. 중국 고대에서는 상은 자연에서 관찰된 현상을 의미하기도 했지만 한편으로는 사건이나 구체적인 사물에서 인식된 기호나 아이디어로 사용되기도 했다. 상은 만질 수 있거나 직접 눈으로 확인할 수 있는 것을 의미하지 않는다. 만지고 눈으로 직접 확인할 수 있다면 음양, 도道, 변화와 같은 개념을 적절히 설명할 수 없다. 상은 단순히 형상形象을 뜻하지 않는다. 피터슨에 의하면, 주역에서 상은 있는 그대로의 사실을 묘사하는 단어로 사용되며, '형形'이라는 말과는 구분되어 사용된다.[1] 상은 동사 '관찰하다'(觀)의 대상이 되기도 한다. 즉 상은 관찰에 의해서 알려지며 이러한 관찰에 의해서 상의 모습이 드러난다. 상은 단순히 사물이나 자연현상의 복사는 아니며 일어난 현상을 두고 관찰자나 해석자의 의도에 의해서 재구성되기도 한다.

음양陰陽은 본래 실제의 그림자나 햇볕을 기술하는 자연적인 이미지이며 주역에서는 이런 현상이 구체적으로 기술되어 하나의 패러다임이 구성된다. 음양 각각이 하나의 구체적이고 단순한 상을 갖고 있다. 말(馬)을 예로 들면, 양陽의 상에는 수말이, 음陰의 상에는 암말의 이미지가 들어 있다.[2] 음양은 자연의 상태를 그림처럼 보여 준다. 드러난 밝은 곳에서는 즉 높은 땅에서는 더 많은 빛이 들어 양은 그런 밝은 상태가 '도상적으로'(iconically) 해석될 수 있는 기호로 작용하며, 숨겨진 곳 즉 어두운 곳은 그림자와 어둠이 더 많아

---

1) 피터슨은 아마 서구권에서 상이라는 용어 사용을 가장 심도 깊게 논의한 학자라 할 수 있다. 이 책 전체에 걸쳐 음양효의 상은 단수로서의 이미지(image)로 번역하고, 복수로서의 이미지(images)는 윌러드 피터슨이 말한 '形'을 지시하는 것으로 한다. 물론 이 둘은 서로 깊이 관련된다. 즉 단수로서의 이미지가 괘 안에서 작용되면 그때의 이미지는 복수로서의 이미지 즉 구체적 개별 현상을 나타낸다. 괘에서의 밝다거나 어둡다는 식의 구체적인 이미지는 음양이라는 것의 시원적인 이미지와는 성질이 다르다. 그러므로 단수로서의 이미지와 복수로서의 이미지의 구별이 필요하다.(피터슨의 "Making Connections: Commentary on the Attached Verbalization of the Book of Changes", *Harvard Journal of Asiatic Studies* 42: 67-116을 참고)
2) 마왕퇴본에는 馬가 象 대신에 사용되며, 乾은 鍵으로, 坤은 川으로 사용된다. 이 모든 예는 추상성이 구체성으로 표현되는 구체적인 증거이다.

음의 기호로 해석된다. 음양은 이렇게 자연의 모습을 반영하면서 자연의 복잡미묘한 모습을 쉽게 드러내고 대상의 구체적 상황을 재현하게 되는 것이다.

음양효가 중첩된 소성괘小成卦에서도 자연의 상을 찾을 수 있다. 예를 들어, 감괘坎卦는 음양의 조합에 의해 해석될 수 있는 물의 특성을 갖는다. 감괘의 첫째와 셋째 음효는 물의 부드러운 성질을 뜻하고, 둘째 효 양효는 물의 센 성질을 뜻한다. 물은 흐른다든지 유동적인 성질 때문에 부드러운 상을 갖게 되고 이런 이미지 때문에 '부드러움'이라는 말로 표현된다. 그러나 이러한 부드러운 이미지도 물이 얼음, 폭포, 또는 홍수와 같은 것으로 변할 때는 부드러운 이미지 안에 센 힘이 나타난다. 부드럽고 센 이미지가 모두 모여 물의 전체 성질을 구성하는 것이다. 그래서 소성괘를 이해하려면 각 효가 지닌 재현의 특징인 도상을 관찰하는 것이 필요하다.

대성괘大成卦도 자연의 모습을 있는 그대로 보여 주는 상이다. 예를 들어 관괘觀卦(䷓)는 하늘 높이 나는 새가 땅 아래를 넓게 내려다보는 성질을 '그림같이' 보여 준다. 관괘를 보면서 이 괘가 소성괘인 손괘巽卦와 곤괘坤卦의 조합이라는 사실을 잊고 대신 새가 높이 날며 땅 아래를 굽어보는 이미지에 집중하게 된다. 하나의 대성괘가 하나의 그림을 제시한다는 것은 그 괘가 단순히 두 소성괘의 기계적 조합 이상의 의미를 갖는다는 것을 보여 준다. 이어지는 각 괘의 상사도 이렇게 전체적인 모습으로 직접 음미되어야 한다. 상사의 역할은 괘의 전체적인 이미지를 재해석하고 단사象辭는 그 이미지에 의해 수반된 구체적 상태를 표현하면서 그에 맞춤된 행위 준거를 제시하게 되는 것이다.

이제 "음양은 개념이 아니라 이미지이다"라는 주장을 갖고 시작해 보자. 여기에는 두 개의 논쟁이 있을 수 있다. 첫째 논쟁은 음양이 개념으로 간주되어야 할 것인가, 아니면 이미지로 간주되어야 할 것인가를 헬무트 빌헬름(Helmut Wilhelm)과 이즈쓰 도시히코(井筒俊彦)의 논문을 고찰하면서 살펴볼 것이다. 둘째 논쟁은 왕필의 단순성 개념과 이미지와의 관계이다. 빌헬름에게 있어 음양은 이미지가 추상으로 환원된 형태이며 도시히코에게는 음양이 이미지와는 전혀 관련이 없는 형식적인 상징인 '상징의 상징'에 불과하다. 그들은 음양이 구체적인 개별 사물이나 사건에 근거되어 있다는 사실을 부정한다. 그러나 음양과 그에 따른 괘 해석을 적절요건에 따라 해석하려면 음양의 개별적인 특성을 파악해야 한다. 즉 개별 사물의 구체적 이미지의 특성을 파악하려면 몇 가지 주의가 필요하다. 첫째, 개념과 이미지 사이에서 일어날 수 있는 이원론적 긴장감이 없어야 된다. 둘째, 이미지가 개념으로 환원되면 음양이 갖고 있는 고유한 이미지적인 특성을 설명할 수 없으므로 음양의 추상적 상징화를 배제해야 한다.

빌헬름은 "이미지와 개념은 서로 적대적으로 부딪치지 않고 비록 그 관련이 복잡하게 얽혀 있음에도 서로의 특성이 자연스럽게 연결된다"고 한다.[3] 이미지의 역할에 따라 괘가 해석되며 "팔괘는 각각의 이미지를 통해 말한다"[4]. 그러나 빌헬름은 단수로서의 이미지(image)와 복수로서의 이미지(images)의 차이에 대해서는 어떠한 언급도 하지 않는다. 그 이유는 소성괘나 대성괘의 음양효를 모두 개념으로 간주하고 대신 괘의 이름을 복수로서의 이미지로만 이해하기 때문이다. 그러나 이렇게 말해 버리면 중대한 모순이 일어난다. 왜냐하면 개념을 복수의 이미지로부터 온다고 주장하기 때문이다. 이렇게 되면 그가 주장한 "이미지가 먼저 개념이 나중"이라는 순서가 뒤바뀌게 된다.

주역에는 두 종류의 이미지가 있다. 즉 순수한 일차적이며 원시적인 이미지와 구체적 개별 현상으로서의 이미지가 있다. 계사상전繫辭上傳에 "하늘에서 상象을 이루고 땅에서는 형形을 이루니 변화가 일어난다"[5]라고 했는데, 빌헬름

---

3) Wilhelm, 1988; 42.
4) Wilhelm, 1988; 46.

은 이를 다음과 같이 설명한다. "일차적이고 원시적 이미지는 하늘로부터 만들어져 하늘에 걸려 있다가 땅에 내려진다. 땅은 (그 이미지를 받아) 형태와 모양을 만들어 (만물의 지침이 되는) 법法을 만들어 낸다."6) 그에 의하면 가장 일차적인 이미지는 어떻게 보면 하늘과 땅이라 할 수 있다. 중국어의 형形을 영어로 번역한 형태(form)라는 말은 그의 논문에서는 복수의 이미지로 대체되고 있다. 주역에서는 개별 이미지 사이에 연속성이 상존한다. 음양이 순수한 의미에서의 단수 이미지라면 소성괘나 대성괘는 실제 대상과 사태를 재현하는 복수로서의 이미지이다. 괘가 그림이 있는 스토리나 비유를 구성하더라도 괘의 상사나 단사는 어떤 식으로든 이미지가 아닌 하나의 설명체계에 불과하다. 이미지를 통해 재현되는 해석은 음양이나 괘의 진정한 뜻을 보여 주기 위한 도구로서만 작용할 뿐이다.

빌헬름은 개념이 이미지로부터 나와서 성장함에도 불구하고 그것은 이미지를 조절한다고 한다. 이미지가 개념으로 바뀌고 단순히 개념의 도구에 불과하다면 이미지는 그 독특성을 잃어버리고 만다. 빌헬름은 "이미지는 그 본래적 기능은 점차 사라져 잊히고 마침내 개념으로 전환되어 더 이상 어떤 역할도 하지 못한다"고 한다.7) 괘에서 중심된 역할을 하던 이미지의 기능이 줄어들고 사라지고 마는 것이다. 이미지가 '쭈그러들면'(by a shrinking of the image) 그 괘의 의미를 지배했던 이미지는 점점 희미해진다. 개념과 이미지는 완전히 분리되어 이미지는 개념의 역할로 바뀌어 마침내는 '죽고' 만다. 즉 이미지의 고유한 특성이 괘의 단계로 진입하면서 개념과 구분되고 이원화되고 만다. 이런 맥락에서 보면 빌헬름의 논의는 왕필이 주장하는 "이미지는 개념의 도구"라는

---

5) 在天成象, 在地成形, 變化見矣.
6) Wilhelm, 1988; 47.
7) Wilhelm, 1988; 52.

견해와 닮아 있다. 왜냐하면 왕필에게 있어 이미지는 의미를 만드는 완전한 단계일 수 없으며, 오직 개념으로 전환될 때만이 의미 있는 구조를 형성하기 때문이다. 그러나 과연 주어진 괘의 이미지와 개념으로 가정된 괘 사이에 분명한 구분이 가능할까, 그리고 이미지가 상실된 괘를 제대로 해석할 수 있을까. 이러한 질문에 대한 대답은 부정적이다.

빌헬름의 대답 방식과는 다르긴 해도 이즈쓰 도시히코 또한 비슷한 논의를 하고 있다. 도시히코는 "괘로 발전되든 음효 또는 양효로 소급되어 논의되든 괘의 상징은 구체적인 이미지와는 전혀 관계없는 즉 이미지가 빠져나간 순수한 추상이다. 이러한 추상화된 상징은 주역의 기호학적 구조에서 이미지가 완전히 결여된 상황으로 나타난다. 괘가 형식적 상징에 불과하다면 주역은 이미지가 없는 세계에 불과하다"고 한다."[8] 그에게 있어서 음양효는 이미지와 아무 관련이 없는 형식적 상징이며, 이미지는 단지 본래 주어진 추상화된 형태를 해석하는 과정에서 발생할 뿐이다. 도시히코는 음양을 이미지의 전 단계 즉 '무—이미지'(non-image)로 간주한다. 그는 오직 '복수로서의 이미지'에만 관심을 갖고 있으며 이미지는 추상화된 음양 상징과 괘를 이해하고자 할 때 만들어지는 것으로만 간주한다. 이는 상징이 이미지로부터 발전되어 나올지라도 음양이나 괘는 해석자의 잠정적인 해석에 의한 상징에 불과하다는 뜻이다. 문제는 음양이나 괘가 주역의 체제 내에서 잠정적 또는 한시적으로만 상징으로 규정된 것이냐 아니냐 하는 데 있다. 물론 도시히코의 "음양은 이미지가 아니다"라는 주장은 빌헬름의 "음양은 개념이다"라는 주장보다는 어느 정도 발전된 주장이라고 할 수 있다. 나아가 음양을 '내적 원형적 형태'(an internal archetypal form), 즉 "존재론적 또는 심리적 원형을 비언어적으로 지시"하

---

8) Toshihiko, 1988; 5.

는 것으로 간주한다는 사실은 어떤 면에서는 도시히코가 음양을 순수 이미지로 파악하고 있다는 뜻도 된다.9) 그러나 음양을 존재론적 또는 심리적 원형으로 보든 그렇지 않든 그는 이미지가 없는 상태와 있는 상태의 관련성을 충분히 설명하고 있지 않으며 단지 그것들 사이의 차이만을 강조하고 있을 뿐이다.

도시히코가 말한 '무-이미지' 상태를 완성하기 위해서는 언어화 과정이 필요하며, 이 과정에 의해 최초로 주어진 비언어적 예언이 제대로 모양을 갖춘 언어적 예언으로 전환될 수 있다.10) 그러나 도시히코가 강조하는 언어화 과정은 음양과 괘의 상호 관련성을 무시하고 있을 뿐만 아니라 해석자의 언어화 과정에만 전적으로 의존하고 있다. 다시 말해 주역의 모든 해석, 특히 단사에서의 세부적인 해석 방식은 단순히 해석자가 일시적으로 주는 언어화 과정에 의해서만 만들어질 여지가 있다. 이렇게 해석자의 일시적 언어화 과정에만 따르게 되면 64괘가 팔괘, 팔괘는 음양효에 각각 의존한다는 사실을 무시하고 64괘의 체계가 단지 하나의 상황적 전제에 불과하다는 결론을 갖게 된다. 즉 언제 어디서든 기존의 64괘 체제와는 아주 다른 상징 시스템을 설치할 수 있게 된다. 괘를 수리화하는 것이 그 경우이다. 괘의 음양은 0 또는 1의 이진법으로 수치화된다. 예를 들어 여섯 개의 양효를 가진 건괘乾卦를 숫자 111111로 바꾸면 양의 상象(이미지)에 근거한 건괘의 본래 의미를 상실하게 되는 것과 같다.

언어화의 무차별적인 해석학적 접근은 주역이 만들어질 때 나타나는 중요한 특성인 사물의 직접적 관찰 과정을 무시한 결과이기도 하다. 음양이 사상, 팔괘, 그리고 64괘로 진화되는 각각의 단계마다 적절한 해석이 주어질 수 있지만 이러한 적절 요건에 의한 해석은 언어화된 이미지의 추상적 상징에

---

9) Toshihiko, 1988; 20-24.
10) Toshihiko, 1988; 21.

의해 나오는 것이 아니다. 이 문제를 해결하려면 음양은 실재하는 "가능상태의 이미지"가 되어야 한다. 음양을 순수한 또는 원시적 이미지로 간주하지 않는다면 소성괘나 대성괘를 이해할 수 없으며 괘의 고유한 이미지를 찾아낼 수가 없다.

음양을 개념이나 추상화된 상징으로 규정하면 이미지와 개념 사이에 지나친 비약이 생긴다. 생각이나 의미가 이미지에 의존한다는 것은 괘사가 괘에 의존한다는 것을 말한다. 음양이 괘에 주어질 때 괘에는 해석의 내용을 내적으로 구성하는 음양의 이미지가 이미 들어가 있다는 사실이 중요하다. 이미지의 단순함에 대한 논의는 계사전에서 이미 시작되었고 왕필王弼이 그 극점에 있다고 할 수 있다. '단순함'(易)은 우리가 자연을 대할 때 만날 수 있는 경험이다. 왕필이 의意의 중요함을 추구하고자 할 때 그의 목적은 단순함 또는 '추상적 이미지'를 찾기 위해서일 것이다. 물론 의意를 찾고자 할 때 그의 목적을 "모든 사실은 심리적으로 환원된다"는 심리적 과정으로서의 의를 찾는다고 생각해서는 안 된다. 그 과정은 오히려 이미지를 찾아나가는 질적 과정으로 간주되어야 한다. 왕필이 완전 무구한 단계에서 존재하는 순수 이미지를 찾으려 했을 때 그는 그 순수 이미지를 주역의 정신을 도道로서 이해하는 데 있었으며 음양으로 구성되어 있는 일종의 '세계 이미지'(a world image)를 찾으려는 데 있었다고 할 것이다. 결과적으로 그는 괘를 음양 이미지가 구현되는 도구로 본 것이다.

왕필의 '단순함'에 대한 입장은 계사전에 근거하고 있다.[11] 계사하전繫辭下傳 1장에 "건은 틀림이 없으니 사람에게 쉽게 보여 주고 곤은 순하니 사람에게

---

11) 왕필의 「明象」에서 말하고자 하는 것은 이미 繫辭下傳 12장의 "글로는 말을 다하지 못하며 말로는 뜻을 다하지 못한다"(書不盡言, 言不盡意)라는 말로 설명되고 있다. 그러므로 왕필을 흔히 주역을 도가적 입장에서 채색하려 한 사람이 아닌 오히려 계사전의 본래 뜻에 충실했던 학자로 간주해야 할 것이다.

간단하게 보여 준다"[12]라고 한 것이나 계사상전 1장에 "건은 쉬움으로써 알고 곤은 간략함으로써 능하다"[13]라고 한 것이 그러하다. 삶의 변화와 복잡함은 쉬움과 간략함으로부터 일어난다. 복잡함은 쉬움과 간단함으로 되돌아가는 성향이 있다. 쉽고 간단한 형태로 되돌아가려는 것이 계사전의 철학일 것이다. 괘의 복잡다단한 성격이 쉽고 간단한 음양 이미지로써 밝혀질 수 있는 까닭은 단순함이 음양 이미지에 의해 들어 있기 때문이다.

괘는 변화의 과정을 나타내며 괘의 음양은 그러한 과정이 주역이라는 책으로 재현되는 근거가 된다. 음양 이미지는 경험이나 관찰을 통해 하나의 적절한 해석 판단을 불러오게 한다. 즉 하나의 최선의 이미지가 여러 많은 이미지들로부터 선택되어 경험과 교호하다가 마침내는 하나의 표준적인 해석 판단에 도달하게 되는 것이다. 이 과정은 하나의 개별 이미지가 괘에 들어붙었다가 적절한 해석판단을 갖는 전형적인 모습이다. 이미지가 의미생성에 또는 해석판단에 이렇게 분명히 관련함에도 불구하고 왕필은 이미지의 중요성을 무시해 버렸다. 이미지의 추상화 과정을 개념화되도록 내버려 둔 것이 왕필의 문제였다고 할 것이다.

'단순함'이란 말은 하나의 순수한 이미지로 이해되어야 한다. 이미지와 개념은 서로 충돌할 수밖에 없다는 빌헬름의 주장은 자칫 실재와 현상이라는 이원론적 구조가 세계에 존재한다는 오해를 낳기 쉽다. 주역의 다양한 이미지들은 개념화될 수 없는 음양에 의존하며 관념으로 절대 환원될 수 없다. 대성괘에서 소성괘로 그리고 음양으로의 개념적 환원이란 있을 수 없으며 이 과정을 추상성으로 치부해서도 안 된다. 비록 개념과 이미지 사이의 의미 있는 상호 관련성을 인정함에도 빌헬름이 개념을 이미지에서 나온 것으로 이해한

---

12) 夫乾確然, 示人易矣, 夫坤隤然, 示人簡矣.
13) 乾以易知, 坤以簡能.

것은 잘못이다. 주역에는 이미지 또는 현상을 추상적 관념으로 환원하려는 그러한 이원론적 체계나 추상적 환원 과정이 없다. 주역은 오히려 다양한 이미지 즉 여러 개별 이미지가 연속되어 있거나 또는 음양이라는 시원적인 이미지들로 구성되어 있다. 괘의 구조는 그 괘에 숨겨져 있는 이미지에 의해 이해되어야 하며, 그 숨겨진 이미지는 음양이라는 가능적 실재, 즉 아직까지는 완전히 구체적인 이미지로 드러나지 않는 상태에서 나온다는 사실이 중요하다.

2. 주역의 기호, 퍼스의 기호[14]

괘의 독특한 성격을 이해하려면 기호학적 탐색이 필요하다. 괘의 상 즉 이미지는 "대상을 그림처럼 보여 주는" 또는 "있는 그대로 보여 주는" 기호이며 은유를 구성하는 중요한 요건이다. 퍼스의 기호학의 이미지와 은유 개념을 빌려오면 음양과 괘를 이해하는 데 도움이 된다. 괘가 은유가 될 수 있는 조건은 나중에 살펴보기로 하고 여기에서는 그 가능성 정도를 퍼스의 해석체(interpretant)와 되돌림(degeneracy)이라는 독특한 해석의 방식을 가져와 알아보자.

해석체에 대해서는 앞서 잠시 살펴보았지만 여기서는 괘와 관련하여 좀 더 알아보자. 해석체는 해석이되 개인의 주관적인 해석이 끼어들지 않는 순수 객관적인 해석의 과정이나 결과물을 의미한다. 퍼스가 말하는 해석체가 무엇인지 알아보기 위해 음陰을 '어둠'이라는 조건에 두고 살펴보자. 해석체라는 관점에서 어둠의 특성을 보면 어둠은 음의 기호로 표현된다. 그리고 어둠은

---

14) 찰스 퍼스(Charles S. Peirce, 1839~1914)는 미국의 논리학자, 기호학자로서 영미기호학의 시조이다. 그의 기호학에 대한 논의는 2부에서 자세하게 설명된다. 여기서는 주역 괘를 이해하기 위한 몇 가지 기본적인 개념만 소개한다.

그와 유사한 음의 기호인 부드러움이나 약함 등의 방식으로 다시 해석된다. 음적인 것은 생각이나 관념으로 비약되기보다는 대신 계속해서 그와 유사한 종류의 다른 표현으로 바뀌며 이해되어 나간다. 음적인 어떤 것은 어떤 단계에서 생각 또는 개념으로 환원되지 않으면서 다른 유사한 방식으로 끊임없이 이어진다. 이제 이러한 음의 특성인 어둠, 부드러움, 약함 등이 음효로 기호화되면 음효는 하나의 기호가 되고 다른 발달된 괘로 진행되면서 해석된다. 앞선 기호가 뒤따라 나오는 기호로 해석될 때 앞선 기호는 뒤의 기호의 해석체가 된다. 즉 해석체라는 기호는 해석의 기능을 쉼 없이 수행하면서 개념이나 관념으로 추상되지 않고 기호로서의 역할을 끊임없이 수행한다.

퍼스는 이러한 해석체를 단계에 따라 직접적(immediate), 상황적(dynamic), 의미 결정적(final) 해석체로 나누어 설명한다. 이 세 가지 해석체를 괘에 적용해 보자. 어둠의 상태를 표현하는 음陰의 기호는 '직접적으로' 해석된다. 이 단계에서 음의 기호와 관련한 어둠에 대한 인상이 만들어진다. 다음으로 그러한 인상이 어두운 하늘, 동물의 검은 피부 등으로 구체적이고 실제 상황에서 표현되면 위와 같은 직접적인 단계의 해석체는 '상황적인' 해석체로 바뀐다. 마지막으로 이런 상황적 단계의 해석이 하늘이나 동물의 두렵고 음흉한 특성과 맞물려지면 음양 괘가 하나의 '의미 있는' 해석체가 된다. 어둠의 이미지가 몇 번의 과정을 거치면서 의미 있는 단계로 바뀌는 것이다. 어둠을 음의 기호로 본다면 이 음의 기호는 직접적이고 상황적이며 의미결정적 해석의 과정을 따르게 된다. 괘의 변화에 나타나는 음양의 양상은 이런 과정을 충실히 보여 준다.

괘에 대한 해석체의 적용은 이 정도로 하고 다음으로 퍼스의 '되돌람(degeneracy) 개념에 대해서도 살펴보자. 그의 '되돌람'이라는 용어가 낯설 수 있다. 2부에서 자세하게 설명하겠지만 여기서는 앞서 말했던 세 단계의 해석체와 함께 살펴본다. 괘의 의미결정적 해석이었던 동물의 음흉함은 상황적인 그 동물의 검은 피부로 이어서 직접적인 해석체였던 어둠 그 자체로 돌아간다. 해석체의 기호화 과정과는 반대로 특정 기호의 현상을 거꾸로 되돌려 하나의 기호를 해석할 수도 있는 것이다. 해석체의 방식이 앞으로 진행하는 방식이라면 되돌림의 방식은 뒤로 돌아가는 방식이라 할 수 있다. 이 두 방식은 괘를 이해할 때 상당히 유효하다. 즉 괘를 해석함에 있어 이어져 나오는 미래의 괘를 볼 필요도 있고 반대로 그 괘가 나오게 된 원인을 거꾸로 추적할 수도 있기 때문이다. 여기서 주의할 것은 괘에 대한 주관적인 해석은 가급적 피하고 어디까지나 괘의 관계만 살피는 것이다. 음양의 이미지 변화에만 치중하는 것이다.

2부에서 다시 설명하겠지만 퍼스 기호학의 중요한 분류 방식인 도상(icon), 지표(index) 그리고 상징(symbol)을 괘와 관련해서 살펴보자. 기호를 뜯어보면 그 안에는 도상적인 것, 지표적인 것, 그리고 상징적인 것이 있다. 양효陽爻 하나를 가져와 설명해 보면, 양효는 용, 지혜, 용기 등의 상징을 나타낸다. 그리고 이런 양효가 특정 괘에 들어가 양효로서의 실제적인 역할을 하게 되면 지표가 된다. 마지막으로 그것이 곧음, 밝음, 강함 등의 물상이나 심상을 그대로 재현한다면 도상이 된다. 그러므로 괘는 상징으로 취급되면서 동시에 도상과 지표의 성격도 갖고 있는 것이다. 그렇게 되면 괘는 도상이 갖는 가능적(possible) 성격과 지표가 갖는 실제적(practical) 성격 둘 다를 함께 갖는다. 그리하여 괘는 상징, 지표 그리고 도상의 세 성격을 함께 갖춘 '열린' 기호가 된다. 괘에서 양의 상징성은 괘의 위치를 적절히 차지하면서 지표 역할도 하고 동시에 '양과 유사한' 대상으로부터도 나온다. 괘의 상징은 양적 성격을 기호화한 도상 기호와 양적 상황을 기호화하는 지표 기호가 조합되어 상징이라는 명제화 과정을 이끌어 내며, 괘가 명제화될 때는 상사나 단사가 이를 보조해 준다. 그러므로 상사나 단사에는 도상적이고 지표적인 해석이 전제된다.

퍼스가 이미지나 은유를 사용하는 방법은 독특하다. 이미지는 퍼스가 그의 범주 현상학에서 말하는 성질(quality) 또는 일차성(firstness)에 해당되고 은유는 그러한 이미지의 일차성과 성질에서 발전되어 나온 것으로 설명된다. 퍼스는 "일차성은 대상의 이미지"[15])이고 "성질은 사물에서 추상적으로 잠재되어 있는 능력"[16])이라고 한다. 이미지는 대상의 잠재 능력 또는 대상이 대상으로서 위치지어질 수 있게끔 하는 가능태로서 도상 기호가 바로 이 일차성의 범주에 속한다. 그는 도상 기호를 더 잘게 나누어 '하위도상'(hypoiconic)을 두고 있는데 이 도상 기호의 밑바탕이 되는 기호들에 이미지(image), 도식(diagram) 그리고 은유(metaphor)가 있는 것이다. 그에게는 이미지, 도식, 그리고 은유 모두 도상의 하위 기호로서 이들도 각각 기호로 작동한다. 그리고 여기서도 도상, 지표, 상징의 관계처럼 은유는 도식의 내용에 의존하고 도식은 이미지에 의존해 설명된다. 즉 이미지는 은유의 가장 기본적인 재료인 도상이 되고, 도식은 이미지와 은유의 매개체로서 지표적이며, 은유는 도식을 통한 이미지의 구현으로서 상징이 되는 것이다. 어떠한 은유도 이미지와 도식의 도움 없이는 만들어질 수 없다. 그 이유는 이미지가 하나의 은유가 만들어지는 재료인 데다가 도식화되는 과정에서 이미지가 은유를 만들기 위한 실제적 환경을 제시하기 때문이다.

　도식에 대해서는 1부 4장에서 자세히 설명하기로 하고, 은유에 대해 좀 더 생각해 보자. 앞서 설명한 대로 은유는 이미지가 갖는 도상이 발전되어 나온 결과물이다. 예를 들어 보자. "사람은 생각하는 갈대"라는 은유는 갈대라는 구체적인 이미지가 우리로 하여금 '그림 같은' 갈대라는 도상을 갖도록 한다. 여기서 갈대라는 도상은 "사람은 생각하는 갈대"라는 은유에 매개체로

---

15) CP; 2,276. CP는 퍼스의 저술들을 편집해 놓은 책 *The Collected Papers of Charles Sanders Peirce*의 약자이다. 인용할 때 앞의 숫자는 책의 권을, 뒤의 숫자는 단락을 뜻한다. 예를 들어 2.276은 2권 276번째 단락이다.
16) CP; 1,422.

작용하며 "사람은 갈대"라는 은유 구성에 밑그림을 만들어 준다. 물론 여기서 '갈대'라는 단어는 은유 진술에서 상징으로 사용될 수도 있다.[17] 그러나 상징으로서의 갈대라는 단어에는 이미 갈대의 여러 모습을 있는 그대로 보여 주는 이미지가 들어 있다. 즉 은유적 진술에는 실제로 존재하는 갈대와 유사한 이미지가 들어 있으며 누가 보아도 갈대라고 생각할 수 있는 공통 이미지가 있다. 만약에 위의 은유에 이러한 밑그림이 될 만한 공통되고 분명한 갈대라는 이미지가 없다면 위 진술의 적절성을 담보할 수 없다. 다시 말해 은유의 본래 뜻이 실제 사실과 부합되지 못하여 은유 진술을 해석하는 데에 어려움이 오게 되는 것이다. 은유가 만들어지는 과정이나 은유가 적절히 해석되어지는 과정에는 모두 이와 같은 밑그림이 될 만한 이미지가 전제되어 있다는 것을 알 수 있다.

물론 도상 이미지는 중간 단계로서의 도식화 과정(the process of diagramatization)이 없이는 은유가 될 수 없다. 하나의 이미지가 분명하고 효과적으로 표현되기 위해서는 이러한 도식화가 꼭 필요하다. 대상이 그림이나 부호 등으로 표현되는 것이 도식화 과정이며, 그러한 과정을 거치면서 은유의 의미론적 기능이 일어나게 된다. 괘에서는 대상의 음양 이미지가 중첩된 하나의 괘를 이룰 때 이런 도식화가 일어난다. 도식화가 있은 후에 괘는 은유로 이해될 수 있다. 괘는 음양 이미지가 조합되기 전까지는 아직 기호가 아니다. 어둠이나 밝음이라는 순수한 도상 자체로는 기호로서의 역할을 하지 못하며 지표와 상징이라는 기호로 거듭나면서 완전한 기호가 되는 것이다. 음양의 도상 이미지는 소성괘나 대성괘를 구성하는 모티브를 제시할 뿐이고 괘 안에서 작용할 때만이 지표가 되고 상징이 되면서 은유로 발전할 수 있다. 즉 괘의 은유적 특징은

---

17) M. C. Haley, 1988; 15.

음양 이미지가 적절한 요건 즉 지표와 상징의 구조를 갖출 때만 그 역할을
다한다. 은유는 도상과 지표 그리고 상징의 합작품인 것이다. 은유는 도상에서
출발하여 지표를 통해 상징으로 발전한다. 퍼스 기호학의 관점에서 보면 괘는
이미지 또는 도상에서 시작한 기호인 것이다.

3. 괘의 이미지와 은유

대성괘는 구체적으로 확정된 이미지를 갖고 있는 두 개의 소성괘의 조합
으로 만들어지기 때문에 괘의 의미도 소성괘의 음양효가 지닌 이미지라는
기호학적 특성에서 나온다. 이러한 각각의 효의 역동적인 시간 변화와 위치에
의해서 괘에서는 새롭고 풍부한 의미가 만들어진다. 괘는 정적인 기호체계가
아니라 시간을 통해 변화하고 새 자리를 잡는 역동적인 기호이다. 괘의 이러한
역동적인 체계는 "괘는 은유이다"라는 주제와 직접 관련된다. 음양 이미지는
음양이 서로 바뀔 때 새로운 의미가 만들어진다. 음양의 자리바꿈을 자세히
살펴봐야 하나의 괘가 다른 괘로 바뀔 때의 그 의미 변화도 추적할 수 있다.
괘의 음양 이미지의 자리바꿈은 괘의 은유 형성에 직접적 관련이 된다.

괘가 은유적 구조를 갖는다는 사실을 알아보려면 괘 안의 효가 어떻게
작용하는지를 보면 된다.[18] 괘는 음효와 양효가 서로 병치되어 이루어지는데
이때 음효와 양효가 서로 대비 또는 대조된다. 그러나 이 효들이 무작위적으로
만들어져 괘가 되는 것이 아니며 괘도 자연물을 그대로 모사하거나 닮은꼴을
해서 이루어지는 것도 아니다. 앞서 해석체에 대한 언급을 했다시피 괘는

---

18) 특별한 지시가 없는 한 괘라고 할 때는 대성괘를 지칭한다.

두 괘의 소성괘로부터 나와 대성괘를 이루면서 또 하나의 해석체가 된 것이다.[19] 괘의 변화는 음양 이미지의 자유로운 연출에 의한 것이므로 음효와 양효는 중첩하면서 자연스럽게 은유 구조를 형성한다. 괘는 음효와 양효의 섞임이라는 은유적 속성을 갖고 있는 것이다.[20]

괘를 은유로 보려면 두 가지 접근 방식이 필요하다. 하나는 직접 그 괘의 이미지 성질을 살피는 것이고 다른 하나는 그 괘의 비유적 특성을 고려하는 것이다. 이미지 성질을 보기 위해 정괘鼎卦(䷱)를 예로 들어 보자. 정괘는 하나의 이미지를 연출한다. 각각의 효는 고대의 솥의 부분을 묘사한다. 첫째 음효는 솥의 세 개의 다리 중 하나를, 둘째, 셋째, 그리고 넷째의 양효는 솥의 몸체를, 다섯째의 음효는 솥의 귀를, 마지막의 양효는 귀의 고리를 묘사한다. 비유적 특성의 예로 박괘剝卦(䷖)를 보자. 박괘에는 위의 정괘와 같은 이미지의 연출이 없는 대신 일상생활이나 자연에서 관찰되는 파괴, 마모, 벗겨짐, 불행과 같은 비유적 특성들이 나타난다. 위 두 괘의 사례를 보면 괘에는 두 가지

---

19) 이론적으로 괘가 6효 대성괘로 멈출 이유는 없다. 6효 대성괘는 얼마든지 8효로 구성된 괘로, 또는 더 이상의 효로 구성된 괘로 발전할 수 있다. 해석체라는 기호는 끊임없이 진행하는 연속성(continuity)을 전제로 하기 때문이다. 다만 6효 구성의 정합성과 적절성을 전통적으로 인정하기 때문에 여기에서 멈추어 논의하는 것이 바람직할 뿐이다.
20) 괘의 구조가 은유일 수 있는 이유를 여기서는 자리바꿈 또는 병치라는 말로 대신했는데, 이는 어디까지나 괘 자체의 변화를 두고 한 말이다. 이와 달리 괘를 보는 인간의 의식, 즉 추론의 과정에서 이와 유사한 현상을 지적한 논문으로 이향준의 「역학적 사유의 살아 있는 기원」이 있다. 물론 그의 "이것을 끌어다 저것을 추론하라"(23쪽)는 메시지가 똑같은 맥락은 아니라 할지라도 은유의 자리바꿈이나 병치를 의미하는데는 큰 차이가 없다. 한편 박상준은 은유를 세계와 괘상, 괘상과 괘효사, 괘효사와 주석, 그리고 주석에서 독해의 4단계로 설정하여 주역 전체에서 은유가 일어나는 것으로 본다. 그리고 이러한 단계마다 일어나는 은유 구조를 자신이 고안한 '은유게임'으로 설명한다. 게임의 성격상 그것은 본래 의도하지 않았던 전혀 다른 상황을 만들어 낼 수 있다. 즉 원 관념과 보조 관념이 아닌 제3의 관념을 만들어 낸다. 어쨌든이 또한 은유 발생의 전형이라 할 수 있다. 그의 은유게임에 대한 자세한 논의는 「주역의 본질: 주역의 은유적 서술 구조 측면에서」를 참고하라.

종류가 있다는 것을 알 수 있다. 하나는 사물이나 사태의 구체적인 이미지로부터 쉽게 얻어낼 수 있는 괘고, 다른 하나는 그러한 구체적인 이미지를 얻어낼 수 없는 대신 비유적으로 이해할 수밖에 없는 괘가 있다. 그러므로 음양효가 사물의 여러 모습을 통해 직접적으로 이미지화되는 경우가 있는가 하면 괘의 비유적 특성에서도 보이다시피 괘가 사물의 모습을 직접적으로 묘사한다고 말할 수 없는 경우도 있다. 대상에 대한 모사를 좀 더 직접적으로 지시하는 괘들도 있지만 그렇지 않은 괘들도 있는 것이다. 후자의 경우처럼 괘를 은유로 이해하고자 할 때는 괘의 사물의 직접적 묘사의 특성과 함께 비유적인 간접적 특성 둘 다를 참고해야 한다. 물론 간접적인 경우라도 재현의 특성이 없는 것은 아니다. 비유적 특성에도 여전히 이미지 특성이 내재하고 가능한 상태로 존재하기 때문이다.

괘의 이미지는 닮음과 어울림이라는 형태로 병치되어(paralleled) 있다. 앞서 퍼스에게 있어 은유는 하나의 기호이며 기호로서의 은유는 대상을 이미지화하고 도식화하는 과정에서 만들어진다는 점을 지적했다. 은유가 지닌 이러한 특성은 대상을 있는 그대로 보되 그것을 또 다른 대상(이미지화된 대상 또는 도식화된 대상)으로 보게끔 한다. 비록 은유가 이미지와는 다른 특성을 가진 기호임에도 은유에는 유사성과 닮음이 내재되어 있고 이미지나 도상이 들어 있다. 괘에는 음양 이미지의 자리바꿈으로 생겼다가 또 다른 자리바꿈으로 인해 새로운 의미가 생겨난다. 하나의 괘를 볼 때 발생하는 긴장감은 이러한 음양의 역동적인 자리바꿈 때문이다. 괘가 뿜어내는 '의미적 긴장감'에는 그 안에 이미지와 도식이 자라나왔기 때문이다.

퍼스가 말하는 '병치'(parallelism) 개념은 본래 거대 담론으로서 거기에는 숨겨진 자연의 진리 또는 실재가 기호를 통해서 구현된다는 뜻이 있었다. 하나의 대상이나 사건을 다른 대상이나 사건으로 전환하려는 은유 프로젝트에는 세계와 텍스트 또는 대상과 해석의 병치라는 의의가 있다. 그런 점에서 보자면 주역이라는 책도 하나의 텍스트로서 세계의 실재하는 모습을 텍스트 안에서 기호로 병치시킨다고 할 수 있다. 세계의 실상을 기호로 재현시켜 자연과 어울리게 한다. 주역에는 실재하는 자연의 모습이 내밀히 숨겨져 있다. 인간 삶의 도덕 행위의 경우를 보자. 도덕 행위는 실재하는 자연을 병치해서 그 적절성을 유지한다. 괘들은 실재하는 자연의 모습인 하늘과 땅이 가진 비의秘意를 그대로 재생한다. 이런 까닭에 주역이라는 책은 실재하는 자연의 모습을 궁구하는 결정적인 모델이 될 수 있고 자연에 숨겨진 비의를 찾아내는 최적의 자료가 될 수 있다. 주역이 세계를 구현하는 양식이라면 그 안의 64괘와 세계와의 병치에 주의할 필요가 있다. 퍼스의 도상 이론에 비추어 보면 주역에서 사용되고 있는 모델링이나 모방의 개념은 괘의 그러한 병치의 특성을 잘 드러낸다. 어울림(配, matching)이라는 말도 대상을 기호로 잘 도상화하거나 재현한다는 말에 다름 아닌 것이다.

미시적인 병치의 양식으로 음양의 문제를 좀 더 들여다보자. 음양이야말로 이러한 천지변화를 잘 재현하며 천지변화의 실재하는 모습과 괘 사이를 병치 또는 어울리게 하는 요소이다. 병치가 은유의 한 특성이라고 볼 때 괘에서도 그러한 병치가 일어난다. 괘에서는 음효와 양효가 서로 맞물리며 끊임없이 새로운 의미가 만들어지며 천지자연의 일정한 질서가 개입된다. 음양의 끊임없는 변화를 통해 주역이라는 책과 자연의 모습 사이에는 '베낌'의 행위가 일어나게 되는 것이다.

'베낌'의 근거는 계사전에서도 확인할 수 있다. 계사상전 12장에서 "상은 성인이 천하의 그윽하고 깊이 가리어져 있는 역의 이치를 봄에 그것을 형체에 비기며 그 물체에 마땅하도록 형상화한다"[21]라고 했듯이 상 즉 이미지는 천하에 대한 성인의 행동이나 느낌이 괘로 형상화된다. 성인의 느낌, 생각, 그리고 행동은 대상에 대한 표현의 산물 즉 성인이 가진 직접 관찰의 산물이다. 통찰에 가까운 즉 경험과 연역 모든 것이 발휘되는 인식 방식이다. 이러한 방식을 증명해 보일 수 있는 중요한 문구인 계사상전 1장의 "사물의 성질로 유를 모으고 물건으로써 무리를 나는 것"[22]이라는 말은 모든 사물에 알맞은 직분을 갖게 하는 것이다. '공평함'(方)을 갖지 못하면 사물이 나름대로의 성질을 가질 수 없으며 사물 고유의 적절한 성질을 줄 수도 없다. 그래서 성인의 통찰은 자연의 상 즉 이미지를 사려 깊게 경험하는 것과 다름 아니다. 자연의 상을 단순히 흉내 내는 것은 주역의 성인의 할 일이 아니다. 성인이 자연의 이미지를 기호로 '떠 내' 올 수 있는 것은 어디까지나 재현이 실재에 근거하기 때문이다.

병치에는 대상과 주역의 책 사이에 연속하는 이미지가 상관하고 있음을 말해 준다. '베낌' 또는 어울림의 진실을 말해 주는 계사상전 6장의 "넓고 큰 것은 천지와 배합되고 변하고 통하는 것은 사계절과 합치하며 음양의 법칙은 일월과 배합되고 이간의 선은 지극한 덕과 배합된다"[23]라는 말을 보면, 괘는 천지와 조우하면서 그 숨겨진 모습의 무한한 힘을 베껴 내는 것을 알 수 있다. 베낌과 어울림의 배합이 이루어진 속에서 강하고 부드러운 효가 서로의 자리를 바꿈 하거나 밀어내어 괘의 의미가 살아나는 것이다.

병치하는 상황은 괘 안의 음효와 양효들이 서로의 위치를 주고받고 하면서도 일어난다. 음양효는 각각 나름의 패턴을 유지하는 속에서 괘를 형성하게 되고 또한 다른 괘로 전환될 수 있는 준비를 하고 있다. 괘의 이러한 기능이 우리의 인식을 다듬질해 내어 삶의 환경에서 일어날 수 있는 모든 사건에 대해 일일이 말하도록 한다. 그렇다면 다음과 같은 결론을 내릴 수 있다.

---

21) 夫象, 聖人有以見天下之賾, 而擬諸其形容, 象其物宜, 是故謂之象.
22) 方以類聚, 物以羣分.
23) 廣大配天地, 變通配四時, 陰陽之義配日月, 易簡之善, 配至德.

음양의 역동적 기능이 베끼는 절차에 의해 자연의 모습을 재현한다는 것 그리고 이러한 역동적 기능에 의해 새로운 의미가 만들어진다는 것이다. 즉 괘는 자연의 실재 이미지를 '붙들고' 있음으로 해서 은유를 만들어 내는 것이다.

상관성(correlativity) 또는 상관적인 사고라고 부르는 개념도 괘의 은유 구조를 이해하는 중요한 몫을 차지한다. 이 개념은 홀(David Hall)과 에임스(Roger Ames)의 저서 『중국을 예상하며』(Anticipating China)라는 책에 나오는 것으로서, 넓은 의미에서 상관성은 중국철학의 독특성을 대신하며 좁은 의미에서는 은유 생성의 문제와 관련이 된다. 홀과 에임스는 "상관적 사고에 기인하는 개념들은 모두 이미지로 뭉쳐져 있다. 복잡한 의미적 조합이 풍부하며 긍정적인 면에서 '애매한' 의미로 서로를 반영한다"라고 한다.[24] '이미지의 뭉침'이 조합될 때의 효과가 상관성이며 뭉침의 현상이 이미지의 연속적 흐름으로 나타날 때 은유가 발생한다.

상관성은 크게 예중(paradigmatic) 관계와 통어(syntagmatic) 관계로 나누어 설명된다. 예중 관계의 상관성은 서로 다른 두 요소의 '닮음이나 다름'에 관련되고 통어 관계의 상관성은 요소들의 '가까움과 멂'에 관련된다. 특히 예중 관계의 상관성이 음양효에 좀 더 직접적으로 적용된다. 음과 양은 한 쌍의 닮음과 다름의 관계로서 예중 관계의 전형이다. 음양은 닮음과 다름의 관계 속에서 은유를 만들어 낸다. 음효를 그림자, 양효를 햇빛의 이미지라고 가정해 보자. 그림자와 햇빛을 뜻했던 음과 양은 예중 관계에서 볼 때는 서로 다른 요소이다. 그러나 이 다른 요소들의 관계에는 세기의 강도 차이가 있다. 해가 떠서 낮이 되고 땅거미가 져서 밤이 되는 과정에서 밝음의 정도가 다르며 그 정도 차이에서도 일련의 밝음의 연속성이 계속된다. 새벽과 낮의 관계 또는 해거름

---

24) David L. Hall and Roger T. Ames, 1995; 136.

때와 밤의 관계는 단순히 낮과 밤이라는 대조되는 관계보다 더 많은 닮음이 있다. 물론 이러한 닮음과 다름의 관계는 빛의 가까움과 멂의 관계에도 간접적 영향을 미친다. 예증 관계와 통어 관계가 교차하면서 그림자를 베껴 낸 음효와 햇빛을 베껴 낸 양효 사이에 은유적 긴장이 더 커지게 되는 것이다.

새벽, 낮, 저녁, 밤의 밝기의 정도에 따라 음양의 내부에는 짧게 끊어지는 닮음의 관계가 존재한다. 낮은 밤을 감싸고 있으며 밤은 낮을 감싸고 있다. 낮은 경험적으로 밤에서 나온다. 어두워지기 시작하면 밤이 시작하고 다시 밤은 낮이 시작할 수 있는 조건을 만들며 이렇게 시작되고 다시 시작하는 관계 속에서 은유가 생겨난다. 그러나 낮과 밤의 조도 차이가 가까워지고 두 요소의 예증 관계가 닮아질수록 은유적 긴장은 줄어든다. 새벽과 해거름의 이미지는 낮과 밤이라는 극히 다른 이미지들이 한쪽으로 수그러드는 모습을 보여 준다. 즉 새벽은 그렇게 밝지도 어둡지 않으며 해거름 또한 마찬가지이다. 이러한 변화에서 말하고 싶은 것은 은유가 강력한 대조나 차이에서 오는 듯해도 그 안에는 닮음이 바탕을 이룬다는 것이다.

보드(Derk Bodde)는 예증 관계를 대칭성(symmetry)과 중심성(centrality) 둘로 설명한다. 이 새로운 용어들은 음양이 은유적 조건 하에서 더 잘 설명될 수 있음을 보여 주며 은유적 긴장이 퍼스가 말하는 도상적 이미지 또는 순수 이미지에 근거한다는 사실을 보여 준다. 똑같이 둘로 나누어짐을 의미하는 대칭성은 두 가지 다른 요소가 서로를 물고 있는 관계이다.[25] 중심성은 한 쌍의 관계에서 제3자가 끼어들어 두 요소가 안정적으로 중심을 잡을 수 있게 한다.[26] 앞서 말한 '상관성'을 '대칭적 관계' 또는 '대칭성'으로 바꾸어도 음양의 관계를 설명하는 데 문제는 없다. 대칭성은 음양효에도 그대로 적용된다.

---

25) Derk Bodde, 1991; 109.
26) Bodde, 1991; 109.

그러나 한 쌍의 이미지가 대칭이 되려면 괘라는 구체적이고 보다 진화된 이미지 안에서도 여전히 균형을 유지할 수 있어야 한다. 예를 들어, 태괘泰卦(䷊)는 아래는 하늘의 소성괘와 위로는 땅의 소성괘를 가짐으로써 균형을 이룬다. 태괘는 하늘과 땅이 완전히 교통하는 것으로서 평화 또는 조화를 보여 주며, 그 괘의는 군주가 천지의 도를 이루어 천지가 올바른 방향으로 진행되도록 도와주는 데 있다. 또 다른 예로, 12번째의 비괘否卦(䷋)는 아래가 땅의 소성괘, 위가 하늘의 소성괘로서 균형은 유지되지만 태괘와 달리 하늘과 땅이 원활히 교통할 수 없는 '파괘'의 모습을 보여 준다. 그래서 군주는 자신의 덕을 삼가고 조심해서 재난을 피하려고 한다. 즉 자신의 지위와 값어치에 보상을 받으려고 애쓰지 않는다. 이 예들은 하늘과 땅의 소성괘가 서로 다른 모습에서 하나의 균형을 유지하려는 이미지를 대표적으로 보여 준다. 그리하여 태괘와 비괘의 괘사들에는 그 안에 소성괘들의 대칭성과 중심성을 '그림처럼' 보여 주는 이야기들로 가득 차게 된다.

전통적으로 괘를 분석해 온 방식이 있다. 괘를 세 부분으로 나누어 위두 효와 아래 두 효 사이를 연결하는 고리로서 중간의 두 효를 설정하는 방식이다. 건괘乾卦(䷀)를 예로 들어 보자. 먼저 괘를 각각 두 개씩의 양효를 갖는 세 그룹으로 나눈다. 그리고 위의 두 양효는 하늘을, 아래 두 양효는 땅을, 그리고 중간의 두 양효는 인간으로 나누어 설명한다. 천지인天地人 또는 삼극三極의 분류 방식이다. 여기서 중간 그룹의 두 양효는 다른 두 그룹의 양효를 매개하는 고리 역할을 한다. 보드의 '중심성' 개념을 빌려와 설명한다면 고리 역할을 하는 중간 그룹의 양효는 다른 두 그룹의 양효들을 받쳐주는 중심 역할을 한다. 보드는 "대칭으로부터 중심에 의한 복잡 양상으로 발전시키는 가장 간단한 방법은 이원적인 양태를 삼원적인 양태로 전환시킬 때이다"라고 한다.[27] 중심성이 개입되면 이분법적인 대칭성이 점점 복잡해지고 심화된다. 이렇게 중심화되어 나갈 때 개별 이미지가 상호 관련하며 구체화된다. 건괘의 은유적 긴장은 바로 중간의 인간의 효가 하늘과 땅의 다른 효들을 매개해서 중심으로 이끌어 나갈 때 만들어지는 것이다.

그러나 여전히 몇 가지 의문이 있다. 어떻게 해서 괘의 그러한 예증 또는 대칭 관계가 은유적 긴장을 만들어 내는지, 또 은유적 긴장이 어떻게 이미지에 근거할 수 있는지에 대한 의문이다. 니담(Joseph Needham)이 고안하고 성중영成中英(Cheng Chung-ying)이 발전시킨 '내재성의 원리'(the principle of internality)를 가져와 설명해 보면 위의 의문에 대답할 수 있는 길을 찾을 수 있다. 이 의문에 답하기 전에 잠시 앞에서 논의되었던 상관적 관계에 대해 부정적이었던 그레이엄의 설명을 들어 보자. 그에 따르면 상관적 관계는 이성에 근거하지 않기 때문에 합리적 검증이 필요하다고 한다.[28] 그는 합리적 검증 또는 이성적 판단이 상관적 관계의 정합성을 판단하는 기준이 된다고 본다. 즉 검증이나 판단 절차가 상관적 관계가 좋은 은유가 될 수 있는지 없는지의 기준이 되며 양질의 은유적 긴장이 만들어질 수 있는 근거가 된다고 본다. 그레이엄에 대해 니담이 어떻게 대처하는가를 보자. 그는 "사물은 다른 앞선 사물들의 작용 때문에 구체적인 모습을 띠는 것이 아니다. 끝없이 순환하며 움직이는 사물들의 위치는 자신들의 내재적 성질 때문에 필연적으로 그렇게 자리 잡을 수밖에 없다"라고 한다.[29] 성중영도 사물들의 내재적 성질을 "서로의 관계에서 사물을 움직이게 하는 힘"으로 보며 이러한 '자기 동력적 힘'(a self-moving power)은 도가의 무위 또는 유가의 '하늘의 직분'과 같은 개념으로 이해한다.[30] 그렇다면 한 쌍의 예증 요소들의 상호 관계는 일종의 자기 동력적 힘으로 설명이 가능하며

---

27) Derk Bodde, 1981; 111.
28) A. C. Graham, 1992; 212.
29) Cheng, 1991; 107, 재인용.
30) Cheng, 1991; 102.

은유적 긴장의 철학적 근거도 예증 요소의 이러한 내재적 성질에 기인하고 자연의 시원적인 이미지에 근거한다고 할 수 있다.

퍼스의 도상(icon)은 이러한 '자기 동력적 함'이라는 논의에 적용될 수 있다. 물론 그의 도상 개념을 성중영이 말한 '자기 동력적 함'에 그대로 적용할 수는 없다. 퍼스의 도상은 철저히 기호해석의 일환에서 나온 것이고, 성중영의 자기 동력적 힘은 사물을 대하는 통찰의 방식이므로 비교하기가 적절하지 않다. 랜스델이 퍼스의 도상 기호를 어떻게 정의하는가를 보자. "도상 기호는 말이 없는 기호이다. 도상 기호는 자체 내에서 또 자체의 기호를 통해서 자신을 드러내고 보여 주며 직접적으로 필요한 것들을 제시하고 만들어 낸다. 그러나 어디까지나 있는 그대로 즉 그림처럼 자신의 성격을 드러내지 자신이 무엇인가에 대해서는 어떠한 언어적 담론을 요구하지 않는다"라고 그는 말한다.[31] 랜스델은 대상이 스스로를 드러내는 데 용이한 이러한 도상 기호의 중요성을 강조한 것이다. 도상 기호는 어떤 물질적 방식으로도 표시되지 않는다. 그것은 대상의 성격을 오직 도상적으로 드러낼 뿐이다. "도상적으로 자신을 드러낸다"는 말을 이해하려면 그가 예로 든 "펜을 어떻게 인식할 것인가"의 진술을 보는 것이 좋다. "책상 앞에 놓인 이 펜은 여러 가지 점에서 다양한 모습을 하고 있다. 예를 들면 모양은 로켓처럼 생겼고 색깔은 검정색 자동차와 같고 용도는 내가 갖고 있는 다른 펜들과 유사하다. 그렇다면 나의 이 펜은 있는 그대로의 자신의 모습을 직접적으로 드러내면서도 동시에 다른 여러 사물들의 특성 즉 모양, 색깔, 용도들에 대해서도 유사성이나 차이를 말해 주고 있다."[32] 앞서 괘를 설명하면서 예로 들었던 그림자와 햇빛에 랜스델의 진술을 적용하면, 그림자와 햇빛은 자신의 모습을 있는 그대로 드러내면서도 다른

---

31) Joseph Ransdell, 1977; 69.
32) Ransdell, 1977; 68.

사물들의 제반 특성들에 대해서도 말을 한다고 할 수 있다. 햇빛은 양 그 자체이면서도 다른 밝고 어두운 성질을 '함께' 가질 수도 있다. 비록 도상 기호의 특성과 성중영이 말한 '자기동력적 힘'의 특성이 서로 다른 맥락에 있지만, 대상의 이미지화 과정에 은유가 될 수 있는 요건을 공통적으로 갖추고 있다는 사실에는 크게 차이가 없다.[33]

사물의 내재적 성질은 저절로 드러나는 것이며 이런 내재적 성질이 예증 관계로 놓일 때 한 쌍의 관계 요소들이 은유적 긴장을 만든다. 물론 대상의 내재적 성질이 거울에 물건이 비추이듯 그런 식으로 저절로 드러나지는 않는다. 음효와 양효의 경우를 보더라도 효들이 구체적인 대상과 꼭 닮아 있지는 않기 때문이다. 대신 음양의 효에서 효라는 기호와 대상 사이에 어떤 내재적 닮음이 있으리라는 것을 전제할 뿐이다. 음양효는 그림자와 햇빛, 여성과 남성, 부드러움과 단단함 같은 특성을 가질 수 있는 가능성을 전제한다. 중요한 것은 음양이 사물의 내재적 성질이며 자기 동력적 힘이라 해도 그것은 오직 경험이나 관찰에 의해서만 파악된다.[34]

상관적 사고방식은 '비유적 조합'을 만들어 낸다.[35] 비유적 조합은 일차적으로 사례를 통해 만들어진다. 왜냐하면 구체적인 사례가 없으면 상관적 패턴이 이루어지지 않기 때문이다. 이러한 구체적 사례는 동시에 이미지의 모임들로 이루어져 있다. "상관적 사고는 사례의 내용을 풍부하게 해서 이미지의 모임을 구성하며 동시에 다양하고 풍부한 의미가 나올 수 있게끔 이미지를

---

33) 이러한 논의는 이 책의 「결론」 1장에서 태극 논의를 할 때 자세히 다룬다. 태극이 도상 기호이면서 동시에 자기 동력적일 수 있는 근거가 이러한 논의를 통해 가능하기 때문이다.
34) 이런 경험이나 관찰은 직관이며 통찰에 가까운 것으로서 퍼스는 이를 가추적(abductive) 인식으로 설명하고 있다. 이에 대해서는 3부 3장에 자세히 설명되고 있다.
35) Hall and Ames, 1995; 124.

모아 짠다."36) 사례를 들다 보면 자연스럽게 구체적이고 개별적인 이야기를 하지 않을 수 없고 비유를 만들어 내지 않을 수 없다. 괘사도 마찬가지이다. 각각의 괘사는 자신의 이야기를 내놓으면서 괘효가 지닌 이미지를 모아 들인다. 괘사의 이야기는 괘효의 기호화에 의해 이 세상 밖의 이야기가 아닌 구체적인 경험이나 관찰의 결과가 된다. 음양효의 비유적 조합으로 괘효의 이미지가 '임시로'37) 설정되며, 괘효는 이렇게 '이리저리 임시로 설정된'38) 구체적인 이미지에 의미를 만들어 낸다. '눈앞에 있는' 괘사가 괘가 지닌 상황이나 속성을 지시하는 것이다.

그럼에도 홀과 에임스의 생각은 자칫 괘효사의 설정을 작위적으로 만들 위험이 있다. 만약 괘효사가 대상과 어떤 인과적인 연결고리를 갖지 않거나 괘효와도 관련이 없이 개별적인 비유로만 있다면 그것은 유명론적인 사고 체계로 들어갈 수 있다. 유명론적 사유는 퍼스 기호학의 도상, 지표, 상징의 삼원적 기호학 중 두 번째에 해당되는 '지표'의 이론적 근거와 맞물려 있다. 퍼스에게 있어 '지표'(index) 기호의 철학적 의의는 이것저것 등으로 지칭될 수 있는 사물과 사건의 현실 단계를 지칭한다. 퍼스의 삼원적 범주이론(the triadic category)에 의하면 실제성(actuality)은 가능성(possibility)과 실재성(reality)의 중간 단계의 범주인데, 문제는 이 범주 중에서 실제성과 관련된 지표 기호만으로 음양의 이미지 구성을 적절하게 설명할 수 없다는 데 있다. 즉 비유적 조합만으로 괘를 설명할 수 없다. 지표 기호는 여러 다양한 대상의 이미지들을 묶는 도구로만 기능하지 않고 다른 개별 이미지들이 '자라나게끔' 한다. 만약 괘효사를 도상이 없이 지표 하나로만 이해해서 철저한 개별 사례로 남겨 놓는다면

---

36) Hall and Ames, 1995; 136.
37) Hall and Ames, 1995; 138.
38) Hall and Ames, 1995; 140.

주역의 괘 구성 방식은 유명론적 사유에 갇히고 말 것이다. 괘효사는 개별 사례들의 이미지 모임 이상의 것이기 때문이다. 괘효사는 다른 괘효사들과의 '열'란 개별성으로 있어야지 만약 자신의 괘효에만 의존하고 다른 괘효를 허락하지 않고 닫혀 있다면 그 괘효사는 의미론적 연결고리를 잃게 된다.

음양은 개념이 아니라 이미지로 설명되어야 한다. 음양이 괘 안에서 이미지로서의 역할을 한다면 괘는 은유일 수 있는 조건을 갖출 수 있으며 괘가 임의적으로 만들어지고 따라서 임의적으로 해석될 수 있는 잘못을 없앨 수 있다. 은유는 이미지 즉 실재하는 자연의 있는 그대로의 도상적 성격에서 기인한다. 괘를 이렇게 이해할 때 주역철학에 대한 유명론적 태도를 교정할 수 있고 실재론적 이해로 나아갈 수 있는 것이다.

2장 주역의 논리와 재현

앞에서 상의 이미지나 은유를 통해 괘의 재현을 살펴봤다면 2장에서는 괘를 논리를 통해 재현의 특성을 알아보고자 한다. 괘의 변화에는 주역의 저자들이 의식하지 못했던 독특한 추론 방식이 있을 수 있다. 괘에 나타나는 합合과 분分의 상호관계는 괘의 구조가 단순한 이치논리가 아닌 특이한 논리이다. 대만에서 오래 거주했던 재시 플레밍은 일찍이 괘 분석을 양상논리적, 다치논리적, 그리고 집합논리적 분석으로 접근했다. 양상논리적으로 접근하면 괘의 논리에 높은 개연성을, 다치논리적으로 접근하면 괘 구조의 다양한 가치를 확인할 수 있으며, 마지막으로 집합논리적으로 접근하면 괘의 구조가 무한 수의 사물과 대응할 수 있음을 알 수 있다. 이에 더해 플레밍의 접근 방법의 한계로서 의미론적 논리화의 필요성을 지적하고 이 책의 주요 과제인 재현의 문제를 괘의 논리와 함께 다루고자 한다. 그리고 1장 마지막에 충분히 설명하지 못했던 괘의 지표적인(indexical) 재현 가능성을 보완해서 재현의 특성이 괘의 도상을 넘어 지표에도 적용될 수 있음을 보여 주고자 한다.

1. 괘의 논리와 범주

괘의 구성 요건을 만들어 내는 가장 중요한 지점은 괘의 형식에 있다고 할 것이다. 주역이라는 책에서 만약 괘의 형식적 요인을 생략한 채 괘사와 효사의 부분적 감상에만 몰두한다면 주역 독해는 의미가 없다. 괘의 형식을 지배하는 것은 괘의 논리인 괘의 변화 양상이다. 전통적으로 괘 변화의 다양성을 보여 주는 방식이 있다면 호互, 배합配合, 또는 도전倒轉 등의 괘의 착종錯綜이라 할 수 있다. 착종에 대한 논의는 1부 4장과 「결론」 2장에서도 다루겠지만 여기서는 현대 논리학의 양상논리, 다치논리, 그리고 집합론을 빌려 와 구성해보고자 한다. 많은 경우 괘의 착종은 의리역을 중시하는 쪽에서는 별로 비중을 두거나 신빙성을 두지 않으며 그 구성 방식의 번잡함 때문에 부정적으로 취급하는 측면도 분명히 있다. 그러나 착종에는 주역 고유의 논리라고 할 수 있는 측면이 있으며 실제로 괘의 관계를 이해하는 데도 절대 무시할 수 없다.

　주역에 과연 논리가 있는가 하는 의문을 가질 수 있다. 서구에서 동양철학을 전공하는 학자들이 너무 안이하게 생각하는 것 중 하나가 동양적 사고는 논리적이지 못하며 직관에 의존해 있다는 것이다. 이런 시각은 지금도 크게 바뀌지 않고 있다. 동양적 사유를 직관이라고 하면 마치 거기에는 아무도 범접할 수 없는 뭔가가 있는 것 같아 보이지만, 한편으로 동양의 사유체계는 논리적이지 못하다는 부정적인 생각을 고착시키게 되는 문제도 있다. 이렇게 되면 동양적 사유는 그저 심미적인 수준으로 떨어져 서양철학의 주류 사유 방식에는 편입될 수 없다는 식으로 제한된다. 나아가 직관적 사유 방식에 만족한 채 동양적 사유에 분석이나 논리 차원의 접근을 아예 막아버리게 된다. 동양에는 논리가 없다는 주장을 굳이 변명하자면 아무래도 동양철학에는 실천이나 수양 우선의 성격이 강하기 때문이라고 할 수 있다. 다시 말해 동양의 학문 발전이 '지식 공론장'이라기보다는 '수양 공론장'의 형태로 진행되어 온 탓이라 할 수 있다. 그렇다고 동양철학을 실천이나 수양의 프레임에 가두어 두어야 할 이유가 없다. 특히 주역 독해에 이런 프레임이 주역을 심하게 왜곡시킬 수 있다. 한편 동양철학은 직관의 철학이라는 선입견에 반발해서 동양에도 논리가 있다는 주장을 하는 학자들도 생겨나고 있다. 홍콩대학교의 한센(Chad Hansen)이나 하와이대학교의 성중영(Cheng Chung-ying) 같은 이는 동양적 논리의 성격을 규명하기 위한 노력을 기울여 온 대표적인 학자들이라 할 수 있는데, 그들의 의도는 동양적 사유 방식을 '철학화'하는 데 있고, 좀 더 적극적으로 그러한 사유 방식을 서양의 주류철학으로 편입시키고자 하는 데 있다.

노스롭(F. S. C. Northrop)이 동양적 사유를 직관이라고 한 이래 많은 학자들이 직관의 성격 논쟁에 뛰어들었고 특히 후기모더니즘 계열의 학자들은 이것을 동서양의 차이를 변별할 수 있는 좋은 사례라고 생각했다. 홀(David Hall)이나 에임스(Roger T. Ames) 같은 학자들이 이 계열에 속한다. 즉 동양적 사유를 연역 논리가 아닌 비유와 사례 제시, 예증(paradigm)과 통어(syntagm)의 교차관계인 전일적(holistic)이고 유기적(organic)인 관계논리로 발달시켰다. 그러나 이러한 접근 방식에도 여전히 동양적 사유는 직관적 사유의 변형인 심미적(aesthetic) 사유로 이해되어야 할 성질의 것이지 서양의 전통적인 연역논리로 이해해서는 안 된다는 전제가 깔려 있다. 직관이 동양의 사유를 이해하는 데 도움이 될 것인가, 아니면 "모든 사유에는 논리가 있다"는 식으로 동양적 사유에도 나름의 독특한 논리가 있다는 주장이 더 적절한가 하는 것은 논쟁이 될 수 있다. 그러나 직관으로 동양적 사유의 특수성을 주장하는 것은 비교문화사적 관점에서는 도움이 될지 모르지만 인식의 보편성을 드러내는 데는 한계가 있다. 즉 만약에 주역의 인식 구조가 직관이나 통찰의 수준으로 제한된다면 주역은 보편 학문으로서의 역할을 못하게 된다. 더 큰 문제는 동양은 직관이고 서양은 논리라고 해 버리면 동양과 서양은 영원히 서로 만날 수 없게 된다. 동서양의 만남이나 의사소통 가능성은 서로 이전 가능할 수 있는 사유 체계가 공통적으로 자리할 때이다.

재시 플레밍은 "동양에도 논리가 있으며 그 논리는 서양의 논리와 크게 다르지 않다"는 주장을 하는 성중영 학파의 계열에 속한다. 비록 그의 주장의 근거가 주역이라는 텍스트에 한정되어 있지만 이것이 결격 사유가 되지는 않는다. 왜냐하면 주역은 동양의 논리의 진수를 들여다볼 수 있는 가장 적절한 곳이며 유가나 도가의 논리의 구조도 여기에서 나온다는 데에 이의가 없기 때문이다. 주역의 괘 변화의 논리적 효과는 다른 어떤 고전들보다 뛰어나며 그 선명성도 분명하다. 다만 플레밍이 주장하듯이 주역의 논리적 사유가 서양의 논리 논의에 새로운 담론을 줄 수 있다는 주장까지는 좀 더 검증을 받아야 할 문제이다.[1) 실제로 그 자신도 서양의 논리학에 주역의 논리가 어떠한 기여나 역할을 할 것인가에 대해서는 분명한 대안을 갖고 있지 않은 것 같다. 대신 주역 괘의 논리가 형식논리의 담론에 의해 밝혀질 수 있다는 것은 명확하게 제시한다. 만약 그의 작업을 보완할 수 있는 방법이 있다면 현대의 형식논리적 접근이 아닌 괘의 가설적 논리성격인 가추법(abduction)이 있을 수 있다. 가추라는 논리는 퍼스 기호학의 중요 특징으로서 직관이나 통찰의 논리적 특성을 연역이나 귀납이 아닌 방식의 논리이다. 연역이나 귀납이 아닌 방식으로 괘를 분석할 수 있는 논리가 있다는 정도로 하고 여기서는 더 이상의 논의는 하지 않을 것이다. 가추법에 대해서는 2부에서 퍼스의 기호학을 본격적으로 소개할 때 다시 설명한다.

　플레밍의 주역 논리 구성이 어떻게 이루어지는가를 보기 전에 먼저 괘가 형성될 때 범주 작업이 어떤 식으로 마련되고 있는지를 보자. 주역의 논리에는 범주적 특성이 잘 드러난다. 주역에는 존재의 특성을 분류하는 존재론적 범주와 사고의 특성을 분류하는 논리적 범주가 혼재되어 있는 것이 사실이다. 성중영은 이를 '존재해석학적 범주'(onto-hermeneutic categories)로 명명하고 있으며

---

1) Fleming(1), 1993; 133.

플레밍도 이 견해에 동의하고 있다. 존재해석학적 범주라는 말은 해석을 할 때는 존재론적 관점과 언어논리적 관점 둘 다가 필요하다는 뜻으로, 주역의 구조가 존재론적 구조와 논리적 구조 둘 다를 갖고 있음을 의미한다.[2]

흔히 범주(category)를 논의할 때는 칸트식의 범주나 멀리는 아리스토텔레스의 실재 유형의 범주를 생각하기 쉽다. 그러나 주역에서 범주라고 할 때는 양극단을 표현하는 이분법적 범주이다. 점사占辭의 길흉吉凶의 구분이 그런 경우이다. 그러나 플레밍이 제시하는 범주는 좀 더 근본적이다. 그는 주역 전편에 걸쳐 나타나는 개념어들인 도道, 덕德, 명命, 성性, 천天, 지地, 인人과 같은 것이 주역의 존재론적 논의에는 도움이 되지만 괘의 기본 범주를 살피는 데 있어서는 도움이 되지 못한다고 하면서, 다음과 같은 세 가지 범주를 추가한다. 첫째, 괘에서 발생하는 사건이나 서술이 전일적인 개념(a holistic concept)을 보여 주는 데 손색이 없기 때문에 64괘 모두는 일차항적 개념(the first order concept)을 갖는 것이다. 둘째, 괘에 내재해 있는 천지인의 요소를 또 하나의 메타적 차원에서의 개념으로 간주하여 건곤乾坤, 길흉, 강유剛柔, 동정動靜 등 괘 변화나 해석을 생산하는 내재적 요인을 제2의 범주로 제시하는 것이다. 셋째, 이와 같은 메타적 범주를 다시 나누어 이차적 메타적 범주로서 음양陰陽을 설정한다.[3]

플레밍의 범주 구분은 괘가 어떻게 형성되며 그 형성 구조를 어떻게 해석할 것인가에 대해 효과적인 방법을 제시한다. 괘를 인식함에 있어 그것의 형태에 일차적으로 의존할 수밖에 없지만 괘 구성을 이해하려면 괘가 만들어지는 존재론적 의미에 초점을 맞추어야 한다. 그렇게 해야 괘가 왜 그렇고 그런 형태를 띠고 있어야 하는가 라는 문제의식에 도달할 수 있고 괘의 이면에

---

2) Cheng, 1994.
3) Fleming(2), 1993; 426-7.

x

놓인 음양의 성격 또는 천지인의 요소를 고려할 수 있기 때문이다. 음양은 '이어진 막대'(양효)와 '끊어진 막대'(음효)의 형태로 눈에 들어오지만, 실제로는 음양의 현상이 음양효의 형태를 만든다는 이해가 전제되어야 한다. 즉 천지인 또는 삼재三才적 특성이 괘를 만든다는 것도 전제되어야 한다. 음양이 이미지로 구체화되고 기호화됨으로써 일정한 형태의 괘를 만든다는 존재론적 의미가 중요한 것이다.

플레밍이 위 세 가지 범주 구분과 함께 주목하고 있는 것은 괘의 형성에 기능하는 합合과 분分의 상호 관계이다. 「설괘전」의 분음분양分陰分陽과 강유분剛柔分의 사상, 그리고 계사전의 음양합덕陰陽合德사상 등은 음양과 강유가 왜 나누어지며 또 어떻게 나누어지는가를 잘 보여 준다. 이러한 사상은 64괘 전체에 걸쳐 음양효가 합하고 나누어지는 방식에도 적용된다. 예를 들어 보자. 서합괘噬嗑卦(䷔) 단사의 "강유가 나뉘고 움직여서 밝아지고 우레와 번개가 합하여 빛나고"[4]라는 말에서처럼 음양이나 강유가 합하고 나누어지는 과정은 서로 배타적이라기보다는 상호 보조적이다. 합해지는 과정이 곧 나뉨의 과정이며 그 반대도 마찬가지이다. 사물은 그 자체가 다른 것들과 합해질 수도 있으며 한편으로는 나누어질 수도 있는 특성을 동시에 갖고 있다. 사물의 끝없는 합함과 나뉨의 과정이 괘에서 표현될 때 음양 또는 강유, 그리고 동정의 형태로 나타난다. 사물의 합해지고 나누어지는 과정은 다른 사물로 이전하는 과정에서 끊임없이 반복되고 변증적 변화를 이끌어 내며 이러한 사물을 재현하는 괘에서도 똑같은 과정이 진행된다. 괘 자체적으로도 각각의 효들이 작동하면서 실제적 변화하는 모습을 이끌어 내며 다른 괘로 전환될 수 있게 한다.

합해짐(合)과 나뉨(分)의 내용적 대표 특성을 다른 괘들을 통해서도 살펴보

---

4) 剛柔分, 動而明, 雷電合而章.

자. 먼저 합해짐을 보이는 괘들의 사례로서 비괘比卦(☷), 동인괘同人卦(☰), 그리고 취괘萃卦(☱)가 있다. 비괘 단사의 "비는 길한 것이며 비는 돕는 것이니 아랫사람이 순하게 따르는 것이다"[5])에서 돕는다는 '보輔'의 성격으로 합해짐이 만들어져 비괘가 구성되고 마침내 아랫사람이 잘 따르는 결과를 만들어낸다. 동인괘 단사의 "동인은 유가 제자리를 얻었으며 또 중도를 얻어 건에 응하는 것을 동인이라고 한다"[6])에서 보이듯 하괘 소성괘인 리괘離卦가 상괘 소성괘인 건괘乾卦에 합해지고 응하는 과정에서 사람들이 함께한다는 의미를 만들어 낸다. 취괘 단사의 "취는 모으는 것이니 순종함으로써 기뻐하고 강이 득중하여 응한다. 그러므로 모으는 것이다"[7])에서처럼 순종함으로써 기뻐함을 이끌어 낸다.

다음으로 나뉨의 과정을 보여 주는 괘들로 비괘否卦(☶)와 규괘睽卦(☲)가 있다. 비괘 단사의 "하늘과 땅이 사귀지 못하여 만물이 형통하지 아니하며 상하가 서로 사귀지 못하여 천하에 나라가 없음이다"[8])에서 하늘과 땅의 사귀지 못함 즉 나누어짐은 사물의 나뉨과 인간관계의 분리를 가져온다. 규괘 단사의 "규는 불이 움직여서 위로 오르고 그 못이 움직여서 아래로 내려가며 두 여자가 한곳에 거처하나 그 뜻이 함께 행할 수가 없다"[9])에서는 불과 못의 상하 반대되는 방향으로의 이동에 의해 그 뜻이 합치될 수 없음을 보여 준다.

물론 규괘는 단순히 반대되는 의미만 갖고 있지 않다. 서로 어긋남이 있어도 규괘의 궁극적 의의는 반대되는 상황이나 조건에서도 서로 합치되지 않을 수 없다. 이는 같은 이어지는 단사를 보면 알 수 있다. "천지는 어긋나도

---

5) 比吉也, 比輔也, 下順從也.
6) 同人柔得位得中而應乎乾, 曰同人.
7) 萃聚也, 順以說剛中而應, 故萃也.
8) 則是天地不交而萬物不通也, 上下不交而天下无邦也.
9) 火動而上, 澤動而下, 二女同居, 其志不同行.

그 일은 같으며 남녀가 어긋나도 그 뜻은 통하며 만물이 어긋나도 그 일은 같다"[10]에서처럼 서로 반대되는 상황도 궁극적으로 합해질 수 있다는 의미를 담고 있다. 규괘의 경우는 처음에는 나누어졌다가 다시 합해지는 모습으로 바뀌는데 이것이 바로 나뉨이 합함으로 발전되어 가는 모습이다. 이처럼 괘에는 합해짐과 나뉨의 의미 구조가 엄연히 살아 있으며 이런 구조가 괘의 역동성을 만들어 낸다. 그리고 괘들의 변화에도 이러한 역동성이 끊임없이 이어진다. 이 과정에서 괘 자체의 의미론적 변화도 일어나며 그에 상응하는 사회정치의 변화의 진술 과정도 역동적으로 표현된다. 즉 괘효의 시공간적 변화에 따라 구체성과 현실성이 첨가되어 사람들 일상의 다양한 서사가 풀어져 나오는 것이다. 규괘가 보여 주는 '물 위의 불' 이미지의 서로 상반되는 모습이나 비괘의 '땅 위의 하늘' 이미지의 막히고 멈춘 모습 등은 모두 현실 삶의 모습을 그대로 보여 준다.

괘의 구성, 기능, 그리고 의미에 대해서는 앞서 진행한 이미지 분석을 통해서도 할 수 있고 1부 4장의 도식(diagram)을 통해 할 수도 있지만 지금처럼 괘를 범주화함으로써도 가능하다. 특히 범주화를 통해 얻을 수 있는 장점은 괘사나 효사의 진술 내용에 대한 성격 규명이다. 괘가 갖는 일차성, 그리고 천지인 삼재와 음양이 갖는 메타적인 성격, 거기에 더해 이러한 범주화를 실제로 기능하게 하는 합과 분의 의미 추출은 괘가 지시하는 사물과 사건, 나아가 인간 삶의 특성까지 범주화할 수 있다. 무엇보다도 이러한 범주화를 통해 괘 형성을 설명할 수 있다. 물론 범주화를 통한 존재론적 이해만으로 부족하며 괘의 논리를 재구성하여 괘의 해석적 성격이 온전히 살아날 수 있도록 하는 것이 중요하다.

---

10) 天地睽而其事同也, 男女睽而其志通也, 萬物睽而其事類也.

2. 괘의 양상, 다치, 집합 논리

괘의 논리를 이해하기 위해 플레밍이 제시하는 양상논리적 접근, 다치논리적 접근, 그리고 집합논리적 접근을 차례대로 살펴보자.

1) 양상논리적 접근

괘효사卦爻辭가 설명되는 방식은 점사占辭적이다. 점사는 많은 개연성이나 확률을 확보하고 있지만 예측의 확실성은 완전히 보장하지 않는다. 괘사나 효사를 읽을 때 그것의 확실성을 어느 정도 담보하면서 읽어야 할 것인가. 주어진 괘에 대한 설명이 아무리 단정적이고 개연성이 높아도 그것이 점사인 한에 있어서는 필연적이거나 결정된 설명이 되지는 못한다. 그렇다면 괘의 모든 설명 방식은 실제적인 사실이 아닌 앞으로 일어날 수 있는 가능적인 사실이라고 봐야 할 것이다. 점사는 미래에 일어날 수 있는 가능세계에 대한 설명이다.[11] 가능세계를 보여 주는 양상논리(modal logic)는 그것이 정언적(categorical)이지 않고 가언적(hypothetical)이라는 데 있다. "P이면 Q이다"(If P then Q)라는 진술이 가능세계를 예시할 수 있는 가언적 진술이라면, 가능세계의 진술은 가능태를 보여 주는 함수가 첨가될 때 완전해질 수 있다. 즉 "만약 P일 수 있다면 Q이다"(If P then possibly Q)가 완전한 가능세계를 예시하는 가언명제이다. 이와는 달리 필연성을 담보하는 가언명제는 "만약 P이면 필연적으로 Q이다"(If P then necessarily Q)가 된다. 그렇다면 점사의 진술 방식은 필연적이라기보다는 가능적인 가언명제라고 해야 한다. 점사는 필연적 세계라기보다는 개연성의 세계이기 때문이다.

---

11) Fleming(1), 1993; 135.

가능세계의 진술을 이렇게 설정한 뒤, 둔괘屯卦(䷂)에서 그 적용 사례를 가져와 가능세계가 어떻게 표현되는지를 보자. 둔괘의 양상적 특징을 보기 위해 이 괘의 단사, 상사 그리고 초구만을 간단히 정리해 본다.

단에서 말하길, "둔은 강과 유가 처음으로 교접하여 낳는 데 어려움이 있으며 험한 가운데 움직이는 것이니 크게 형통하고 정고함은 우레와 비의 움직임이 가득하기 때문이다. 하늘이 초매를 짓는 데는 마땅히 제후를 세워야 하고 그렇지 아니하면 편안하지 않을 것이다."12)

상에서 말하길, "구름과 우레가 둔이니 군자가 이를 본받아 경륜하는 것이다." 초구는 "나아가기 어려워서 주저함이니 바른 데 있음이 이로우며 제후를 세워야 이롭다."13)

위 둔괘의 단사와 상사는 표현이 정언적 즉 현재 사실을 결정하는 진술인 반면에 초효의 설명에서 마지막 문장인 "세워야 이롭다" 함은 "세워야 이로울 것이다"라는 가능적 성격을 갖고 있다. 가능성의 특성상 그 진술이 실제로 이루어질 수 있다는 사실을 근거로 하고 있으며 점사의 전형적인 특징을 보여주고 있다. 위 진술의 전체 내용을 형식논리에 맞춤하여 명제화하면 다음과 같다. P: 제후를 세움이 형통하고 이롭다, Q: 모든 노력을 다해 (주저하지 말고) 나아가야 한다. 이 진술을 가언명제로 바꾸면 "제후를 세움이 형통하고 이로우려면 모든 노력을 다해 나아가야 한다"가 된다. 이 진술은 어디까지나 가언적이므로 실제세계의 상황이 아닌 가능세계의 진술이다. 이제 주목할 사항은 이러한 가능적 상태의 개연성의 정도가 초구를 시작으로 하여 효사가 계속됨으로 해서 점점 더 높아지기 시작한다는 데 있다. 단사와 상사에서의

---

12) 象曰, 屯剛柔始交而難生, 動乎險中, 大亨貞, 雷雨之動, 滿盈. 天造草昧, 宜建侯而不寧.
13) 象曰, 雲雷, 屯, 君子以經綸. / 初九, 磐桓, 利居貞, 利建侯.

점사적 가능성은 육이효와 육삼효 등으로 효사가 점차적으로 진행되면서 그 개연성을 높여 주어 실제 상황으로 도달할 확률이 높아진다. 즉 육이효의 여자가 보여 주는 혼사의 신중함, 육삼효의 사슴사냥의 조심스러움, 육사효의 말을 탐에 있어 머뭇거림 등은 제후를 세워 이로움을 보기 위해 '주저함'이 갖는 덕의 효율성을 드러내는 역할을 한다.

단정적으로 보이지만 효사들의 이러한 진술들은 실제로 일어날 수 있는 가능성을 조금씩 높여 나간다. 무엇보다 이러한 괘효사의 진술 내용의 점진성은 괘효의 시공간적인 형식 변화에 의존하기 때문에 괘는 논리의 양상(modality)인 가능성을 이미 확보하고 있다는 말이 된다. 비록 점사를 통해서만 봤지만 괘가 양상논리를 가진다는 것을 확인할 수 있는 중요한 근거가 된다.

2) 다치논리적 접근

괘는 음양이라는 두 가지 범주로 나누어지기 때문에, 주역의 논리를 서로 차별되는 가치에 의존하는 것으로 생각할 수 있다. 높고 낮음, 움직이고 멈춤, 단단하고 부드러움, 뜨겁고 참, 남성답고 여성다움, 시작하고 끝남, 쉽고 어려움, 얻고 잃음, 나아가고 물러 섬, 밤과 낮, 태어나고 죽음 등이 음양효로 재현될 때도 그러하다. 그러나 음양의 현상이나 가치는 상대적이거나 모순적이지 않다. 음양은 형식논리로 말해 하나가 참이면 다른 하나는 거짓이 되는 배중률(the laws of excluded middle)에 해당되지 않는다. 음양의 대대(待對)적 성격이 그것이 배중률을 넘어서 있다는 것을 잘 보여 준다. 앞서 본 것처럼 점사적 성격으로 인해 괘사나 효사가 모호성이나 개연성을 가질 수밖에 없듯이 음양의 성격이 괘에 표현되는 방식은 이원적 또는 모순적 가치가 아닌 다원적 가치를 가진다.[14)]

플레밍은 주역의 다원적 가치를 다음과 같이 정의한다. 첫째, 괘의 가치는 이내 성숙하여(over-mature) 그 반대되는 가치로 쉽게 전환된다. 둘째, 사물 현상을 맥락화하는 인식 방식은 상황에 따라 달라질 수 있다. 셋째, 괘 자체가 갖는 다양한 전환을 살펴볼 때, 예를 들어 차가움의 반대를 차지 않음 즉 뜨거움으로 간주하기가 어렵다. 즉 일상적인 반대 현상이 아닌 존재론적 반대 현상이 모든 괘에 들어 있다.[15] 괘는 어떤 한 순간에 필연적으로 결정된 현상으로 보이지만, 실제로는 언제든지 주어진 상황에 따라 다른 괘로 전환할 수 있으며, 괘 자체에서도 언제든지 변화가 일어난다. 이는 괘를 이치적인 것으로 보는 태도에서 벗어나 다치적인 것으로 보아야 하는 이유를 잘 말해 준다. 또한 괘의 관계는 그대로 인간관계에 적용된다. 즉 하나의 괘가 다른 괘들과 관계를 맺는 방식이 사회적 관계에서도 마찬가지로 일어나기 때문이다. 괘 안에서의 효들 간의 순열과 조합의 다양한 관계는 인간들의 복잡다단한 사회관계를 그대로 재현하고 있다. 계사전에서도 말하듯 괘의 상탕相盪과 상마相摩의 기능도 사회적 관계를 설명하는 방식이 될 수 있다.

대과괘大過卦(䷛)와 소과괘小過卦(䷽)를 예로 들어 괘의 다치적 성격을 구성해 보자. 태상兌上과 손하巽下로 구성된 대과괘는 초육, 구이, 구삼, 구사, 구오, 상육효로 이루어져 있고, 진상震上과 간하艮下로 구성된 소과괘는 초육, 육이, 구삼, 구사, 육오, 상육효로 이루어져 있다. 대과괘는 단사에서도 말하듯 '큰 것이 지나친 상태'이고 소과괘는 '작은 것이 지나친 상태'로 서로 반대된다. 그러나 여기서의 변화는 상괘의 중효와 하괘의 중효만 변화해서 만들어진 것이다. 즉 대과괘의 하괘인 구이가 변하여 육이가 되고 상괘인 구오가 변하여 육오가 된 것이 소과괘인 것이다. 대과괘의 구이는 늙은이가 젊은 아내를 맞이함(老父女妻)으로써 생기는 지나침인데, 소과괘의 육이는 신하가 임금을

---

14) Fleming(1), 1993, 136.
15) Fleming(1), 1993, 137.

능멸하지 않으려는 조심스러움(不及其君)에서 생겨나는 작은 지나침인 모자람이다. 대과괘의 구이와 소과괘의 육이가 갖는 반대의 의미가 여기에 있다. 다시 대과괘의 구오는 늙은 여자가 젊은 남편을 얻어 생기는(老婦土夫) 지나침이라면 구오가 변화된 소과괘의 육오는 구름이 빽빽해도 비가 오지 않듯이(密雲不雨) 지나친 신중함을 의미한다. 흥미로운 것은 두 괘가 서로 상반되어 한쪽에는 큰 허물이 생기고 다른 쪽에는 큰 허물은 없으나 작은 허물은 있음에도 양쪽 괘 모두 단사에서는 길한 것으로 된다는 사실이다. 대과괘는 앞선 괘인 무망괘 无妄卦(䷘)가 갖지 못하는 목적의식을 갖고 있기 때문에 길하고, 소과괘도 앞선 괘인 절괘節卦(䷻)의 '고절苦節'에 비해 신중함만 담보된다면 길하게 된다. 나아가 대과괘는 이효와 오효의 강한 성질에 의해 비록 지나치지만 목적의식이 분명하기 때문에 자신의 지나침을 상쇄할 수 있으며, 소과괘는 이효와 오효가 갖는 부드러운 성질 때문에 겸손함을 잘 유지하면 허물을 줄일 수 있다. 이와 같이 대과괘와 소과괘가 서로 반대되는 의미를 가짐에도 불구하고 그들이 갖는 앞 뒤 괘들 간의 관계, 그리고 괘 자체가 갖는 효의 성질이나 운용에 의해 같은 의미의 해석 즉 길하다는 결론을 갖게 된다. 반대나 모순은 그 상태로 끝나지 않고 변화에 따라 다양한 가치를 갖게 되는 것이 괘의 다치논리적 성격이라 할 수 있다.

3) 집합논리적 접근

해석학과 위상수학을 정립한 독일의 수학자인 헤르만 바일(Hermann Weyl)이 집합론은 너무 많은 모래를 담고 있다고 한 것처럼, 집합론은 그것이 갖는 도구적 유용성에 비해 지나칠 정도의 내용을 인위적으로 많이 담으려는 데 문제가 있다. 이 말은 주역에도 비슷하게 적용된다. 주역의 64괘를 처음 대할 때 부정적인 반응의 대부분은 어떻게 이 64괘를 가지고 세계를 담으려고 하는

가 라는 의구심이다. 플레밍이 주역에서 집합논리적 비유를 통해 주역을 이해하려는 접근 방법 또한 이러한 의구심을 충분히 풀어 주지 못하는 듯하다. 그럼에도 집합논리적 접근을 통해 괘의 서사적 기술이 갖는 성질을 결정적이고 닫힌 것이 아닌 비결정적이고 열린 것으로 이해하려는 시도 자체는 신선해 보인다. 그가 "하나의 한정된 부분은 무한의 전체와 동일하게 일치할 수 있다"고 말하는 것이 그것이다.[16] 그가 의도하는 바는 제한된 양으로 무제한의 대상을 지칭하기 위해 집합론의 유용성을 지적한 것이며 64괘도 그러한 역할을 한다고 보는 것이다. 64괘의 한정된 괘를 통해서 세계를 담을 수 있는 가능성을 엿볼 수 있는 대목이다.

실제로 64괘가 세계를 모두 담는다고 하더라도 이론상으로는 384개의 효가 진술하는 대상 밖에 없다. 어떤 다른 특수한 방식으로 세계를 설명하지 않고서는 "세계를 담는다"는 말은 단순히 이상적 선언에 지나지 않게 된다. 이 문제를 좀 더 생각해 보기 위해 수학의 직선 개념을 가지고 접근해 보자. 일정한 길이의 선이 있다고 가정하고 그 선상의 두 개의 서로 다른 위치에 두 개의 서로 다른 수를 지정한다. 직선상에서의 공간적인 면과 수가 갖는 특징적인 면 둘 다를 고려해 봤을 때 그 두 수 사이의 중간에 위치할 수 있는 다른 수를 놓을 수 있다. 이와 같이 새로운 수와 기존의 수들 사이에 또 하나의 수를 지정하는 작업은 계속될 수 있다. 이런 방식으로 수를 지정하는 작업은 제한된 직선 안에서조차 끊임없이 계속되고 수에 있어 중간 수가 끊임없이 생성될 수 있다는 차원에서 무한히 계속된다. 제한된 직선이 64괘로 구성된 직선이라고 가정했을 때 그 괘들 사이에 또 다른 괘를 얼마든지 계속해서 지정할 수 있다. 수 1과 2 사이에 1.5를 놓을 수 있고 1.5와 1 사이 또는 1.5와

---

16) Fleming(1), 1993; 141, "A finite part can correspond isomorphically with an infinite whole."

2 사이에 1.25와 1.75를 놓을 수 있으며 이러한 나누기 작업이 계속될 수 있듯이 괘들 사이에도 이러한 작업을 계속할 수 있다. 물론 이 작업은 괘가 나누어지는 방식과는 다르지만 괘들 사이가 '비어 있지' 않을 수 있다는 전제에서는 동일하다. 즉 이상적인 상황에서 괘들 사이에는 다른 괘가 들어 있으며 새로운 괘들 사이에서도 끊임없이 새로운 괘가 들어설 수 있다는 것을 의미한다.

좀 더 구체적인 예로 여섯 개의 음효로 구성되어 있는 곤괘坤卦(䷁)와 여섯 개의 양효로 구성되어 있는 건괘乾卦(䷀) 사이를 보자. 곤괘에서 초효가 양효로 바뀌면 복괘復卦(䷗)로, 복괘에서 2효가 양효로 바뀌면 임괘臨卦(䷒)로, 임괘에서 3효가 양효로 바뀌면 태괘泰卦(䷊)로, 태괘에서 4효가 양효로 바뀌면 대장괘大壯卦(䷡)로, 대장괘에서 5효가 양효로 바뀌면 쾌괘夬卦(䷪)가 되며 마지막으로 쾌괘에서 6효마저 양효로 바뀌면 건괘乾卦가 된다. 음효가 양효로 하나씩 바뀌면서 양효의 수가 많아질수록 건괘에 가까워진다. 그러므로 곤괘와 건괘 사이에는 위와 같이 4가지 서로 다른 괘가 자리하게 된다. 한편으로 곤괘에서 복괘로 바뀔 때 복괘의 양효로 바뀐 초효가 자리를 위로 이동하면서 바뀌게 되면 괘의 형태는 또 다른 모습을 띠게 된다. 초효가 양으로 바뀐 복괘에서 2효가 양으로 바뀌면 사괘師卦(䷆)가 되고, 3효가 양효로 바뀌면 겸괘謙卦(䷎)가 되며, 4효가 양효로 바뀌면 예괘豫卦(䷏)가 되며, 5효가 양효로 바뀌면 비괘比卦(䷇)가 되며, 6효가 양효로 바뀌면 박괘剝卦(䷖)가 된다.

위 두 가지 변화 방식을 정리하면 다음과 같다. 즉 곤괘에서 양효들의 점진적 첨가에 의해 복괘, 임괘, 태괘, 대장괘, 쾌괘로 진행하여 건괘로 가는 방식이 있는가 하면, 초효가 양효로 바뀌면서 양효의 자리가 위로 이동하면서 사괘, 겸괘, 예괘, 비괘, 박괘로 이동하는 방식이 있다. 여기서 의문이 될 수 있는 사항은 두 번째 변화 방식에서 박괘와 건괘와의 관계이다. 박괘는 건괘와 어떤 방식으로 있을 수 있는가. 박괘와 건괘와의 사이는 박괘의 상효가 양효인 상태에서 다시 아래로 양효가 첨가되면서 이동될 때 건괘와 만나게 된다. 즉 박괘 상효의 양효에 아래로 양효 하나가 더 첨가되면 다시 말해 5효마저 양효가 되면 관괘觀卦(䷓)로, 4효마저 양효가 되면 비괘否卦(䷋)로, 비괘에서 3효가 양효가 되면 돈괘遯卦(䷠)로, 돈괘에서 2효가 양효가 되면 구괘姤卦(䷫)가 되며, 마지막으로 초효마저 양효가 되면 모두 양효가 되어 건괘乾卦가 되는 것이다.

곤괘와 건괘 사이에 들어갈 수 있는 괘들을 이렇게 길게 열거한 까닭은 곤괘와 건괘 사이에 무한히 많은 경우의 괘가 있을 수 있음을 보여 주기 위해서이다. 그러나 위의 예에서도 양효의 변화 과정만 지적했을 뿐이고, 만약 음효의 이동 변화마저 보탠다면 곤괘와 건괘 사이에서 발생할 경우의 수는 더 늘어나게 된다. 나아가 만약 곤괘와 건괘가 아닌 복괘와 구괘 사이 등 주역에서의 모든 두 쌍의 괘들 사이에서 양효와 음효의 변화를 예시하게 되면 경우의 수는 무한히 만들어질 수 있다. 괘와 괘 사이에서의 괘의 집합은 거의 무한하다고 할 수 있으며 어떤 상황을 구축하느냐에 따라 대상과의 일대일 대응관계는 끝없이 생겨날 수 있다. 이는 마치 직선 사이에서 경우의 수가 무한할 수 있는 맥락과 같다. 여기서 말하려는 것은 괘는 닫혀져 있지 않으며 끊임없이 대상과의 근접 가능성을 보여 줌으로써 열린 공간으로 자리할 수 있다는 것이다. 두 개의 자연수 사이에 무한히 많은 수가 있을 수 있듯이 두 괘 사이에서도 무한히 많은 수의 괘가 있을 수 있다. 그러나 두 개의 자연수가 비록 근접은 하더라도 일치할 수 없듯이, 두 괘 사이에도 근접성을 보여 주는 무한한 괘가 있지만 두 괘가 완전히 만날 수는 없다는 사실이 중요하다. 한 쌍의 괘와 괘는 서로를 필요로 하면서도 완전히 한쪽 괘로 환원될 수 없는 영원한 타자적 존재들이라 할 수 있다.

두 개의 괘가 서로 만날 수 없다는 사실은 주역의 괘가 근본적으로 자기 지시적이며 자기 조절적이며 그런 의미에서 모나드와 같은 자기만의 고유한 닫힌 공간을 갖고 있음을 의미한다. 물론 하나의 괘가 아주 미세한 세계의 어떤 사건을 완전하게 설명하기에는 한계가 있다. 이는 하나의 괘가 최대한의 진리를 담보로 하되 완전한 의미에서의 진리를 담보할 수 없으며 완전한 진리는 괘 하나가 아니라 괘들 간의 집합적인 모임과 뒤섞임 속에서만 가능하다는 것을 의미한다. 건괘와 곤괘 사이에 많은 경우의 수의 괘가 있다는 것은 건괘가 곤괘로, 또는 그 반대로의 진행 과정에서도 비약이 일어나지 않는다는 것을 뜻하며, 건괘 또는 곤괘로 어떤 대상을 완전히 설명할 수 없을 때는 다른 괘들의 도움을 받을 수 있음을 의미한다.

이 지점에서 유의할 사항은 건괘와 곤괘 각각은 앞서 말한 대로 어디까지나 자기 지시적이고 자기 조절이어서 건괘가 곤괘가 되거나 곤괘가 건괘가 될 수는 없다는 데 있다. 건괘는 어떤 조건에 따라 곤괘를 "열망한다" 하더라도 곤괘가 될 수는 없다. 건괘와 곤괘의 특성과 역할이 분명히 다르기 때문이다. 흔히 괘와 괘 사이의 유기적인 관계를 유동적인 액체처럼 완전히 하나의 것으로 설명하는 경우도 있는데 이는 적절한 비유가 될 수 없다. 굳이 비유하자면 괘들 간의 관계는 수많은 '고체의 파편'의 연속이라 할 수 있다. 뒤섞여 있어 마치 하나인 듯 보이지만 고체의 성질에서 보이듯 각각의 파편들 사이에는 둘이 하나가 될 수 없는 틈이 있기 마련이다. 그리고 이 틈은 너무나 미세해서 틈이라고 할 수도 없는 틈이다. 괘와 괘 사이의 무한한 경우의 수를 상정하되 그것을 '액체적인 흐름'의 연속이 아닌 '고체적 밀착'의 관계로 보자는 것은 이런 이유에서이다. 고체로 밀착되어 있다 함은 두 쌍의 괘 사이에 수많은 괘들이 있다고 해도 그 괘들은 모두 무한한 중간 괘들을 필요로 함을 의미한다. 이런 점에서 괘들 간의 관계는 물리적이라기보다는 수리적 관계 또는 논리적 관계라고 할 수 있다. 64괘 독해에 상象과 더불어 수數가 필요한 이유도 여기에 있다.

3. 괘의 재현

주역에서 세계는 괘의 끊임없는 변화, 즉 어떤 특정 괘가 '죽어' 다른 괘로
되살아나는 변화에 의해 구체화된다. 그러나 말 그대로 하나의 괘가 완전히
죽어 다른 괘로 되살아난다기보다는 변화의 흔적을 만들어 내며 다른 괘로
변화한다. 그리고 새로 만들어지는 괘는 이전 괘들의 흔적을 마치 무의식의
어떤 사건들이 전의식과 의식을 통해 드러나듯이 중첩되어 나타난다.[17] 괘들
간의 흔적이나 중첩성은 64괘의 집합적 성격을 보여 주는 특성이기도 하다.
괘의 변화에서 앞의 괘의 흔적을 나중의 괘가 간직하고 있다거나 이런 상황이
중첩되어 변화한다는 것은 괘의 변화에 일정한 형식이 놓여 있음을 의미한다.
다양한 논리로 구축되면서도 괘가 자신의 성질을 잃지 않는 이유는 이런 변화
때문이다. 퍼스는 단일 요소의 기본 성질을 퀼리아(qualia)라는 말로 표현한
바 있다. 비유하자면 어떤 변화에도 영원히 죽지 않는 성질이 괘에 있다면
앞의 괘의 성질을 뒤의 괘가 "보존한다"는 말이 성립될 수 있다. 퀼리아는
괘의 변화 과정이 재현의 정신세계에 놓여 있음을 의미하며 도상적 재현의
근거가 된다. 퍼스 기호학에서 보이듯 도상적 재현은 지표적인 재현으로 그리
고 상징적 재현으로 확장된다. 이러한 재현의 특성은 1부 1장에서도 잠시
언급했고, 2부에서 퍼스 기호학을 본격적으로 논의할 때 다시 언급할 것이다.

---

17) 괘가 다른 괘로 변화할 때 앞의 괘의 흔적을 어떻게 취급하고 있는가를 復卦(䷗)를
   통해 보자. 복괘는 剝卦(䷖)가 도전된 것으로 볼 수 있고 坤卦(䷁) 초육이 초구로 바뀐
   것으로도 볼 수 있다. 만약 "복괘에 어떤 괘가 다녀갔는가"라는 질문을 던져 보는
   것이 가능하다면 그 대답은 박괘도 될 수 있고 곤괘도 될 수 있다. 그렇다면 박괘의
   '不利有攸往'의 이롭지 않음의 의미가 복괘에 남아 있는가, 아니면 곤괘의 '厚德載物'의
   두터운 덕이 복괘에 남아 있는가 라고 물어볼 수 있다. 복괘의 '出入无疾'(들어오고
   나가는 데 병이 없음)의 의미를 박괘와 곤괘에서 추출할 수 있을까. 여기에 대해서는
   명확한 답을 할 수는 없다.

퀄리아, 즉 변하지 않고 보존된 도상의 성격은 태극에 이미 음양이 들어 있음을 주장하고자 할 때도 적용되고 음양효가 괘로 나타날 때도 적용된다. 이것이 주역의 기호학적 실재론적 성격을 잘 말해 준다.

플레밍의 주역에 대한 다양한 논리적 접근 방법은 괘들 간의 도상적, 즉 형태적 관계에만 해당되는 사항이라 할 수 있다. 그의 접근 방법에 괘의 논리를 이해할 수 있는 장점이 있지만 아쉬운 점은 그가 이러한 괘들 간의 대상 지시의 변화와 그에 따른 해석을 충분히 취급하지 못했다는 것이다. 괘들 간의 의미론적 변화에 대해서는 그의 방법이 별로 유효하지 못하기 때문이다. 이 문제를 해결하기 위해서는 괘의 의미론적 영역인 중中, 정正, 응應, 비比 개념을 함께 다룸으로써 논리적 접근 방법의 완결성을 얻어낼 수 있다.[18] 그렇다고 그의 분석이 전혀 틀린 것은 아니지만 그는 문장론적(syntactic)인 논리화에만 치중했지 의미론적(semantic)인 논리화는 다루지 못했다. 그의 작업을 보완하기 위해서는 의미론적인 논리화 작업이 필요하다. 괘의 해석에 있어 서사의 중요성이 여기에 있다.[19]

주역 논리의 고유성을 서양의 형식논리와 적극적으로 구분하려는 태도는 이정복이 일찌감치 지적한 바 있다. 그는 "동양의 역의 논리는 서양의 형이상학으로는 풀릴 길이 없는 것"으로 보며[20] 주역의 논리는 "'실천적 가능성으로서의 중정中正'의 논리로 풀어야 하는 것으로 본다[21]. 이러한 실천 가능성의 논리를 이정복은 후설의 생활지평 개념을 가져와 설명하고 있다. 그의 의도는

---

18) 이 문제에 초점을 맞추어 전개한 글을 보기 위해서는 이정복의 「주역논리의 원초와 그 해석의 문제」, 138쪽 이하를 참고.
19) 서사의 중요성을 대표적으로 제시하는 논문으로는 황병기의 「원대 이후 『주역』 주석사에 나타난 중부괘 豚魚의 의미 연구」이다. 그의 돈어에 대한 서사 풀이는 하나의 괘를 의미론적으로 이해하기 위한 전범이라 할 수 있다.
20) 이정복, 1997; 100.
21) 이정복, 1999; 124.

주역 논리와 서양 논리와의 차별성을 두면서도 이 서로 다른 논리 방식에 의사소통의 가능성을 열어 보려는 시도라고 할 수 있다. 그러나 그가 초점을 맞춘 주역 논리의 '실천적 가능성'은 어디까지나 앞에서 지적한 동양적 사유의 '수양 공론장'의 연장선상에 있는 것이라 볼 수 있으며 적극적인 동서양 논리의 의사소통의 차원에서 전개된 논의라고는 할 수 없다. 주역이 지식의 공론장이 되어야 하느냐 아니면 수양의 공론장이 되어야 하느냐 하는 문제는 쉽게 해결될 성질의 것은 아니지만 적어도 지금까지는 지나치게 수양의 실천 공간의 역할로만 주역의 책이 사용되어 왔다는 사실은 인정해야 할 것이다.

지금까지 비록 주역의 의리적인 면보다는 상수적인 면을 강조하면서 괘의 논리에 접근한 것은 주역의 논리가 자칫 거대 담론으로 흐를 수 있는 측면을 막아 보려는 데 있다. 주역에 대한 온전한 이해는 상수적인 면과 의리적인 면이 함께 논의되어야 가능하겠지만 적어도 괘의 구조는 형식논리적인 측면에서 다루어질 수 있어야 한다는 것을 전제로 했다. 다음 장에서는 이런 두 가지 측면을 다 고려해 괘의 상象에 초점을 두고 주역의 재현적 특성을 살펴보고자 한다.

3장 이미지의 재현
백서본 계사전의 경우

지금까지 주역의 재현적 특징을 살펴보기 위해 괘상의 이미지적 의미와 논리적 관계 등을 살펴보았다. 3장에서는 계사전을 통해 주역의 재현적 특징이 어떻게 나타나고 있는가를 보도록 한다. 이를 위해 특별히 백서본 주역을 불러오고자 한다. 마왕퇴한묘백서馬王堆漢墓帛書 주역을 현행본과 비교해 보면 백서본의 언어적 표현이 현행본보다 좀 더 명확하게 재현의 특징을 보여 주는 것을 알 수 있다. 백서본 계사전에서 재현의 특징을 효율적으로 살펴보기 위해 다음의 세 단계를 밟아 현행본과 비교한다. 가차假借에 가까운 단어들 한 묶음, 글자는 서로 다르지만 비슷하거나 같은 의미를 생성하는 것 한 묶음, 그리고 단어와 의미가 완전히 다른 것들을 한 묶음으로 해서 의미 분석을 시도한다.

이러한 분석을 통해 주역이 재현의 역할을 강하게 드러낸다는 사실과 괘와 효는 이미지적 방식으로 사물이나 사건의 대상을 드러내고 그것의 의미를 전달하려 한다는 사실을 확인한다. 괘효의 상이나 이미지가 실재 세계를 상징적으로 전달하는 매개체로서 기능하고 있다는 것과 백서본 계사전의 단어와 문장들이 이미지의 집합으로 기능한다는 것은 괘가 궁극적으로 이미지적 해석의 가능성을 그대로 간직하면서도 이미지가 지닌 유기적인 성질 또한 놓치지 않고 있음을 의미한다. 이를 통해 주역의 진정한 성격이 추상이 아닌 이미지 재현에 있다는 것을 확인할 수 있다.

1. 코끼리와 말

마왕퇴한묘백서역의 계사전과 현행본 계사전 사이의 언어 표현과 의미 구조의 차이를 비교하면 이미지 재현의 특성이 뚜렷하게 구분됨을 알 수 있다. 백서본에는 현행본의 충분하지 못한 재현의 특성을 보완할 수 있는 표현이 많이 나타난다. 예를 들어 백서본에는 건곤乾坤이 건천鍵川으로 그리고 상象이 말(馬)로 바뀌어 있는데, 이는 백서본이 사물이나 사건을 언어로 재현함에 있어 추상성보다는 구체성을 더 잘 살려낸다는 것을 뜻한다.

백서본이 1973년 중국 장사長沙에서 발견된 이래 많은 연구가들은 백서본의 문헌학적 가치뿐만 아니라 기존의 통용되어 온 주역의 철학적 성격 규정을 좀 더 심화시킬 수 있었다. 특히 지금의 주역 현행본과 어떤 차이점을 나타낼 것인가에 대해 주의하면서, 괘의 순서나 용어 사용의 차이점, 글자의 탈락과 첨가, 또는 기호 사용의 의미가 무엇인지를 연구해 왔다. 이러한 연구를 통해 백서본 계사전에서 건乾과 곤坤이 건鍵과 천川으로 바뀌어 기술되는 과정이 현행본보다 더 많은 대상과의 일종의 친화성 또는 구체성을 긴밀하게 연결시키고 있다는 사실을 알게 되었고, 나아가 당대의 역사성을 이야기로 풍부하게 펼쳐내는 서사적 구조 방식도 확인할 수 있었다. 백서본은 현행본의 인식 한계로 간주될 수도 있는 추상적이고 자의적인 성격을 보완하는 의미도 있다. 즉 괘상이 만들어지는 과정은 추상적인 개념화나 분류화 작업 이상의 독특한 기호적 재현성이 내재율로 자리하고 있음을 의미한다.

백서본의 일반 특징을 간단히 살펴보자. 백서본은 각각 48㎝의 넓이로 된 두 장의 비단으로 되어 있다. 한 장은 주역의 본문인 괘와 괘사 등으로 『이삼자문二三子問』을 포함하고 있고, 나머지 한 장은 『계사繫辭』, 『역지의易之義』, 『요要』, 『무화繆和』 그리고 『소력昭力』으로 구성되어 있다. 현행본과의 차이점은 크게 다음과 같다. 첫째, 괘의 순서가 다르다. 특히 괘가 한 쌍씩 짝을 이루며 구성되어 있는 기존의 순서와 달리, 소괘小卦를 위치별로 지정한 뒤 다른 소괘를 차례로 조합하는 식으로 되어 있다. 둘째, 길吉, 흉凶, 회망悔亡, 무구无咎와 같은 점술 용어가 없는 곳이 몇 군데 있다.[1] 셋째, 64괘 중 36개의 괘가 현행본의 괘 이름과 다르게 나타난다. 대표적인 예가 건乾을 건鍵으로, 곤坤을 천川으로 나타내는 경우이다. 넷째, 음양을 표기하는 기호가 다르게 지정되어 있다.

현행본에 없는 『이삼자문』은 역경이 무엇인가에 대해 여러 명의 제자들과 공자가 묻고 대답하는 형식으로 되어 있다. 공자가 자연의 변화를 설명하기 위해 용龍의 덕을 길게 설명하는 것도 이러한 자연의 변화를 구체적으로 설명하기 위함이라 할 수 있으며, 특히 대화나 이야기를 통해 진행되는 서사 구조가 특징적이다. 『계사』는 학자들 간에 주역이 유가적이냐 도가적이냐 하는 논쟁을 불러일으킬 정도로 도가적 사유가 많이 포함되어 있다. 『역지의』는 상대적으로 음양의 조화를 강조하는 유가적 경향을 드러내며 『요』는 만년의 공자와 자공의 대화로 구성되어 있는데, 주역이 점서가 아님을 주장하는 공자의 주역관이 들어 있다. 건鍵을 군사의 덕 즉 무력 또는 정치의 힘으로, 천川을 백성의 덕으로 설명하고 있는데, 이는 주역의 괘가 당대의 사회정치 상황을 현행본보다 더 역동적이고 직접적으로 제시한 것으로 볼 수 있다. 『무화』는 괘와 효에 대해 주로 설명하고 있는데 한대에서 발달된 괘와 효에 대한 상수적인 주석을 거부하고 덕德이 무엇이며 옳음은 무엇이냐 하는 의리역을 강조한

---

1) "백서본에는 점술 용어가 없다"고 하지만 백서본에 점술 용어가 없는 것이 아니라 용어 사용에 안정성이 없음을 지적하고자 한다. 현행본에는 62개 괘효사에 점 판단사가 없지만 백서본은 59개에만 없다. 백서본에는 있는데 현행본에는 없는 것을 예를 들면, 蠱卦 상구에 凶이 있으나 현행본에는 없다. 困卦 초육에 흉이 있으나 현행본에는 없고, 旣濟卦 구오에 吉이 있으나 현행본에는 없다. 또 渙卦 초육에 悔亡이 있으나 현행본에는 없고, 환괘 상구에는 없는데 현행본에는 无咎가 있다. 직접적인 점사가 없는 경우에는 간접적으로 吉凶悔亡无咎를 시사하는 것이 몇 가지 있다.

다. 『소력』은 정치의 중요성에 치중하는데, 한 무리 괘들의 특성을 다루면서도 괘의 전체적인 의미를 설명하고 있다.

백서본의 구성과 내용을 통해 나타나는 문제의식은 한마디로 말해 사물과 사건에 대한 '직접성'이라 할 수 있다. 직접성이 꼭 재현의 강도를 더 높여 준다고 할 수는 없지만, 직접성이 지닌 의의는 자연의 대상을 포함해서 사회정치적 서사에 대한 개념적 구성이나 관념화 대신에 구체성의 강도를 높여 준다는 것을 의미한다. 그리고 자연 사물이나 사건에 대한 직접성이 괘로 기호화될 때 그 영향을 미쳐 괘효가 자연과 현실의 반영이 될 수 있는 근거가 된다. 이 장에서는 논의의 범위를 계사전에 한정하면서 현행본과 비교를 하되 일차적으로 언어적 의미 변화에 초점을 맞춘다. 계사전의 진술들의 의미를 추적하면서 백서본이 현행본보다 재현의 정도가 더 높으며 또한 재현성이 높을수록 주역의 실재론적 특성이 더 강화된다는 사실을 보여 주고자 한다.

2. 백서본의 괘 이미지

백서본 계사전의 특징을 다음 몇 가지로 정리한다.

첫째, 백서본의 순서는 주자본보다 왕필본의 순서와 닮았다고 할 수 있다. 계사상전의 '천일天一'로 시작하는 9장은 첫 단락만 남아 있는 왕필본과 같으며 주자본과는 다르다. 이 순서는 주자본과 왕필본이 부분적으로 다르고 그 순서에 대한 논의도 연구자들 사이에 충분히 논의되었으므로 생략한다. 단, 계사하전의 '자왈위자子曰危者'로 시작되어 '길지선견자야吉之先見者也'까지의 부분은 백서본에는 생략되어 있고 6장부터 8장까지도 생략되어 있다. '역지위서야易之爲書也'로 시작되는 9장도 부분적으로 빠져 있으며, 나머지 12장까지는 전체적으로 순서를 알아볼 수 없을 정도로 생략이 심하다. 그러나 순서와 생략의 문제가 재현성 차이의 문제를 연구하는 데 크게 방해가 되지는 않는다. 여기서는 백서본에 대한 문헌 고증보다는 현행본과의 차이에서 발생하는 언어적 특성을 밝히고 그에 따른 차이점을 통해 주역의 재현적 특성을 밝히고자 한다.

둘째, 차이점을 찾음에 있어 몇 가지 원칙을 가지고자 한다. 먼저 가차자假借字로서 음만 다르고 같은 의미를 뜻하는 경우는 별도로 취급을 하지 않는다. 백서본의 가차된 글자를 연구하는 문자학적인 접근의 의의도 나름대로 필요하겠지만 내용상 큰 변화가 없는 경우에는 단순히 열거하는 수준에서 목록만 제시한다. 물론 의미론적으로 큰 변화가 없어도 재현을 더 잘 드러낸다고 생각되는 경우에는 따로 논의를 할 예정이다. 다음으로 내용상의 차이를 가져오는 글자의 경우는 그 바뀐 정도를 부분적이거나 아니면 심각한 경우 둘을 대별해서 논의한다. 이 경우 백서본과 현행본의 차이가 드러날 수 있다. 그러나 단순히 해석의 수준에서 끝나면서 근본적으로 의미 차이가 없는 경우와 해석의 차이와 더불어 계사전 접근 방식의 차이를 다 함께 가져오는 경우는 별도 항목으로 묶어 '③'이라고 번호를 매겨 표시한다. 마지막으로 이러한 차이를 결국 어떻게 볼 것인가 하는 것이 최종 목적이 되는데, 즉 백서본을 따르는 것이 좋을지 아니면 현행본을 따르는 것이 좋을지 라는 평가 작업이다. 예를 들어 계사하전의 2장 마지막을 보면, 백서본에는 '개취자대유蓋取者大有'로 되어 있고 현행본에는 '개취제쾌蓋取諸夬'로 되어 있는데, 이것은 대유괘大有卦와 쾌괘夬卦 중 어느 것을 결정해야 할 것인가 하는 문제이기도 하다.

셋째, 위와 같은 차이를 두고 현행본과 백서본의 해석 중 어느 것을 취할 것인가 함에 있어 어떤 기준을 가지지 않을 수 없다. 그래서 재현성과 구체성을 얼마나 잘 드러내는가 하는 문제와 경전 본문과의 적절성 이 두 가지를 기준으로 분석하여 구체성을 더 잘 표현하는 쪽을 지지하기로 했다.

앞서 말했듯, 가차에 가까운 것들은 항목①로 묶고, 부분적으로 변화가 있으나 내용에는 근본 차이가 없는 것을 항목②에 놓고, 마지막 항목③에는 의미변화나 철학적 견해 차이를 드러내는 글자나 문장들을 정리했다. 현행본과 백서본의 차이를 쉽게 드러내기 위해서 현행본의 글자나 문자들을 먼저 놓았다. 백서본의 글자는 괄호 안에 넣었고, 중복되는 글자는 생략했으며, 표기할 수 없는 한자의 경우에는 한글로 적어 놓거나 비워 두고 필요한 경우에는 글자의 의미를 다시 설명했다. 해당 항목에 적용되지 않는 경우에는 항목 자체를 생략했다.

계사상전繫辭上傳2)

【1장】

① 尊(奠), 卑(庫), 位(立), 聚(取), 君(群), 形(刑), 簡(閒, 間), 易(傷)

③ 乾坤(鍵川)

乾은 추상을, 鍵은 물질적 이미지가 강하다. 같은 상징이되 鍵은 물질 이미지가 보존되어 있으나 乾에는 그것이 사라지고 없다. 鍵은 열쇠를 의미하며 열쇠를 열고 하늘의 문으로 들어간다. 즉 천지음양조화의 비밀의 문을 열고 들어간다는 뜻을 가진다.3) 坤은 추상성이 강화된 상징이지만 川은 물질적 이미지를 그대로 갖고 있다. 천은 흐름, 부드러움 등을 나타냄으로써 곤의 음적 특성을 구체화하고 있다.

【2장】

① 聖(耳口), 繫(載), 推(遂), 悔(悉), 吝(閵), 極(亟), 玩(妧), 爻(敎), 祐(右)

---

2) 괄호 안에 있는 것이 백서본 계사전의 어구이다. 백서본에는 장 구분이 없고 대체적으로 현행본의 순서와 같다. 현행본 8~9장 끝에서는 왕필본의 순서를 따르고 있으며 현행본 9장의 대연지수장은 첫 구절만 제외하고 생략되어 있다. (왕필본의 10장 끝, 11장의 시작 사이에 9장 대연지수장 첫 구절이 있는 방식과 같다.)

3) 鄧球柏은 『禮記』를 인용하면서 鍵을 牡로 이해하고 있다. 牡는 흔히 牝牡로 쓰여 암수 또는 음양을 의미한다. 牡는 '수컷 모'라고 읽히지만 동시에 '열쇠 모'로도 읽히므로, 예기에 따른다고 해도 '문을 열고 들어간다'는 건의 이미지가 달라지지 않는다. 자세한 이해를 위해서는 그의 『帛書周易校釋』의 77쪽 참고.

② 辭(之始也), 變化(通變化)

③ 象(馬)

象이나 馬 둘 다 같은 동물의 모습을 이미지화한 글자이지만 상은 오랫동안 사용되어 오는 동안 코끼리라는 이미지가 사라지고 모양, 모습, 즉 사물이나 마음의 현상들을 기술하는 추상 개념으로 바뀌었다. 백서본에서 象이 馬로 나타남은 상이 본래 하나의 구체적 이미지로 출발했음을 보여 준다.

【3장】

① 象(緣), 爻(肴), 乎(如), 震(振)

② 悔(謀)

③ 憂悔吝者存乎介(憂愍閭者存乎分)

백서본에는 "회린에 대한 근심은 경계에 있고"라는 문장이 "회린에 대한 근심은 나누어져 있고"로 되어 있다. 여기서 介의 의미는 어떤 기미가 있음으로 인해 틈이 생기는 것을 의미하므로 分의 나누어짐이라는 뜻과 같다.

齊大小者存乎卦(極大小者存乎卦)

"대소를 가지런히 한 것을 괘에 놓고"가 "크고 작은 것을 극에 두어 괘에 놓고"로 되어 있다. 여기서의 大는 양효, 小는 음효를 뜻하며 이것들이 서로 섞여 괘를 구성한다. '가지런히 함'이 괘효 배열의 기능적 측면을 강조한다면 極이 뜻하고자 하는 것은 양효와 음효의 성격을 분명하게 구분하여 괘의 구성적 측면을 강조하는 것으로 볼 수 있다.

【4장】

① 準(順), 仰(卬), 於(于), 俯(頫), 遊(㳺), 情(精), 旁(方), 範(犯), 乎(諸), 故(古)

② 察(觀), 綸(論), 似(校), 土(地), 敦(厚), 通(達), 達(回), 流(遺), 圍(回), 愛(䁤)

쇼너시는 백서본에서 愛 대신 사용된 䁤이라는 글자를 판독의 문제로 보고 있으며, 䁤이라고 해도 뜻이 모호하긴 마찬가지이므로 愛로 읽는 것이 옳다고 주장한다.[4]

③ 原始返終(觀始反冬)

"시작을 근원으로 하고 끝냄으로 되돌린다"가 "시작을 살펴서 끝냄으로 돌아간다"로 되어 있다. 두 표현 사이에 근본적인 차이는 없지만 시작을 살핀다는 주체 의식이 백서본에는 좀 더 강하게 나타난다는 것, 그리고 終 대신에 冬을 사용하여 끝냄 또는 마침의 특성을 계절에 비유함으로써 종결의 의미를 좀

---

4) Shaughnessy, 1996; 326.

더 구체화하고 있다.

【5장】

① 謂(胃), 繼(係), 性(生), 智(知), 不(弗), 哉(幾), 通(迵)

② 盛德(成德)

③ 顯諸仁藏諸用鼓萬物而不與聖人同憂盛德大業至矣哉(聖者仁用鼓萬物而不與衆人盛德大業至矣幾)

"그것을 인에서 드러내고 용에 감추어 만물을 고동하되 성인과 더불어 한 가지로 조심하지 아니하니 성한 덕과 큰 업이 지극하다"가 "성인의 인적인 사용이 백성과 더불어 한 가지로 조심하지 아니하니 거의 성한 덕과 큰 업이로다"로 되어 있다. 현행본을 따르면 주체가 누군지 알 수가 없지만 백서본에는 성인과 백성이 구분됨이 분명하고, 앞 구절에서 어진 자의 지혜와 그렇지 못한 백성의 것과 구분을 했기 때문에 백서본의 표현이 좀 더 명쾌하다.

生生之謂(生之胃)

백서본에는 '生' 하나만 사용되어 있다.

陰陽不測之謂神(陰陽之胃神)

"음이 될지 양이 될지 예측할 수 없는 것을 신이라 한다"가 "음과 양을 신이라 한다"로 되어 있다. 음양을 예측할 수 없음을 신이라 부르는 것과 음양 자체를 신이라 부르는 것은 뉘앙스 차이 이상의 의미가 있다. 은유 형식이 강화되어 음양의 신적인 특성이 좀 더 직접적으로 나타난다. 이렇게 되면 음양이라는 변화 상태 그 자체가 신적인 것이 되어 음양의 비의적 의미가 충분히 살아나게 된다.

【6장】

① 邇(近: 가까울 이, 가까울 근), 配(肥)

② 不禦(不過: 막히지 아니하고 → 지나치지 아니하고),
其靜也翕其動也闢(其靜也歛其動也辟)

"(무릇 곤은) 그 고요함에 닫히고 그 움직임에 열린다"가 "그 고요함이 모여들고 그 움직임이 열린다"로 되어 있다. 백서본에는 고요함을 '닫힘' 대신에 '모여듦'으로 표현하여 고요함의 내재적 복합성이 강화된다.

③ 其靜也專其動也直(其靜也圈其動也橢)

"(무릇 건은) 그 고요함이 온전하고 그 움직임이 곧다"가 "그 고요함이 (마치 동물이) 우리에 갇힌 듯하고 그 움직임은 요동치듯 흔들린다"로 되어 있다. 백서본이 고요함과 움직임을 더 정확하게 묘사한다. 그러므로 고요함과 움직임에 대한 설명으로 圈과 橋가 더 정확하고 설득력이 있다.

陰陽之義配日月(陰陽之合肥日月)

"음양의 법칙은 일월과 배합되고"가 "음양의 합은 일월과 배합되고"로 되어 있다. 현행본이 '음양의 법칙'이라는 표현으로 음양의 특성을 규칙이나 준칙으로 추상화시키는 반면에 백서본은 그것을 '음양의 합'으로 단순화시키고 구체화한다.

【7장】

① 禮(體)

③ 成性存存道義之門(誠生道義之門)

"이루어진 성품을 보존하고 또 보존하는 것이 도의의 문이다"가 "삶을 성실히 하는 것이 도의의 문이다"로 되어 있다. 이 장에서는 천지로 위치를 설정하여 주역의 임무를 정한 뒤 인간의 역할을 규정하고 있는데, 현행본과 백서본 둘 다 논리적으로 이러한 귀결을 가져온다고 할 수는 없다. 백서본에는 '存存' 두 글자가 빠져있는데 이것이 생략되어도 이해에 무리가 없다. "성품을 보존한다는 것"과 "삶을 성실히 하는 것"은 각각 나름대로의 정확성을 갖고 있다. 왜냐하면 만약 成性을 成生이라 하거나 成生을 誠性이라 한다면 틀린 말이 되기 때문이다. 물론 논리적으로는 誠性이 우선적으로 갖추어져야 成生이 가능하다. 하늘의 도리를 가져와 인간의 도리인 性을 지키고 그 성을 멈추거나 왜곡하지 않고 지켜나가면 誠이 되는 것이다. 그러므로 현행본과 백서본 모두 나름대로의 논리를 갖추고 있으나, 存存이라는 말이 있다면 현행본이 더 적절하고 그렇지 않을 경우엔 백서본이 더 낫다고 할 수 있다. 그러나 '易道의 門'의 정의를 "쉬지 않고 변함없는 것"이라 한다면 誠이라는 글자가 性보다 더 주역의 특성에 가깝다고 할 수 있을 것이다. 性이 본체적인 것이라면 誠은 과정적이기 때문이고 주역의 정신은 후자의 특성을 더 많이 갖고 있기 때문이다.

【8장】

① 擬(疑), 宜(義), 通(同), 繫(係), 議, 擬(義), 鶴(額), 爾(駏), 靡( ), 況(況), 樞機(區幾), 榮辱(營辱), 主( ), 咷(逃), 處(居), 黙(謨), 措(足), 諸(者), 物(述), 斯(此), 術(述), 恭(共), 謙(溓), 致(至), 亢(抗), 慢(曼)

② 典(疾), 擬(知), 密(閉), 成(盈)

則千里之外違之(則十里之外回之)

不出戶庭(不出戶牖)

뜰(庭)이 창문(牖)으로 되어 있다. 백서본대로 하면 문은 물론이고 창문 밖도 나가지 않아야 하므로 금지에 대한 조건이 좀 더 까다롭다고 할 것이다.

③ 伐(代)

현행본의 저자가 백서본을 잘못 판독하여 伐을 代로 표기한 경우이다.

聖人有以見天下之賾(耶口人具以見天之業)

"성인이 천하의 그윽하고 깊이 가려져 있음을 살펴"가 "성인이 하늘의 일을 보기 위해 (완전히) 갖추어 놓음에"로 되어 있다. 백서본에는 '하늘의 깊이 가려져 있음'을 '하늘의 알'로 직접 표현했다. 물론 여기서 '하늘의 알은 사물의 모습을 괘라는 기호로 재현하는 일을 말한다. 따라 나오는 문단의 '天下之至賾' 또는 '天下之至動'에서의 '지색'과 '지동'은 백서본에는 모두 '業'으로 되어 있다.5) 그리고 하늘의 일이라고 한다면 有보다는 具를 사용하는 것이 보다 논리적이다.

同人先號咷以後笑(同人先號逃以後哭)

"동인이 먼저 울부짖다가 뒤에는 웃으나"가 "동인이 먼저 울부짖다가 뒤에는 함께 슬퍼우니"로 되어 있다. 현행본과 백서본 모두 동인괘 구오효에 모두 笑로 되어 있으나 백서본 계사전에만 哭으로 되어 있다. 구오에서의 '뒤의 웃음'의 의미는 따라 나오는 '大師克相遇', 즉 "큰 군사를 일으켜 이겨야 서로 만난다"는 구절에서의 이기고 만난다는 표현에서 찾아볼 수 있다. 그러나 백서본 계사전의 '곡을 여러 무리가 함께 슬피 우는 것으로 이해한다면 앞의 號咷를 더 강조하는 것으로도 볼 수 있다.

慢藏誨盜冶用誨淫(曼暴謀盜思奪之)

"허술하게 간직하는 것은 도적질하도록 가르치는 것이 되며 얼굴을 난잡하게 꾸미는 것은 음탕한 짓을 가르치는 것이 되나"가 "도적들은 거만하고 모진 계획으로 그 물건(수레)을 빼앗으려고 할 것이나"로 되어 있다. 현행본에도 도적의 특성이 나와 있지만 백서본에는 도적의 이러한 행동이 재차 강조된다. 그렇다면 '冶用誨淫'은 전혀 맥락이 닿지 않는 표현이다. 그러므로 백서본의 표현이 좀 더 구체적이고 적절하다고 할 것이다.

【9장】

'대연지수'장은 "天一地二天三地四天五地六天七地八天九地十" 구절만 백서본 10장 뒤에 일부분 나와 있고 나머지 9장 전부는 백서본에 없다. 백서본에 '대연지수'장이 빠진 것은 우연이라기보다는 백서본이 만들어짐에 있어

---

5) 흔히 유가는 天下라는 표현을 선호하고, 도가는 天이라는 표현을 선호한다고 한다. 백서본에 천하보다 천이라는 표현이 더 자주 사용된다고 하는 것도 잘못된 것이다. 백서본과 현행본 모두 이 두 표현을 구분 없이 사용하고 있음을 알 수 있다.

수리적 이해보다 상적 이해를 의도하지 않았는가 하는 추측을 해 본다. 진고응도 '대연지수'장의 생략에 대해 나름대로 설명을 시도하고 있는데 그는 그 차이를 주역이 갖는 점술적 성격 차이 때문에 발생한 것으로 보고 있다.[6]

【10장】

① 尙(上), 邃(述), 其孰(誰), 有(于), 物(勿)

② 其受命也如嚮(其受命也如錯)

"그 명을 받음이 소리가 울리는 것 같아서"가 "그 명을 받음이 돌아오는 것 같아서"로 되어 있다. 錯을 '꾸밀 착', '번갈아 착'으로 읽는데 여기서는 번갈 아 돌아든다는 뜻으로 보는 것이 좋다. 嚮과 거의 같은 의미로 쓰이고 있다.

無有遠近幽深(無又遠近幽險)

"멀고 가까운 데나 그윽하고 깊은 데까지 남김이 없어"가 "멀고 가까운 데나 그윽하고 험한데 까지 남김이 없어"로 되어 있다.

研幾(達幾)

"기밀을 연구함이니"가 "그 요점에 도달할 때"로 되어 있다.

③ 感而邃通天下之故(欽而逃達天下之故)

"느껴서 드디어 모든 연고를 통달하는 것이니"가 "삼가고 조심해서 드디어 모든 연고를 통달하니"로 되어 있다. 여기서 逃은 邃와 의미가 같이 쓰이고 達은 通과 같이 쓰이나 欽과 感은 어감이 상당히 다르다. 앞의 문맥에서 역의 무위적이고 정적인 특성을 보여 주고 있는데 感과 欽이 같이 쓰여도 별 문제는 없을 듯하다.

故能通天下之志(故達天下之誠)

"(그러므로 역이란) 능히 천하의 뜻을 통하며"가 "천하의 성실됨에 도달할 수

---

6) 진고응은 "백서본 역경과 백서본 계사전은 '팔괘를 겹쳐 괘를 이루는'(八卦重卦) 점서 계통에 속하지만, 현행본 역경은 시초를 헤아려 괘를 이루는(揲蓍法) 점서 계통에 속한다.…… '대연지수'장은 '설시법'에 속하기 때문에 백서본 계사전에는 보이지 않고 현행본 계사전에만 보이는데, 이는 후대의 편집자가 덧붙인 것이다"라고 말하고 있다.(진고응, 1996; 238-9) 그러나 이러한 설명도 어디까지나 개연성만 확보할 수 있을 뿐이고, 주역 외적인 곳에서 전거를 가져오기 때문에 한계가 있는 듯하다. 그러므로 주역 외적인 이유가 아닌 주역 내적인 특성 즉 백서본의 재현적 성격상 대연지수장이 빠질 수밖에 없었다는 설명이 상대적으로 이 문제를 단순화시켜 해결할 수 있지 않을까 한다.

있으며'로 되어 있다. 천하의 뜻보다는 성실됨이라는 표현이 좀 더 구체적이다. 이 표현은 7장에서 논의된 현행본의 成과 백서본의 誠의 구별과 연관해 논의할 수 있다.

【11장】

① 何(可), 定(逹), 圓(員), 貢(工), 此哉(妓), 聰(恙)

② 民咸用之謂之神(民一用之謂之神)

"백성이 다 씀을 신이라 부른다'가 "백성이 (이 모든 것을) 하나처럼 씀을 신이라 이른다'로 되어 있다. 앞의 구절의 乾坤, 變通, 象, 器, 法을 모두 관통하여 하나로 이해함을 지적하는 표현이 되어야 함으로 咸보다는 一이 더 적절하다.

聖人以此洗心退藏於密(聖人以此佚心內藏於閉)

"성인이 이로써 마음을 씻어 맑게 하여 물러가 은밀하게 간직해 두며'가 "성인이 이로써 마음을 편하게 하며 안으로 가두어 담아서"로 되어 있다.

與民同患(與民同願)

"백성과 더불어 한 가지로 근심하여'가 "백성과 더불어 한 가지로 소원을 이루어"로 되어 있다. 백성에 대한 관여에 있어서는 두 가지 다 같은 의미를 갖고 있다.

是興神物以前民用(是閣神物以前民民用)

"이에 신령스런 물건을 일으켜서 백성 앞에 쓰기 전에'가 "(백성이 미리 사용할 수 있도록) 이에 신물을 닫아두었다가 백성이 사용하게 한다'로 되어 있다. 興과 閣은 내용적으로는 큰 차이가 없으며 閣은 '닫아둔다'는 뜻이지만 동시에 사용을 위해 '준비한다'는 뜻도 있다.

③ 開物成務冒天下之道(古物定命樂天下之道)

"(대저 역은) 만물을 열고 일을 이루어서 천하의 모든 도를 덮나니'가 "만물을 바르게 하고 (하늘의) 명을 지켜 천하의 도에서 즐거움을 취하니"로 되어 있다. "덮는다"는 冒의 뜻으로는 역의 역할을 정확히 알 수 없다. 백서본의 '즐거움을 취함'이라는 의미가 더 적절하다.

古之聰明叡智神武而不殺者夫(古之聰明叡智神武而不恙者也庸)

"옛날에 총명하고 예지롭고 신비로운 무용으로써 사람을 죽이지 아니하는 자인저'가 "옛날에 총명하고 예지롭고 신비로운 무용으로써 (사람들로 하여금) 근심과 걱정이 없게 하는 그런 자가 아닌가'로 되어 있다. 현행본의 殺은 앞뒤 맥락을 볼 때 전혀 의미가 통하지 않는다. 사람을 죽인다 또는 죽이지 않는다는 표현은 내용적으로 적절하지 않다. 그런 능력으로 백성의 근심걱정을 없애 주는 것으로 이해해야 할 것이다.

【12장】

② 其不可見乎(其義可見已乎)

"(성인의 뜻을) 가히 볼 수 없단 말인가"가 "성인의 뜻을 볼 수나 있겠는가"로 되어 있다.

乾坤其易之縕耶(乾坤其易之經與)

"건곤은 역을 쌓아놓은 것인져"가 "건곤은 역의 표준인져"로 되어 있다.

③ 履信思乎順(禮信思乎順)

"신의를 밟고 순천을 생각하고"가 "예의와 성실은 우리로 하여금 순천을 생각하게 하고"로 되어 있다. 履와 禮의 차이가 전혀 다른 해석을 하게 한다. 현행본의 해석에 따라 신의를 밟는다는 것이 정확히 무슨 뜻인지를 앞뒤 맥락을 살펴봐도 이해가 되지 않는다. 백서본의 해석이 더 자연스럽다.

化而裁之謂之變(爲而施之胃之變)

"변화하여 제재하는 것을 변이라 하고"가 "행하여 실행하도록 하게끔 하는 것을 변이라 하고"로 되어 있다. 변화를 설명하는 부분인데, 현행본을 따르면 '變'의 성질을 '化而裁'로 볼 수 있지만, 백서본을 따르면 적극적인 실행을 변이라고 봐야 한다. 현행본에는 '裁'가 '制'의 뜻으로 쓰이고 있다.

推而行之謂之通 擧而措之天下之民謂之事業(誰而諸擧天下之民謂之事業)

"추리하여 진행하는 것을 통이라 이르고 들어서 천하의 백성에게 실행하는 것을 사업이라 한다"가 "천하의 사람들을 밀고 들어 올리는 것을 사업이라 한다"로 되어 있다. 백서본에는 '통'으로 끝나는 첫 구절이 생략되어 있는데, 그것은 앞 구절의 變에서 이미 현행본의 통의 성격을 '爲而施'로 하고 있고, 곧바로 사업의 구절로 넘어가고 있기 때문이다. 즉 현행본의 '推而行'의 특성이 백서본의 '爲而施'에 있다고 할 수 있으며, 백서본이 통의 의미를 축소시켰거나 아니면 변의 의미를 현행본보다 확대 해석했을 가능성이 있다. 그러나 백서본의 끝에 '裁'를 '制'로 사용하고 있고 '通'이 다시 나타나는 것을 보면 백서본이 재와 통의 의미를 무시하고 있지 않다는 것을 알 수 있다.

聖人有以見天下之蹟而擬諸其形容(聑人具以見天下之請而不擬者其刑容)

"성인이 천하의 그윽하고 깊이 가려져 있는 역의 심오함을 봄에 (그것을) 어떤 형체에 비기며"가 "성인이 천하의 특성을 분명히 하려고 (상을) 만들었으되 그 상의 형태와 모습을 의심하지 않는다"로 되어 있다. 성인이 왜 상을 만들었는가에 대한 의의를 현행본은 먼저 상의 사물 속에 숨어 있는 특성을 제시하고 다음으로 그 상의 모습을 실제의 사물에 비유하거나 적용한다. 그러나 백서본은 사물과 상의 관계가 직접적으로 관련이 있음을 밝히고 있다. 현행본의 '賾'은 심오함을 뜻하며 백서본의 '請'은 '분명함'으로 표현한다.

神而明之存乎其人(神而化之存乎其人)

"(역의 이치를) 신묘하게 밝혀 그 사람에게 있게 하고"가 "(효의 변화로 하여금) 신묘하게 하고 그 효를 변화시켜 사람에게도 있게 하여"로 되어 있다. 明과 化의 근본적인 차이는 없는 듯하다. 그러나 괘효의 이동을 직접적으로 설명하는 방식으로는 明보다는 化가 낫다. 현행본의 사람의 주체성은 음양의 제작자까지 가는데 이는 적절하지 않으며, 오히려 음양효의 신묘함과 변화가 인간에게 내재된다는 백서본의 설명이 보다 설득력이 있다.

계사하전繫辭下傳[7)]

【1장】

② 繫辭而命之(繫辭而齊之)

"말을 메어서 명령하니"가 "말을 메어서 가지런히 하니"로 되어 있다. 현행본의 명령한다는 말은 이 맥락에서 무엇을 명령한다는 것인지 정확히 알 수가 없다. '繫辭'를 "명령한다"는 것보다는 "가지런히 한다" 또는 "똑같이 늘여놓는다"는 백서본의 표현이 더 적절하다.

變通者趣時者也(變迵也者聚者也)

"변통은 때를 따르는 것이다"가 "변통은 모이는 것이다"로 되어 있다. 앞 구절에서 강유가 근본을 세우는 것이라고 했는데, 이 말은 음양이 괘에서 강유를 나타내는 음양효로 표기됨을 뜻한다. 그렇다면 따라 나오는 구절은 이러한 음양효가 변통을 통하여 다양한 형태로 적용 발전됨을 의미한다고 할 수 있다. "모인다"고 함은 이러한 음양효가 집합되어 여러 가지 형태를 띠게 되어, 결국은 때에 따라 변화될 수 있는 성질을 갖게 됨을 의미한다. 그러므로 현행본과 백서본의 내용에 있어 근본적인 차이는 없다.

③ 吉凶者貞勝者也 天地之道貞觀者也 日月之道貞明者也 天下之動貞夫一者也(吉凶者上勝者也 天地之道上觀者也 日月之道上明者也 天下之動上觀天者也)

"길과 흉은 바르게 이기는 것이니 천지의 도는 바르게 있는 것이고, 일월의 도는 바르게 밝히는 것이고, 천하의 움직임은 바르게 대저 하나가 있음이다"가 "길흉은 이김을 올려놓는 것이니(이기도록 하는 것이니) 천지의 도는 높게

---

7) 백서본에는 6, 7, 8 그리고 10, 11장이 생략되어 있다.

보이고 일월의 운동은 높이 관찰되는 것이고 천하의 움직임은 높이 하늘을 살피는 것이다'로 되어 있다. '貞'과 '上'의 차이가 여기에서는 중요한 역할을 한다. 바르게 보고 바르게 밝힌다는 뜻은 맥락상 이해가 되지만 "바르게 하나가 있다"거나 "하나에 바르다"는 구절은 뜻이 분명하지 않다. 백서본을 따르면 이해가 쉽다. 천지도 일월도 천하의 움직임도 모두 높이 눈을 들어 볼 수 있기 때문이다.

夫乾確然示人易矣(夫鍵篤然示人易矣)

"대저 건은 틀림이 없으니 사람에게 쉽게 보여 주고"가 "대저 건은 높이 오르니 사람들에게 변화를 보여 주고"로 되어 있다. 백서본의 '篤'는 김오를 고로서 '확연하다고 하는 것에 비해 "고연하다"고 하면 건의 성질이 김이 오르듯 높이 오르는 것을 더 잘 보여 줄 수 있다. 즉 篤然이 건의 고고한 성질을 보다 이미지화해서 보여 줄 수 있다. 그리고 현행본에는 易을 '쉬울 역'으로 해석하고 있는데 그냥 변화로 보는 것이 좋다. 건의 높이 오르는 성질을 보고 거기에서 변화의 대표되는 이미지를 보여 줄 수 있기 때문이다. 이는 다음에 따라 나오는 곤에 대한 설명에도 적용된다.

夫坤隤然示人簡矣(夫川魋然示人開矣)

"대저 곤은 순하니 사람에게 간단하게 보여 주니"가 "대저 천은 낮게 내려가니 사람들에게 차이가 있음을 보여 주고"로 되어 있다. 앞에서도 보다시피 건의 성질은 높이 오르는 것이고 물의 성질은 낮게 내려가는 것이니 백서본의 건곤의 이미지를 자연스럽게 묘사한다고 할 수 있다. 開을 簡의 본자로 보아 통용할 수 있지만 글자 그대로 해석하여 사이나 (높낮이의) 차이를 뜻하게 되면 물의 흐름은 높은 데서 낮은 데로 또는 가득 차 있는 곳에서 비어 있는 곳으로 스며드는 것이니 정확하게 그 뜻에 따른다고 할 수 있다.

象也者像此者也(馬也者馬此者也)

"상이란 것은 이러한 것을 형상한 것이다"가 "상이란 것은 바로 사람들이 이러한 것을 상이라고 한 것이다"로 되어 있다. 말(馬)을 상으로 보았다는 것은 이미 앞에서 지적했다. 여기서 주목할 것은 백서본에는 현행본처럼 象과 像의 구분을 하지 않았다는 사실, 즉 상의 내면적 성질에 물질적 성질인 像이 들어 있다는 사실을 보여 주지 않고 있으며 대신 상을 상 그대로 이해하고 있다는 사실이다.[8] 백서본 구절을 직역하면 "사람들은 이 상들에 대해 상을 주었다"가 되는데, 즉 단수로서의 상에 복수로서의 상으로의 변환을 가져다주면서 복

---

8) 象이 초기에는 물질 이미지로 사용되었겠지만 시간이 지나면서 추상화되었다고 할 수 있다. 그러나 像은 다시 이 추상화된 상에 구체성이나 물질성을 다시 부여하게 된다. 현행본에 보이는 추상적인 상을 흔히 물질적 상으로 이해하는 탓에 상의 고유한 의미가 손상되곤 한다.

수로서의 상과 단수로서의 상을 내재적으로 구분했을 수 있다. 상을 상 그
자체로 본다는 것은 음양의 물질 이미지를 배제하고 음양 고유의 성질 이미지
를 드러내는 것이다. 현행본 계사하전 3장의 '是故易者象也象也者像也'에서
도 象을 像으로 이해하고 있지만 백서본에는 이러한 추상과 구체의 차이가
명확하게 설정되지 않고 있다.

天地之大德曰生 聖人之大寶曰位(天地之大思曰生 聖人之大費曰立立)

"천지의 큰 덕을 말하되 生이요 성인의 큰 보배를 말하되 位나"가 "천지의
큰 생각을 生이라 부르고 성인의 큰 씀을 위를 세움이라 부른다"로 되어 있
다. 천지의 '큰 생각'을 천지의 큰 덕이라고 할 수 있기 때문에 첫 구절은 의
미상 큰 문제가 되지 않는다. 그러나 천지의 '큰 보배'를 位라고 하는 것은
그 의미가 모호하다. 오히려 큰 생각이나 덕을 체적인 것으로 費를 용적인
것으로 보거나 思와 費를 사유의 실천의 관계로 보는 것이 옳다.

禁民僞非曰義(愛民安行曰義)

"백성의 그릇됨을 금하는 것을 말하되 의리라고 한다"가 "백성이 편안하게
살아감을 사랑하는 것을 옳음이라 한다"로 되어 있다. 앞의 구절에서 사람들
을 어떻게 모을 것인가 라는 물음을 던져 놓는다면 현행본과 백서본의 뜻이
서로 크게 다르지 않다. 그러나 긍정적이고 적극적인 '愛民安行'이라는 백서
본의 표현이 더 좋다. 오히려 백성을 사랑하여 그들로 하여금 일을 행함에
평화를 주는 것이 적절한 표현이다. 여기서 현행본 계사전에는 확인할 수 없
었던 유가의 '애민안행'사상을 볼 수 있다.

【2장】

① 包犧氏(戲是/肆戲氏), 俯(府), 網罟(古), 離(羅), 神農氏(神戒是), 耜(枳), 揉
(斲), 耨(槈), 取(蓋), 致(至), 噬嗑(筮簠), 垂(陲), 裳(常), 剡(枏), 舟(周), 濟
(제), 渙(奐), 掘(予), 弧(瓠), 剡(楘), 睽( ), 壯(壯), 衣(裏), 槨(鬲)

② 市(疾), 窮(冬), 服牛乘馬引重致遠(備牛乘馬引重行遠), 上棟下宇以待風雨
(上練下楣以寺風雨)

③ 通其變使民不倦(迵其變使民不亂)

"그 변함에 통달하여 백성으로 하여금 게으르지 않게 하며"가 "그 변화에 통
달하여 백성으로 하여금 혼란스럽지 않게 하며"로 되어 있다. 여기서 게으르
다는 것은 앞뒤 맥락으로 봐서 의미가 통하지 않는다. 堯舜의 등장으로 정치
가 바로 세워진다는 정치 상황을 고려해 볼 때 "혼란스럽지 않게 한다"는 표
현이 더 설득력이 있다.

重門擊柝以待暴客蓋取諸豫(重門擊柝以挨抶客蓋取余)

"이중문을 만들어 빗장을 질러서 이로써 사나운 손(도적)을 기다리니(막으니) 저 예괘에서 취하고"가 "문을 접어(열어) 종의 추를 쳐서 여행객을 맞이하니 대개 예괘에서 취하고"로 되어 있다. 현행본의 내용과 백서본의 내용이 너무나 달라 豫卦를 직접 참고할 필요가 있다. 예괘 구사효에 '大有得勿疑朋盍簪'(크게 얻음이 있으니 의심하지 아니하면 벗이 모여 합할 것이다)이라는 구절이 있는데, 이것을 의심을 버리고 화합과 친목을 해야 한다는 식의 현행본대로 해석하는 것은 적절하지 않다. 이 구절은 마땅히 백서본을 따라야 한다.

臼杵之利萬民以濟(臼杵之利萬民以次)

"절구 공이의 이로움으로 만민이 건너니(만민을 구제하니)"가 "절구 공이의 이로움으로 만민이 머무르게 되다"로 되어 있다. 次는 旅의 의미로서 밤을 지새우며 머무른다는 뜻이다. 小過卦 단사에는 소과의 의미를 "큰일은 할 수 없으나 작은 일은 길하다고 하며 아래로 내려오는 것이 순하다"라고 했다. 즉 소과에서는 큰 이익은 볼 수 없고 '절구 공이' 정도의 작은 이익을 볼 수 있다. 그러므로 만민을 구제하는 정도의 큰 이익이라기보다는 만민이 편안하게 머물 수 있는 정도의 이익이 적당하다. 논리적으로도 절구 공이의 이익은 하룻밤의 휴식과 어울린다.

喪期无數(葬期無數)

"상기가 일정한 기한이 없더니"가 "장례가 일정한 기한이 없더니"로 되어 있다. 앞의 구절에서 "시신을 섶으로 싸서 들에 장사지내되 봉분을 만들지 아니하고 나무도 심지 않았다"고 했듯이 장례에 있어야 할 중요한 요소가 옛날에는 생략되었음을 말하고 있다. 장례와 상례가 크게 다를 것은 없지만 장례가 시신 처리와 직접 관련이 있다면 상례는 시신 처리를 포함한 죽음 의식 일반을 총체적으로 지시한다고 할 수 있다. 물론 여기서는 이 둘 사이에 큰 의미 차이가 없지만 앞 구절에서 두 차례에 걸쳐 나오는 葬에 맞추어 喪보다는 葬으로 하는 것이 더 자연스럽다.

萬民以察蓋取諸夬(萬民以察蓋取諸者大有)

"만민이 이로써 살피니 대개 저 쾌괘에서 취하였다"가 "만민이 이로써 살피니 대개 저 대유괘에서 취하였다"로 되어 있다. 현행본에는 쾌괘이고 백서본에는 대유괘로 되어 있으므로 세밀하게 연구할 필요가 있다. 이 앞 뒤 구절에서는 성인의 정치관을 설명하고 있는데 여기에 어울리는 내용은 대유괘의 단사에도 나타나고 쾌괘의 상사에도 나타난다. 대유괘의 '중용·지도에 의한 덕'과 쾌괘의 '군자의 덕을 베풂' 둘 다가 이 구절에 적용될 수 있다. 그러므로 여기서는 쾌와 대유 모두가 가능하다. 현행본의 저자들이 대유괘보다 쾌괘가 더 적절하다고 보았다면 그것은 쾌괘의 군자의 직접적인 덕을 베풂에 더 많은 의미를 부여했기 때문이라고 할 수 있다.

【3장】

① 象者材也(象者制也)

"단이란 그 괘의 재목이오"가 "단이란 그 괘를 규정하고 조절하는 것이오"로 되어 있다. 制가 단의 역할을 좀 더 분명하게 한다.

【4장】

陰二君而一民小人之道也.

현행본의 이 구절은 백서본에는 생략되어 있다.

【5장】

① 朋(崩), 塗(途), 蕽藜(疾利), 期(其), 動(童), 語(言擧), 懲(誦), 趾(止), 積(責)

② 動而不括(動而不媾)

"움직여서 구속됨이 없음이라"가 "움직여서 활줄에 매임이 없음이라"로 되어 있다. 비유를 사용했다는 것 말고 내용에는 차이가 없다.

掩(蓋)

"덮는다"는 의미로서 두 단어 모두 같이 사용할 수 있다.

③ 이 장은 주로 공자가 말하는 것으로 단락이 이루어지고 있는데, 子曰로 시작되는 여섯 개 단락 중 백서본에는 다섯 개 단락이 생략되어 있다. 생략된 부분은 子曰危者에서 吉之先見者也까지, 그리고 子曰顔氏之子에서 立心勿恒凶으로 끝나는 이 장의 마지막까지이다.

【6·7·8장】

현행본에서 6장은 주역을 설명하며, 7장은 주역의 성립연대와 관련하여 九德을, 그리고 8장은 역의 활용을 설명하고 있는데, 백서본에는 이 세 장이 생략되어 있다.

【9장】

③ 若夫雜物撰德辯是與非則非其中爻不備(若夫雜物撰德辯是與非則下中爻不備)

"만약 대저 사물을 섞는 것과 덕을 가리는 것과 옳고 그른 것을 분별하는 것은 즉 중효가 아니면 갖추지 못할 것이다"가 "만약 (같은 내용을) 분별하지 못하게 되면 아래 효와 중효가 완성되지 못할 것이다"로 되어 있다. 현행본에는 사물의 섞임과 덕의 옳고 그름 그리고 시비의 문제가 중효를 통해 판가름

104   1부 주역의 이미지와 재현

난다면 백서본에는 아래 효와 중효 둘 다가 중요하다. 아래 효란 물론 괘의 초효를 의미한다. 그 근거는 현행본에 없는 구절이 백서본에 "初大要存亡吉 凶則將可知矣"(초효는 가장 중요하다. 존재하고 망함, 그리고 길흉을 이로써 알 수가 있다)라는 표현으로 따라 나오기 때문이다. 실제로 이 구절은 현행본 계사전에는 "噫亦要存亡吉凶則居可知矣"(아하! 또한 존망과 길흉을 필요로 할진대 거해서 알 수 있으며)라는 식의 전혀 다른 맥락으로 표현되어 있다. 이 구절은 위의 '初大要' 구절의 초효의 중요성과는 전혀 관련 없이 사용된 다. 이 구절 뒤에 따라 나오는 '二與四'에서 9장 끝까지는 사효와 오효가 이효 와 삼효보다 더 중요함을 설명하고 있는데, 이를 보면 현행본은 중효의 중요 성을 논의하고 백서본은 조화를 중시한다는 진고응의 주장이 옳은 듯하다.[9]

【10 · 11장】

이 두 개의 장 또한 백서본에는 생략되어 있다. 현행본에는 이 장들이 주 역이라는 책의 성격과 의의를 설명한다.

【12장】

① 知(阻), 云(具), 祥(羊), 感(欽)

② 占(筮), 見(識), 變動(動作)

能研諸候之慮(能數候之慮)

"능히 저 제후의 생각을 연구하여서"가 "능히 저 제후의 생각을 계산하여서" 로 되어 있다.

將叛者其辭慙(將叛者其辭亂)

"장차 배반할 자는 그 말이 부끄럽고"가 "장차 배반할 자는 그 말이 혼란스럽 고"로 되어 있다.

③ 天地設位(天地設馬)

"천지의 위가 설정되어 있음에"가 "천지의 상이 설정되어 있음에"로 되어 있 다. 백서본에는 천지의 위격에 앞서 천지의 자연 모습 즉 이미지에 좀 더 본래

---

9) 진고응이 주장하듯, 중효의 중요성은 유가적이고 초효의 중요성은 도가적이며 그래서 계사전은 도가의 저술이라는 주장이 설득력을 얻는 대목이라 할 수 있다. 물론 이런 사실을 가지고 주역을 도가의 저술이라고 단정하기에는 여전히 한계가 있다고 본다. 자세한 내용을 보기 위해서는 진고응의 『주역 유가의 사상인가 도가의 사상인가』에서 252～253쪽을 참고. 한편 鄧球柏은 진고응과는 달리 중효를 초효와 상효를 제외한 2, 3, 4, 5효로 보고 있는데, 이렇게 되면 진고응이 논점으로 삼은 '초효-도가적, 중효(2, 4효)-유가적'이라는 도식 자체가 의미가 없어진다. 중효를 어떻게 규정하느냐에 따라 논의가 달라질 수 있는 지점이다. 그의 『自話帛書周易』의 227쪽 참고.

적인 특징을 부여하고 있다.

八卦以象告爻象以情言(八卦以馬告敎順以論語)

"팔괘로써 이를 바를 그려 내고 효와 단으로써 말할 바를 나타내나"가 "팔괘로써 이를 바를 그려 내고 효는 말을 따져 따르게 되는 것이나"로 되어 있다. 백서본에는 象이 빠져 있고 '情言'이 '論語'로 대체되어 있다. 백서본을 따르면 괘와 효가 대별되어 괘는 '말을 그려 냄'이 되고, 효는 '말을 따잠'이 되어 괘와 효의 역할이 순차적으로 구분되어 자연스럽게 이해된다. 또한 괘는 어떤 정적이고 단일한 말(言)과 관련이 되며, 효는 동적이고 복수적인 말(語)과 관련이 되어 괘가 대상 설명의 정적인 면, 효가 대상 설명의 동적인 면을 드러내는 역할이 보다 명확해진다.

誣善之人其辭游(無善之人其辭斿)

"선한 사람을 무고하는 자는 그 말이 놀고"가 "착하지 않은 사람은 그 말이 놀고"로 되어 있다. 誣가 無에서 나온 가차자라고 할 수 있겠지만 백서본을 따르게 되면 전혀 다른 해석이 가능해진다. 현행본에 사람을 무고한다고 했지만 백서본에는 착하지 않은 사람을 의미하고 있으며 이 구절의 앞뒤 맥락을 보더라도 무고한다는 표현은 어울리지 않는다. '선하지 않은 사람'이라는 표현이 의미 진행상 더 자연스럽다.

3. 괘 이미지의 재현

지금까지 계사전의 현행본과 백서본의 차이를 비교 분석하면서 용어 차이에서 나타나는 번역과 해석의 변화를 볼 수 있었는데 크게 다음과 같이 정리해 볼 수 있다. 현행본에 비해 백서본이 한자어 용어 사용에 있어 구체적이고 직접적인 방식으로 대상의 이미지화의 강도를 높인다는 것이다. 결과적으로 그러한 용어 사용의 빈도수가 높게 되어 계사전의 진술 내용이 주역철학의 정체성 논쟁까지 일어날 여지가 있다. 서사의 직접성, 대상의 재현성, 그리고 진술 내용의 몇 가지 중요 사항을 아래와 같이 정리해 본다.

① 직접성과 관련되는 항목
　　계사상전 3장: 齊와 極
　　　　　4장: 原과 觀
　　　　　5장: 生生과 生, 陰陽不測과 陰陽
　　계사하전 1장: 貞觀者와 上觀者

② 재현성과 관련되는 항목
　　계사상전 1장: 乾坤과 鍵川
　　　　　2장: 象과 馬
　　　　　4장: 終과 冬
　　　　　6장: 專과 圈, 直과 榣, 配와 合
　　　　　7장: 性과 誠
　　계사하전 1장: 確然과 蒿然, 坤隤然과 川魋然

③ 내용 차이와 관련되는 항목
　　계사상전 12장: 履와 禮
　　계사하전 1장: 天地之德과 天地之思, 禁民僞非와 愛民安行
　　　　　2장: 使民不倦과 使民不亂, 暴客과 抜客, 萬民以濟와 萬民以
　　　　　　　次, 喪期와 葬期, 夬와 大有
　　　　　12장: 誣善과 無善

　　위의 항목들은 물론 대표성을 띠는 항목들이며 심화된 논의가 필요하다. 위에서 내용 차이와 관련된 항목들이나 직접성 항목은 현행본과 백서본의 해석 차이를 넘어서 서로가 상호 보충적인 요소들이 있기 때문에 해석의 폭을 넓혀 주는 장점이 있다. 그러나 항목②의 재현 논의는 주역의 성격 논쟁을 불러일으키기 때문에 좀 더 논의를 할 필요가 있다고 본다. 재현이야말로 주역철학의 실재론적 근거이며 나아가 "자연을 재현하되 기호로써 재현한다"

는 기호학적 실재론의 바탕이 될 수 있다. 그리고 재현은 어디까지나 괘와 효라는 주역 책의 특이성을 가지고 진행된다. 실재론이라는 말에 기호학적이라는 말이 덧붙는 이유는 기호가 자의성을 가지고 있기 때문에 해석학의 차원에서 다루어져야 한다는 이유에서이다.

주역에서 양을 한 줄로 표시하고 음을 짧은 두 줄로 표시하는 것이나, 그것보다 높은 수준에서 소성괘의 조합으로서의 대성괘 구성은 괘효의 기호적 설명에 끊임없는 자의성 문제를 제기하게 된다. 만약에 괘를 의리적 입장에서 음양효라는 기호의 임시적인 사용에 한정한다면 재현 자체에 근본적인 의문이 제기될 수밖에 없다. 반대로 상수적 입장에서 자연과의 재현만을 강조하다보면 임의성 문제에서 벗어나지 못한다. 이 문제는 단순히 주역의 철학적 성격에 대한 의문만이 아니라 천인합일이라는 자연과 인간의 총체적인 관계에 의문을 제기하는 것이 되기도 한다.

백서본의 가차자에 대해 유흔우는 천川이 곤坤보다 더 직접적이라는 데 부정적인 의견을 제시하며 글자 형태로만 보자면 곤이 천보다 더 직접적이라고 본다.[10] 천이나 곤이 모두 땅인 지地로서 흐름, 부드러움 등만을 상징하는 것이 아니라 더 많은 것을 포함해야 하고, 현행본의 땅의 주된 상징은 '두터움'이기 때문에 천을 곤보다 더 직접적이라고 할 수 없다는 것이다. 그러나 많은 부분 이에 동의함에도 직접성의 문제는 단순히 글자 이상의 문제로서 천이 가진 내재율을 보아야 하며 그 지시 내용 면에서 곤보다 더 풍부한 이미지를 많이 갖고 있다는 사실에 주목할 필요가 있다. 천이 갖고 있는 순수 이미지에 더해 그것이 펼쳐 내는 다양한 사례의 이미지를 생각해 본다면 왜 용어 정의 대신에 모범 사례를 제시하는 것이 더 적절한지를 알 수 있다. 구상이 추상보

---

10) 이 논의는 직접 만나 토론 형태로 진행된 탓에 입증할 자료가 없음을 밝힌다.

다 좋다는 막연한 선입관이 아니라 구상이 재현에 더 좋기 때문이다.

주역의 상象은 단순히 현상으로서 본질을 드러내는 어떤 물리적 매개체만은 아니다. 만약 단순히 현상에 불과하다면 상像과 다를 바가 없다. 상象의 역할은 상像과는 달리 구체성과 개별성을 띠고 있으면서도 일반성과 추상성을 모두 갖고 있는 아주 독특한 철학적 위상을 갖는다. 백서본에서 왜 상象을 말(馬)이라고 했겠는가. 그것은 상이 추상으로 빠지는 것을 방지하기 위함이다. 반대로 현행본에서 왜 천川을 곤坤이라고 했겠는가. 그것은 구체적인 것을 구체적으로 남겨 놓지 않고 하나의 일반성과 추상성으로 이해하기 위함이다. 주역의 64괘 모두가 이러한 상보적인 성격을 갖고 있는 기호라고 한다면 괘상에 대한 올바른 이해는 그것을 순수 본질로 인정하면서 한편으로는 구체성을 갖고 있는 것으로 볼 때 재현에 더 적합하다.

상象과 상像의 관계에 일종의 철학적 합의를 보고자 엄연석은 자연과 기호와의 자의적이고 임의적인 관계를 다루면서 이 문제에 접근한다. 그는 현행본 계사상전의 1장, 그리고 계사하전의 1장과 3장의 상象과 상像의 관계를 통해 주역의 재현성을 "구체적이고 다양한 현상세계로부터 하나의 보편적인 원리를 추상"하는 상象의 역할과 "보편적인 의미 범주를 구체적인 상징물로 드러낼 때의 모사"인 상像의 역할로 크게 나누고 있다.[11] 그리하여 음양효와 팔괘, 64괘, 384효는 상의 보편화가 진행되는 과정 즉 상象으로, 그리고 각각의 기호에 따라 나오는 괘사와 효사는 구체성이 진행되는 과정 즉 상像으로 보고 있다.[12] 그는 앞의 보편화 과정에서의 상과 의미의 관계를 구문론적 함의를 갖는 것으로 보고, 뒤의 구체화 과정에서의 상과 의미의 관계를 의미론적 함의를 갖는 것으로 보고 있다.[13] 그는 이와 같은 논의를 통해 상象과 상像이

---

11) 엄연석, 2003; 125.
12) 엄연석, 2003; 127.

괘효와 괘효사의 적용 영역이 각각 구문론적 관계와 의미론적 관계를 맺는다고 함으로써 역학의 전통적인 해석의 두 방법인 상수학과 의리학의 접근 방식에 일종의 균형감각을 갖추려는 모습을 보여 준다. 이러한 그의 논의는 상당히 설득력이 있어 그동안의 주역 괘의 기호의 자의성 문제를 해결하는 데 도움이 되는 면이 분명히 있다.

이 지점에서 백서본의 상象에 대한 기존 논의의 문제점을 지적하지 않을 수 없다. 백서본에는 상象과 상像의 관계를 지시하는 표현이 없으며 오히려 '상象을 상象으로' 이해하려는 노력만이 있다고 할 수 있다. 다시 말해 상象을 말(馬)로 하여 "말(馬)은 말(馬)이다", 즉 현행본의 형식을 빌리자면 "상象은 상象"이라는 입장을 취하고 있다. 비록 엄연석이 상당히 명쾌하게 상과 상의 관계를 보편성과 구체성으로 이원화해 보여 주려고 했지만, 그는 이미 이 둘 사이의 이분법을 하나의 방법론으로 전제하고 있는 것 같다. 그는 상수학과 의리학이 갖는 전통적 이분법에 더해 보편과 개별, 추상과 구체라는 서양의 주류 철학, 그러나 그렇게 정당하다고 생각하지 않는 철학을 그대로 답습하고 있지 않은가 생각한다. 이와 같은 이분법을 제시하지 않고도 해결할 수 있는 방법이 퍼스 기호학의 이미지의 발달 과정에 잘 나와 있다. 즉 재현의 방식을 단계별로 파악하여 음양효는 순수 이미지(a pure image)로, 소성괘나 대성괘는 복합 이미지(a complex image)로 처리하는 것이다. 그리고 괘효와 괘효사의 관계는 도상(아이콘)과 지표(인덱스), 그리고 상징 또는 은유의 발달 단계로 보는 것이다. 또는 아도르노가 지적한 모델 제시와 사례 제시를 원용하여 괘효사는 사례를 통한 모델 제시 차원에서 설명할 수도 있다.[14] 즉 괘효는 이미지의 발달 단계

---

13) 엄연석, 2003; 131.
14) 아도르노의 모델 제시와 괘의 짜임관계에 대한 논의는 3부 2장에서 자세하게 다룰 것이다.

로 '정도의 차이'에서 재현성을 보여 주는 것이며, 괘효사는 모델 제시라는 대표 사례 제시를 통해 상징성을 갖는다고 할 수 있다. 그렇다면 굳이 보편과 추상이라는 이분법으로 괘효와 괘효사로 볼 필요도 없고 괘효사가 갖는 우연성과 필연성 논의에 들어가지 않아도 될 것이다.

엄연석의 이러한 보편과 구체의 논의는 그가 태극을 실체적이거나 본질론적으로 취급하는 부분에서도 보인다. 그는 괘의 "현상적인 변화를 전체적으로 규정하고 질서 지우는 궁극적인 근원자를 『주역』에서는 태극"이라고 하는 일반 논의를 따르고 있는데, 태극과 괘와의 이러한 기존의 관계 설정은 괘효와 괘효사의 우연성과 필연성 논의를 가져오게 하는 원인이 된다. 이에 대한 보다 상세한 논의는 이 책의 「결론」 1장에서 태극의 본질론적 논의에 의문을 제기한 윤사순의 글을 분석하면서 좀 더 자세히 다룰 것이다. 거기에서 그는 태극을 이미지이되 순수 이미지의 가능 실재로 규정하고 태극과 음양과의 관계를 이미지 발달의 과정으로 보고 있다.

괘효사의 많은 사례나 주역에서 말하고자 하는 사물 현상을 단순히 추상의 반대되는 특성으로 보는 것은 옳지 않다. 최영진은 구로다(黑田直躬)의 말을 인용하면서 물物을 설명하고 있는데, 그는 "물物은 인간과 자연, 정신과 물질, 생물과 무생물, 구성성과 추상성이라고 하는 이분법적 분류틀을 넘어서서 인간의 의식에 떠오르는 모든 존재―성질과 형상이 어떠한가를 막론하고―를 지칭하는 개념"이라는 구로다의 주장에 동의한다. 최영진이 이해하는 물物은 "전존재를 포괄하는"[15] 것이며, 이 물은 바로 상像이라기 보다는 상象으로 이해해야만 상象의 유기적 전체성을 잘 이해할 수 있다고 본다. 그렇다면 백서본 계사하전 1장의 '馬也者馬此者也'는 추상과 구체의 이분화를 배제하고자 하는 표현의

---

15) 최영진, 2000; 10-12.

결과라 해야 할 것이다. 현행본이 변화와 조화의 유연함을 보여 주면서도 한편으로는 이원론적인 사고방식을 강요하는 듯한 추상과 구체의 분화를 드러내고 있다면, 백서본에는 그런 점이 보이지 않는다.

백서본으로 돌아가면 상을 상 자체로 이해하기가 더 쉬워진다. 자연을 재현하되 대표 이미지 또는 순수 이미지를 가져옴으로써 추상화되는 것을 억제할 수 있고, 괘와 효의 관계를 재현성의 발달 과정으로 인식할 수 있는 길을 찾을 수 있다. 백서본 계사상전 1장의 건鍵과 천川의 이미지에서 건은 하늘의 비밀 문을 여는 열쇠로서의 이미지이고 천은 땅의 부드러움을 대신하는 흐름의 이미지이다. 현행본처럼 건鍵을 건乾으로 보고 천川을 곤坤으로 보게 되면 추상이라는 틀에 갇히게 되어 주역을 이미지의 발달로 볼 수 없게 된다. 백서본과 현행본의 글자들의 차이는 단순히 글자의 변화나 가차 정도가 아니며, 진고응이 말하듯 유가와 도가적 차이를 드러내는 수준 정도도 아니다. 백서본의 계사전은 자연의 재현을 보여 주는 정신에 더해 추상을 배제함으로써 주역의 독특한 실재론을 보여 주는 예시가 될 수 있다.

백서본의 계사전 이외의 단편들인 『이삼자문』, 『역지의』, 『요』, 『무화』 그리고 『소력』에서도 이러한 재현성에 대한 논의를 할 수 있다. 『이삼자문』에서 건괘를 설명하면서 가져오는 용의 이미지, 또는 『역지의』의 백과 흑의 이미지는 주역의 철학적 특성 즉 자연을 설명하는 방식이 재현이라는 사실을 말해 준다. 앞서 가차자들을 재현이라는 관점에서 좀 더 세밀하게 분석하지 못하고 64괘 분석을 계사전과 관련해 다루지 못한 것이 아쉽지만 어떤 식으로든 가차자의 변이에서 풍부한 재현성이 감지될 수 있다는 사실을 부정할 수는 없을 것이다.[16]

---

16) 가차자의 변이가 중국의 넓은 지역의 특성상 방언으로 표기된 탓도 어느 정도 있지만 여기서는 일단 텍스트에 한정해서 논의했다.

4장 괘와 도식(diagram)
진괘震卦의 경우

　괘 이미지의 재현성에 대해서는 나름대로 살펴봤지만 4장에서는 퍼스의 도식(diagram) 개념을 가져와 재현이 단순히 말 그대로의 모사 수준을 넘어 재현의 내부 특성인 관계성까지도 보여 준다는 사실을 확인할 것이다. 재현하는 순간 관계가 형성된다. 대상과 대상의 기호화 사이에서 관계가 형성되듯 대상과 괘 사이에서도 관계가 형성된다. 흔히 재현을 논함에 있어 관계성을 소홀히 하거나 별로 의식을 못하는 경우가 많지만 실제로 관계성은 재현의 내재율이며 내부 기능이기도 하다.

　여기서는 특히 진괘震卦의 분석을 통해 재현의 현상, 즉 괘가 어떻게 사물이나 대상의 재현의 특성을 잘 드러낼 수 있는지를 알아본다. 사물의 내용이 잘 드러난다는 것, 보인다는 것은 사물이 진리 또는 숨어 있던 것들을 괘를 통해 밖으로 나타냄을 의미한다. 재현은 현상학적 진리 찾기에 동참하고 있으며 주역도 그러한 역할을 수행하고 있다. 이를 통해 얻는 부수적 성과로는 논쟁이 되어 온 착종의 의의를 좀 더 긍정적으로 이끌어 낸다는 것이다. 착종이 무엇이냐는 질문보다는 왜 괘의 해석에서 착종이 요구되었는가 하는 것이 주역사의 진정한 관심사항일 것이다.

1. 재현의 관계성

재현에 대한 한 가지 오해에서 벗어나 논의를 시작하자. 흔히 재현이라 하면 대상을 거울처럼 반영하는 것으로 생각하기 쉽다. 주역의 괘가 "자연을 재현한다"는 말이 자연을 그대로 모사하거나 반영한다는 뜻은 아니다. 괘가 재현의 매체가 되는 순간 괘는 자연의 모사를 뛰어넘어 자연을 새로운 형태로 제시하거나 보여 준다. 즉 문자 그대로의 일대일로 대응하지 않는다. 이런 점을 철학적으로 말해 '기호학적 실재론'이라고 할 수 있다. 괘를 통해 자연을 재현할 때 이미 괘의 기호학적 특성과 괘를 구성한 사람의 해석이 들어감으로 자연 그대로 일치할 수 없기 때문이다. 재현되는 대상은 직접 관찰되지 않는다. "재현에 이미 추론이 발생하기" 때문이다.[1]

유럽 현대철학에서는 재현의 문제가 들뢰즈의 저작 『차이와 반복』에서 깊게 한 번 논의되었고, 찰스 퍼스는 일찌감치 이런 문제를 지적했으며 이후의 많은 해석학자들도 그러했다. 이 모든 논의의 깊은 곳에는 본질에 대한 부정, 즉 더 이상 실체를 인정하지 않겠다는 정신이 깔려 있다. 퍼스의 기호학에도 이러한 해석의 정신이 들어 있다. 재현은 대상과 기호의 관계에서 그러하듯이 괘와 괘의 관계에서도 나타난다. 진괘震卦(䷲)를 분석하는 과정에서도 이런 관계를 볼 수 있겠지만, 예를 들어 진괘에서 호괘互卦의 착종錯綜으로 건괘蹇卦(䷦)가 나오는 것을 보고 건괘의 본질이 진괘라고 하면 안 된다. 그것은 모사된

---

1) 재현에 추론이 발생하는 것은 도식(diagram)의 일반적인 모습이다. 퍼스에게 이미지 (image)가 단순히 물질을 모사하는 것이 아닌 추상성을 전제로 하고 있다는 것은 괘의 상이 像인 것이 아닌 象인 것과 같다. 象의 단계에는 이미 추상화 과정 즉 추론이 일어난다. 이윤희는 이런 논점을 알레고리의 분석에 적용한 논문 「퍼스의 다이어그램과 내러티브 알레고리의 매체상호성」에서 상세히 다루고 있다. 그는 문학 작품의 알레고리에는 "감각적인 도상적 이미지와 추상적인 관계의 이미지가 함께" 발생하는 것으로 본다.(143쪽) 즉 감각과 추상의 '소통'이 생겨나는 것이다.(96쪽)

것처럼 보이지만 그 실상은 어디까지나 해석된 재현일 뿐이다. 마치 애벌레가 나와 나비가 되듯이 진괘에서 건괘가 나오면서 전혀 다른 차이를 가진 괘가 된다. 건괘는 진괘의 해석된 재현일 뿐이다. 괘들은 끊임없이 변화하되 반복과 차이를 만들면서 변화한다. 이 모든 과정이 재현의 에스프리이다. 다만 진괘와 건괘의 관계는 대상을 재현하는 것이 아니라 괘를 재현하는 것, 즉 기호화된 것을 다른 기호로 재현하기 때문에 재현의 성질이 달라진다. 그러나 재현이라는 기본적인 맥락은 같다.

실체가 아닌 해석의 관점에서 주역을 읽는다는 것은 주역을 기호학적 실재론으로 접근해야 하는 이유이다. 주역의 괘가 기호학적 실재론으로 취급될 수 있는 이유는 괘가 기본적으로 대상을 재현하기 때문이다. '재현'에 기호학적 실재론의 의의가 있다. 그리고 재현은 닮음과 다르다. 괘는 자연 대상과 말 그대로 닮아 있지 않지만 끊임없이 대상에 대해 말을 하며 대상을 드러내려고 한다. 그것은 '기호학적 드러냄'이며 대상에 대한 반영이나 반복적 모사가 아니다. 이런 점은 태극의 현상을 어떻게 태극의 기호로 재현하며 음양의 현상을 어떻게 음과 양의 기호로 재현하는가를 보면 알 수 있다. 어떤 누구도 태극을 본 적이 없고 음양 자체를 본 적이 없지만 태극의 기호와 음양의 기호를 갖고 그것이 태극이라는 대상, 음양이라는 대상을 대신하는 것으로 이해한다. 물론 있는 그대로의 실재를 알 수 없다 해서 그것이 단순히 기호화된 이름에 불과한 것은 아니다. 괘가 실재론의 도구도 될 수 없고 유명론의 도구도 될 수 없는 이유이다. 주역철학은 실재론도 아니며 유명론도 아니라는 것, 굳이 말한다면 주역은 실재론에 더 가깝지 절대 유명론의 철학은 아니다. 주역을 유명론적으로 접근하는 순간 주역뿐만 아니라 주역철학의 전 체계가 무너질 수 있다. 이는 이 책 전체를 관통하는 주제이며 「결론」이 마무리되는 순간까지 계속될 것이다. 나아가 괘는 그것이 지닌 재현의 독특한 해석 구조로 인해 실재론을 뛰어넘어 기호학적 실재론으로 규정이 된다. 그리고 대상을 형상화하는 가운데 '다시 만들어진 실재'가 되고 괘의 변화는 그러한 만듦의 행위를 끊임없이 반복한다.

괘는 자연의 사물이나 사건에 대한 일종의 새로운 '회화적 재현'이다. 아주 '단순한' 회화성을 갖고 있는 이러한 재현은 도식(diagram)의 형태를 가진다.[2] 만약 괘가 사물이나 사건 대상과 똑같이 서로 닮아 있다면 굳이 재현이라고 할 이유가 없다. 괘는 대상과 닮아 있지 않지만 대상을 어떤 식으로든 재현하고 있다. 소성괘와 대상의 관계가 그러하고 대성괘와 대상의 관계도 그러하다. 그러나 괘는 대상을 재현할 수는 있지만 대상이 괘를 재현하지는 않는다. 재현 행위를 해석 행위 또는 기호학적 행위라고 하는 이유는 그것이 인간에 의해 인위적으로 만들어지기 때문이다. 계사전에서 괘를 통해 물건을 취상하는 경우도 있지만 그것은 재현의 행위가 아니다. 괘를 본떠 인간에게 유익한 물건을 만든다고 하는 것은 어디까지나 괘와의 대응이나 일치를 전제로 하기 때문이다. 대응과 일치 수준으로 재현이 이루어지는 것은 아니다.

도식은 대상을 모사하되 그대로 모사하지 않는다. 대상을 추상할 때도 변형이 일어나며 도식의 특성상 대상의 세부 지도를 만들어 가는 과정에서 각 요소들의 관계가 지시되거나 그려진다. 괘는 도식의 특징을 갖고 있다.[3] 괘를 도식으로 본다는 것은 재현의 의의도 살리고 동시에 그 안의 관계도 본다는 뜻이다. 주역의 괘는 도식의 전형이다. 즉 물상을 괘상으로 전환하는

---

2) '단순한 회화성'이라 함은 도식(diagram)의 역할이 눈에 보이지 않는 것을 보이게 하는 정도, 즉 대상의 흔적 이미지 정도가 아닌 구조적 이미지화의 수준을 의미한다. 강병창은 이를 두고 도식은 '말과 그림 사이'에 있는 것으로 설명한다. 그의 논문 「말-그림 사이메체로서의 다이그람마」의 159·183·194쪽 참고.
3) 이 장에서 도식을 통해 괘 분석을 실시하되 괘의 관계성과 관련된 심화된 적용은 「결론」에서 다시 다룬다.

과정에 도식이 자리한다. 예를 들어 보자. 팔괘의 하나인 소성괘 진괘는 우레를 의미한다. 이때의 소성괘 진괘는 도식이 되어 우레를 재현한다. 이 재현 과정에서 우레와 진괘 사이의 관계가 구축된다. 우레를 왜 진괘로 나타냈는가는 차치하고 적어도 이 과정에 재현의 관계가 구축된다는 사실이 중요하다. 주역의 다른 모든 괘들이 이런 과정을 밟는 것은 물론이다. 대성괘인 중뢰 진괘震卦(䷲)를 보자. 진괘에는 두 번의 우레가 겹쳐지는 상황이 일어나며 이때 재현이 다시 이루어지고 동시에 관계도 형성된다. 차이와 반복이 끊임없이 일어나는 것이다. 진괘의 우레라는 일차적 현상 안에는 번갯불, 천둥소리, 굵은 장대비, 어둠 등의 물리적 현상들이 있으며, 그에 따라 발생하는 두려움, 불안, 걱정의 심리적 현상들도 있다. 앞의 것을 괘의 물상이라 할 수 있고 뒤의 것을 괘의 심상이라 할 수 있다. 이러한 물상과 심상의 다양한 현상들이 진괘 안에 들어 있다고 봐야 한다. 재현의 순간 다양한 물상과 심상이 섞여서 재현된다. 그러므로 재현은 사물이나 사건 대상과의 일대일 단순 관계라기보다는 그 대상이 가진 복합적인 다양한 요소들이 기호적으로 작동한다는 것을 의미한다.

기호가 대상을 재현할 때 일종의 두 겹의 관계가 형성된다. 하나는 대상과의 단일하면서 전일적인 관계이며, 다른 하나는 그 대상의 복합적 요소들을 드러내는 구체적 관계이다. 어떤 사람을 묘사할 때를 가정해 보자. 그 사람이 자주 만나고 친밀한 관계일 수도 있고 아닐 수도 있다. 어떤 식이든 그 정도가 다를 뿐 묘사하는 절차는 "그는 이런 사람이다"라는 방식의 단일하고 전일적인 묘사이다. 그러나 이것으로 만족되지 않고 다음 절차로 넘어간다. "그는 얼굴이 둥글고 다리가 길다. 성격이 급하긴 해도 친절하다"는 식으로 그를 좀 더 구체적으로 묘사한다. 이러한 묘사는 거의 동시에 이루어질 수 있고 또 그렇게 해야만 그 사람을 만족스럽게 설명할 수 있다. 도식의 재현 기호는 위와 같이 대상의 첫인상에 가까운 대표적 특성, 또는 단일적이며 전일적인 특성과 함께, 그 대상이 지닌 구체적이고 복합적인 특징까지도 보여 준다. 그런데 만약 그 사람을 종이 위에 그린다면 어떻게 그릴 수 있을까. 얼굴이 둥글고 다리가 긴 것은 쉽게 그릴 수 있겠지만 그 사람의 급한 성격이나 친절한 태도 등을 그려 내기는 쉽지 않을 것이다. 그렇다고 전혀 불가능한 일만은 아닐 것이다. 그림에 재능이 있다면 그 안에 그런 것들도 묘사할 수 있다. 우레를 묘사한 진괘에도 그런 재능이 녹아 있다고 해야 할 것이다. 최소한 중뢰 진괘는 우레가 지닌 복합적인 성격을 구현한다고 보아야 하며, 주역의 다른 괘들도 각각의 맥락에서 이와 유사한 역할을 하고 있다고 해야 한다.

하나의 괘가 대상의 물리적이고 심리적, 그리고 사회적인 복합 요소들의 관계까지 모두 재현한다는 것은 쉽지 않다. 마치 한 사람의 성품을 알아내기 위해 이웃에게 물어보듯이 괘에서는 다른 인접한 괘들의 도움을 받을 수 있다. 그러나 이런 일을 기준이나 체계 없이 임의적인 방식으로 무턱대고 한다면 별로 도움이 되지 않을 것이다. 어쨌든 괘의 착종은 상당히 유익한 이해 도구가 될 수 있다. 진괘의 경우, 그 괘의 앞선 괘인 정괘鼎卦(䷱)에 의해, 또는 진괘의 대대待對, 도전倒轉 등의 기능에 의해 좀 더 정밀한 재현의 과정을 밟게 된다. 이는 마치 사람에 대한 묘사처럼 급한 성격이지만 친절한 태도를 묘사하기 위해 적절히 따뜻한 색을 얼굴에 덧칠하는 것과 비슷하다. 그런 식으로 특정 인물의 그림이 완성되듯이 우레의 성격도 진괘와 다른 이웃 괘들의 도움으로 점점 구체화되고 관계의 진폭도 커져 나갈 것이다.

2. 괘와 도식

진괘를 도식으로 분석하기 전에 도식이 무엇인가를 살펴보자. 도식은 대상을 시각적으로 확인할 수 있는 정보 수단의 하나로서, 도해나 그래프, 또는 도표 등과 유사한 용어로서 지형물을 그림처럼 보여 주는 기호의 일종이다. 도식은 사실 그대로를 보여 주는 것이 아닌 추상성을 전제로 하는 재현의 기호이다. 지도나 건축물의 설계도는 도식이 되지만 사진은 도식이 될 수 없다. 도식은 대상을 재현하되 그 대상의 중요 특징을 추상화시키기 때문에 사진 같은 경우는 도식이라 할 수 없다. 도식은 시각적으로 정보를 전달하되 단순히 수나 양 그 자체보다는 선이나 화살표, 굵기 등을 통해 기하학적 형태를 띠면서 대상을 일정 정도 추상화하며 동시에 대상이 지닌 여러 세부 사항들의 구조도 드러낸다. 그러므로 도식은 대상의 숨은 특성을 드러내기 위한 단순화되고 정제된 시각 기호라 할 수 있다. 대상을 쉽고 간단하게 보여 주는 것은 물론이고 그 안에 있는 일정한 패턴과 정합성, 나아가 어떤 심미적인 요소까지도 드러낸다.

퍼스 기호학의 삼분적(triadic) 관계에서 도식은 이차성(secondness)의 범주에 속한다. 도식은 이미지(image)라는 일차성(firstness)의 범주가 발전된 형태이며, 은유(metaphor)라는 삼차성(thirdness)의 범주로 진행되기 전의 단계이다. 이 구도를 주역에 적용하면 괘는 음양 이미지의 다음 단계이며 은유로 해석되기 전의 단계가 된다. 즉 하나의 괘는 그 자체로 이 세 가지 범주를 다 갖추고 있는 셈이다. 괘가 도식의 범주로 이해되는 순간 그것은 상사象辭와 단사象辭에서 기술되는 물상이나 심상을 재현하게 되고, 이웃하는 괘들 사이에서 생겨났거나 생겨날 수 있는 관계성까지도 모두 포함하게 된다. 괘 하나에는 이미지의 특징도 있고 거기에서 파생되는 은유도 있다. 그렇다고 해서 이미지와 도식

그리고 은유를 발생론적으로 접근하면 안 된다. 즉 이미지가 도식을 만들고 도식이 은유를 만든다는 식이 되어서는 안 된다. 이 관계는 범주적 관계, 즉 논리적 관계이지 생물적이거나 발생론적 관계가 아니다. 괘 하나에 이미 이미지로 볼 수 있는 성격도 있고 도식이나 은유로 볼 수 있는 성격도 동시에 들어 있는 것이다. 즉 논리적인 차원에서 앞서거나 뒤서거나 하는 순위가 있을 뿐이다.

도식의 관점에서 괘를 보게 되면 기존에 볼 수 없었던 괘의 내밀한 특징들이 많이 나타난다. 즉 도식은 재현을 거쳐서 나오기 때문에 대상과의 관계 구조를 파악하는 데 도움이 된다. 도식을 거꾸로 추적하는 과정에서 그 앞의 또 다른 기호인 이미지를 추적하게 되고 그 이미지를 만들어 낸 대상까지 끌어낼 수 있다. 물론 대상이 이미지화되고 도식화될 때는 은유가 발생하면서 있는 그대로의 재현만이 아닌 대상에 대한 모호함이 생겨날 수 있다. 그러나 이러한 모호함이 오히려 괘의 해석을 풍부하게 한다. 괘효의 상사나 단사가 모호함을 갖는 이유도 괘가 도식화되고 은유화된 결과 때문이다.

퍼스의 도식은 본래 사물이나 사건 대상을 어느 정도 추상화해 주는 데 있다. 대상을 재현하는 간단한 그림이나 도표처럼 도식은 감각적으로 보이거나 보이지 않는 사물의 상태를 눈으로 쉽게 지각하게 하는 장점이 있다. 도식은 대상을 재현하되 있는 그대로 재현하는 것이 아니라 그 사물의 핵심을 쉽고 간편하게 보여 주는 데 있다. 이런 점에서 도식에서의 중요성은 말 그대로의 재현이 아닌 '추상적 재현'에 가깝다. 그것은 양적으로 사물의 모든 것을 낱낱이 드러낸다기보다는 추상성을 앞세우면서도 본래의 사물의 모습을 좀 더 핵심적으로 드러내는 데 있다. 좋은 도식은 미적으로도 아름답지만 무엇보다 간결성, 일정한 패턴, 타당성 등을 갖추어야 한다. 그런 면에서 주역의 괘는 이런 요건들을 만족시킨다.[4]

도식이 무엇이고 그것이 어떻게 작동하며 특히 기호학적 관점에서 어떻게 논의되어야 하는가에 대해서는 많은 연구가 있어 왔지만, 특히 퍼스 기호학을 통해 괘의 도식적 특성에 접근하게 되면 괘의 이미지와 은유 구조를 하나의 일관된 주제 속에서 함께 논의할 수 있는 장점이 있다. 퍼스에게 있어 도식의 두 가지 중요 키워드는 그것의 재현 방식이 얼마나 합리적인가, 그리고 대상과 얼마나 관계적인가 하는 데 있다. 사물을 도식화하는 과정에서 이러한 합리성과 관계성을 빠뜨리게 되면 도식은 도식으로서 성립할 수 없다. 괘를 도식으로 본다고 했을 때는 이러한 도식의 두 가지 요건이 얼마나 잘 드러나고 있는가에 주목해야 한다. 주역에서도 소성괘나 대성괘의 형성 과정은 대상과의 합리성과 관계성을 보여 주는 데 있다. 왜냐하면 음양의 두 획으로 조합된 괘는 그 자체 사물의 음적 또는 양적 특성과 함께 그 안의 효의 위치와 효들 간의 위치 설정을 합리화시키기 때문이다. 착종도 그러한 합리성의 일환으로 봐야 할 것이다.

도식은 대상의 성질을 추론할 수 있게 한다. 이는 건축물을 지을 때 설계도의 역할과 같다. 설계도가 건축물의 모든 것을 그대로 보여 주지는 않지만 그것으로 건축물을 올리는 데는 전혀 문제가 없다. 괘도 바로 그러한 설계도의 역할을 한다. 괘를 통해 재현할 대상을 끌어낼 수 있다. 비록 그 대상의 진정한 실체는 알 수 없다고 해도 적어도 그 대상이 이러저러할 것이라는 그림은 괘라는 도식을 통해 얼마든지 추론이 가능하다. 이것이 바로 괘가 지닌 해석의

---

4) 괘의 도식적 특성을 밝히기 위해서는 퍼스 기호학의 대표 기호인 도상(icon), 지표 (index), 상징(symbol)의 삼분적 관계도 논의해야 하며, 도상(icon)의 삼분적 특성인 이미지, 도식, 은유 등도 어느 정도 소개해야 할 것이다. 퍼스의 이러한 기호학적 중요 개념들은 2부에서 자세하게 소개하겠지만, 아직까지는 괘를 기호의 하나인 도상으로 보면서 그 중에서도 도식적 특징을 부각시키는 과정에서 간략하게 괘의 이미지와 은유적 의미를 생각해 보고자 한다.

역량이다. 동시에 괘가 어떤 과정을 거쳐 지금의 모습이 되었는가를 되짚어 볼 수 있다. 도식은 사물이나 사건 대상의 온전한 드러냄까지는 아니라 할지라도 대상이 왜 그런 식으로 놓여 있는가에 대해 해석할 수 있게 한다. 괘 안의 괘효사의 음양적인 성격, 상괘上卦나 하괘下卦의 역할, 그리고 효의 역동적 위치 변화 등이 괘의 전체 성격을 추론할 수 있게 하고 이를 통해 괘가 지닌 은유의 중첩 구조도 드러나게 된다.

괘사와 단사는 언어적이지만 그러한 괘사와 단사가 만들어진 장소는 비언어적으로 도식화된 또는 기호화된 괘이다. 괘의 도식과 괘사와 단사의 언어 사이에는 비약이나 단절이 아닌 서로 융합되는 '사이 공간'이 있다. 괘의 도식과 대상 사이에도 그러한 사이 공간이 있다. '대상-괘-괘사' 사이를 연결하는 이 사이 공간을 설명해 내는 방법론이 '주역의 도식학'(the Yijing-diagrammatology)이다. 도식은 대상과 사이를 이루고 동시에 괘효사와도 사이를 이루는 지점에 있는 것이다. 그것은 대상의 이미지와 관계를 맺으며 동시에 괘효사의 은유 발생과도 관계를 맺는다. 괘를 도식의 체계 안에서 살펴봐야 할 이유가 여기에 있다.

3. 진괘震卦의 재현과 관계

괘가 물상이나 심상의 이미지를 괘사를 통해 등장시키고 다른 괘에서 그것을 반복하거나 생략 보완하게 하는 기제가 있다면 도식이 될 것이다. 도식을 기호화하는 데는 일종의 무의식이 작동하는 것 같다. 도식 안에 재현의 특성이 있기 때문일 것이다. 도식에는 대상과의 맞춤된 해석을 요구하는 성질이 있다. 물상이나 심상은 적정한 추상 요건으로 괘를 필요로 하고 그러한 물상과 심상의 해석 모음인 상사와 단사를 자연스럽게 이끌어 낸다.

이제 도식을 전통적인 괘 분석인 착종 기능을 사용해서 물상과 심상과의 관련성과 그것이 해석자의 태도에 어떤 영향을 미치는지를 살펴보자. 이를 위해 주역 51번째 괘인 진괘震卦(☳)를 가져온다. 진괘는 두려움을 매개로 '형통함'이라는 심리적 그리고 도덕적 논리를 전개하는 괘이다. 우레의 두려움이 공경의 도덕 현상으로 변화되는 속에 이 괘는 '두려움에서 공경으로'라는 괘의 卦義를 얻어낸다.[5] 우레의 자연현상이 여기서는 두려움이나 공경 등의 추상 과정을 통해 진괘라는 도식 기호로 나타나는 것이다.

두려움은 인간의 본원적인 감정이다. 진괘에서는 이러한 두려움을 경계하며 자신을 다그쳐 극복하는 기회로 삼게 된다. 이 과정은 대략 세 단계로 진행된다. 즉 우레의 물리적 특징은 심리적 놀라움인 경驚으로, 다시 경계하는 경警으로 이어지고, 마침내 공경의 경敬으로 마무리된다. 두려움의 감정이 조심과 신중함으로 이어지게 한다. 조심이나 신중은 두려움에 대한 자연스러운 도덕적 반응으로서 두려움을 극복하고자 하는 데 있을 것이다. 자연현상으로 발생한 두려움이 내면을 돌아보게 하는 깨달음으로 변화되는 모습은 어쩌면 '자연주의적 도덕감'(the naturalistic moral sense)의 전형이라 할 수 있다. 즉 겸손해지고 방종하지 않는 것, 삼가는 바가 있고 두려움이 있는 마음을 유지하는 것, 두려움이 엄숙함이 되는 이 모든 도덕감이 천둥이 치고 벼락이 떨어지는 우레의 '움직임'으로부터 온 것이다.

이제 진괘의 물상이 두려움의 심상으로 전개되는 과정을 살펴보자. 진괘震卦(☳)는 앞서 말한 것처럼 소성괘인 진괘가 두 번 겹쳐 만들어진 주역 51번째의 괘이다. 먼저 괘의와 단사를 보자.

---

5) 허진웅, 2020; 49.

震亨, 震來虩虩, 笑言啞啞, 震驚百里, 不喪匕鬯.

진은 형통하니, 우레가 올 때 놀라고 놀라면 웃는 소리가 히히거리니, 우레가 백 리에까지 놀라게 함에 수저와 향(국자와 울창주)을 잃지 아니하는 것이다.

우레의 물상은 큰소리에 밝고 환한 빛에 어둠과 교차하면서 하늘과 땅을 가득 채우고 오르락내리락 하는 모습이며, 양의 기운이 아래에서 위로 올라가는 모습을 보여 준다. 혁혁虩虩은 두려워하는 모습을 보여 주며, 소언액액笑言啞啞은 우레가 그친 후의 평온하고 고요한 상태를, 그리고 진경백리震驚百里는 온 세상에 벼락을 치는 모습을 보여 준다. 불상시창不喪匕鬯은 우레가 치더라도 제사의 중요 기물을 놓치지 말 것을 주문하면서 우레의 사실 묘사와 더불어 우레의 시작과 끝의 과정을 전개한다.

象曰, 震亨, 震來虩虩, 恐致福也. 笑言啞啞, 後有則也. 震驚百里, 驚遠而懼邇也, 出可以守宗廟社稷, 以爲祭主也.

단에서 말하길, 진은 형통하니 진래혁혁은 두려워해야 복이 오기 때문이오, 소언액액은 뒤에 법도가 있기 때문이다. 진경백리는 멀리 있는 사람을 놀라게 하고 가까운 데 있는 사람을 두렵게 하는 것이니, 나아가서 종묘와 사직을 지켜 제주가 될 것이다.

후유칙後有則의 칙則은 우레로 인해 생긴 상태를 잘 유지해서 그것을 도덕적 두려움으로 유지하는 데 있다. 복福은 두려워할 줄 알아야 복이 온다는 뜻으로 조심스러움이 마음을 편하게 해 준다. 제주祭主는 제사의 주인 됨으로서 제사의 신성함을 주재하여 정성과 믿음의 주인이 되어야 한다는 뜻이다. 진괘의 괘의에 이어 단사는 우레라는 물상을 대하는 인간의 자세를 보여 준다. 이러한 태도는 상사에서도 극명하게 드러난다. 진괘가 소성괘 진괘의 중첩으로 이루어졌다는 사실을 고려하면 진괘의 내외괘로서 각각의 소성괘인 진괘는 두려움과 조심스러움의 뜻이 중첩되는 것으로 볼 수 있다. 소성괘의 중첩이 대성괘로 변하는 과정에서 은유가 발생하며 "두려움은 조심스러움이다"라는 은유가 만들어진다. 동시에 우레로 인한 두려움이 조심스러움으로 진행되는 속에서 도식적 재현(the diagrammatic representation)이 일어나면서 추상화가 본격화된다고 할 수 있다. 우레의 두려움과 조심스러움이 기호화되고 있음을 보여 준다.

상사와 더불어 각각의 효를 살펴보자. 재현을 특징을 살피되 효사를 이해 하는 전통적인 방식을 그대로 따를 것이다.

象曰, 洊雷震, 君子以恐懼脩省.
상에서 말하길, "거듭한 우레가 진이니, 군자가 이를 본받아 두려워하고 조심하여 수양하고 살피는 것이다"라고 하였다.

初九, 震來虩虩後言啞啞吉. 象曰震來虩虩, 恐致福也. 笑言啞啞, 後有則也.
초구는 우레가 옴에 놀라야 뒤에 웃는 소리가 히히거리니 길하다. 상에서 말하길, "진래혁혁은 두려워하여 복을 이룸이오, 소언액액은 뒤에 법도가 있기 때문이다" 하였다.

우레 때문에 놀란 마음이 웃음으로 돌아오면서 내적 평안과 준칙을 보여 준다.

六二, 震來厲. 億喪貝, 躋于九陵, 勿逐七日得. 象曰震來厲, 乘剛也.
육이는 지진이 옴에 위태롭다. 재물을 상할 것을 헤아려 구릉에 올라, 쫓아가지 아니하면 7일이 되면 얻을 것이다. 상에서 말하길, "진래여는 강을 타고 있기 때문이다"라고 하였다.

진래여震來厲는 우레가 치는 것의 위태로움으로서 육이효가 중中을 얻어 초구와는 친함이 있고 5효와는 사귐이 없다. 제우구릉물축칠일득躋于九陵勿逐七日得이라 함은 높은 언덕에까지 올라가면서까지 재물을 쫓지 말 것을 뜻한다. 즉 방심하지 말고 반성할 것을 요구한다. 여기서 칠일七日은 12벽괘에서 음력 11월인 복괘(☷☳)로 돌아옴을 지시함으로써 중中을 잘 지킬 필요가 있음을 의미한다.

六三, 震蘇蘇, 震行, 无眚. 象曰震蘇蘇, 位不當也.

육삼은 우레가 먼 데서 치니 우레가 지나가면 재앙이 없을 것이다. 상에서 말하길, "진소소는 위가 마땅하지 않기 때문이다"라고 하였다.

> 진소소震蘇蘇는 우레가 쳐서 불안하고 겁이 난다는 뜻이며, 무생无眚은 육삼효는 본래의 위치가 좋지 않은 데다가 상효가 음이니 상효와도 사귐이 없다. 우레가 멀리 가 버려 두려움이 사라졌다는 것은 두려움을 멀리서 객관적으로 볼 수 있는 여유가 생겼음을 의미한다.

九四, 震遂泥. 象曰震遂泥, 未光也.

구사는 우레가 드디어 가라앉는다. 상에서 말하길, "진수니震遂泥는 아직 빛이 나지 못하기 때문이다"라고 하였다.

> 니泥는 우레가 사라져 진흙에 빠지고 가라앉은 상태이므로 당연히 빛을 상실한다.

六五, 震往來厲, 億, 无喪有事. 象曰震往來厲, 危行也. 其事在中, 大无喪也.

육오는 우레가 가고 오는 데 위태로우니 헤아려 일을 상함이 없다. 상에서 말하길, "진왕래려는 행동하면 위험하다는 것이오. 그 일이 중정지도에 있으니 크게 상함이 없을 것이다"라고 하였다.

> 진왕래려震往來厲는 천둥이 가고 옴이 위태롭다는 뜻이며, 사事는 제사의 중요 의식인 시창을 준비하여 자기 할 일을 잊지 않는 데 있다.
> 5효는 중中을 얻어 좋은 효니 시창을 잃지 않게 된다는 뜻이다.

上六, 震索索, 視矍矍, 征凶. 震不于其躬, 于其鄰无咎, 婚媾有言. 象曰震索索, 中未得也, 雖凶无咎, 畏鄰戒也.

상육은 우레에 놀라 두리번거리니 그대로 나아가면 흉하다. 우레가 내 몸에 있다고 아니하고 그 이웃에 있다고 해 허물이 없으리니, 혼인을 하는 데 말이 있을 것이다. 상에서 말하길, "진삭삭은 중을 얻지 못함이오, 비록 흉하나 허물이 없는 것은 이웃을 경계하고 두려워하기 때문이다"라고 하였다.

> 놀라 두리번거리는 것(視矍矍)은 걱정이 되고 불안한 모습을 보여 준

다. 하지만 오히려 이와 같이 처신해야 편안함과 여유를 가질 수 있다. 우레가 치면 주위를 살피며 조심히 행동하게 되며 이는 두려움을 극복할 수 있도록 하고 결과적으로 일을 이롭게 바꿀 수 있다. 상육효는 육오효와 친함도 없고 육삼효와 사귐도 없다. 중中을 얻지 못해 놀라고 두려워서 주위를 두리번거린다. 자기반성이 필요한 상황이므로 린吝은 이웃을 통해 자신을 경계함으로써 조심스러움이 더 많이 요구된다.

진괘는 소성괘인 진괘가 중첩된 대성괘로서 소성괘인 진괘가 대상을 재현하듯이 또 한 번의 재현의 과정을 밟고 있다. 이 과정에서 우레가 추상화되지만 그 안에는 일차적으로 재현된 소성괘인 진괘가 중첩되어 재현되고 있으며 괘 안의 여섯 효도 이러한 재현에 동참하고 있다. 이 과정을 퍼스 기호학으로 들여다보자. 진괘는 일차적으로 우레의 물상과 심상적 대상을 시각적으로 보여 주되 정적靜的으로 보여 주는 도상 기호이다. 그리고 괘명을 우레로 지음으로써 우레라는 대상의 도식화가 시작된다. 실제로 진괘의 대상이 정확히 우레인지를 알 수는 없지만 적어도 그런 공통된 인식 단계를 밟아 우레라는 대상의 진괘의 도식화가 만들어진다. 이 시점에서 "우레는 진괘"라는 소박한 재현이 발생하고 은유가 시작되며 진괘의 기호는 우레의 전체상을 정적 상태로 재현한다. 다음으로 진괘의 내부에서 음양효의 위치와 변화로 인해 정적 재현이 역동적인 재현으로 바뀐다. 이것은 본격적인 상징이 생성되기 전 단계인 지표적 또는 인덱스적 기호 상태라 할 수 있다. 대성괘 진괘가 지닌 소성괘 진괘의 중복 현상, 다음에 논의하게 될 진괘의 착종 현상으로 인해 다른 괘들로 확장될 수 있는 가능성 등이 진괘를 역동적으로 구체화시킨다. 마지막으로 이러한 괘사나 효사의 변화로 인해 상징의 단계가 마무리된다. 진괘의 상징은 이러한 도상적 상태와 지표적 상태의 합이며 이 모든 상태가 재현을 전제로 한 도식화 과정에서 발생하고 있다.

진괘의 두려움에서 공경으로의 전개 방식은 괘 전체에 걸쳐 골고루 나타나고 있다. 한 예로 수괘需卦(☰☵) 구삼효는 "진흙에서 기다림은 재앙이 밖에서 온다는 것이다. 스스로 경계를 넘어와 공격함을 불러들였지만 경건함과 신중함으로 패하지 않는다"[6]라고 하여 우레와 같은 재난이나 위험에서 경건함과 신중함의 덕목이 필요함을 말해 준다. 상육효의 "구덩이에 들어갔으나 청하지 않은 손님 셋이 오니 그들을 공경하면 마침내 길할 것이다"[7]에서 공경의 덕목이 강조된다. 두려움을 상징하는 여러 괘들의 공통적 현상은 자연적 두려움에서 공경으로의 전환이다. 진괘나 수괘 등이 보여 주고자 하는 이러한 전환 과정은 경천敬天, 계신공구戒愼恐懼, 계구戒懼, 신독愼獨, 정제엄숙整齊嚴肅 등의 덕목이기도 하다. 그것은 정심正心이라는 유교 수양으로 발전되고 성경誠敬의 덕목으로 나아간다.[8] 이런 류의 괘들은 대체로 물상을 심상화하는 것이고 도덕화하는 데 있다. 물론 여기서 도덕적이라 함은 어떤 작의적인 도덕이 아닌 물상을 재현의 규칙에 맞게 추상화하는 가운데 나오는 자연주의적 도덕감이다.

주역 이해에 「서괘전序卦傳」과 「설괘전說卦傳」이 필요한 이유는 괘의 순서와 괘상 설명 사이에 불가분의 관계가 있기 때문이다. 괘들의 순서적 정합성은 단순히 괘들 간의 상반적이고 변증적인 관점에서만 파악될 수 없으며, 괘들 사이의 물상과 심상의 관계를 통해서 가능하다. 괘들의 순서 체계에 이미 도식의 중요한 특성이 자리하기 때문이다. 대상과 괘 사이의 관계는 열려 있고 유동적이다. 그리고 괘 안에 이미지, 도식, 그리고 은유가 상호 영향을

---

6) 象曰需于泥, 災在外也. 自我致寇, 敬愼, 不敗也.
7) 入于穴, 有不速之客三人來, 敬之, 終吉.
8) 박연규, 2018.

미치고 있다. 물론 괘에 정확히 어느 정도의 도상적 특성, 지표적 특성, 또는 상징적 특성이 차지하고 있는지는 알 수 없다. 이를 알려면 도식화된 괘의 관계적 특성이 명확해야 한다.

괘의 관계적 특성이 잘 드러나는 때가 착종이 일어날 때이다. 착종은 단순히 괘의 형식적 변화만을 의미하지 않는다. 그것은 상반된 관점에서 서로 다른 현상을 설명하는 방식으로서 삶의 실제적 변화를 보여 준다. 계사전의 향響과 기幾의 의미를 보자. 첫째, 계사상전 10장의 "이로써 군자가 장차 무슨 일을 하려고 하거나 무슨 행동을 하려고 하면 (시초로써) 물으면 말해 주는데, 그 명命을 받아서 (알게 되는 것이) 소리가 울리는 것 같다"9)에서 "소리가 울리는 것 같다"의 향響의 경우이다. 향은 일종의 감응과 응답으로서 타인과의 관계를 내적으로 연결해 주는 기능을 한다. 괘는 적연부동의 상태로 있다가 어떤 계기가 마련되면 교감하고 반응한다. 이는 실제로 다른 괘효를 만났을 때 '거의 저절로' 응답할 수 있는 몸짓을 한다. 둘째, 같은 계사상전 10장에 "무릇 역은 성인이 지극히 기미(幾)를 연구한 결과이다"10)라고 했을 때의 기幾의 경우이다. 기란 어떤 일이 곧 발생하는 순간이다. 무언가가 이루어지려는 순간은 어떤 것과의 조우를 통해 관계가 시작되는 시점이기도 하다. 향響과 기幾의 개념들은 괘의 형식적 또는 기호학적 변화로 나타나지만 실제로는 그 변화의 내용을 재현한다는 의미를 갖고 있다. 효爻의 경우에도 다른 효들과 소통하며 각각 다른 상황의 특이점을 성격 지운다. 효가 자리한 곳에 인간이 자리하고 거기서 끊임없이 타자와 교류하면서 자신의 자리를 마련한다. 하나의 효가 있는 곳에 지금의 자아가 있고 이 자아는 다른 효와 만나 어제와 다른 새로운 자아로 거듭날 수 있는 것이다. 괘와 효의 이런 모습은 괘효의

---

9) 是以君子將有爲也, 將有行也, 問焉而以言, 其受命也如響.
10) 夫易, 聖人之所以極深而研幾也.

관계적 재현이라 할 수 있다.

괘의 착종을 통해 진괘가 확장되어 나가는 과정을 좀 더 살펴보면 진괘의 관계적 특성을 잘 알 수 있다. 진괘의 착종 괘들은 진괘의 내용 요건은 변질시키지 않으면서 형식적으로는 다른 괘들로 변하는 것을 알 수 있다. 진괘의 착종을 전통적인 방식으로 살펴보자.

1) 진괘震卦(☳)는 먼저 50번째 괘인 정괘鼎卦(☲)에 이어 나오는 괘이다. 「서괘전」에 의하면 혁괘革卦(☲)에 이어 정괘가 나오고 이어서 진괘가 나온다. 「서괘전」에서는 "물건을 고치는 데는 솥만 한 것이 없다. 그러므로 정괘로써 이어받고, 그릇을 주장하는 자는 장남만 같은 이가 없다. 그러므로 진괘로써 이어받는다"[11]라고 했다. 진괘가 장남의 괘이므로 정괘의 제사 기물을 다루는 주체로 잡은 것을 보인다. 이 순서는 솥의 물상에서 연결고리를 잡아 장남 괘인 진괘로 연결한 것으로서 물상과 괘상의 혼합된 재현으로 순서를 정한 것이라 할 수 있다.

2) 진괘震卦(☳)의 음양대응괘는 57번째의 손괘巽卦(☴)로서 진괘의 착괘錯卦이다. 손괘는 천명을 받고 번잡함에서 벗어나 조용함으로 들어간다는 뜻이다. 손괘의 단전에서는 "거듭한 손순遜順으로써 명命을 신중하게 받으니 강剛이 중정中正에 손순하여 뜻이 행하며, 유柔가 모두 강에게 순종함이다. 이로써 소형小亨하니 갈 바가 있어 대인을 봄이 이롭다"[12]라고 했다. 명을 신중하게 받는 순종함이란 공경을 뜻하며 두려움에 대처하는 방법을 반복하는 것으로 볼 수 있다.

3) 52번째 간괘艮卦(☶)는 진괘(☳)의 도전괘인 종괘綜卦이다. 간괘는 멈출 때 멈추는 것을 의미한다. 「서괘전」에 "진이라는 것은 움직이는 것이니 사물

---

11) 革物者莫若鼎. 故受之以鼎. 主器者若長子. 故受之以震.
12) 象曰, 重巽以申命, 剛巽乎中正而志行, 柔皆順乎剛. 是以小亨, 利有攸往, 利見大人.

은 가히 끝끝내 움직일 수만은 없어 마침내 그친다. 그러므로 진괘 다음에 간괘로 이어받는다. 간이라는 것은 그치는 것이다"13)라고 한 것처럼 천둥의 소란스러움에서 벗어나 자기 성찰이나 반성으로 회귀함을 뜻한다. 간괘의 단전에서도 "간은 그치는 것이니, 그칠 때가 되어 그치고, 행할 때가 되어서 행하며, 움직이며 고요한 데에 그 때를 잃지 아니함이 그 도가 밝게 빛나니, 간기지艮其止는 그 장소에서 그치는 것이다. 위와 아래가 적으로 대응하여 서로 함께 하지 않기 때문에 그 몸을 얻지 못하며 그 뜰에 들어와도 그 사람을 보지 못하여 허물이 없다"14)라고 했다. 여기에서도 우레의 끝남과 함께 우레를 보고 적절한 시점에 자기반성으로 돌아오는 것의 중요성을 이야기하고 있다.

4) 진괘의 호괘互卦는 39번째의 건괘蹇卦(☷)로서 어려움을 거치고 험난함을 벗어나 고요함에 이르는 괘이다. 단에서는 "건은 어려운 것이니 험한 것이 앞에 있으니 험한 것을 보고 능히 그칠 줄 아니 지혜로운 것이다"15)라고 하여 그침의 미덕을 보여 주며, 상에서는 "산 위에 물이 있는 것이 건이니 군자가 이를 본받아 자신을 돌이켜 보고 덕을 닦는 것이다"16)라고 하여 군자의 자기반성의 덕을 보여 준다. 이 모두 진괘에서 우레를 대하는 자세와 같다. 특히 건괘의 구삼효에서 "구삼은 나아가면 절고 그대로 있으면 자신을 돌이켜 덕을 닦을 것이다. 왕건래반은 속으로 기뻐하기 때문이다"17)라고 하여 자기반성의 적극성을 지지하는 태도도 진괘와 닮아 있다.

진괘의 착종괘로서 손괘, 간괘, 건괘 등은 진괘가 지닌 뜻을 강조하거나 구체화하는 역할을 한다. 특히 앞서 잠깐 언급했다시피 호괘인 건괘는 애벌레

---

13) 震者動也, 物不可以終動止之, 故受之以艮, 艮者止也.
14) 象曰, 艮止也, 時止則止, 時行則行, 動靜不失其時其道光明, 艮其止, 止其所也. 上下敵應, 不相與也, 是以不獲其身行其庭不見其人无咎也.
15) 象曰, 蹇難也, 險在前也, 見險而能止, 知矣哉.
16) 象曰, 山上有水蹇, 君子以反身修德.
17) 九三, 往蹇來反, 象曰往蹇來反, 內喜之也.

가 나비가 되어 나오듯 진괘 안에서 나와 모두 진괘의 소란스러움과 위험에 대응해서 실제적인 처세 방법을 가르쳐 주고 있다. 나비의 본질을 애벌레라고 할 수도 있겠지만 여기서는 서로 다른 두 현상의 차이와 반복을 볼 수 있다. 비유하자면 진괘는 애벌레로, 나비는 건괘로 볼 수 있다. 진괘와 건괘 두 괘만을 놓고 보면 마치 이 두 괘 사이에 인과율이 작동하는 것처럼 볼 수 있지만 실제적인 모습은 차이의 현상뿐이다. 애벌레는 나비가 될 가능성을 이미 간직하고 있듯이 진괘와 건괘는 애벌레와 나비의 차이로 나타날 뿐 인과율로 설명할 수는 없으며 재현의 특징으로 이해하는 것이 옳다.

착종을 통해 진괘의 재현의 관계를 봤다면 점사占辭를 통해서도 유사한 과정을 확인할 수 있다. 점을 쳐서 진괘가 나왔을 때 동효動爻가 나오면 괘사와 움직이는 효사를 같이 보고 변괘를 참조하는 경우에 이러한 괘의 관계성을 확인할 수 있다. 예를 들어 동전 점을 쳐 진괘를 얻어 세 번 다 모두 음이면 가위표(×)를 효 옆에 표기하여 교爻를 나타내어 음이 극에 달해 양으로 변하는 상황을 상정한다. 이 경우 진괘(䷲×)는 54번째의 귀매괘歸妹卦(䷵)가 된다. 진괘의 점사는 일반적으로 "두려움은 크지만 피해는 별로 없으므로 하던 일을 계속하는 것이 좋다"이다. 육이효의 "우레가 울려 위태로워 재화를 잃을 것을 고려하여 높은 언덕에 올랐는데 찾지 않아도 칠일이면 얻게 되리라"[18]는 데에서 알 수 있다시피 "지금 우레가 울려 재화를 잃어버린 상태지만 침착하게 대응하라"는 점사를 얻을 수 있다.[19]

진괘의 육이효가 동動해서 만들어진 귀매괘歸妹卦의 점사는 "정벌하면 흉하리니 이로울 것이 없으리라"(征凶无攸利) 하여 순간적인 감정에 사로잡혀 앞길을 망치는 어리석음을 범하지 않도록 하라"는 것이다. 그리고 귀매괘의 구이

---

18) 六二震來厲, 億喪貝, 躋于九陵, 勿逐, 七日得.
19) 점사는 김상섭의 『바르게 풀어쓴 주역 점법』을 참고한 것임.

효의 점사는 "눈먼 사람이 볼 수 있으니 갇힌 사람의 점은 이로울 것이다"[20]라 하여 절망에 한숨 쉬지 말라는 것이다. 점을 쳐서 얻은 진괘의 동효괘인 귀매괘는 진괘의 착종괘는 직접 관련이 없지만 이 또한 두 괘 사이의 관계 변화를 읽어 낼 수 있는 실마리가 된다. 진괘의 점사는 놀람과 당황 속에서도 일의 지속성과 침착성을 요구하고 있으며, 동효가 되어 나온 귀매괘에서는 어리석음이나 절망에서 신중함과 희망을 말하고 있다. 동효가 움직이는 경우에도 괘의 질적 연관성을 그대로 볼 수 있다고 할 것이다. 비록 이러한 점사에 개인적 해석이 지나치게 들어갈 수는 있지만 어떤 식이 되던 그 점사의 준거는 진괘의 점진적인 재현 과정에서 추출하는 것이 맞으며 진괘의 도식적 관계성에 유의해야 하는 것이 옳을 것이다.

우레는 두려움의 대상으로서 진괘로 도식화되고 재현되면서 우레와 괘의 관계가 형성된다. 이 구조는 하나의 구체적인 사물이나 사건이 추상적인 기호로 전환되면서 "대상A는 괘B"라는 은유의 전형을 보여 준다. 진괘의 경우 이미지는 상대적으로 약한 대신에 도식과 은유가 활성화되어 있는 상태로서 이 두 현상이 두드러진다. 도식과 은유 둘 다 관계성을 전제로 하기 때문에 우레의 다양한 복잡 요소는 진괘의 괘효에 흡수되면서 그와 함께 진괘의 착종 괘들로 연관되고 확장된다고 할 수 있다.

은유는 반드시 재현의 형식을 밟는다. 그리고 이미지로 재현되어야 제대로 기능할 수 있다. 즉 이미지화가 먼저 형성되고 다음으로 도식화, 마지막으로 은유화가 이루어진다. 단 그 활성화의 정도가 다를 뿐이다. 진괘의 경우 우레의 이미지화가 진괘의 기호로 일단 형성된 뒤 진괘의 도식으로 발전된다. 물론 진괘 형성에 있어 이런 식의 이미지, 도식, 은유로의 변화는 도상의 하위

---

20) 九二眇能視, 利幽人之貞.

범주로서의 삼원적 변화이지만, 좀 더 큰 방식의 퍼스의 삼원적 기호 구조로 보면, 진괘는 그 괘상의 정적 상태를 보여 주는 도상 기호, 진괘 음양효들의 위치와 내외괘의 위치를 보여 주는 지표 기호, 마지막으로 괘효사들의 점사적 상징 기호로 볼 수 있다. 이러한 논의는 이 책의 2부와 3부를 거치면서 좀 더 명확해질 것이다.

우레를 만날 때의 두려움은 긴장과 불안의 복합적인 감정이다. 그러한 감정은 두려움에 대한 방어기제로 작동하다가 자기반성이나 성찰 등의 도덕적인 감정으로 변화된다. 그런 감정은 마침내 종길終吉의 상태가 되어 상황의 반전을 이루게 된다.21) 이렇게 전환된 긍정적인 감정들이 진괘의 괘사나 효사에 기술되다가 다른 착종 괘들에서 보완되거나 추가된다. 물론 진괘의 착종 괘들 외에도 64괘에는 소성괘로서의 진괘의 성질을 가진 괘들이 14개나 있다. 소성괘 진괘가 상괘上卦로 있는 뇌천대장雷天大壯, 뇌택귀매雷澤歸妹, 뇌화풍雷火豊, 뇌풍항雷風恒, 뇌수해雷水解, 뇌산소과雷山小過, 뇌지예雷地豫 괘들이 그러하고, 하괘下卦로 있는 지뢰복地雷復, 산뢰이山雷頤, 수뢰둔水雷屯, 풍뢰익風雷益, 화뢰서합火雷噬嗑, 택뢰수澤雷隨, 천뢰무망天雷无妄 괘들이 그러하다. 한편으로는 두려움과 밀접하게 관련되어 위기상황이나 우환의식을 드러내는 괘들인 천택리天澤履나 택수곤澤水困 괘도 있으며 임괘臨卦 육삼효, 건괘乾卦 「문언전文言傳」, 기제괘既濟卦 상전에도 그런 모습이 보인다.

---

21) 終吉이 그냥 이루어지는 것은 아니다. 그것은 두려움의 위기상황을 돌파하려는 주체적이고 적극적인 의지를 전제로 한다. 이때의 주체의 적극적 의지는 괘의 객관적인 변화와 다른 맥락에서 개인의 심리적이고 도덕적인 의식에 있다. 퍼스 기호학은 이러한 상태마저도 기호화하기를 원한다. 이 경우를 설명하려면 퍼스의 아이콘, 인덱스, 상징의 삼분적 기호학으로 설명하기에는 한계가 있다. 이는 퍼스의 기호 분류를 10가지로 확대해야 설명이 가능하지만 여기에서는 생략하고, 3부 4장에서 퍼스의 10개의 기호 분류로 제사의 재현성을 논의할 때 다시 논의하기로 한다. 종길의 성격에 대해서는 안승우의 논문 「주역의 위기상황의 은유적 개념화와 두려움의 감정 체계」의 185 · 191 · 194쪽을 참고.

사실 진괘의 재현 구조는 64괘 안의 관련 괘들을 자세히 살펴봐야 그 두려움의 성격이 명확해진다. 그렇다고 해서 두려움의 주제 의식을 찾아가는 방식이 괘의 형식적 구조는 도외시하고 다른 괘들의 유사한 괘사나 효사의 내용에 지나치게 의존하게 되면 자칫 해석이 자의적이 될 수 있다. 그렇게 되면 우레의 두려움이라는 주제는 주역 64괘의 독특한 관계 구조를 굳이 빌릴 필요가 없어지며, 두려움에 대한 해석이 주역 책을 벗어나 다른 일반 텍스트로 한없이 뻗어 나가게 되는 것을 막을 수 없다. 이런 점만 조심한다면 하나의 괘의 관계를 찾아가는 노력은 의미가 있다. 사실 어떤 면에서는 지금까지 알려진 착종 형식 외에 도식화된 괘의 재현과 관계 이 둘의 특징을 잘 살려낼 수 있는 다른 방식이 있다면 괘 해석의 영역이 더 풍부해질 수도 있을 것이다.

2부

퍼스 기호학

주역 괘효의 기호적인 성격 때문에 퍼스 기호학을 가져왔고 1부 전체에 걸쳐 그 필요성을 여러 사례들을 제시하면서 설명했다. 그러나 퍼스 기호학에 대한 충분한 이해가 없이 다소 산만하게 접근한 점도 있다. 이를 보완하기 위해 2부에서는 퍼스 기호학이 무엇인지를 자세히 설명하고자 한다. 물론 필요할 때마다 주역과의 관련성을 퍼스 기호학의 소개에 크게 방해를 받지 않는 수준에서 언급할 것이다. 1부에서 부분적으로 차용해 괘 분석을 할 때 활용했던 도상(icon), 지표(index), 상징(symbol)이라든지 이미지(image), 도식(diagram), 은유(metaphor), 그리고 해석체(interpretant)와 되돌림(degeneracy) 등의 개념들이 집중적으로 소개되고 퍼스의 독특한 관계논리도 소개된다. 2부는 1부의 논의로 돌아가는 데도 쓰임이 있고 3부를 읽는 데도 도움이 되는 징검다리 역할을 한다.

1장은 퍼스 기호학에 대한 입문적인 성격이 강하다. 주역 이해에 필요했던 도상, 지표, 상징의 삼분적 기호학(triadic semiotics)은 물론이고 기호, 해석, 범주, 되돌림 등을 소개하는데, 이 개념들은 1부에서 주역의 괘효를 분석할 때 모두 부분적으로 사용되었던 개념들이다. 그러므로 1부에서 퍼스의 용어 이해에 어려움을 느꼈다면 이 1장을 꼼꼼히 읽을 필요가 있다. 2장은 은유가 이미지로부터 시작한다는 것이 어떤 의미를 가지는지를 논의한다. 이미지에서 은유로의 진행은 1부 1장이나 4장에서 언급되었지만 여기에서 좀 더 상세하게 다룬다. 3장은 퍼스의 관계논리에 대한 설명이다. 퍼스의 논리에 대해서는 최근 새로운 연구 성과들이 많이 나오고 있으며, 특히 퍼스의 논리학과 기호학을 연계한 연구가 많아지고 있다. 퍼스의 관계논리는 1부 2장에서도 보았다시피 괘들 간의 관계를 이해하는 데 중요한 역할을 한다. 또한 그의 관계논리에는 도상의 재현성과 은유의 관계성이 강조되므로 주역의 괘를 이해하는 데도 도움이 된다. 괘 안의 효들 사이의 관계, 그리고 괘와 괘의 관계, 괘효와 괘효사들의 관계를 구조화하는 데 그의 논리는 상당히 유효하다. 4장에서는 도상의 중요성이 강조되면서 해석학적 관점에서 진리나 주체, 자아의 성격 규정을 새롭게 한다. 이는 이 책의 「결론」에서 관계자아의 특성을 논의할 때도 필요하다. 도상의 재현적 특성은 인간을 규정하는 데도 중요한 역할을 한다.

2부에서는 퍼스의 기호학을 소개하는 수준을 넘어 그의 기호학과 관련된 여러 연구자들의 논변도 제시하고, 가끔씩 그들 논변의 문제점도 제기한다. 특히 그의 실재론적 철학과 기호학이 만날 수 있는 지점을 기호학적 실재론으로 재구성하려고 시도했다. 퍼스의 저술들 곳곳에는 기호학적 실재론이라 불릴 만한 논변들이 많이 있지만 그 스스로가 자신의 철학을 기호학적 실재론으로 명명하지 않았을 뿐이다. 그의 기호학적 실재론은 주역을 철학함에 있어 실체적 또는 본질적 접근 방식이 아닌 해석학적이고 기호학적인 통찰을 가져다주는 데 중요한 역할을 할 것이다. 2부를 통해 퍼스 기호학에 대한 이해도를 넓히고 동시에 1부와 3부의 주역에 대한 기호학적 접근이 실용적으로 활용될 수 있도록 할 것이다.

1장   기호해석학

기호학에서는 실체나 본질의 특성을 기호로 표현하고자 한다. 실체를 기호로 전환하고자 하는 것이 기호학이 요구하는 방식이라면 기호학자들은 "실체 그 자체로의" 물음을 의도적으로 회피한 사람들이라 할 수 있다. 퍼스(Charles sanders Peirce: 1839~1914)는 실체의 물음을 현상학적이고 해석학적인 물음으로 전환하고자 했다. 퍼스 기호학에서 이미지나 도상의 철학적 기초가 되는 성질 (quality)이나 일차성(firstness)의 범주가 그에게는 현상학의 대상이 된다. 이른바 범주 현상학인 것이다. 그가 사물을 있는 그대로 보거나 사물 그 자체로 보는 점은 유럽의 현상학자들과 맥을 같이 하지만 그것을 범주라는 틀에서 보고자 한 것이 다르다. 이런 점은 주역의 괘를 이해하는 데 도움이 된다. 괘는 '객관적 이되 기호적인 것'이며 동시에 세상을 보는 범주의 세계이다. 괘의 범주 틀에서 괘의 기호가 재현성을 만들어 내는 것이지 자의적인 주체가 재현을 구성하는 것이 아니기 때문이다. 괘의 해석은 이러한 틀을 전제로 해야 관념적인 유희로 빠지지 않을 수 있다. 기호해석학은 범주적 현상으로 나타난 기호를 해석한다는 뜻이다. 1장에서는 그의 기호해석학에 기능하는 다양한 기호들의 특징과 이론들을 개관한다.

1. 기호, 해석 그리고 주체

퍼스는 삶의 온갖 다양한 모습을 기호로 완전하게 이해할 수 있다고 생각한다. 그러나 그의 기호학은 철학의 오랜 전통에서 비추어 봤을 때 기술적으로 완전한 이론적 마감질을 했다고는 할 수 없다. 왜냐하면 미시적인 차원에서 완전하게 소화되지 못한 채 불분명하게 남아 있는 용어들이 많기 때문이다. 이 용어 판독 불가능성이 사실 퍼스를 이해하는 데 장애 요인이 되고 있다. 그에게는 영어 이외의 언어로는 번역하기 어려운 용어들이 너무나 많다. 이는 단순히 번역의 문제에서만 그치는 것이 아니라 그의 기호학을 난해하게 만들고 충분한 의사소통을 못하게 하는 요인이 된다. 물론 전통철학에서 탈피하여 자신의 철학의 완성도를 높이기 위해 직접 만들지 않을 수밖에 없었던 용어들이 있었던 것은 분명하다. 요즘의 철학자들이 'epistemological'(인식론적인)이라는 말이 지닌 인식의 심리적 기저를 제거하기 위해 'epistemic'(인식적인)이라는 표현을 즐겨 쓰듯, 19세기 후반과 20세기 초에 걸친 퍼스의 작업에는 이러한 용어 변용이 심하게 일어난다. 퍼스 기호학을 처음 대하는 독자들이 그의 글을 읽을 때 인내심의 한계를 느끼게 하는 원인도 바로 여기에 있다. 예를 들어, '직관적인 논리'를 표현하기 위해 'abduction'(가추법)을, 기호를 'representamen' (재현체), 해석을 'interpretant'(해석체), 실용주의를 'pragmaticism', 기호학을 'semeiosis'로 용어 변화를 시도한 것 등이다.[1]

---

[1] 실용주의라고 번역하고 있는 'pragmatism'라는 말은 윌리엄 제임스가 사용해서 널리 알려진 말이다. 그러나 이 말의 원조는 사실 퍼스이다. 퍼스는 제임스가 이 말을 왜곡 남용했다고 해서 후일 'pragmaticism'이라는 말로 대체한다. 퍼스는 'pragmatism'이라는 말이 자신의 실용주의에 대한 본래의 의도를 오해하게 할 수 있다고 생각했기 때문이다. 퍼스가 처음 이 용어를 사용할 때는 논리학이나 기호학 전개의 효율성을 위해서였다. 기호학(semiosis)이라는 말도 퍼스는 'semeiosis'라는 말로 대체했다. 'semiosis'라는 용어의 'semi'라는 말에 기호학과는 전혀 관련이 없는 '반' 또는 '둘로

이러한 용어 변용을 서양철학의 전통에서는 흔히 말해 철학의 대가들에게 일어난 일반적인 현상이라고 치부할 수도 있다. 아리스토텔레스가 그러했고 칸트가 그러했다. 그들은 자신들의 철학을 새롭게 전개하기 위해서는 새로운 용어가 필요하다는 것을 절감했다. 실제로 퍼스가 역할 모델로 삼았던 철학자들도 아리스토텔레스와 칸트이다. 전자에게서는 철학이 종합적인 것이라는 것을 배웠고, 젊은 퍼스의 혼을 빼앗다시피 한 칸트에게서는 철학은 체계적이어야 한다는 것을 배웠다. 기호학을 포함해 퍼스의 논리학에 관심을 갖는 독자들에게는 종합성과 체계성을 철학의 시작이요 끝으로 보고 있는 퍼스의 태도가 아리스토텔레스와 칸트를 닮았다는 사실을 쉽게 파악할 수 있을 것이다.

퍼스 기호학을 처음 이해하고자 할 때 가장 주의를 기울여야 할 것은 기호학이라는 이 말을 단순히 기호(sign)를 연구하는 학문이라고 생각해서는 안 된다는 것이다. 퍼스는 단순히 기호를 연구한 학자가 아니다. 그의 기호학에서 기호(sign)는 대상(object), 해석체(interpretant) 중의 하나에 불과하며, 기호학은 이 모든 세 요소들을 모두 포함하며 동시에 그들 간의 관계를 지칭하는 표현이다. 이는 단순히 분류 차원의 문제가 아니라 왜 퍼스가 소쉬르와는 달리 철학자의 대열에 서 있는가를 극명하게 보여 주는 예증이 된다. 그의 관심은 현상, 그리고 사물 현상의 방식, 나아가 그런 방식을 어떻게 해석하는가 하는 전체적인 관심에 있었기 때문이다. 그러므로 퍼스 기호학을 이해하고자 할 때는 바로 이러한 요소들의 삼분적 관계(a triadic relation)를 한꺼번에 파악

나누다'는 뜻이 들어 있어 어원적으로 오해를 불러일으킬 수 있으므로 라틴어 어원에 가깝게 접근하기 위해 바꾼 것이다. 그러나 'abduction'의 경우는 'deduction'(연역)과 'induction'(귀납)도 아닌 전혀 새로운 추론 방식을 설정하기 위해 새롭게 만든 말이다. 영어 'abduction'의 '유괴하다'라는 뜻은 퍼스의 이 용어와 아무런 관련이 없다. 실제 그의 논리학에서 이 용어의 사용 빈도수나 중요성에 비추어 봤을 때 이 용어 사용에 대한 정의나 설명이 많이 없는 것은 사실이다.

하면서 들어가야 한다. 좀 더 엄밀히 말해 퍼스 기호학은 기호가 무엇인가가 아니라 기호를 포함한 위 세 관계의 성질이 무엇인가를 묻는 학문이다. "기호 는 (기호가 아닌 것 즉) 대상에 의해 결정되고 이렇게 결정된 기호는 그것을 이해하려는 사람들에게 해석체로서 영향을 미치게 된다"[2]는 퍼스 기호학의 정의는 왜 그의 기호학이 대상·기호·해석체의 삼분 관계에 초점이 있는지를 잘 설명하고 있다.[3]

기호, 대상, 그리고 해석체 이 세 요소들의 관계가 완전하게 구현될 때 퍼스의 기호학(semiosis)이라는 정확한 명칭이 얻어진다. 이러한 관계는 그에게 있어 세계가 구성되는 의미론적 관계를 형성하고 세계를 이해하는 논리성도 확보한다. 기호가 있기 위해서는 대상이 반드시 있어야 하며, 그렇게 만들어진 기호가 의미를 가지려면 반드시 그것을 해석하는 사람이 관여해야 한다. 대상 이나 사물이 없는 기호는 있을 수 없고 해석되지 않는 기호는 없다는 사실은 퍼스가 영미경험론의 전통에 있다는 사실과 나아가 실용주의에 근거해 있다 는 것을 잘 보여 준다. 인식적으로 봤을 때 대상은 우리의 직접적인 해석의 근거가 아니다. 실제로 우리는 그러한 대상이 만들어 낸 기호를 인식할 뿐이고 나아가 그 기호의 의미가 무엇인가를 해석할 수 있는 권한만 주어져 있을 뿐이다. 기호가 대상에 의존해 있다는 것을 아는 것은 성찰과 사유의 문제이지 직접적 경험의 문제는 아니다. 사물이나 대상을 마치 '직접' 보고 있는 듯해도 실제로는 기호를 보고 있는 것이다. 대상은 어디까지나 기호를 통해 간접적으

---

2) CP; 8.177. CP: *Charles Sanders Peirce's Collected Papers*(4 Vols., Cambridge: Harvard U.P., 1934-48). 따라 나오는 CP 표기는 모두 퍼스의 이 책을 지칭함.

3) 퍼스가 'sign'을 'representamen'으로 용어 변경을 한 이유가 바로 여기에 있다. 'sign' 은 자칫 기호 전체를 의미할 수 있으므로 대상을 재현하는 어떤 존재를 표현하기 위한 특정 기호를 표현하기 위해 'representamen'을 사용하고 있다. 그러나 여기서는 편의상 이 용어 대신에 기호(sign)라는 용어를 사용한다.

로 알 수 있고 전제되어 있거나 가정될 뿐이다. 대상이 아니라 오히려 의미를 동반하는 대상의 기호를 보고 있으며, 이것은 기호와 그 기호를 보는 나와의 끊임없는 소통 과정에서 일어난다. 즉 무엇을 뜻할까 라고 묻는 과정에서 대상이 드러날 뿐이다. 그리고 이렇게 물음을 묻는 나 또한 고정된 존재가 아니다. 나는 항상 나의 물음을 다시 묻게 된다. 그날 그렇게 본 나의 기호의 의미는 무엇을 뜻하는 것인가를 다시 한 번 물을 수 있고 이러한 물음은 끊임없이 계속된다. 기호의 의미를 묻는 '나'인 주체가 다시 기호가 되는 것이다. 이때 주체는 의미화를 전제로 한 나이다. 이런 차원에서 퍼스의 기호학은 단순히 어떤 시점에 고정된 관계가 아닌 연속적인 관계성을 논의하는 학문이다.

해석의 연속성을 강조하려는 퍼스 기호학의 철학적 특성은 안정적이고 사유 중심적인 주체가 아니라 어떤 시점에서의 주체마저도 해석의 대상이 될 수 있다는 데 있다. 이런 의미에서 퍼스가 제시하는 두 가지 큰 철학 명제를 만나게 된다. 하나는 데카르트나 버클리식의 고정불변의 자아 개념을 상정하지 않겠다는 그만의 독특한 의도이며, 다른 하나는 전통적인 인식론을 해석학으로 전환하겠다는 프로젝트인 것이다. 대상의 실체는 알 수 없다고 했을 때 그의 의도도 기존의 형이상학을 파괴하기 위해서이다. 이러한 해체적 사유가 그의 해석학으로의 전환의 모습이다. 그의 해석학을 '기호학적 해석학'이라고 부르는 이유도 기호를 통해서만 대상을 이해할 수 있고, 또 그렇게 함으로써 자아라는 문제에 걸려 이원론적인 프로그램에서 빠져 나오지 못하는 서양 철학의 운명을 바꿀 수 있다고 본 것이다.

퍼스가 봤을 때 자아나 주체라는 것은 하나의 기호에 지나지 않는다. 자아나 주체는 어떤 주어진 시점에서 논리적으로 단지 기호보다 앞설 뿐이라는 것 외에 그것들도 언제든지 새롭게 해석되는 기호에 지나지 않는다. 그러므로 자아나 주체도 어디까지나 '기호적 자아'이며 '기호적 주체'로서 해석되어야 하며 미래 시점으로 열려 있는 기호이다. 그렇다면 사물이나 사건 대상은 어떤 자리에 위치해 있을까. 대상은 어떤 면에서 닫힌 공간이라 할 수 있다. 그것은 아무리 기호에 의해 새롭게 해석된다고 하더라도 성질이 변화되지 않는다. 그러나 이렇게 말하는 것도 어디까지나 원리적인 차원에서이지 자신의 인식구조로는 대상이 변했는지 그렇지 않았는지를 확인할 수 있는 방법은 없다. 다만 끊임없이 새롭게 해석되는 기호를 통해서 대상의 정체성을 추론할 수 있을 뿐이다. 그러므로 해석의 현장에서는 이러한 기호적 순환 과정에 있는 대상은 닫혀 있을 수 없다. 새롭게 변화되는 해석 과정에서 대상의 성질마저 끊임없이 바뀌기 때문이다.

퍼스의 기호학적 순환에서 대상의 성질은 닫힌 것인가 아닌가 하는 논쟁은 로티를 비롯한 미국의 포스터모더니스트들로 하여금 퍼스에게 '구축적 후기구조자의자'(a constructive postmodernist)라는 이름을 달아 주게 하였다.[4] 대상은 변하지 않고 해석만 변한다는 생각은 퍼스의 기호학의 전체 구조가 결국 닫힌 것이 아닌가 하는 시비를 가져왔고 실제로 미국 쪽에서는 그의 기호학의 한계를 그렇게 규정한다. 즉 그의 기호학은 어떤 제한된 구도 안에서만 해석학의 모습을 띠지 근본적으로는 전통 인식론의 변형에 불과한 것이 아닌가 하는 의구심이다. 그러나 이런 비난은 퍼스의 해석학을 칸트적인 초월적(transcendental) 구조로 몰고 가는 아펠(A. Apel)과 마찬가지로 퍼스의 도상(icon) 중심의 기호학을 제대로 이해하지 못해 생긴 문제라고 할 수 있다. 실제로 퍼스에게 있어 대상은 아무리 새롭고 많은 해석이 주어지더라도 같은 대상을 지칭하는 것이 아니라 해석이 바뀌면 주어진 대상도 다르게 인식될 수밖에 없는 것이다. 형이상학

---

4) 구축적(constructive)이라는 말은 데리다 등의 해체적(deconstructive)이라는 말과 대응시키기 위해 나온 말이다. 퍼스 기호학이 주체나 자아 해체를 주장한 해체주의자들과 닮아 있지만, 그는 자신의 기호학을 전개함에 있어 체계라는 특성을 결코 놓치지 않으려고 한다. 바로 이 차이가 그를 해체주의자들과 다른 계보에 놓이게 한다.

적 영역에서는 대상이 바뀔 수 없는 것이 되겠지만 퍼스는 그러한 형이상학을 전제하지도 않을 뿐더러 오히려 새롭게 해석되는 기호에 의해서만 대상이 인식될 수밖에 없다는 일종의 '형이상학적 포기'를 선언했기 때문이다. 이런 점이 퍼스의 기호학이 그가 말한 실용주의에 근거하는 이유가 된다. 그의 실용주의에 따르면 대상은 인식할 수 없고 단지 해석될 뿐이다.

역사적으로 해석학은 기호학보다 먼저 있었고 해석학에 의해 기호학이 발달되어 온 것도 사실이다. 그러나 지금 상황에서는 해석학이 기호학에 의해 발달되어 간다고 할 수 있다. 여러 증거가 있지만 퍼스의 기호학을 예로 들어 볼 때, 특히 그의 '가추적 추론'(an abductive inference)은 기호학이 해석학의 발달에 큰 역할을 하고 있다는 것을 알 수 있다. 해석학을 항상 새로움에 관여하는 학문으로 본다면 가추적 추론은 해석을 위해서 필요한 추론 방식인 것만은 분명하다. '새로움'을 무엇이라고 규정할 연역적 또는 귀납적 추론 장치가 없는 상황에서 무엇을 가지고 이 새로움에 접근할 수 있을 것인가. 그렇다고 그 새로움의 성격을 무작위로 규정할 수 없다고 할 때 가장 최선의 방식은 확률이 가장 높은 추론을 상정할 수밖에 없다. 확률의 정도는 물론 개인의 총체적 경험의 양이나 직관에서 나온다. 그러나 이런 식으로만 끝난다면 그것은 자의성에서 탈피할 수가 없다. 이러한 자의성을 피하기 위해 퍼스는 확률적 추론의 정도를 확인할 수 있는 장치를 마련하며 최대한의 설득력을 갖는 추론을 만들어 낸다. 그것이 바로 가추적 추론이며 가추적 논리인 것이다.

가추적 추론과 직접 관련되는 퍼스 기호학의 요소 중 하나가 '해석체'(interpretant)이다. 이 용어를 단순히 '해석'(interpretation)이라고 할 수 없는 까닭은 해석이라고 하면 해석하는 주체인 해석자(interpreter)를 전제로 하게 된다. 그러나 해석체라고 하면 거기에는 주체가 안정적이고 고정적이지 않고 항상 새로운 해석 객체인 기호로 남게 된다. 이런 점에서 해석체는 의미(sense)를 직접

생산하는 주체라기보다는 의미를 만드는 과정의 부산물(by-product)이라고 할 수 있다. 의미를 갖고 있되 시공간적으로 항상 열려 있어 의사소통적 또는 변증적 관계에 있게 된다. 이는 마치 텍스트의 저자가 자신만의 고유한 해석을 전제로 글쓰기를 하고 있음에도 불구하고, 그 텍스트를 읽는 독자들은 언제든지 새롭게 해석을 가할 수 있는 것과 같다. 퍼스의 해석체는 고정된 주체의 산물이라기보다는 어떤 해석이 이루어질지를 알 수 없는 객체로서 끊임없는 해석의 부산물을 만들어 낸다.

비트겐슈타인이 "사적 언어는 없다"고 그의 『철학적 탐구』에서 주장했을 때 그가 의도하고자 했던 것도 데카르트적인 자아 개념을 철학에서 삭제하기 위한 것이었다. 자아의 문제는 서양철학을 주체와 객체라는 '이원론적 운명론'에서 벗어나기 어렵도록 만들었다. 이 운명론은 상당히 비극적인 것으로서 상대주의의 늪에서 벗어나기 어렵게 만들 뿐만 아니라 객관적 진리를 수립하고자 했던 철학자들로 하여금 이론적으로 곤경에 빠뜨리게 하는 요인이 된다. 상대주의와 심리주의는 주체와 객체의 이원론 체제 하에서는 어쩔 수 없이 발생된다. 비트겐슈타인에 비해 퍼스는 반세기 빠르게 이런 문제를 가장 심각하게 그리고 체계적으로 고민했던 철학자라고 할 것이다.

퍼스 기호학에서 주체 개념이 빠져 있다는 사실이 말 그대로 주체가 의미 생산에 전혀 관여를 하지 않는다는 뜻은 아니다. 사실 주체가 없이는 어떠한 의미도 만들어질 수 없다. 문제는 어떻게 하면 주체가 관여하되 이원론적인 구도에 빠지지 않을 수 있느냐 하는 것이다. 퍼스에게 그것은 해석체가 기호에 의해 만들어질 때 일종의 '정신'이라고 불릴 수 있는 속성으로 나타난다. 이 정신은 기호의 의미가 만들어지는 순간 기호와 주체, 즉 언제든지 새로운 의미의 근거가 될 수 있는 주체와의 의사소통을 인지하는 역할을 한다. 물론 주체가 완전히 말 그대로 '해석하는 나'와 별개로 떨어져 존재하지는 않는다.

주체가 완전히 떨어져 있고 완전한 의미에서 객체적인 것이라면 그것은 초월적인 것일 뿐이다. 퍼스의 주체는 해석하는 존재자와 떨어져 있지 않으면서도 초월적인 주체로 전환되지도 않는다. 심리적 주체를 상정하지 않으면 곧장 초월적 주체로 가야 한다는 것은 퍼스가 스스로 구축한 경험론의 전통에 위배된다. 그래서 그는 일종의 '집합적 주체'(a collective subject)를 상정한다. 이러한 주체는 사회적 주체이며 역사 진행 과정에서 구현되는 주체이다. 그가 "개인주의와 위선은 한 통속이다"5)라고 했을 때 말하고자 했던 의도는 주체를 심리적이고 개인적으로 보는 전통 철학을 비판하기 위해서이다. 그러므로 "인지될 수 있는 사고란 오직 기호 속에 들어 있는 사고일 뿐이다"6)라고 한 이유도 여기에 있다. 그렇다면 퍼스에게 있어 정신이라고 불린 것도 끊임없는 추론의 과정에서 발달된 기호의 산물로 볼 수 있다. 인간의 정신은 기호학(semiosis) 그 자체에 지나지 않는다. 이런 차원에서 인간은 무한히 순환하는 기호학적 과정에 개입되는 기호이며 끊임없는 기호의 소통 과정에 놓여 있다 할 것이다.

2. 범주와 논리

퍼스 기호학을 이해하려면 그의 기호학의 하드웨어적인 측면이라 할 수 있는 범주와 논리의 의미를 들여다봐야 한다. 그는 자신의 기호학을 운용함에 있어 기호의 분류로 먼저 범주를 설정한 뒤 논리적 구성을 진행한다. 그의 독특한 현상학이라 할 수 있는 이 범주 체계는 실제로 기호학에 대한 이해뿐만 아니라 그의 철학의 바탕을 구성하는 중요한 영역이다. 퍼스 비판자들이 퍼스

---

5) CP; 5.402.
6) CP; 5.251, "The only thought which can possibly be cognized is thought in sign."

기호학은 닫힌 구조를 갖고 있다고 할 때 그 비판의 근거가 이 범주에 대한 퍼스의 지나친 완벽성 때문이다.

퍼스는 현상의 범주를 세 가지 성질로 나눈다. 범주의 일차성(Firstness)은 느낌, 직접성, 전前반성적 단계이며, 이차성(Secondness)은 실제로 존재하는 대상의 단계이다. 본질적으로 일차성이 초시간적이라면 이차성은 시간에 의해 측정되고 구분되는 '실제적 실재'(an actual reality)이다. 퍼스에게 있어 실재(reality)는 이런저런 식으로 구체적으로 존재하는 이상의 것이다. 그것은 추상적이거나 관념적인 것과 함께 시공간에서 물리적으로 존재하는 사건·사태도 포함하고 있으며, 또한 개별 사건 및 사태들의 관계를 엮어 주는 기능을 한다. 마지막으로 삼차성(Thirdness)은 법칙, 습관, 공동체, 또는 관계를 지시하는 사회문화적인 성질의 단계이다.

퍼스의 범주 현상학에서 일차성의 의미를 갖는 성질(quality) 개념이 어떻게 사용되고 있는가를 범주 분류와 연관해서 살펴보자.

> 현상학[7]은 보편성을 기술하는 학문이다. 보편성이란 어떤 양식으로 있느냐에 관계없이 '존재하는 모든 것의 전체'를 일컫는 것이며, 나아가 그 모든 전체가 우리 정신에 구현되는 것이다. 이 보편성은 어떤 구체적 사물을 지시하느냐 아니냐 하는 문제와는 관련이 없다.[8]

퍼스에게 있어 보편성은 지각 또는 감각되는 관찰 대상이 아니며 개개의 사물과의 어떠한 일대일의 대응 관계도 갖고 있지 않다. 앞에서 언급된 '존재

---

7) 퍼스는 유럽의 현상학과 구분하기 위해 'phenomenology'라는 말 대신에 'phaneroscopy'라는 말을 새로 만든다. 여기서 'phanero'는 '보편성' 또는 '우주성'을 의미하며 'scopy'는 관찰을 뜻한다.

8) CP; 1.284.

하는 모든 것의 전체'야말로 세 범주가 만들어지는 범주들의 존재 양식이다. 이 세 양식은 질적 가능성(the qualitative possibility), 실제성(actuality), 그리고 미래에 일어날 모든 사건들을 통제하는 법칙성 또는 진정한 의미에 있어서의 실재성 (the real reality)으로 구분된다. 이 세 양식은 정신에 의해 직접 관찰되며 첫째 양식인 '질적 가능성'의 양식도 직접 관찰된다. 예를 들어 성질(quality)은 직접적인 원시적 경험으로 존재하는 느낌 또는 감정과 같은 질적 가능성의 범주에서 실재한다. 그러므로 그에게는 어떤 양식의 실재라도 현존하는 실재가 될 수밖에 없다.

퍼스는 논리학을 하나의 체계적이며 동질의 전체로 파악하려고 했고 논리에 따르는 추론 과정도 범주적으로 분류하려 했다. 그의 범주론은 논리적 특성을 가지고 있으며 사물이나 사건을 삼분적으로 분류하려는 현상학적 특성을 갖고 있다.[9] 이 삼분적 분류는 퍼스에게 있어 현상의 실재를 구성하는 기본 구도이며 기호가 나뉘는 근거가 되기도 한다.[10] 기호의 삼분적 관계를

---

9) 범주의 논리적 특성에 따르면, 범주는 앞에서 언급된 것처럼 일차성, 이차성, 그리고 삼차성으로 나뉘고 그 다음 여섯 개의 성질로 다시 나뉜다. 그 여섯 개의 분류는 완전한 일차성(11: '십일'이라고 읽지 말고 '일일'이라고 읽는다.), 불완전한 이차성(12), 완전한 이차성(22), 강화된 불완전한 삼차성(31), 약화된 불완전한 삼차성(32), 완전한 삼차성(33)이다. 이러한 분류는 다시 열 개로 분화되어 66개의 범주로 확장된다. 동시에 66개의 기호도 만들어진다. 그러나 그는 66개의 기호를 자세히 열거하지는 않고 그렇게 확장될 수 있음을 시사했고, 실제로 10개의 기호까지는 분류해 놓았다. 이 10개의 분류를 통해 주역의 제사 기능을 분석한 것이 이 책의 3부 4장이다.

10) 위의 방식에 따라 실재는 다음과 같이 분류된다.
   ① 질적 질로서 순수한 가능태(quality qua quality: 11)
   ② 사실적 사실로서 순수한 사실태(existents qua existents: 22)
   ③ 사실적 질로서 사실 가능태(qualities of actual existents: 12)
   ④ 규칙적 규칙으로서 순수한 일반화(laws qua laws: 33)
   ⑤ 일반화된 규칙의 경우로서의 사실의 일반화(existents as instances of laws: 23)
   ⑥ 규칙의 경우로서의 사실적 질의 가능적 일반화(qualities of existents as instances of laws: 13)

이해하려면 이분적 관계와 비교할 필요가 있다. 예를 들어 "A는 B를 좋아한다"는 문장은 A와 B의 이분적 관계를 나타내며 삼분적 관계를 만족시키지 못한다. 그리고 "A는 B를 좋아하고 B는 C를 좋아한다"는 문장도 언뜻 봐서 삼분적 관계를 구성하는 것 같지만 이 문장도 실제로는 이분적이다. 그러나 "A는 B에게 C를 좋아한다고 말한다"는 문장은 A, B, 그리고 C의 관계를 나타내는 삼분적 문장이 된다. 이 문장은 어떤 방법으로도 이분적 문장으로 환원될 수 없다. 그렇게 되면 그 문장이 본래 갖고 있는 의미가 상실되기 때문이다. 이 문장으로부터 다양한 삼분적 문장들을 만들어 낼 수 있다. "A는 B에게 C를 준다", "A는 B를 위해 C를 한다", "A는 C에 근거해서 B를 한다" 또는 "A는 B가 일어날 수 있는 상황을 예상하여 C를 한다" 등이다. 이 관계는 퍼스 기호학이 기호·대상·해석체로 나누어져 설명되어야 하는 현상학적 근거를 제시하며, 삶의 전체 모습을 기술하려는 의도를 보여 준다.

퍼스는 논리학마저 기호학으로 전환시키고자 한다. 그것은 흔히 "존재론적 그래프"(the existential graphs)라고 불리는 논리학인데 기존의 전통적인 명제논리학을 혁명적으로 변형시킨 것이다. 켄트(B. Kent)는 그것을 다음과 같이 설명한다.

퍼스는 우리의 사고 기능을 마치 움직이는 동영상처럼 보려고 했다. 대수적 분석을 통해 해결하려 했던 기존의 논리학을 도상적(iconic) 관계 즉 존재론적

이렇게 분류된 실재의 특성은 기호적으로는 다음과 같이 분류된다.
① 질적기호로서 하나의 질을 기호화하는 질(quality as a sign: 11)
② 사실적 기호로서 하나의 사실을 기호화하는 사실(an existent as a sign: 22)
③ 질을 기호화하는 사실(an existent signifying a quality: 12)
④ 규칙적 기호로서 규칙을 기호화하는 규칙(a law as a sign: 33)
⑤ 사실을 기호화하는 규칙(a law signifying an existent: 23)
⑥ 질을 기호화하는 규칙(a law signifying a quality: 13)

그래프(existential graphs)로 간주한 것이다.[11]

퍼스는 수리적 추론에도 일종의 관찰이 필요하다고 생각했다. 실제로 대수적 기호가 기하학적으로 도식화되거나 배열될 때도 그러한 배열들 사이에는 감각에 의해 관찰될 수 있고 또 되어야 하는 도상 관계가 내재해 있다. 자스윅(H. Joswick)이 말했다시피 "수학은 도식으로 구성되어 있어 눈으로 그 도상적 관계를 읽을 수가 있다. 왜냐하면 수학도 일종의 기호로 이루어져 있기 때문이다."[12] 아리스토텔레스 논리학은, "고양이는 포유동물이다"라는 대전제와 "어떤 것이 고양이다"라는 소전제가 있다면 결론은 "그것은 포유동물이다"로 구성된다. 그러나 퍼스가 제시하는 논리 구조는 다르다. 예를 들어 '연기'라는 전제가 있다면 결론은 '불'이 된다. '불'은 '연기'의 기호가 되기 때문이다. 다시 말해 결론과 전제 사이의 기호적 관계를 중시하는 것이다. 퍼스에게 논리와 기호가 긴밀히 관련되어 있었다는 사실은 웰비와 주고받은 편지에서도 잘 나타난다.

> 1867년 5월 14일. 나(퍼스)는 논리를 기호들의 진리가 형식적 조건으로 구성된 것이라고 보았다. 즉 어떻게 기호가 대상을 지칭하는가 하는 문제로 논리를 정의했다. 기호가 대상을 어떻게 지칭하느냐에 따라 진리를 발견할 수 있다고 믿어 온 사람들이 하나의 기호가 어떠한 해석체를 지칭하느냐 그러한 기호가 어떠한 특성을 갖느냐 하는 데 오랫동안 관심을 가져왔다. 기호가 대상을 어떻게 지칭하는가에 대한 연구는 기호학을 연구하는 데 있어 기본이 된다.[13]

---

11) Kent, 1987; 4.
12) Joswick, 1988; 107.
13) Hardwick, 1977; 79-80.

이렇게 보면 비록 퍼스의 학문 체계에 있어 논리학이 기호학에 앞선 것임에도 불구하고 논리학은 기호학의 도움이 없이는 성공적으로 수행될 수 없음을 알 수 있다.

3. 기호, 대상 그리고 해석체

퍼스의 범주와 논리에 대한 이해와 함께 앞에서 개략적으로 설명한 기호(sign)와 대상(object) 그리고 해석체(interpretant)의 의미와 서로의 관련성을 살펴보도록 하자. 기호학이 삼분적이라는 사실은 기호학이 세 가지 관계항을 갖는다는 것을 의미한다. 그의 잘 알려진 사례 하나가 있다. "어느 날 나는 사슴이 많이 뛰노는 숲속에서 나무의 밑둥치가 동물의 이빨에 의해 갉혀 있는 것을 발견했다. 나는 그 갉힌 흔적이 방금 만들어졌다는 사실을 나무 밑둥치에 흐르고 있는 수액을 보고 알았고, 이내 그 흔적으로 미루어 그 상처는 동물이 낸 것이며 거기다가 부근 숲에는 사슴이 많다는 것을 알기 때문에 사슴이 방금까지 이 나무 부근에 있었다는 것을 알게 되었다." 이 사례의 나는 갉힌 흔적이나 숲의 환경을 '관찰'하고 사슴이 나타났음을 알게 된다. 여기서 갉힌 흔적은 기호가 되고, 그 갉힌 흔적인 기호의 대상은 사슴이며, 해석체는 사슴이 가까이 있다고 유추, 가정, 또는 해석하는 나의 생각이다. 이렇듯 하나의 단순한 사건 안에서도 기호, 대상, 해석체의 삼분적 관계가 자연스럽게 자리하고 있다. 여기서 갉힌 흔적, 사슴 외에 "여기 사슴이 있다"는 관찰 경험 또는 해석이 사건의 이분적 관계를 삼분적 관계로 확장시키는 역할을 한다.

퍼스는 해석체의 기능과 그에 따른 장점을 함께 보여 주려고 세계의 진정한 모습이기도 한 삼분적 관계를 강조한다. 해석체야말로 대상의 모습을 '살아 있게 한다. 해석 행위는 기호화되는 대상과 기호와의 관계에 의식적으로 관여하는 것이다. 이러한 해석은 뒤이어 나오는 다른 해석에 의해 대상이 된다. 방금 내린 해석은 뒤의 해석을 위한 대상기호가 된다. 위의 사슴의 예를 다시 가져온다면, 어제 내린 "여기 사슴이 있다"는 해석은 오늘 "사슴이 아니라 토끼였다"는 식으로 수정될 수 있다. 그렇다면 "여기 사슴이 있다"는 말은 "사슴이 아니라 토끼였다"는 말의 해석 조건이자 대상이 된다. 해석은 열려 있기 때문에 나의 해석은 끊임없이 다른 방식으로 해석될 수 있는 기호가 되며 그 해석이 최종적으로 끝날 때까지 계속된다.

퍼스의 기호학은 기호와 그 기호에 의해 해석되는 대상 사이의 관계의 학이다. 기호가 기호가 될 수 있는 근거는 세 가지로 나뉜다. 첫째, 청각, 시각, 후각 등과 같은 공통된 성질에 의해 공유되는 기호인 도상(icon)이다. 도상은 유사성에 의해 만들어지며 같은 성질을 공유하고, 어떤 대상이 실제로 있느냐 그렇지 않으냐 와는 관계없이 대상이라고 불리는 것과 똑같은 닮은꼴을 갖고 있다. 둘째, 기호와 대상 사이의 이분적 관계를 나타내는 지표(index)이다. 지표는 대상을 그대로 닮을 필요는 없다. 대신 그 대상과 어떤 식으로든 직접적인 관계를 맺고 있어야 한다. 셋째, 규칙적으로 또는 법칙과 관습에 의해 설명될 수 있는 것으로, 상징(symbol)이다. 상징은 다양한 방식으로 해석될 수 있다. 기호가 되기 위한 각각의 조건인 도상, 지표, 상징을 쉽게 구분하기 위해 예를 들어보자.

해수욕장의 앞바다에 떠 있는 붉은색의 삼각 깃발은 그 너머에서는 해수욕을 해서는 안 된다는 것을 의미한다. 그러나 깃발 자체는 심한 파도가 칠 수 있다는 사실과는 어떤 닮음도 없으며, 깃발 너머에 거친 파도가 일어난다는 사실과도 어떤 인과적 관계도 없다. 깃발은 깃발 안쪽 공간에서 안전하게 해수

욕을 하라는 하나의 지시 사항 즉 지표(index) 역할을 할 뿐이다.14)

여기서 깃발의 도상 요소인 붉은색이나 지표 요소인 붉은 깃발의 위치는 깃발을 상징으로 간주하기 위한 담론의 기초 조건이 된다. 즉 깃발의 붉은색(도상)과 깃발의 위치(지표)는 '안전한 해수욕'의 상징 요건을 충족시킨다. 하나의 기호는 비록 어떤 요건이 약화되는 경우가 있을지는 모르지만 항상 세 가지 요건이 한 세트가 되어 같이 작동한다. 그러므로 기호는 최종적으로는 상징으로 나타나지만 그 상징 안에는 반드시 이러한 도상의 성질과 지표의 성질을 갖고 있다.

퍼스 기호학에서는 전통적인 인식론이 제 몫의 역할을 하지 못한다. 왜냐하면 인식론은 대상과 그 대상을 알고자 하는 사람과의 이분적 관계만을 전제하기 때문이다. 인식론은 부차적일 뿐이다. 퍼스는 "대상을 알고자 하는 사람"을 전제하지 않는다. 인식의 주체 역할을 해야 하는 사람이 퍼스의 해석체로 바뀌게 되면 그것은 해석의 주체로서 알고자 하는 사람의 영역을 넘어선 어떤 것이 된다. 즉 해석체는 알고자 하는 사람 또는 해석자의 영역을 '기호학적 자아'(a semeiotic self)의 영역으로 대치한다. 즉 인간도 하나의 기호로 간주된다. 이것이야말로 기존의 기호학의 이원론적 관계를 해소시키는 퍼스 기호학의 독특한 면이다. 이원론적 관계에서 해석자는 단지 해석의 주체로 간주되기 때문에 모든 해석은 해석자의 심리적 상태 또는 조건으로 환원되는 경향이 있었다. 그러나 퍼스의 해석체는 이러한 심리적 상태와는 아무런 관련이 없고 다른 기호 중의 하나로 취급될 뿐이다.

---

14) Hookway, 1992; 126.

4. 도상, 지표, 상징, 그리고 되돌림

퍼스 기호학에서 가장 많이 인용되고 활용도가 높은 것은 도상, 지표, 상징의 세 가지 기호이다. 이 기호들은 1부나 3부의 주역의 기호학적 접근에 가장 많이 사용되는 개념들이므로 다시 한 번 정확한 이해를 가질 필요가 있다.

도상 기호는 유사성, 닮음, 또는 유비에 의해 만들어진다. 유사성과 닮음은 퍼스 기호학의 중요한 역할이라 할 수 있는 추상화 과정의 핵심이 된다. '추상화 과정'(the process of abstraction)은 기존의 추상화의 일반적 개념과는 다른 면이 있다. 흔히 추상화는 상징화로 취급되어 왔지만 퍼스에게 추상화는 "모든 논의가 보다 정교화되고 잘 설명되기 위한 조건인" 도상적 환원(the iconic reduction)일 뿐이다. 그러므로 도상은 그의 기호학을 이해하는 출발점이 된다. 도상적(iconic)이라는 말이 퍼스 기호학에서 어떻게 사용되는지를 여러 가지 예를 들어 살펴보자.

첫째, "모든 인간은 죽는다"(All humans are mortal)는 명제가 X(Hx → Mx)로 기호화되는 경우이다. 여기서 '인간'과 '죽는다'는 표현은 실제로 존재하는 인간과 그러한 인간이 죽을 수밖에 없는 상황을 언어로 표기한 지표가 되고, 'Hx'와 'Mx'는 이렇게 지표화된 언어 기호를 다시 한 번 지표로 기호화한 것이다. 여기서 '인간'이라는 명사형 지표는 동사로 환원될 수 있다. 즉 '인간'이라는 명사형 지표는 '(X)는 인간이다'라는 동사형 지표로 표현될 수 있다. 명사형 지표인 '인간'을 '(X)는 인간이다'라는 도상의 특성을 갖는 서술어로 바꿀 수 있다. 모든 명사형은 적절한 문법적 변형 요건을 갖추게 되면 '동사적'으로 취급될 수 있고 도상으로 환원될 수 있다.

둘째, "X는 용이다"라는 명제의 경우이다. 다음 문장들은 용이 어떤 동물인자를 묘사한다. "X는 파충류이다", "X는 긴 꼬리를 갖고 있다", "X는 입으로 불을 뿜어낸다", "X는 하늘을 난다" 등의 문장들은 X가 어떤 동물인지를 그림처럼 보여 주고 있다. 도상의 중요한 기능은 명사를 동사로 변형시키고 술어로 환원시키는 데 있다. 퍼스에게 명사는 부차적이고 이차적인 것인 반면에 동사나 대명사는 보다 본질적인 것이다. 그렇다면 위의 문장 "X는 용이다"에서 용이 '용 같은' 또는 '용이다'와 같이 동사형으로 완전히 표현될 수 있으므로 '용'이라는 명사는 이차적인 것이 된다. 퍼스가 동사를 구체적인 사실과 떨어져 있는 '꿈 또는 상상적 이미지'와 같은 것이며 마음에 '그림을 그려 내는 것'과 같다고 한 것은 그가 기호학을 '도상적 회귀'로 마감하려고 한 의도를 잘 보여 준다.[15]

셋째, 하나의 극단적인 추상어 또는 개념어라 할 수 있는 '설명'이라는 말이 도상 성질을 갖는 경우이다. 이러한 개념적 추상어를 도상으로 보기 위해 간단한 기호화 작업을 해 보자. 먼저 "나는 아래의 사실을 설명한다"와 같은 문장을 "A는 B를 설명한다"로 바꾼다. 바뀐 문장은 좀 더 단순한 형태의 문장으로 기호화된다. 즉 "_R_"의 형태로 기호화해서 "aRb1, aRb2, aRb3"로 변형시킬 수 있다. 여기서 b1, b2, b3는 a에 속한다는 것을 뜻하고 R은 a와 b를 매개하는 관계를 뜻한다. 그렇다면 '설명'이라는 추상어는 R이라는 매개어를 통해 "a는 b를 설명한다", "a는 b에 의해 설명된다" 또는 "a는 b의 설명 행위"처럼 시각적으로 파악될 수 있는 수준으로 점점 변형될 수 있다.

넷째, 기하학적 도형의 경우이다. "세 변으로 이루어진 평면 도형"이 있다고 했을 때 이 표현만으로는 이 도형을 180°의 내각의 합을 가진 삼각형이라고 정의내릴 수 없다. 삼각형이 되게 하려면 이 도형이 180°의 각을 갖고 있다는

---

15) CP; 3.459.

것을 별도로 표시해야 한다. 종이 위에 삼각형을 그릴 때는 직접 삼각형을 그려주거나 세 각의 합은 180°라는 조건을 첨가해 주어야 한다. 그렇게 해야만 내각의 합이 180°인 삼각형을 만들 수가 있다. 이런 차원에서 도상 과정은 특정 기하학적 구조가 직접적으로 드러날 수 있게 하는 역할을 한다.

개념은 동사나 서술문 구조에 의해 보다 잘 이해될 수 있고 풍부하고 광범위한 인식을 가져올 수 있다. 퍼스가 말한 '실용적 최대치'(the pragmatic maxim)는 개념이나 관념을 '풀어내는' 데 있다. 명사가 동사나 서술형에 의해 잘 이해된다는 퍼스의 주장은 명사는 거기에 걸맞은 광범위한 술어 형태를 나열함으로써 정의될 수 있다는 뜻이며 더 많은 구체적이고 많은 의미를 얻어 낼 수 있다는 뜻이다. 명사에 대한 퍼스의 설명을 통해 들어보자.

> 내가 명사에 대해 논의할 때는 항상 원질 기호(rhema)를 생각한다. 명사는 동
> 사의 도움을 받지 못하면 술어를 가진 명제를 형성할 수 없다. 반면에 원질
> 기호는 그 자체 내에 동사를 가지는 것이다.[16]

위의 인용에 따르면 예를 들어 '고양이'는 명사가 되고 "무엇은 고양이이다" 또는 '고양이는'이라는 말은 퍼스 기호학에서 자주 사용하는 르마(rhema)라는 원질 기호가 된다. 명사 '고양이'에는 이미 고양이의 여러 성질을 표현하는 어법이 내재되어 있고 그런 것들이 고양이의 원질 기호를 구성한다. 그러므로 개념이나 논증과 같은 명사를 이해하고자 할 때 그것을 도상으로 표현하거나 배열하면 대상의 성격을 드러내기가 더 쉬워진다. 논리적 논증을 하나 가져와 좀 더 이 문제를 보자. "모든 포유동물은 동물이고 모든 고양이는 포유동물이다. 그러므로 모든 고양이는 동물이다"와 같은 연역 논증이 있을 때 이것을

---

16) Turisi, 1997; 254.

기호화하여 "모든 M은 P이고 모든 S는 M이다. 그렇다면, 모든 S는 P이다"(M은 포유동물, P는 동물, S는 고양이를 지시)와 같은 도상적 배열을 만들 수 있다. 이는 논리의 기호화 과정에서 익숙한 방식이지만 퍼스를 따라 언어적 연역 논증에 지표화를 도입하면 그 논증 과정이 쉽게 관찰되는 장점이 있다. 이 논증은 도상화 작용에 의해 즉 기호화를 통한 술어 작용에 의해 간접적으로 설명된다. 이 과정을 더 분명하게 파악하려거나 위의 지표적 방식보다 더 나은 논증을 설명하려면 눈으로 쉽고 효과적으로 볼 수 있는 밴 다이어그램을 그려 보면 된다. 밴 다이어그램도 언어적 연역 논증을 도상으로 표현하는 전형적인 방식이다.

퍼스에게 논리는 도상으로 재현되고 지표 기호는 도상 기호로 환원된다. "모든 고양이는 포유동물이다"라는 명제는 일차적으로 "어떠한 것도 그것이 고양이라면 그것은 포유동물이다"라는 명제로 대치되고, 이 명제 안에 있는 '그리고', '모든', '이라면'은 기호로 대치된다. 도상의 특징은 도식(diagram)의 개념을 사용하면 이해하기가 더 쉽다. 앞서 1부 4장에서도 설명했지만 도식은 우리의 일반적 사고 과정을 그림처럼 나타내는 데 도움을 준다. 명제의 논리화 과정에서 도식의 역할은 논증의 관계를 일목요연하게 도상적으로 보여 주는 데 있다. 비록 도식화가 지닌 추상성이나 지표적 특징 때문에 도상만큼 선명하게 그러한 관계를 보여 주지 못하지만 대상이나 사태가 어떻게 서로 관련되어 있는가는 설명할 수 있다. 연역 논증을 추상화시켜 지표 기호로 만들어 설명하는 것, 즉 기호논리학의 기호화가 그 대표적 사례이다. 수학의 대수도 도식화의 효과성을 검증하는 도구가 되는데, 퍼스는 대수를 다음과 같이 설명한다.

언어는 대수이다. 즉 언어로 되풀이되는 기호들의 합이다. 대수 논리가 기존의 형식논리와 다른 점은 무한한 기호들을 아무런 제약 없이 사용할 수 있다

는 사실이다.[17]

그리하여 대상이 실재하느냐 아니냐 하는 문제는 도식화를 통하면 대상의
얼개에 대한 보다 나은 인식 통로를 찾는 데 도움이 된다.[18]

지표 기호는 구체적 개별성을 특징으로 한다. 퍼스는 지표를 '비일반
성'(anti-general) 또는 '개별성'(haecceity) 또는 '이것임'(thisness)이라는 다양한 말로
정의한다. 지표가 어떻게 작용하는지를 살피기 위해 인위적인 조건 하나를
만들어 보자. 찰스 퍼스가 누구인지를 전혀 모르는 누군가와 그에 대해 이야기
를 나눈다고 가정해 보자. 그에게는 퍼스라는 이름이 낯설게 들리고 사진도
본 적이 없어 전혀 감을 잡을 수 없다. 그가 할 수 있는 거라곤 나의 설명에
의존하거나 믿는 것뿐이다. 이때 그에게 '퍼스'라는 말은 단순히 하나의 지표
가 된다.

퍼스가 지표의 역할로 제시한 잘 알려진 예화가 있다. 두 여행자가 시골길
을 걷다가 그 중 한 사람이 동료를 보고 "이봐, 저 집 굴뚝에 불이 붙었네!"라고
한다. 동료는 붉은 벽돌로 된 그 집 굴뚝에 불이 솟아오르는 것을 확인한다.
두 사람은 가던 길을 계속 가다가 낯선 동네에서 한 노인을 만난다. 지나온
동네의 어떤 집의 굴뚝에 불이 붙었다는 것을 확인했던 그 동료가 엉뚱하게도
노인에게 "저 집 굴뚝에 불이 붙었네요!"라고 하자 그 노인은 주위를 둘러보고
는 이상하다는 듯 그 사람에게 묻는다. "어느 집을 말하는가?" "저 붉은 벽돌집

---

17) CP; 3.418.
18) 乾卦의 물상인 龍은 도상 기호의 전형이다. 용이 존재하느냐 않느냐 와는 관계없이
   건괘의 기호는 용이라는 동물을 그림같이 보여 준다. 비록 용이 상상에 의해 모자이
   크된 동물이라 해도 이 용은 도상이나 도식으로, 나아가 그림을 통하거나 이야기를
   통해 구성된다. 건괘 효의 위치와 시점의 도상적 기호화 과정과 그러한 과정을 풀어
   내는 효사의 술어적 과정 등은 용의 성질을 심화시키고 확장시킨다. 대상의 '희미한'
   실재는 이러한 기호화 과정을 통해 점차적으로 발달되고 구체화된다.

말입니다." "글쎄, 붉은 벽돌집이 어디에 있단 말인가?' 이 멍청한 여행자의 말에 노인이 찾으려고 했던 것은 '굴뚝에 불이 붙은 붉은 벽돌집'이다. 이 예화에서 '굴뚝에 불이 붙은 붉은 벽돌집'이 지표로서 다른 사람들과의 의사소통에 성공하려면, 노인이 그렇고 그런 집을 눈으로 확인할 수 있어야 하고 그 여행자가 지시하는 손짓이나 말에 적절히 맞춤 되는 집이 있어야 한다. 이런 구체적이고 직접적인 조건들이 충족되지 못하면 의사소통에도 실패하고 그 여행자의 말이나 손짓 등도 지표로서의 역할도 하지 못한다.

위의 예화는 지표의 의미와 효과성 둘 다를 보여 준다. 관찰이 필요한 모든 영역에는 지표가 있어야 한다. 지표는 '그렇고 그러한' 구체적인 대상과 관련이 되어 있으므로 어떠한 일반화도 할 수 없다. 지표만으로는 어떠한 일반화된 주장도 할 수가 없으며 오직 사물이나 사태만을 지시할 수 있을 뿐이다. 물론 지표도 당연히 개별 사물과의 역동적인 관계를 만들기 때문에 도상과 더불어 중요한 기호 중 하나가 된다.

상징 기호는 복합적인 성질을 갖고 있다. 퍼스는 상징을 도상과 지표가 합쳐져 만들어지는 것으로 보면서 상징의 조건을 다음과 같이 규정한다.

> 완전한 상징(a genuine symbol)은 의미가 일반성을 가질 때이다. 그렇지 못한 불완전한 상징은 두 가지로 나뉘어 설명될 수 있다. 하나는 개별적 상징(the singular symbol)으로서 구체적인 대상 또는 그러한 대상의 구체적인 특성을 나타낸다. 다른 하나는 추상적 상징(the abstract symbol)으로서 그 상징하는 대상이 실재하지 않고 일종의 성질로만 있는 것이다.[19]

완전한 상징이 되려면 그 안에 지표적인 개별성이나 도상적인 추상성이

---

19) CP; 2.293.

모두 있어야 한다. 상징이 '불완전하다'는 것은 도상과 지표 중 하나만 있을 때이다. 예를 들어 '사랑' 또는 '사랑한다'는 표현은 사랑의 구체적 상황을 언어적으로 기호화한 상징이다. 사랑한다는 말이 들어가는 문장인 "제닛은 르네를 사랑한다"에서 '제닛'과 '르네'는 각각의 실재하는 제닛과 르네를 지시하는 지표가 되며, 이러한 지표 과정이 없다면 이 문장 발화는 의미를 상실한다. 즉 제닛과 르네가 미국에 사는 누구누구라는 구체적 맥락이 주어지지 않으면 '제닛'과 '르네'가 그들 자신을 지시한다고 하더라도 그들이 정확히 어디에 사는 누구인지를 알 수가 없다. 그래서 '제닛'과 '르네'라는 구체적인 지표를 가지고 있어야 한다. 동시에 그들의 관계를 연결하는 사랑의 의미나 사랑이라는 말이 지닌 도상 즉 그 이미지를 가지고 있어야 한다. 도상과 지표의 복합체로서의 상징을 퍼스는 독특하게 풀어내고 있다.

> 상징은 자란다.(Symbols grow) 상징은 다른 기호들, 즉 도상이나 지표로부터 발전되어 나온 것이다. 우리는 오직 기호를 통해 생각할 수 있을 뿐이다. 우리가 마음속에 어떤 기호를 갖게 될 때 그것을 개념이라 부른다. 새로운 상징을 만든다고 할 때 이 상징은 생각에 의해 개념이 되는 것이다. 그래서 오직 상징으로부터 새로운 상징이 자라나게 되고 그 새로운 상징은 사람들 사이에서 공유되기 시작한다. 상징을 사용하고 경험하는 과정에서 그 상징의 의미가 자라나게 되어, 드디어 상징이 사람에게 말할 수 있게 된다.[20]

상징은 도상과 지표로 만들어지며, 사람들로 하여금 의사소통을 위한 근거로 '자라나게' 된다. 상징 안에서 도상은 개별 대상의 특징적인 유사성을 담아내고, 지표는 대상과의 물리적 관계를 지시한다. 예를 들어 어떤 사람이

---

20) CP; 2.302.

복통이 있을 때 배를 감싸 쥐고 얼굴을 찡그리는 모습은 도상과 지표가 동시에 활성화된다는 것이고, 이러한 복통이 주위 사람들에게 고통의 의미를 갖는다면 그 복통은 상징이 되는 것이다.[21] 상징은 지표에 의존하고 또 도상에 의존한다. 이 의존 관계를 자세히 들여다보는 것이 상징을 이해하는 지름길이다.

앞서 퍼스의 '되돌림'(degeneracy)[22] 개념을 나름대로 살펴봤지만, 도상과 지표 그리고 상징의 관련성을 이해하기 위해 추가적인 설명이 필요하다. 되돌림은 앞서 논의했던 범주의 일차성(firstness), 이차성(secondness), 삼차성(thirdness)과 기호의 삼분법적 관계인 기호, 대상, 해석체 등의 각각의 관련성을 파악하는 데 도움이 된다. 되돌림은 퍼스의 범주론이 성공적으로 수행되기 위한 개념으로서 이것에 의해 서로 다른 기호가 하나의 연속성을 갖는다는 것을 확인할 수 있다. 되돌아간다는 뜻은 상징은 지표로 되돌아가고 다시 도상으로 되돌아간다는 뜻이며, 삼차성의 범주는 이차성으로 다시 일차성으로 되돌아간다는 뜻이다. 이 범주의 되돌림으로 인해 서로 다른 기호들의 경계를 명확하게·지정하지 않고 그 기호들의 연속성이 강조된다. 이렇게 되면 상징은 도상에 더 가깝다거나 지표에 더 가깝다는 식으로 말할 수 있게 되고, 삼차성은 일차성에 더 가깝다거나 이차성에 더 가깝다는 식으로 말할 수 있게 되어 기호와 범주 각각에서 서로 근접되고 밀착된 연속성의 모습을 보여 줄 수 있다. 퍼스에게는 어떤 기호가 어떤 범주에 속하느냐 하는 구분이 논리적이거나 형식적

---

21) 주역의 卦는 표면적으로는 상징으로 나타나지만 그 안에는 이러한 도상과 지표의 기호들이 복합적으로 작용하고 있다. 이런 점을 무시하고 괘를 상징 정도로만 취급해 버리면 괘사나 효사가 만들어지는 기호학적 조건 또는 구조적인 조건들을 놓치게 된다. 나아가 괘사나 효사의 특정한 구절을 역사적 사건을 상징한다는 식으로 접근해 버리면 상징이 지닌 이러한 도상이나 지표의 특성을 모두 놓치게 되는 것이다.

22) 되돌림(degeneracy)이라는 용어는 원칙적으로 '퇴보성' 또는 '퇴화성'으로 번역되어야 하지만, 'genuine'의 상대되는 개념으로 이해될 수 있으므로 되돌림으로 의역했다. 그리고 'genuine'도 본래 '순수함' 등으로 번역해야 하지만 'degeneracy'의 대구가 되도록 '완전성'으로 의역했다.

으로는 가능해도, 실제로는 범주의 되돌림에 의해 그러한 구분 없이 하나로 연결되어 있는 것이다.

완전한 상징에 반대되는 불완전한 또는 유사 상징이 있다는 것은 상징을 이해하는 데 도움이 된다. 극단적으로 말해 도상과 지표도 일종의 불완전한 형태의 상징이라 할 수 있다. 그릴리(D. L. Gorlee)는 퍼스의 되돌림 개념이 철학적으로 왜 중요한지를 아래와 같이 설명하고 있다.

> 이성(rationality)은 삼차성의 범주에 속하지만 동시에 일차성의 범주에 속하는 비이성(irrationality)에 의해 "씻겨 나간다"(washed out). 일차성과 이차성에 의한 완전한 기호학이 만들어지기 위해 기호학은 삼분적이 되어야 하며, 이러한 삼분적 기호학은 되돌림 과정을 거치면서 그 역할을 다 한다. 되돌림의 의의는 지적 사고가 완전하다고 생각함에도 우리가 지식의 원초적 생명력 같은 것을 놓치고 있다는 사실을 깨닫게 하는 데 있다.[23]

되돌림 개념은 기호의 분화 과정이나 실재 세계의 다양성이나 순차성을 이해하는 데 필수적이다. 완전한 정사각형(a genuine square)의 성질을 지닌 사각형을 생각해 보자. 이 정사각형은 직사각형으로, 평행사변형으로, 마지막으로 보통의 일반적인 사변형으로 바뀌면서 완전했던 정사각형이 점차 불완전한 모습의 사변형으로 되돌아간다. 진짜 정사각형의 순수한 성질은 보통의 사변형으로 바뀌면서 조금씩 없어진다. 완전한 원이 다양한 모습의 원으로 바뀌면서 그 완전성을 잃게 되고, 정삼각형의 경우도 직각삼각형이나 이등변삼각형으로 바뀌면서 그 완전성을 잃게 된다. 이렇게 되돌아가는 경향 또는 원시적으로 되돌아가는 현상이 되돌림의 특징이다. 이 모든 예시가 말해 주는 것은

---

23) Gorlee, 1990; 71.

기호에는 연속성과 의존성이 있다는 사실이다. 불완전한 상징이 있다는 것은 어떤 면에서는 상징의 온전한 모습일 것이다. 상징이 담론을 상실하는 지표로 되돌아가고, 지표는 개별성을 상실하는 순간 도상으로 되돌아간다. 이것이 퍼스가 도상, 지표, 상징의 삼분적 특성을 논하면서 진정으로 말하고자 했던 것이다.[24]

---

24) 대성괘는 소성괘로 돌아가고 소성괘는 음양효로 돌아간다. 괘를 잊고 괘의 뜻을 얻었다(得意亡象)는 것도 퍼스 식으로 말한다면 되돌림의 철학이라 할 수 있을 것이다.

2장 이미지와 은유

이미지에 대해서는 이런저런 방식으로 설명을 해 왔다. 이미지는 퍼스 기호학의 내재율을 형성하며 은유를 만드는 중요한 역할을 한다. 2장에서는 그것을 그의 기호 분류의 1단계에 속하는 성질(quality), 일차성(firstness), 도상(icon) 등의 개념들과 연계해서 다룬 뒤, 은유를 도상과 함께 살펴봄으로써 은유는 이미지가 '자라서' 형성되는 개념이라는 사실을 재확인하고자 한다. 그 과정에서 은유가 지닌 변용도상(metaicon)이 은유의 이미지 특성을 어떻게 강화해 나가는지도 본다.

기호의 완성도 입장에서 보면 도상 기호는 지표 기호보다 낮고 지표 기호는 상징 기호보다 낮으며 상징 기호의 완성도가 가장 높다. 하지만 퍼스는 어떤 상징 기호도 지표와 도상을 가지지 않은 것이 없다고 보기 때문에 도상이나 지표가 많이 들어 있는 기호가 제대로 된 상징 기호로서의 기능을 한다고 본다. 즉 상징이 지표로 돌아가고 지표가 도상으로 돌아간다는 것은 기호로서의 완성도에서 보면 퇴행하는 것이지만, 한편으로는 상징은 지표나 도상이 없다면 상징으로서의 역할을 제대로 할 수 없다는 의미도 된다. 도상이 지표를 받혀 주고 이러한 도상과 지표가 다시 받혀 주어 상징이 상징으로서의 역할을 할 수 있는 것이다. '돌아간다'거나 '받혀 준다'는 말은 기호들의 위치가 서로 꼬리에 꼬리를 물고 연결되어 있어 어떤 기호도 독자적으로 있을 수 없다는 뜻이다. 도상성이 없는 지표 기호가 있을 수 없고 지표성이 없는 상징 기호가 없기 때문이며, 모든 기호는 도상, 지표, 상징의 합으로 기능한다. 앞서 "상징은 자란다"라는 표현이 그러했듯이 "은유는 이미지의 자람"이라는 표현을 쓸 수 있는 것도 이러한 기호의 상호 연결성 때문이다.

1. 성질과 일차성

퍼스 기호학은 영미 기호학의 근간을 이루고 있으며 현대 미국 실용주의철학의 전통을 만들어 낸 학문이다. 실용주의는 윌리엄 제임스에 의해 유럽에 널리 소개되었지만 이 말을 처음 사용한 사람은 퍼스였다. 그는 제임스가 자신의 실용주의를 왜곡한다고 여겨 'pragmatism'이라고 알려진 용어를 'pragmaticism'이라는 말로 바꾸어 사용했다. 퍼스의 실용주의에는 헤겔의 변증법적 정신이 녹아들어 있어 모든 개념이나 이론이 유토피아적 완성을 향해 발전되어 나간다는 의미가 있다. 그의 기호학에서 이미지가 자라 은유가 된다는 표현도 그의 이러한 발전의 개념이 들어간 실용주의가 개입된 탓이다. 그런 관점에서 보면 기호도 고정불변의 것이 아니라 항상 변화되어 나간다는 의미를 갖게 된다.

퍼스 기호학의 내재율을 형성하고 있는 이미지(image)가 은유 형성에 어떻게 작용하고 있으며 그러한 형성과정의 기호학적 또는 철학적 의의가 무엇인지를 살펴보는 일은 중요하다. 그의 이미지에 대한 연구는 철학의 오랜 전통이 되어 온 본질론적 물음을 현상학적 또는 해석학적 물음으로 전환하는 계기를 만들었다. 이때 제기되었던 문제가 성질(quality), 도상(icon) 그리고 일차성(firstness)의 특성들이라고 할 수 있다. 퍼스의 이미지 분석의 현상학적 전환은 퍼스로부터 출발하여 제임스와 듀이를 거쳐 로티(R. Rorty)의 신실용주의에 이르는 미국 실용주의의 뿌리를 확인하는 근거가 된다. 그리고 무엇보다 본질론적 물음을 묻지 않으면서도 철학이 가능할 수 있는 하나의 전형을 만드는 데 기여했다고 할 수 있다. 한편 20세기 후반을 넘어서면서 서구 현대철학의 주목할 만한 특징은 의사소통이론, 공동체이론, 관계이론 등이다. 이러한 이론들이 만들어 내는 철학적 태도에는 해석학이 크게 자리 잡고 있다. 해석학은 그것이 어떠한 변용을 갖는다 하더라도 결국에는 기존의 전통적인 본질론적 물음에서 빠져 나오려는 몸부림에 다름 아니다. 이는 철학을 대하는 태도와 방법이 달라지고 있다는 사실을 보여 주며, 퍼스 기호학이 해석학을 방법론적으로 연구할 수 있는 중요한 방법론이 될 수 있음을 말하는 것이기도 하다.

퍼스 기호학에서 이미지 개념은 성질(quality)이나 일차성(firstness)의 속성을 가진다. 퍼스가 말하는 성질은 실재하는 것과 정신적 현상 둘 다를 포함하기 때문에 이미지의 위상도 특기할 만하다. 보통 성질이라 하면 아리스토텔레스의 형이상학과 논리학에서 본질론적으로 다루었던 가능태(possibility)를 생각하게 된다. 그러나 퍼스는 이를 기호학적으로 접근하여 실재론적 접근이 갖는 모순을 극복하고자 했다. 이를 위해 이미지가 도상, 지표, 상징의 삼분법적인 기호 영역에 모두 부분적으로 내재하며 서로 관계를 맺고 있다는 사실에 주목한다. 플라톤의 이데아 문제나 아리스토텔레스의 가능태 문제가 형이상학이나 존재론을 경험적으로 구성하는 데 있어 얼마나 큰 어려움을 만들어 냈는가를 생각한다면 퍼스의 이러한 이미지적 접근의 의의를 확인할 수 있다. 그의 이미지 개념의 위치는 인간의 '정신 밖에 있는' 실재도 아니며 그렇다고 해서 개인 심리에서 발생하는 관념도 아니다. 그것은 '추상적 가능성'(the abstractive possibility)으로 자리하고 있는 것이다.

소쉬르의 후계자들이 언어학이나 문학으로 기호학의 확장을 꾀했다면, 에코(U. Eco)나 아펠(A. Apel)은 논리학이나 현상학으로 기호학의 관심을 옮겨갔다. 퍼스가 이미지를 추상성으로 이해한다는 것은 이미지의 심리적 접근이 갖는 감각의 한계를 극복하고자 함에 있다. 그는 감각이 갖는 개별성의 한계, 그리고 이에 따른 본질에 대한 관념론적인 한계를 극복하고자 했다. "이미지가 밖에서 온다"는 말의 의미는 이미지의 추상화 즉 일반화에 다름 아니다. 그리고 이러한 일반화가 플라톤적인 실재론에 근거한 것도 아니라는 주장을 위해 그가 제시한 것이 바로 은유이다.

은유는 이미지에 근거한다. 비록 은유가 일반성을 띤다고 하더라도 그것은 이미지에 항상 귀속될 수밖에 없는 되돌림의 성질을 갖고 있다. 삼각형 모양을 하고 있는 어떤 개별적이고 구체적인 물체가 내적으로 삼각형의 성질을 갖는다고 했을 때, 그것은 삼각형이라는 추상적인 도상 이미지로 돌아감으로써 삼각형이라는 공통된 일반성을 얻어 낼 수 있다. 다시 말해 개별 삼각형은 삼각형이 갖는 좀 더 순수하고 원시적인 이미지로 돌아감으로써 삼각형의 의미를 회복할 수 있다는 의미이다. 이 말은 삼각형의 일반성은 이미지를 통해 그것이 갖는 상징성을 찾아낼 수 있다는 뜻이기도 하다. 되돌아감의 특성은 이미지가 자라서 은유가 된다는 퍼스의 주장을 이해하는 데 도움이 되며, 이미지와 은유가 기호학적으로 관계를 맺고 있다는 것을 보여 주는 근거가 된다.

은유를 되돌려 이미지를 이해한다는 것은 퍼스 기호학의 핵심 사항이다. 이미지는 성질과 일차성의 성격을 통해 분명해질 수 있으며, 은유는 도상적 발달의 결과라는 것이 중요하다. 성질(quality)은 두 가지 방식으로 정의된다. 하나는 가능 실재이고 다른 하나는 일반 실재이다. 일반 실재는 다시 부정적 그리고 긍정적 일반성(generality)으로 나누어지는데 앞의 '부정적 일반성'(negative generality)이 성질과 관련된다. 성질은 부정적 일반성과 관련이 깊으며 이런 구분은 그의 기호학에서 성질과 일차성의 개념을 이해함에 있어 중요하다. 퍼스는 상징 또는 개념만이 일반성을 갖고 있다고 보지 않는다. 만약 성질이 일반성의 역할(여기서는 부정적인 면에서)을 맡는다면 이미지도 똑같은 부정성의 역할을 맡아야 한다.

도상, 지표, 그리고 상징이라는 세 가지 기호학적 요소에서 도상은 이미지와 가장 직접적으로 관련이 있다. 퍼스는 "일차성은 대상이 갖는 이미지이다"라고 하면서, "성질은 추상적인 잠정성일 뿐이다"라고 한다.[1] 다시 말해 이미지는 잠정성 또는 가능성과 관련이 있으며 일차적인 성격을 갖는다. 이미지가 도상으로 이해되어야 하는 이유는 그것이 일차성을 갖기 때문이다. 나아가 도상 기호는 하위도상 또는 원 도상(hypoicon)[2]인 일차성으로 기능하면서 이미지, 도식(diagram), 그리고 은유와 같은 서로 다른 종류의 기호를 지칭하기도 한다. 이 관계를 좀 더 세분하면 이미지는 '도상적 질적기호'(iconic qualisign)가 되어 원 도상 그 자체가 되며, 도식은 '도상적 대상기호'(iconic sinsign)가 되며, 은유는 '도상적 법칙기호'(iconic legisign)가 된다. 결과적으로 이미지는 순수한 원 도상이 되고 은유는 변용도상(metaicon)이 되는데, 퍼스의 이러한 기호분류가 다소 혼란스러울 듯해 관련 사항들을 도표로 다음과 같이 정리한다. 이 도표를 보면 이미지와 은유가 퍼스 기호학의 어느 영역에서 논의되는지도 알 수 있다.

---

1) "a quality is a mere abstract potentiality." CP; 2.276.
2) 접두사 'hypo'는 'hyper'라는 말의 반대어로서, 글자 그대로는 '밑 또는 아래'를 의미한다. 퍼스는 이 말을 일차성의 특성을 지닌 대상을 설명하기 위해 사용하거나 또는 일차성에 의해 만들어지는 유사성을 지시하기 위해 사용한다. 그는 "그림과 같은 물질 이미지는 대체로 그것의 재현 양식과 관련이 된다. 그러나 그 자체로 즉 어떠한 이야기나 표식을 하지 않는다면(but in itself, without legend or label) 그것(이미지)은 하위도상 또는 원 도상(hypoicon)이라고 불린다. 원 도상은 도상적 기호 또는 도상적 재현체(an iconic representamen)의 또 다른 이름이다. 즉 원 도상이야말로 순수한 도상인 것이다"(CP; 2.276)라고 하였다.

기호 (sign)	도상 (icon)	일차성(Firstness) 성질(QUALITY)	이차성(Secondness)	삼차성(Thirdness)
		이미지(image)	도식(diagram)	은유(metaphor)
		도상적 질적기호 (iconic qualisign)	도상적 대상기호 (iconic sinsign)	도상적 법칙기호 (iconic legisign)
		원 도상(hypoicon)		변용도상(metaicon)

성질 개념을 좀 더 이해하기 위해 "성질은 정신적인 것인가 아닌가"라는 질문으로 시작해 보자. 이 질문에 대답하려면 '총체적'(pervasive)이라는 말이 퍼스에게 어떻게 사용되는가를 알아야 한다. 이 말은 퍼스가 처음으로 전일적 (holisitic) 개념으로서의 총체적 성질 또는 '총체적 직접성'(pervasive immediacy)으로 사용하다가 듀이가 재사용하기도 한 것이다. "성질의 총체적 단위에 대한 물음은 그것이 어떻게 실재하는가의 물음이다. 성질이란 현상에 대한 경험을 전체적으로 그리고 밀접하고 상세하게 총체적으로 이해할 때 만들어지는 것이다."3) 성질은 '순수경험'(a pure experience)으로서 듀이가 미적 이해를 의미할 때 사용하기도 하는 것이다. 회화를 예로 들어보자. 미적 경험은 회화 작품을 처음 대할 때의 경험과 같다. 경험이 지속되는 동안 성질은 작품의 성격을 구성하는 하나의 표준 또는 기준으로서 작용하며 궁극적으로 하나의 완전하고 완성된 성질이 작품의 전체적 감상이 된다. 퍼스는 이를 "전체로서 전체를 볼 수 있게끔"(whole as whole) 하는 것이라고 했다.4) 성질은 일차성으로서 있는 그대로의 것(suchness)이다.5) 있는 그대로라는 것은 의식의 흐름과 같아 주체와 대상, 즉 인식하는 자와 대상이 하나의 순수경험으로 통일되는 직접적 경험이며, 인식적 반성에 앞서서 일어나 사물을 있는 그대로 보게 한다.

---

3) Dewey, 2005: 123-4.
4) CP; 5.119.
5) CP; 1.424.

성질이 하나의 사물 실재를 어떻게 경험하게 하는가. 방 안의 테이블 위의 꽃을 보고 있다가 밖으로 나간 경우를 생각해 보자. 이때 방 안의 꽃을 직접 볼 수 없다고 해도 꽃이 그대로 방 안에 있다는 것을 인정해야 한다. 밖에 나갔을 때 내가 갖고 있는 방 안의 꽃에 대한 이미지가 꽃의 실재 가능성이다. 방 안에 있을 것이라고 확신하는 그 꽃은 퍼스에 의하면 실재하는 가능성으로 존재한다. 그러므로 성질은 단순히 정신적인 것일 필요가 없으며 "우리들 밖에서 실재"할 수 있다. 이는 성질이 '최소한의' 본질적인 위치를 갖고 있어야 한다는 뜻이다. 그것이 아리스토텔레스에게는 일반 개념 또는 보편 성질로 존재하고 구체적인 '이것 됨'(thisness)이기도 했겠지만, 퍼스에게 있어 '총체적 성질'은 실재와 정신현상 둘 다를 포함한다. 즉 성질은 지표 기호의 이차성에도 퍼져 있으며 상징이라는 삼차성에도 퍼져 있으며 서로 다른 모든 기호에 골고루 '젖어 있는'(saturated) 것이다.

성질이 도상과 지표, 상징에 골고루 퍼져 있다는 이야기가 나왔으니 여기서 잠깐 도상, 지표, 그리고 상징이 성질과 관련해서 어떻게 서로 연결되어 있는지를 보자. "눈은 희다"라는 문장이 있다고 하자. 이 문장은 "__은 희다"라는 불완전 문장에서 눈이라는 단어를 첨가해서 만들어진다. "__은 희다"라는 문장은 흼의 성질을 갖고 있는 술어로서 '눈'은 지표이고 "__은 희다"는 눈의 흰 성질을 나타내는 술어적 항목이면서 상징이기도 하다. 그렇다면 "눈은 희다"라는 문장과 함께 인식된 상징은 그것의 반응으로서의 지표와 성질의 도상을 동시에 갖게 된다. 그래서 퍼스는 "우리의 감각 판단은 술어 형태의 도상을 갖게 되며 도상을 통해 성질이 직접적으로 나타나는 것이다"라고 한다.[6] 도상을 갖는 명제의 이 보편성이 상징의 기능을 한다. 퍼스의 기호 삼분

---

6) CP; 5.119.

법에 비추어 보면 '희다'는 말은 도상 기호가 되며 '눈은 희다'라는 말은 상징 기호가 된다. 이 짧은 문장 하나에서도 퍼스 기호학의 도상, 지표, 상징이 함께 작용하고 있으며, 가능성으로 놓인 성질에 물질적인 것이 구체화되어 현실 세계의 사건이 되고 명제로서의 구실을 하게 되는 것이다.

성질은 가능 상태로서 오직 느낌의 상태에서만 발현된다. '붉은', '쓴', '지겨운', '힘이 나는' 것과 같은 느낌의 현상들은 원초적이고 가능적인 상태로서 추상화 과정을 거치지 않고도 쉽게 받아들일 수 있다. 즉 원초적 경험에 의해 수용된다. 성질은 잠정적으로 실재하고 직접적으로 관찰할 수 있고 동시에 구체성을 갖는다. 느낌은 "어떠한 분석이나 비교 과정도 포함하지 않으며"[7] 직접 의식의 어떤 것으로서 감각능력이나 감각 그 자체인 것이다. 그러므로 느낌을 개념으로 이해해서는 안 된다. '붉은', '쓴', '아픈'과 같은 성질은 주어진 조건에서 현실적이기도 하지만 동시에 잠정적인 성질을 갖고 있다.[8] 음악의 악보가 소리로 구성되어있다는 의미에서는 성질이지만, 현실적인 조건에서는 하나의 음악으로 나타나는 것과 같다.

퍼스는 성질을 세 가지 현상학적 범주인 일차성(firstness), 이차성(secndness), 그리고 삼차성(thirdness)으로 분류한다. 일차성은 "있는 그대로의 존재양식으로서 다른 어떤 것에 대한 지시나 도움 없이 그 자체로 있는 것"이다.[9] 일차성에는 지금껏 논의해 온 성질과 가능성 둘 다를 포함한다. 성질은 정신이나 물질에 의존하는 것이 아니며 잠정적으로 그렇게 있으리라고 추정한다는 의미에

---

7) CP; 1,306.
8) 만약 성질에 대한 퍼스의 입장을 수용하게 되면 '고통'이 행동론자의 것인지 아니면 유명론자의 것인지의 논쟁으로부터 벗어날 수 있는 장점이 있다. 비트겐슈타인이 제기한 '고통'의 사적 논쟁도 피할 수 있다. 퍼스식으로 말하면 '고통'은 하나의 가능실재를 갖는 기호로 설명할 수 있다.
9) CP; 8,328.

서 '추상적 잠정성'(the abstractive potentiality)으로 존재한다. "성질의 존재는 특별하고 긍정적인 있는 그대로의 그러함(suchness)이 하나의 현상 개체(paneron) 안에 있을 수 있는 가능성을 의미한다."[10] 그렇다면 성질은 더 이상 주관 속에 내재해 있는 칸트식의 범주도 아니며 동시에 버클리식의 감각소여적(sense data)인 것도 될 수 없다.

이차성은 실제와 관련이 있다. 퍼스는 "나는 지각하기보다는 오히려 경험한다"[11]고 말한다. 그에게 경험은 감각이나 지각보다 범위가 넓다. 경험을 통해 대상은 실제적 형식(form of actuality)으로 나타나며 그러한 실제성은 가능성 즉 성질로부터 나오게 된다. 성질은 일차성이 되고 현실은 이차성이 된다. '사실 그대로의 존재양식'인 것이다.[12] 이차성은 실제적인 사실로 이루어지며 그래서 '실제적으로 있는 것', '있어 왔던 것', 그리고 '있게 될' 어떤 것이다. 결과적으로 일차성의 성질은 이러한 이차성의 양식에 앞서 있게 된다.

퍼스의 "삼차성은 있는 그대로의 존재양식이되 항상 이차성과 관련을 맺으면서" 만들어진다.[13] 그 대표적인 사례로서 '사고'(thought)를 들 수 있다. 사고는 성질도 아니며 사실도 아니다. 그것은 실재적인 것들과 독립해서 만들어질 수 있고 자라날 수 있기 때문에 성질이라 할 수 없으며 동시에 일반적인 것이기 때문에 사실이 될 수도 없다. 삼차성은 '처음과 마지막'을 연결해 주는 매개역할을 한다.[14] 여기서 '처음'은 일차성을 의미하고 '마지막'은 이차성을 의미하며, 이 시작과 마지막의 절대 위치에 삼차성이 있다. 생각이나 사고는 내가 어떤 생각을 갖고 있다는 의미에서나 다른 사람에게 그런 생각을 알려준

---

10) CP; 1.304.
11) CP; 1.336.
12) CP; 8.328.
13) CP; 8.328.
14) CP; 1.337.

다는 의미에서 일반적인 것이다.

일차성, 이차성, 그리고 삼차성은 각각 '독특한 의식'의 전개 과정을 보여준다. "일차적인 감정이나 의식은 어떤 한 순간의 수동적인 질적 의식이며 인식이나 분석을 요구하지 않는다. 이차적 의식은 의식의 영역에 외적 사실이나 다른 어떤 물리적 행위가 개입되거나 영향을 줄 때 일어난다. 그리고 삼차적 의식은 종합적인 의식으로서 시간적으로 다른 것들과 함께 일어나는 감각들을 포함한다."15) 여기서 삼차성에 놓인 의식 상태는 반드시 시간을 전제로 하므로 시간 과정을 포함하지 않는 일차성이나 이차성과는 차원이 다르다. 한 가지 의문은 일차적 의식에도 시간 과정이 내포되어 있지 않을까 하는 것이다. 즉 도상성은 정적 과정이지만 시간을 필요로 하는 역동적인 것일 수 있다. 이 의문은 일차성에 의존하고 있는 이미지가 은유로 자라나기 위해서는 일종의 계통적이며 생물학적 생성조건을 갖추고 있어야 하기 때문에 제기될 수 있다. 시간과 관련해 성질 개념에는 퍼스 현상학의 정체성이 고스란히 놓여 있다. 일차성이 정적이면서 동시에 역동적인 성질과 관련이 있으며 나아가 시간 개념을 필요로 하는 이유도 일차성이 이차성으로 진행함에 있어 일종의 의식 지향적인 성질을 가질 수 있기 때문이다.

이 의문에 설득력을 높이기 위해 퍼스와 후설의 현상학을 잠시 비교해 보자. 퍼스 현상학의 특이점은 대략 다음과 같이 8개 항목으로 정리할 수 있다. 1) 범주에 대한 관심, 2) 느낌의 일차적 성질, 3) 비반영적(non-reflective) 특성, 4) 지향성 부재, 5) 일차성과 구분되는 개별적인 것들의 모임인 이차성의 위치, 6) 귀납적인 일반화 사용, 7) 수학의 중요성, 8) 현상학 용어 사용에 있어 선택적 변용과 서로 다른 원칙 제시 등이다. 그럼에도 퍼스와 후설에게

---

15) CP; 1.377.

서로 일치하는 공통점도 있다. 1) 직접적으로 주어진 것에 대해 직관적인 관찰과 기술을 통한 접근, 2) 이렇게 함에 있어 실재와 비실재에 대한 의도적이고 계획적인 무관심, 3) 현상학과 심리학 사이의 분명한 차이점, 4) 현상학은 엄밀 과학이 될 수 있다는 신념 등이다.16) 퍼스와 후설의 일치와 불일치점 사이에서 한 가지 중요한 비교가 가능해진다. 후설 현상학의 일차적인 관심은 인식론이기 때문에 퍼스의 범주이론이나 기호와 의미, 법칙과 같은 것에는 관심이 없다. 그러나 주목되는 것은 후설의 지향성과 퍼스의 일차성의 관련성이다. 퍼스 현상학에는 지향성 개념이 없다는 것은 어느 정도 인정이 되는 사실이며 스피겔버그도 이런 점을 지적한다. 그는 퍼스가 '느껴진 성질'(quality felt)과 '성질의 느낌'(feeling of quality)을 결코 구분하지 않았음에 주목하면서 "오직 이차성과 삼차성만이 후설의 지향성 패턴과 비교될 수 있다"고 말한다.17)

퍼스가 "감각과 의지에 있어 에고(ego)와 에고 아닌 것 사이에는 이차성에 해당하는 반응이 있다. 여기에서 에고 아닌 것만이 직접의식의 대상이 된다"18)라고 한 말을 보면, 그가 '느낌의 성질'과 '성질의 느낌' 사이를 의도적으로 구분하려고 하지 않았다는 것은 사실이다. 그에게 느낌을 포함해서 모든 원초적인 현상은 성질이므로 이런 점에서 스피겔버그의 주장은 옳다. 그러나 스피겔버그는 느낌의 내적 특성을 무시하고 느낌을 오직 범주를 기술하는 수준에서만 고려하고 있는 듯하다. '붉은색'과 '소리'와 같은 성질은 개별적이고 특수한 성질로서의 가능성으로 간주되지만 그것은 어디까지나 기호라는 실제적 또는 실재적인 형태로서만이 경험된다. 적어도 성질을 직접 경험할 수는 없기 때문이다. '느낌'은 말 그대로 의식 지향성을 가질 수밖에 없고

---

16) Spiegelberg, 1956; 182.
17) Spiegelberg, 1956; 173.
18) CP; 1.325.

그것이 퍼스의 관점에서 성질에 속하는 것이라면 느낌의 영역에 있는 성질은 시간의 과정을 밟을 수밖에 없다. 스피겔버그는 퍼스의 일차성에는 지향성 개념이 없으며 따라서 성질에는 시간 과정이 있을 수 없다고 결론을 내리고 있다. 스피겔버그의 이런 주장과 달리 알만드(L. E. Allemand)는 "일차성은 가능성을 생산하는 기호에 대한 기초 근거를 제시하며 동시에 '의식 지시성'의 근거를 갖는다"고 반론한다.[19] 여기서 '의식 지시성'은 앞서 스피겔버그가 애써 무시하려고 했던 후설적 지향성을 가르킨다. '가능한' 또는 '잠정적'과 같은 개념은 의식 상호 간에 대해 서로 지시적(pointed)이며 자신의 특성을 어떤 식으로든 표현하려는 의도 지향적인 것이라 할 수 있다.

알만드가 퍼스의 일차성이 지향성을 갖는다고 믿는 데에는 이유가 있었다. 후설의 '직관적 환원'(eidetic reduction), 즉 현상의 본질을 추구하고자 하는 의도를 퍼스도 그의 현상학에서 일찌감치 갖고 있었고, 사르트르의 '부정화 과정'(negation process)도 퍼스가 일차성의 중요성을 강조하는 속에 이미 전제되었기 때문이다.[20] 이 두 서로 다른 개념은 퍼스의 일차성의 내적 성질과 일치하는 것이다. 그 이유는 첫째, 후설의 직관적 환원은 본질이 무엇인가 라는 물음에서 '본질적이고 구체적인' 경험을 강조하기 때문이다. 직관적 환원은 퍼스의 의식의 역동성 속에서 '느껴지는 것'과 비슷하다. 본질적이면서도 구체적인 경험은 느껴지는 것의 현상으로 변화되며 이런 변화 속에서 일반화가 마련된다. 둘째, 의식의 가능성에서 근본적인 접촉은 부정화 과정에 의해 이루어지기 때문이다. "일차성 같은 경험의 수준은 반성이나 숙고에 의해 도달하

---

19) "Firstness is the primitive ground for semiotic as possibility or pointedness towards consciousness." L. E. Allemand의 논문 "Peirce's Notion of Firstness and French Phenomenology"의 79쪽 참고.
20) 퍼스의 부정성과 되돌림 개념을 보면 유사한 점을 많이 발견할 수 있다. 위의 글, 76~77쪽 참고.

는 것이지 부정화 과정을 제외한 다른 어떤 것에 의해 만들어지지 않는다. 우리는 경험의 성찰 또는 고찰, 즉 부정화 과정에 의해서 어떤 경계에 들어갈 수 있으며 원초적 감각의 가능성"을 설정할 수 있다.[21] 사르트르가 '부정화 과정'을 이야기할 때의 원초적인 경험은 가능성의 상태에 있는 것을 말하며 그것이 환원의 과정인 것이다. 스피겔버그와는 달리 알만드는 퍼스의 일차성이 지향성을 갖고 있다는 사실에 상당히 긍정적이다. 그러한 일차성이 지닌 긍정성은 일차성에 근거한 은유, 즉 은유는 도상으로부터 자라난다는 비유를 좀 더 설득력 있게 만들어 준다.[22]

2. 도상 은유

이미지는 도상의 일차성에 해당되며 따라서 성질(quality) 현상으로 분류될 수 있고, 도상 중에서도 하위도상 또는 원 도상(hypoicon)에 해당된다는 것을 앞에서 확인했다. 퍼스의 주장처럼 이미지는 관념적인 것이 아니라 객관성을 담보하는 것이며 정적 과정이 아닌 상당히 의식 지향적인 역동적인 과정이라는 사실도 확인할 수 있었다. 이미지는 밖에서 오는 것이지 안에서 오는 것이 아니기 때문이다. 이제 퍼스가 주장하는 은유의 내용을 살펴보자. 은유는 그 종합적이고 최종적인 의미에서 흔히 일반성 또는 상징성으로 간주된다. 그러나 은유는 이미지로 돌아가 거기에 의존하는 '부정적 일반성'(a negative

---

21) Allemand, 1981; 76.
22) 일차성에 근거한 이미지의 역동적 과정으로서 은유 생성은 이 책「결론」1장에서 태극의 성질적(qualitative) 요인을 분석하는 데 유효하게 사용된다. 특히 태극이 음양 생성을 향한 지향성을 가진 성질인가 아닌가에 대한 논의를 할 때 알만드의 이 분석 방법이 도움이 된다. 일차성이 지닌 지향성 논의는 태극을 설명할 때 다시 다루기로 한다.

generality)을 갖는다. 부정적 일반성은 일반성의 하나로서 되돌림 기능 때문에 일어난다.

상징이 일반성의 특성을 갖고 있다고 하지만 퍼스에게 있어 그것은 조건적인 필연성, 즉 법칙의 범주에 속하는 긍정적 일반성이다. 그가 진정으로 제시하고자 하는 것은 일반성을 갖되 그 특성이 부정적인 일반성이다. 성질의 범주에 속하며 동시에 잠정성에 속하는 부정적 일반성은 도상 기호의 이론적 논의와 함께 그의 실재론에서 중요한 역할을 하고 있다. 이해를 돕기 위해 예를 들어보자. '삼각형'(triangle)이라는 단어가 있다고 할 때, 하나의 개념으로서 이 '삼각형'은 긍정적인 일반성을 갖는다. 즉 '삼각형'은 적절한 조건이 주어지면 상징으로 사용될 수 있고 그 안에는 수많은 다양하고 구체적인 삼각형이 존재하게 되는 일반성을 갖기 때문이다. 반면에 성질로서 '삼각형의 특성'(triangularity)은 부정적 일반성을 갖는다. 이는 되돌림 기능에 의해 삼각형 최초의 성질로 돌아간 일반성이다. 개별 대상은 두 가지 서로 반대의 방식 즉 긍정과 부정의 방식으로 진행될 수 있다. 이때 부정적 일반성은 추상화의 결과이며 이때의 추상화는 삼차성이나 개념화 과정이 아닌 바로 사물의 일차성 즉 그 내적 성질로 돌아가려고 하는 되돌림에 놓인 추상화이다. 다시 말해 '삼각형'으로부터 '삼각형의 성질'의 내면적 상태로 돌아가려는 과정이다.

유명론자들은 사물의 개별성에만 관심을 두며 관념론자들은 성질과 개념을 동일시하곤 한다. 그러나 퍼스는 성질과 개념을 각각 중요시하되 분리해서 이해하려고 한다. 유명론적인 관점이 되면 사실의 가능성과 일반성이 무시되어 다른 사실과 연계할 수 있는 공통성을 확보하는 데 어려움이 있다. 관념론자들과 퍼스 사이에 부분적으로 일치할 수 있는 지점이 있다면 성질과 개념 각각에 대한 의미 부여이다. 하지만 관념론자들은 외부 사실의 존재를 인정하지 않는 반면에 퍼스는 외부 사실 또한 실제로 존재하고 있다고 보는 데에서 차이가 있다. 위의 예에서 삼각형은 개념으로 인식되는 동시에 부정적 일반성이라고 불리는 '삼각형적인 특성'이라는 성질로도 이해된다. 그러므로 퍼스의 부정적 일반성은 성질과 이미지를 이해함에 있어 중요한 역할을 한다.

부정적 또는 긍정적 일반성은 같은 일반성이되 서로 다른 방향으로 진행한다. 두 가지 서로 다른 일반성이 동시에 작용할 수는 없다. 퍼스가 제시하고 있는 애플파이의 사례를 통해 이 논의를 살펴보자. 애플파이가 먹고 싶다고 하자. 그런데 파이에는 두 가지 서로 다른 맛이 있을 수 있다. 하나는 오늘 만들어져 먹게 된 지금 이 순간 내 눈 앞에 있는 애플파이의 맛이고 다른 하나는 애플파이가 본래부터 갖고 있는 맛 그 자체, 즉 일반적인 애플파이의 맛이다. 물론 애플파이의 맛 그 자체가 지닌 그 성질이 내가 애플파이를 먹고자 하는 욕구를 불러일으킨 것은 분명하다. 욕구는 개별적인 것과는 전혀 관계가 없으며 성질 자체와 관련이 있을 뿐이다. 애플파이를 먹고 싶은 욕구는 물론 나에 의해 만들어지며 나에 의해 그 맛의 즐거움이 형성된다. 그러나 애플파이에 대해 내가 기대하는 즐거움은 아주 순수한 일차적인 것이다. 즉 아직까지는 실제로 일어나지 않은 관념에 불과하다. 물론 이때의 관념은 관념의 특성을 갖되 현실화되지 않은 그러나 조만간에 현실화될 수 있는 '부정적' 관념이다. 한편 내가 모든 다른 애플파이에서도 똑같은 맛을 음미할 수 있으리라는 기대는 긍정적 일반성이다. 이 애플파이 맛에 대해 현상학적 분류를 해 보자. 애플파이의 맛은 순수한 일차성이지만, 오늘 내가 먹고 있는 애플파이에서 맛볼 수 있는 그 맛은 이차성에 해당되며, 어떤 애플파이를 막론하고 골고루 들어 있는 맛은 모든 애플파이의 성질을 주재하는 삼차성인 것이다. 그렇다면 다음과 같이 말할 수 있다. 두 가지 종류의 일반성 즉 긍정적 또는 부정적 일반성이 있다는 것과 이 서로 다른 일반성이 서로 반대 방향이면서 함께 기능하고 있다는 사실이다. 그러나 동시에 기능한다는 뜻은 아니다.

그렇다면 일차성과 원 도상으로서의 이미지는 부정적 일반성으로 추적이 가능하며 삼차성인 은유는 긍정적 일반성으로 구분해서 볼 수 있다.

은유를 이미지와 관련해 분석한 헤일리(M. C. Haley)의 입장을 살펴보자. 그의 입장은 대체로 아리스토텔레스와 비슷하여 은유 과정에 있는 유사성을 강조한다. 아리스토텔레스의 관점에서 은유는 한 문장 안에 병치되는 둘 이상의 단어 사이의 긴장에 있다. 블랙(Max Black)도 예외 없이 일차 주어와 이차 주어 사이의 긴장의 중요성을 강조한다. 예를 들어 "인간은 늑대이다"라는 진술에는 '인간'과 '늑대'의 긴장 관계가 있다. 이 서로 다른 단어는 누가 보아도 서로 모순된다는 것, 또한 이러한 모순된 이원화가 바로 은유적 긴장을 만들어 낸다는 사실을 알고 있다. 헤일리는 리쾨르의 '사건'(event) 개념을 퍼스의 실제성 범주에 적용하면서 "은유의 의미론적 긴장인 지표 사이의 충돌은 도상이 은유적 복합체로 진행하는 과정에서 일어난다"고 주장한다.[23] 문장 안에서의 의미론적 긴장이나 충돌은 인간과 늑대 각각의 지표의 도상적 성격이나 이미지 때문에 만들어진다. 은유적 긴장은 서로 상호 모순되는 지표에 의해서 만들어지지만 사실 거기에는 인간이나 늑대 지표가 자리하는 문장상의 위치 차이라는 도상에 기인한다. 만약에 "인간은 늑대이다"라는 구조를 흩트리거나 "~와 같다"라는 표현으로 바꾸게 되면 은유적 긴장은 이내 사라지고 만다.

은유 문장에서 두 단어들의 위치를 시각적으로 확인하게 하는 도상의 역할은 중요하다. 헤일리의 변용도상(metaicon) 개념은 이러한 도상의 역할로부터 나오며 이미지의 '은유적 자람'(metaphorical growth)이라는 개념도 도상에서 만들어진 것이다. 은유는 도상, 지표, 상징의 결합이면서 도상으로부터 지표

---

23) Haley, 1988; 15.

그리고 다시 상징으로 자라나온 결과물이다. 은유가 어떻게 도상에 근거해 있는지를 되돌림 이론에 따라 다시 살펴보자.

> 원 도상은 일차성의 양식에 따라 다음과 같이 나누어진다. 단순 성질인 일차적 일차성을 갖고 있는 이미지와 더불어 부분적으로 닮은 관계에 의해서 이분적 관계를 보여 주는 도식을 전제로 하여 다른 어떤 사실과 함께 병치된 모습을 재현함으로써 재현체(representamen)의 특징을 드러내는 것이 은유이다.[24]

퍼스는 원 도상(hypoicon)을 이미지, 도식, 은유로 좀 더 세부적으로 나누지만 그렇다고 해서 은유에 대한 정의가 완전해진다고 할 수는 없다. 왜냐하면 위의 인용은 실제로 도상의 하위 항목으로서의 도상을 정의한 것이지 은유에 대한 것이 아니다. 그러나 퍼스가 맞춤된 은유를 만들어 내기 위해 도상을 필요로 했음은 분명하다.

되돌림의 과정을 밟게 되면 은유는 도식에 의존하고 이 도식은 다시 이미지에 의존하여 되돌아가게 된다. 이미지는 퍼스의 삼분적 기호 분류에 의해 일차성 중에서도 '제1의 일차성'이며, 도식은 '제2의 일차성', 마지막으로 은유는 '제3의 일차성'이 된다. 이미지와 도식 그리고 은유는 모두 일차성으로 원 도상이라는 일차성의 하부 구조에 놓이게 된다는 뜻이다. 이것을 다시 도상, 지표, 상징의 분류에 대입해 보면, 이미지는 은유의 원초적 생성 특질로서 도상이 되고 이미지와 은유의 매개로서 도식은 지표가 되며, 마지막으로 도식을 통한 이미지의 도상적 구축으로서 은유는 상징이 된다. 어떠한 은유도 이미지와 도식이 없이는 온전하게 만들어질 수 없다는 점이 중요하다.

이미지는 도식이 은유로 만들어질 수 있는 실제적인 구조를 형성하는

---

24) CP; 2,277.

데 도움을 주는 자원이다. 그래서 은유를 도상적 발달의 결과라고 하는 것이다. 예를 들어 "인간은 생각하는 갈대이다"라는 은유적 진술에서 갈대라는 구체적인 이미지가 도상을 제공한다. 여기서 '갈대'라는 도상 이미지는 리처드(I. A. Richard)가 말한 은유화의 전달 매개체이며 블랙이 말한 '초점'(focus)이 된다.25) 갈대라는 은유 진술에서 하나의 상징으로 볼 수 있지만 상징으로서의 갈대에는 이미 갈대가 지닌 고유한 이미지가 제공되고 있다. "인간은 생각하는 갈대이다"라는 진술은 인간은 갈대의 이미지와 닮은꼴을 하고 있다는 것을 전제로 하고 있다. 만약 위의 은유적 진술이 보이는 그대로의 구체적인 이미지를 결여하게 되면 해석의 적절성을 상실하게 된다. 도상성이나 이미지가 결여되어 있으면 아무렇게나 은유 진술을 만들게 되는 '잘못된 은유'가 될 수 있고 해석의 근거도 얻지 못하게 된다. 은유의 생성과 해석 둘 다에서 정합성을 담보하려면 적절한 도상 이미지를 갖추는 것이 필수적이다.

물론 도상 이미지 그 자체로는 은유를 구성하지 못한다. 왜냐하면 거기에는 도상을 실제적으로 구성하는 도식화 과정이 없기 때문이다. 도상 이미지의 연속선상에 놓인 도식은 은유로 진행할 수 있게 하는 매개 역할을 한다. 비록 도식 자체가 완전한 은유를 만들지는 못하지만 이미지가 분명하고 효율적이 되려면 도식화가 필요하다. 도식화는 기호와 대상과의 실제적인 관계 맺기 과정이며 문장 또는 사물형상을 구체화시켜 주고 은유적 긴장이 제 구실을 하게 한다. 은유적 긴장은 결국 '다른 어떤 것과의 병차' 과정이다. 이 과정에서 도상과 도식이 이어지고 비약(jumping)하면서 은유적 긴장을 만들어 낸다. 은유 긴장에는 도상적 유형이나 전형 또는 보편적 패턴을 통제하는 기제가 있다. 그것을 상식(a common sense)이라고 할 수도 있고 합리성(reasonableness)이라고도

---

25) Haley, 1988; 150.

할 수 있다. 만약에 이런 것들이 부재한다면 은유는 지극히 개인적 진술이 되어 아무도 이해할 수 없는 것으로 전락하게 될 것이다. 은유가 합리성을 확보하려면 그 은유에 알맞은 도상이나 도식이 적절하게 운용되고 있어야 한다. 은유 행위가 도상성에 근거할 때 누구나 공감할 수 있는 합리성이 드러나는 것이다.

은유는 대상과의 도상적 유사성을 이미 전제로 하고 있다. 유사성은 대상 속에 이미 존재해 있다가 정신 속에 자리 잡게 되며 은유의 진실을 판단하는 제일 공리가 된다. 무엇보다 은유와 대상과의 유사성은 객관적으로 실재한다는 데 있다. "도상적 대상의 논리적 또는 기호학적 가능성이 실재의 본질"인 것이다.[26] 이런 점에서 보면 은유 행위는 기본적으로 도상성의 도움을 받아 실재와 진리를 찾아내는 작업이며, 반대로 도상은 무엇이 진리인가를 확인해 주고 그들 대상의 숨겨진 진리를 드러내는 역할을 한다고 할 것이다. 그리하여 은유는 "우리가 이전에 고려하지 못했던 것 또는 실제화되지 못했던 것들의 가능성이 무엇인지를 확신시켜 주는 역할을 한다"[27]. 은유를 합리적으로 이끌어 주는 것은 결국 은유 진술이 갖고 있는 도상적인 이미지에 있다. 이미지의 재현이 없고 그런 재현성을 확보할 수 있는 근거를 은유에서 찾을 수 없다면 주어진 은유 행위의 합리성도 찾을 수 없을 것이다.

3. 은유, 이미지의 자람

지금까지 원 도상의 철학적 성격과 함께 도상성의 긍정적 그리고 부정적

---

26) Haley, 1988; 55.
27) Haley, 1988; 154.

일반성의 관계를 살펴봤다. 또한 은유 안에 있는 도상과 지표, 상징의 특성들과 이미지에서 도식으로 그리고 은유로 전개되어 가는 도상성의 발달 과정에 대해서도 논의했다. 그리하여 은유는 도상적인 일차성, 지표적인 이차성, 상징적인 삼차성의 복합물로 취급되어야 하며 이미지와 은유 사이에는 연속성이 놓여 있고, 나아가 이러한 은유는 이미지가 자라서 만들어진 것이라는 사실을 알 수 있었다. 이미지의 은유적 전환으로서 퍼스의 은유 개념은 헤일리가 말한 대로 변용도상으로 취급될 수 있다. 헤일리는 "퍼스의 은유는 이미지와 형성을 둘러싸고 있는 도상성의 전형인 변용도상으로 설명되어야 한다"[28]고 하면서 변용도상을 다음과 같이 정의한다.

> 변용은 일차성 중에서도 추상적인 삼차성에 속한다. 하위도상 또는 원 도상의 은유로의 변용도상(metaicon)은 전형적인 도상이다. 변용도상은 구체적 이미지로부터 자라나오는 추상적 개념이다. 퍼스의 은유는 변용도상적인 것이며 이미지와 도식을 포함하는 도상성의 전형이다. '인간을 상징'(Man as Symbol)으로 보는 퍼스의 은유적 표현은 변용도상의 전형적 사례이다.[29]

헤일리의 변용도상은 추상적이면서도 여전히 구체적인 유사성 또는 닮음에 의존해 있다. 그것은 이미지와 형상을 포함하는 은유적 도상에 근거해 있으며, 도상의 원형 또는 보편 양식을 조절하는 합리성의 과정이기도 하다. 합리성은 변용도상과 도상의 '상호적이고 목적론적인 일치'(reciprocal teleological congruency)의 결과이다. 그것은 "끝없이 새로운 가정을 제안하는 것"이며 "상징의 진정한 힘을 수사에 두지 않고 오히려 드러내고 예언하는 데 두는 것"이다.[30] 헤일리는 "보편적 원형에 근거한 은유는 셀 수 없는 가능한 도식들,

---

28) Haley, 1988; 22.
29) Haley, 1988; 22-38.

그리고 수많은 가능한 이미지들을 포함한다. 도상 경험에는 적어도 어느 정도의 은유성이나 도식성 그리고 이미지화가 따라 나오게 된다"고 한다.[31] 퍼스의 되돌림 기능에 따라 은유는 이미지가 우세하면 이미지로 변화될 것이고 도상에서 진화가 일어나 도식이 우세해지면 유비(analogy)로 바뀐다. 그러므로 헤일리의 변용도상 개념은 은유의 적절성이나 그 고유 형태에 들어맞는 도상의 성격을 설명하는 데 유용하다. 이미지로부터 만들어진 상징이 자라난 것이 은유라는 것은 은유가 일차성과 순수 도상(a pure icon)에 근거한다는 뜻이다.

사물을 거리를 두고 멀리서 바라보면 사물 안으로 들어갈 수 없다. 그러나 그 보이는 사물이 무엇인지는 알 수 있다. 이미지로 나타나기 때문이다. 이러한 이미지 상태의 풍경에서 그 사물에 가까이 가 사물을 만져 보고 여러 가지 용도로 다루어 보는 과정이 지표 과정이다. 그리고 그 사물에 익숙해지고 생활하는 가운데 상징을 구축하게 된다. 똑같은 과정이 사람을 대하는 데에도 적용된다. 만남의 첫 순간 그것은 이미지이다. 첫인상이 이미지라면 악수를 나누고 서로의 생각을 파악하는 과정이 지표가 될 것이고 이러한 만남을 지속시키거나 회상하는 과정은 상징이 될 것이다. 이렇게 사물과 사람의 만남을 퍼스의 방식으로 전개했다고 하자. 그렇다면 이미지는 그저 표면적인 것, 스치는 정도의 허울인가, 아니면 겉모습에 불과한가. 그것이 사물이나 사람 속으로 들어가지 못하면서 그렇게 들어가기 위한 시작점에 불과한 것이라면 이미지는 인식 수준에서 처음일지는 몰라도 존재 수준에서는 마지막이 된다.

퍼스에 따르면 이미지는 지표와 상징으로 자라 가게 하는 원초적 존재 상태이다. 존재적 차원에서 이미지는 사물 내적인 것이고 사물의 지표와 상징을 만들어 내게 하는 속성, 또는 가능 상태의 어떤 것이어야 한다. 그래서

---

30) Haley, 1988; 39.
31) Haley, 1988; 34.

순수경험 또는 퍼스의 '되돌람'의 추상화 과정을 통해 인식되는 것이어야 한다. 그럼에도 인식의 시작으로 너무나 쉽게 이미지를 사유한다고 한다. 그러나 인식의 출발로서 이미지라는 말을 쓰게 되면 이미지가 가진 존재론적이고 시원적인 특징은 잡아낼 수 없다. 이미지는 일상의 관찰을 통해서는 얻어낼 수 없다. 그것은 관찰의 결과가 될 수는 있을지 몰라도 적어도 관찰 과정에서 눈으로 그냥 보이는 사물의 모습은 아니다. 만약 이렇게 되면 이미지는 상식적인 수준에 놓이고 만다. 퍼스의 이미지는 사물과의 부대낌을 통해 그리고 일련의 숙고와 사려의 산물이어야 하기 때문이다.

3장 이미지와 관계논리

논리학에서 명제를 구성하는 중요 영역인 관계논리는 영미권의 논리학자들에 의해 많이 연구되어 왔지만, 그것의 기호학적 관련성이나 실재론적 의의에 대해서는 충분한 논의가 없었다. 이러한 관점이 집약적으로 기술된 "관계논리"(The Logic of Relatives)를 통해 논리의 기호적 역할과 도상적 재현의 역할을 살펴보고자 한다. 퍼스의 관계논리에는 주술관계의 일치보다는 주어와 목적어의 차이와 모순의 성질을 어떻게 명제화할 것인가의 물음, 그리고 도상적 특성 즉 어떻게 존재론적 그래프가 그려지고 연속되어 있는가에 대한 물음이 담겨 있다. 관계논리에는 명제의 안과 밖에서 서로 연속되어 있고 그러한 연속성이 실재하고 있다. 관계논리적 사유는 실재성의 추론과 판단의 논리과정으로서 결국 '기호학적 실재'가 가능함을 보여 준다.

1. 기호현상의 논리

기호학은 사물이나 사건을 해석하는 도구 학문으로서의 역할뿐만 아니라 인간 이해를 구조화하는 역할을 한다. 역사적으로 해석학과 기호학이 서로 긴밀한 관련을 맺어 올 수 있었던 이유도 기호학이 해석과 이해의 영역에 깊이 관여해 왔기 때문이다. 해석이 생성되는 자리는 적절한 기호가 자리하는 곳이다. 기호에 대한 적절한 이해가 없으면 해석은 자의성이나 임의성에 갇히게 되므로 해석학은 기호해석학이어야 한다. 1부 2장에서 퍼스의 이미지의 범주적 특성을 논하면서 기호의 현상학적 논의가 필요했던 이유도 여기에 있다.

해석은 곧 현상에 대한 해석이며, 해석을 한다는 것은 현상이 기호화된다는 것을 의미한다. 기호와 사물의 자리매김, 기호의 세계 내적 위치나 현상은 기호에 대한 해석이 커질수록 증대된다. 반대로 기호의 해석적 접근의 중요성만큼 기호의 현상적 측면이 강조되기도 한다. 기호현상에는 기호의 논리적 성격과 범주적 성격이 고스란히 들어 있다. 퍼스는 자신의 논리학과 범주학을 통해 어떤 기호가 어떤 식으로 세계 내에서 자리하고 있는가를 현상적인 관점에서 밝혀 놓았다. 해석학이라는 학문의 관여가 기호학을 이해하는 데 결정적인 도움이 되며 동시에 현상에 대한 깊은 논의가 없다면 하나의 기호를 제대로 이해할 수 없을 것이다.

기호는 해석과 현상이라는 두 개의 관점에서 함께 설명되어야 한다. 특히 현상의 구조 파악에 접근할 때 우리가 마주치는 문제는 바로 현상의 분류라는, 즉 사물의 범주 구조를 만나게 되고, 동시에 범주가 어떻게 서로 관련을 맺고 있는가 라는 논리 구조의 문제에 도달하게 된다. 지금까지 퍼스 기호학의 특성을 드러내기 위한 범주와 논리에 대한 논의는 많이 이루어져 왔으며 이는 퍼스를 다른 유럽 기호학자들과 구분 짓는 영역이기도 하다. 물론 관계를 통해 논리를 전개하는 그의 논리학이 논리학자들의 특별한 관심이 될 수는 있지만, 어떤 식으로든 그의 논리학은 기호학의 연관선상에서 논의되어야 한다. 논리학을 기호학의 관점에서 접근하는 것이 그의 기호학적 실재론을 파악하는 데 도움이 되기 때문이다.

퍼스의 기호학은 연역, 귀납, 가추(abduction)라는 세 가지 논리적 단계와 일차성, 이차성, 그리고 삼차성이라는 현상적 범주를 기본 바탕으로 하고 있다. 이 논리 단계와 범주 단계를 이해하지 못하면 그의 도상, 지표, 상징의 세 단계를 이해할 수 없게 될 뿐만 아니라 대상, 해석, 기호의 삼분적 관계도 이해할 수 없다. 퍼스 기호학은 이와 같은 논리와 범주의 구성물에 근거하기 때문이다. 논리와 범주에 대한 정확한 이해는 그의 기호학을 이해함에 있어 전제 조건이 될 뿐만 아니라 기호를 통한 세계 이해, 즉 철학적 과정으로서의 기호학의 의미를 이해하는 데도 필수적이다. 이는 기호학을 단순히 해석의 차원을 넘어서 세계가 무엇인가 하는 물음을 묻는 퍼스의 철학적 기호학의 원대한 기획과 맞물려 있다.

　퍼스 논리학의 특징은 논리를 관계로 접근하는 관계논리(logic of relatives)에 있다. 그는 양화논리(quantification logic)의 발달에서 프레게와 앞서거니 뒤서거니 하면서 중요한 기여를 했다. 퍼스가 문제로 삼았던 '관계사'(relatives)에는 지금까지 살펴봤던 그의 삼분적 기호학이 총체적으로 관여하고 있다. 그의 철학은 마치 건축물을 쌓듯이 구조화되어 있어, 기호학을 모르면 그의 논리학을 이해할 수 없고 반대로 논리학을 모르면 그의 기호학을 이해할 수 없다. 퍼스는 자신의 철학하는 방법을 스스로 '건축적'(architectural)이라 불렀다. 관계논리가 그의 기호학 형성, 그리고 기호의 계통과 분류의 의미를 이해하는 데 도움이 되듯이, 동시에 기호학은 그의 논리학을 이해하는 데 도움이 된다. 퍼스의 관계논리에 대한 논의는 현대 형식논리학에서의 '관계'(relation)의 의미를 이해하는 데도 필요하다.[1]

---

　1) 퍼스가 사용하는 'relation'이나 'relative' 용어는 둘 다 명제 논리에 있어 주어(subject)와 술어(predicate)의 관계를 지칭하는 표현이다. 그러나 관계(relation)가 주어와 술어의 모든 일반적인 관계를 지칭하는 것이라면, 관계사(relatives)는 주어와 술어 관계에서 목적어를 동반하는 명제에서 주어와 목적어와의 상호 차이의 관계를 나타낸다. 관계사라는 말을 굳이 의역한다면 '상대적 관계'라고도 할 수 있다. 여기에서는 'relative'를 일일이 '상대적 관계'라고 할 수 없어 관계라는 말로 대신한다. 구분이 필요할 때는 영문 표기를 첨부하여 용어 사용의 혼란을 줄이고자 한다.

2. 범주와 관계논리

퍼스의 논리학은 기호논리학이나 수리논리학과 밀접한 관련성을 갖고 있지만 여기에서는 현대논리학으로의 퍼스 논리학의 수용이나 적용보다는 관계논리 자체의 성격 규명에 제한하고자 한다. 그가 일찍이 양화(quantification)나 개별(individuals)의 문제 등을 드모르간(De Morgan)과 함께 제기한 사실도 논리학사에 잘 알려져 있다. 그러나 퍼스의 논리학을 기호학과 관련해서 따져 보려면 관계논리의 역사적 의의보다는 기호현상의 구조를 이해하기 위한 논리학과 범주학의 관련성에 주목해야 한다.

퍼스는 불(George Boole)의 '대수논리'(the algebraic logic)로는 명제들 간의 논리성을 파악할 수 없으며 특히 삼단논법의 관계를 제대로 읽어 낼 수 없다고 보았다. 비록 불의 체계가 두 항이 관계하는 이차적인 관계를 설명할 수 있을지는 몰라도 삼단논법과 같은 세 항이 서로 관련을 맺고 있는 명제에 적용되는 데는 한계가 있는 것으로 봤기 때문이다.[2] 반면에 드모르간의 '형식논리'(Formal Logic)는 퍼스가 요구하는 삼차적, 즉 이차적인 명제를 넘어선 복합적인 삼단논법의 관계를 잘 설명하고 있는 것으로 보았다. '형식논리'라는 개념은 본래 드모르간의 책 이름으로 나온 것이지만, 퍼스는 이 개념을 일반적인 보통명사로 사용한다. 퍼스가 관계라는 말을 사용한 이유가 드모르간의 책 이름 때문이었냐 아니냐 하는 것은 학자들 사이에서 논쟁으로 남아 있다. 드모르간이 자신의 책을 퍼스에게 보낸 때가 1860년이었다고 하는데, 이때 퍼스가 그것과 이미 유사한 사고방식을 형식논리라는 말로 사용하고 있었다고 한다.[3] 퍼스

---

[2] Peirce, 1992; 150.

[3] 이 논쟁의 정확한 출처를 퍼스 자신도 구체적으로 밝히고 있지 않다. 이는 논리학사에서 관계 문제를 누가 최초로 언급했는가의 문제로 비화되기도 했다. 논리학에서 관계라는 말의 사용 출처나 시기를 다룬 논의는 마이클(Emily Michael)의 논문 "Peirce's Early

는 1866년 이전에는 관계라는 말을 구체적인 논리 기호로 사용하지 않았다. 1868년이 되어서야 '관계항'(relative term)이라는 말을 쓰면서 거기에 기호화를 시도한다. 이때 불의 연결사와 대수 공식을 이용하여 관계 기호를 대수논리로 표현하기 시작한다.[4]

관계 개념은 아리스토텔레스 시대와 서양 중세를 거치면서 논리학의 주된 관심사로 떠오를 정도로 오랜 역사를 갖고 있다. 중세논리학에서는 오컴(Ockham)과 베네투스(Venetus)가 이 문제에 천착했고 엘리스(Leslie Ellis)가 이 관계 논리를 그의 대수학에서 적용했으며, 다시 헬스테드(Halsted)가 언급했고, 1870년에는 불의 논리 대수를 퍼스가 처음으로 제기하면서 본격적인 논의가 시작된다. 퍼스는 1883년에 "Algebra of Dyadic Relatives"(이차적 관계의 대수)라는 논문을 상재했고, 미첼(O. H. Mitchell)이 다양한 영역의 논리적 보편화를 위해 이 문제를 다시 심화시켰다. 관계를 대수적인 방법으로 접근한 이 논의를 퍼스는 "General Algebra of Logic"(논리의 일반적 대수)이라는 글에서 다루었고, 켐프(A. B. Kempe)는 이것을 "수학적 형식"(Mathematical Form)이라는 글로 출판하게 된다.[5]

관계논리에 대한 이와 같은 간략한 안내를 통해서도 알 수 있지만, 관계는 논리의 핵심을 이해하는 핵심적인 개념이다. 아리스토텔레스가 그의 논리학에서 관계의 중요성을 언급했다고 하지만, 적어도 명제적 차원에서 관계논리에 대한 본격적 논의는 퍼스로부터 시작했다고 할 수 있다. 퍼스는 '존재론적

Study of the Logic of Relations, 1865-1867"(퍼스의 관계논리 초기 연구, 1865- 1867)을 참고할 것.

4) 이와 관련된 논문이 1870년에 발표한 "Description of Notation for the Logic of Relatives"(관계논리의 기호화에 대한 서술)이다. 이 논문에 대한 최근 연구로는 브링크(Chris Brink)의 "On Peirce's Notation for the Logic of Relatives"(퍼스의 관계논리 기호화에 대한 연구)가 있으며, 불(Boole)의 대수적 기호와 관련하여 설명한 논문으로는 반 에브라(James Van Evra)의 "Logic and Mathematics in Charles Sanders Peirce's Description of Notation for the Logic of Relatives"가 있다.

5) Peirce, 1992; 150.

그래프'(existential graphs)라는 개념을 통해 이러한 관계논리를 설명하고 있다. 그는 자신이 고안한 존재론적 그래프가 복합명제의 성격을 분석할 수 있다고 보았고, 결과적으로 이를 통해 범주적 실재론을 구성할 수 있으며 논리의 기호학적 특성을 밝혀낼 수 있다고 보았다. 관계를 철학적인 문제로 다룰 수 있는 방식은 다양하다. 관계가 두 개 이상의 관계항에 서로 '의존해서' 생기는 속성이라고 했을 때, 이러한 관계항은 철저하게 의존적인가 아니면 주체적인가, 그도 아니면 이 둘의 합인 '주체−의존적인가'라는 '주체' 논의가 발생할 수 있다. 그러나 퍼스의 관계 논의는 주체 논의와는 직접적인 관련이 없고 어디까지나 '명제의 논리적 관계'를 추구하는 데 있다.[6]

전통적으로 논리학은 유사성 또는 닮음이라는 특별한 종류의 관계만을 중점적으로 보여 주었다. 대상들 간의 관계의 성격이 무엇이냐는 것은 상관하지 않고 오직 문장 안의 관계의 무미건조하고 형식적 관계만을 보여 주었다면, 퍼스의 관계논리는 명제의 체계가 어떤 대상들로 구성되며 어떤 관계를 실질적으로 형성하고 있느냐를 보여 준다. 퍼스가 제시하는 전통적인 의미의 관계논리(logic of relation) 〈사례1〉을 보자.

〈사례1〉 전제1: A는 밝은색을 포함하고 있지 않다.
전제2: B는 밝은색을 포함하고 있다.
결 론: 그러므로 A는 B가 아니다.

앞의 두 전제는 서로 모순 관계를 보여 준다. 그러나 퍼스가 제기하는 관계논리를 따르게 되면 이 추론 과정에서 밝음의 성질에 대한 역할은 전혀

---

6) 관계의 주체 성격은 명제 차원을 넘어선 서구 전통철학의 주제일 수 있다. 이에 대한 논의로는 서병창의 「토마스 아퀴나스 관계개념 연구」 전편을 참고할 것.

3장 이미지와 관계논리   193

없게 된다.

〈사례2〉 전제1: A는 '밝음'이라는 이름을 가진 사람은 누구든지 좋아한다.
전제2: B에게는 '밝음'이라는 이름을 가진 친구가 있다.
결 론: 그러므로 A는 B의 친구를 좋아한다.

〈사례2〉에서는 고전논리학의 관계가 가진 일반적 특성인 닮음이라든지 동일성이라는 특성이 전혀 없다. 오히려 A가 B의 친구를 좋아한다는 결론에 이르려면 전제1과 전제2 사이에 어떤 일이 벌어지고 있는가에 능동적이고 적극적으로 참여해야 한다. 즉 추론과 판단의 과정이 필요하다. 기존의 논리학에서는 집합(classes)이 관계를 만들어 내는 데 중요한 역할을 했다. 그러나 집합에는 실제적이거나 가능한 대상이 들어갈 수 있는 여지가 없으므로 논리학이 항상 유명론적인 분류에 시달려 왔다고 할 수 있다. 추상적이거나 형식적인 기호화 과정에 함몰된 논리를 형성할 수밖에 없었다. 물론 추상이나 형식이 논리를 일반화하는 데 중요한 역할을 했고 기하를 대수화하는 데 있어서도 나름의 역할을 했지만, 퍼스는 이러한 기호화에 실질적인 내용을 채워 넣고자 했다. 이것이 퍼스의 관계논리가 갖는 변별점이다.

퍼스가 관계에 주목하게 된 이유는 기존의 전통 논리는 명제의 주어의 특성만 강조하고 오히려 주어와 목적어가 맺어지는 실질적 관계는 충분히 논리화하지 못했다고 생각하기 때문이다. 전통 논리에서 명제의 주어에 해당되는 범주는 크게 보편, 부분, 긍정, 부정의 4가지이다. 그러나 관계에 주목하면 주어와 목적어의 2가적 가치와 함께 주어와 목적어를 연결하는 술어의 성질까지도 논리의 대상으로 삼을 수 있다. 예를 들어 보자.

(한국어) 모든 사람은 / 자기를 좋아하는 사람들을 / 좋아한다.

(영 어) Every man / loves / those who love him.

이 문장에서 한국어 주어 '모든 사람은'과 영어 주어 'every man'은 각각
1차 관계(relate)를 가지고, '자기를 좋아하는 사람들을'이나 'those who love him'
의 목적어는 각각 2차 관계(correlate)를 가지며, '좋아한다'나 'like'는 각각 관계를
맺어 주는 근거(ground)를 가지게 된다. 여기서 1차 관계는 주어, 2차 관계는
목적어, 그리고 근거는 술어에 해당된다.[7] 기존의 명제가 항상 일치의 관계를
보여 준다면, 명제에 관계성이 개입되면 주어와 목적어와의 차이 또는 반대,
모순 등을 보여 줄 수 있다. 일치 관계(relations of concurrence)의 술어는 "_은
_이다"로 문장은 "눈은 희다"(Snow is white)가 그 예가 될 수 있고, 반대 관계
(relations of opposition)의 술어는 "같은, 많은, 적은" 등이 해당되며 문장은 "그는
나보다 키가 크다"(He is taller than me)가 그 예가 될 수 있다.[8]

일치 관계는 주어와 보어의 관계로서 주어가 보어의 내적 특성을 이미
갖고 있다면, 반대 관계는 주어가 전혀 새로운 목적어를 만나서 '외적 또는
상대적 특성'(an external or relative character)을 보여 준다는 데 차이가 있다. 즉
주어와 목적어의 관계를 보여 주되 이 둘 사이가 '자연적으로나 내적으로'
서로 일치하고 있지 않음을 말해 준다. 퍼스는 이러한 외적이고 상대적인
특성을 보여 주는 관계를 진정한 의미에서의 관계명제로 보고 있으며 그것을
'반대 관계'라는 말로 묶어서 설명한다.[9] 그렇다면 관계명제의 정의를 "주어와

---

7) Michael, 1974; 66.
8) 물론 최근의 기호논리학은 퍼스가 관심을 가진 관계사들을 거의 모두 기호화할 수
   있게 되었다. 문제는 자연언어를 얼마나 많이 기호화할 수 있느냐 하는 것이 아니라
   관계를 3가적인 관점에서 보느냐, 그리고 그것을 도상의 관점에서 보느냐에 달려 있
   다고 할 것이다.
9) Michael, 1974; 68.

목적어를 갖추되 차이를 드러내는 명제"라고 규정할 수 있다. 그러나 여기서 관계명제의 부차적인 특성을 지적하고 넘어갈 필요가 있다. 즉 주어와 목적어는 능동과 수동의 형태로 바꿀 수 있으며 주어와 목적어가 바뀌어도 의미가 바뀌지 않는다는 것이다. 위의 반대 관계의 문장에서 "그는 나보다 키가 크다"는 "나는 그보다 키가 작다"라는 말로 대치할 수 있다.

퍼스의 관계논리를 이해하고자 할 때 처음으로 부딪히는 용어상의 혼란은 앞서 잠깐 언급했지만 관계의 의미가 'relation'을 지칭하는가 아니면 'relatives'를 지칭하는가의 문제이다. 관계를 전자의 의미인 relation으로 간주하면, 2부 1장의 범주에 대한 논의를 통해서도 확인했다시피 그것은 범주적인 차원에서의 2차성에 해당된다. 퍼스는 범주를 분류할 때 1차 범주를 성질(quality)로, 3차 범주를 재현(representation)으로 보며, 그 중간의 2차 범주를 관계(relation)로 설정하고 있다.[10] 이러한 범주 분류는 삼분적 논리추론과도 관련이 있다. 그는 귀납, 연역, 가추(retroduction)[11]를 논리추론의 대표적 3단계로 보았고, 이에 맞는 범주화를 위해 3단계의 범주를 만들어 낸 것이다. 여기에서 2차 범주에 해당하는 관계는 반응(reaction)과 같은 의미로 사용될 수 있는데, 그 이유는 관계가 궁극적으로는 두 대상들이 서로 만나서 발생하며 실제적인 사건이나 사실과 관련되기 때문이다. 이 관계는 도상, 지표, 상징으로, 기호의 삼분화에서는 두 번째에 해당되는 지표이다. 퍼스가 후기 저술에서 'relation'을 'relatives'로 바꾸기는 하지만, 어떤 식이 되었든 관계는 대상들의 실제 상황을 묘사하기 위한 것이고 대상과 실재성을 전제하고 있다는 데 초점이 있다.

관계의 특징을 범주와 관련해 좀 더 살펴보자. 일차 범주는 어떤 사실이나

---

10) Peirce, 1992; 146-7.
11) 퍼스는 'abduction'과 'retroduction'을 같은 것으로 보고 있으며 자주 혼용한다. 여기서는 'abduction'의 번역어인 가추를 그대로 사용한다.

사건이 단독으로 '그렇게 될 수밖에 없는'(anything would be for itself) 상태이므로 다른 개체나 사건과 어떤 관계도 없다. 관계를 설정할 이유나 당위가 전혀 없다. 그러나 이차 범주에서는 두 개의 서로 다른 개체나 사건이 만나 서로 관련을 맺는다. 이 경우에는 구체적인 한 개체와 사건이 다른 개체와 사건을 만나 형성되는 것이므로 관계의 특성이 뚜렷이 드러난다. 이때 두 개의 서로 다른 특성은 서로의 만남에 의해, 우연적이든 필연적이든, 관계를 형성하며 변증적으로 발전해 나간다. 하나의 통일된 '새로운' 개체가 만들어진다. 마지막으로 삼차 범주에서는 관계 형성을 통해 다른 사건을 다양한 방식으로 끌어옴으로써 일종의 추론이 만들어진다.

이 관계의 세 범주적 특징을 예로 들어보자. 첫째, 명제 "제닛은 여자이다"는 일차 범주로서, 여기서는 어떤 관계도 일어나지 않는다. 이것은 자체적 관계, 즉 제닛 자신에게 주어지는 관계로서 진정한 관계의 의미가 없다. 앞서 말한 일치 관계가 여기에 해당된다. 실제로 이것은 범주명제이지 관계명제는 아니다. 둘째, 명제 "제닛은 르네를 좋아한다"는 이차 범주로서, 여기서는 제닛과 르네의 좋아하는 관계가 만들어지고 동시에 두 사람의 좋아함 때문에 그들에게 실제적인 변화가 일어난다. 개별적 특성이 만나 서로에게 영향을 주는 관계가 맺어진다. 셋째, 명제 "제닛은 르네에게 생일 선물을 줌으로써 그녀의 사랑을 보여 주고자 했다"는 삼차 범주이다. 여기서는 제닛이 르네에게 선물을 주었다는 좀 더 복합적인 관계를 형성함으로써 앞의 이차성의 관계보다 더 많은 추론 과정을 요구하게 된다.

관계의 특성을 위와 같이 범주와 관련해서 보면, 퍼스가 관계를 통해 말하고자 하는 의도가 점점 더 분명해진다. 즉 2가적인 의미의 관계(relation)가 아니라 비교 차원에 의해서 만들어지는 관계(relatives)가 된다. 퍼스가 'relatives'라는 말을 아주 엄밀하게 사용하지도 않고 퍼스 연구자들도 이 용어 사용의 엄밀성에 그렇게 주의를 하지 않지만 상대를 전제로 하는 명제 차원의 관계(relatives)라는 말의 쓰임새는 중요하다. 퍼스가 관계논리를 풀어가는 방식은 명제적 차원에서의 관계이며, 이것이 명제의 관계를 보여 주는 중요한 역할을 한다. 퍼스가 명제의 주어와 술어 관계에서 보고자 했던 것은 주어와 술어 관계에서의 동사 역할이 아니라 주어와 술어 각각의 명사 또는 그 명사의 실체(substantives)가 무엇이냐 하는 것이다. 즉 주어와 술어와의 단순한 형식적 관계(relation)가 아닌 각각의 주어와 술어의 실체가 지닌 '상대적 관계'(relative relatives)인 것이다.[12] 예를 들어 '사랑하다'와 같은 동사는 주어와 술어의 형식적 관계를 지시하지만, '사랑하는 사람'은 상대적 관계의 실체를 지시한다. 그러니까 단순히 계사를 통한 주어와 술어의 관계를 보여 주려는 것이 아닌 주어와 술어의 적극적 관계를 지시할 수 있어야만 진정한 의미에서의 관계가 되는 것이다. 좀 더 이해를 돕기 위해 다음 문장을 분석해 보자.

　　르네는 / 제닛을 / 사랑한다.[13]

　　퍼스에 따르면 명제는 항상 관계적인 것으로서, 주어 르네는 1차 관계항(the relate)이 되고, 목적어 제닛은 2차 관계항(the correlate)이 된다. 위 명제는 르네와 제닛의 관계를 '사랑한다'라는 계사를 통해 일차적으로 보여 준다. 명사인 르네와 제닛은 각각 상대적 관계성을 지닌 실체가 된다. 이 명제에서 르네는 단순히 수동적이고 정지된 절대적 개인이 아닌 제닛을 사랑하는 존재

---

12) 퍼스의 이런 관점을 따르게 되면 주역 괘들의 관계는 단순히 일치하는 관계(relation)가 아닌 반대와 모순을 거듭하는 대대적 관계(relatives)를 이룬다고 할 수 있다.

13) 이 사례는 퍼스의 유명한 글 "On a New List of Categories"에 근거한 것을 한국어 예시로 풀어낸 것이다. 이 글에 관계에 대한 기초적인 설명이 나와 있으니 참고할 것. 이 논문이 수록된 곳은 Hauser와 Kloesel이 편집한 *The Essential Peirce; Selected Philosophical Writings* Vol.1(1867-1893)의 1장임.

로서, 그리하여 제닛을 사랑하지 않으면 안 되는 그런 능동적이고 동적인 존재인 상대적 개인이다. 반대로 제닛도 마찬가지이다. 퍼스가 보고자 한 것이 이 실체의 상대적 관계성이다.[14] 퍼스가 진정으로 관계명제에서 논리화하고 싶었던 개체는 관계(relations)의 주어와 술어의 실체적 상대적 관계(relatives)였던 것이다. 즉 하나의 명제 안에서 두 개의 개체가 계사를 통해 어떠한 관계를 형성하느냐 하는 데 있는 것이다.

퍼스가 관계논리를 전개하기 위해 가져온 존재론적 그래프(existential graphs)의 특징을 보자. "너는 착한 아들이다"라는 명제는 "너는 착한 아들이다"와 "너는 부모님 말씀을 잘 따른다"로 나누어 생각할 수 있다. 왜냐하면 착한 아들이란 부모님 말씀을 잘 따르는 속성 중의 하나라 볼 수 있기 때문이다. 이 두 명제 사이의 관계를 퍼스는 계사적 명제(a copulative proposition)로 간주한다. 이 명제는 다음과 같이 "부모님 말씀을 잘 따르면 착한 아들이다"라는 조건문으로 연결할 수 있다. 이를 다시 일반화해서 "누구든지 부모님 말씀을 잘 따르면 그런 사람은 누구든지 착한 아들이라 할 수 있다"로 바꿀 수 있다. 이제 이 두 명제는 "말씀을 잘 따른다고 함은 (부모들을) 사랑하기 때문에 가능하다"라는 공통 속성을 갖는 명제로 바꿀 수 있다.[15]

퍼스의 이런 추론 방식은 기존의 삼단논법으로는 도저히 이해할 수 없다. 이는 마치 문장의 속성을 존재론적으로 파악해서 그래프를 그려 나가듯이 해야 가능하다. 퍼스의 추론 방식을 존재론적 그래프로 부르는 이유가 여기에 있다. 그는 이 그래프를 다음과 같이 요약한다. 첫째, 명제들 사이의 관계를

---

14) "陰陽이 만난다, 화합한다, 대대한다" 등의 표현에서 음과 양은 각각 개체로서 서로의 다른 성질을 포함하고 있다고 할 수 있다. 그렇다면 음양은 퍼스가 말하는 상대적 관계에 들어가게 된다. 다만 이는 괘를 명제화한다는 전제 조건이 있을 때 가능하다. 그리고 괘는 그러한 음양을 기호화하며 그 과정에서 명제화가 일어난다고 봐야 할 것이다.
15) Peirce, 1992; 151-3.

변화를 통해 끝없이 이끌어 갈 수 있는 동사는 언제든지 마련되어 있다. 단이 동사가 동일성이라는 준칙에만 맞는다면 두 명제들 사이의 관계는 어떤식으로 전개되어 나가도 그 본래의 의미가 상실되지 않는다. 둘째, 동일성을이어나가는 연결고리는 전혀 다른 기호로 구성되어 있다. 즉 대명사나 실재하는 대상, 또는 그것이 실제로 물리적인 것이 아닌 사건의 경우에도 마찬가지로서 '이것 또는 저것'이라고 지칭될 수 있다면 관계의 변화에는 전혀 문제가없다. 셋째, 이러한 연결고리는 수식의 경우를 제외하고 얼마든지 적용될 수있다.16) 예를 들어 5는 2+3으로 표현될 수 있고 3+2로 표현될 수 있고 1+4로표현될 수 있으며 심지어 10-5로 표현될 수도 있다. 그러나 이 수식에서는어떤 것이 주어 역할을 하며 동사 역할을 하는지 알 수 없다. 하지만 앞의르네와 제닛의 예에서는 주어와 술어의 연결이 문법적으로나 내용적으로 동일성을 전제로 하지 않으면 그래프를 계속해서 만들어 갈 수가 없다. 퍼스의존재론적 그래프는 동일성 조건을 통해 관계의 내용적 성격을 계속해서 이어갈 수 있게 한다.

이 존재론적 추론 그래프를 범주 차원에서 보자. "르네는 제닛을 사랑한다"에서 동사 '사랑한다'라는 동일성은 일차 범주에 해당되며, 주어와 목적어인 르네와 제닛은 그러한 동일성이 존재하는 대상들의 관계를 보여 주므로이차 범주에 해당된다. 이 관계를 모두 묶어 그래프로 그려 그들 사이의 사랑의 관계를 보여 주면 삼차 범주에 속하게 된다. 이는 범주가 그래프 형성에도주요한 역할을 한다는 사실을 말해 준다.

퍼스가 관계논리에서 실질적으로 '채워 넣고' 싶었던 것은 무엇이었을까. 그는 이 세상의 모든 사물이나 사건이 하나의 연속성(continuum)의 체계로 되어

---

16) Peirce, 1992; 155.

있다고 생각하기 때문에 사물이나 사건은 집합의 모양새를 가지거나 그래프로 연결고리를 맺고 있다. 명제와 명제와의 관계도 이와 다르지 않다. A라는 명제에서 B라는 명제로 이동함에 있어 그 의미가 손상을 입지 않을 수 있는 이유는 A명제와 B명제 사이의 의미론적 연결고리 때문이다. 추론과 판단을 통해 B명제는 A명제의 의미와 동일시될 수 있으며 새로운 C라는 명제는 B명제의 의미를 이어 받는다. 이 과정이 연속성의 과정이다. 이러한 연속성은 하나의 거대한 다양성의 집합으로서 가능세계의 서로 다른 모든 것들을 하나로 녹아들게 한다. 연속성은 세계의 "가능한 모든 것"(all that is possible)에 적용되며 서로 다른 차원을 넘나든다. 연속성이 보여 주는 철학적 의미는 관계논리야말로 존재해야 할 진정한 보편적 구조임을 말해 준다. 그러한 세계야말로 '진정한 보편자'(the true universal)인 것이다.17)

3. 관계논리의 실재성

퍼스의 관계논리는 명제적 진술의 모순 관계를 해결하기 위함이었다. 즉 서로 대비되고 모순되는 것들이 어떻게 관계 속에서 일정한 연속성을 부여받을 수 있을까 하는 데 있었다. 퍼스는 "사물 속에는 추론의 과정에 일치되는 어떤 것이 있다. 즉 세계는 사건의 논리 속에서 살아 있고 움직이며 그것의 본래적 존재양식을 갖고 있는 것이다"라고 말한다.18) 그는 명제와 명제 사이에 무언가를 채워 넣고 싶었을 것이다. 세계가 무언가로 가득 차 있듯이 명제와 명제 사이에도 불연속성이 없이 서로 끊임없이 연결되어 하나의 전체를

---

17) Peirce, 1992; 160.
18) "the world lives, and moves, and has its being, in a logic of events." Peirce, 1992; 161.

이루고 있다는 사실을 보여 주고자 했다. 그러나 명제와 명제 사이에는 실제로 '구체적이고 사실적인 채워짐'이 아니라 '논리적 채워짐'이 대신한다. 퍼스는 이러한 논리적 채워짐이 실재한다고 본다. 즉 추론의 과정이 채워짐으로써 '실재함'은 바로 인간의 이성과 추론의 실재함이 되고, 이것이 논리적 실재가 되고 기호적 실재가 되는 것이다.

논리와 실재하는 존재 양식과의 관련성을 논의할 때 제기된 물음은 퍼스가 과연 실재론자인가 유명론자인가 하는 것이었다. 지금까지는 그를 실재론자로 보는 것이 전반적인 추세이지만 그를 단순히 플라톤식의 실재론자로 보는 것은 잘못이다. 그의 실재론은 기호학적 실재론(a semiotic realism)이다. 논리학의 입장에서 보면 어떤 사실이나 사건은 실재로 존재한다기보다는 추론의 과정에서 실재하는 것이며, 기호학의 입장에서는 기호의 관계 속에서 실재하는 것일 뿐이다. 아리스토텔레스의 가능태(possibility)는 사물이나 사건의 특성으로서 실재했지만, 퍼스에게는 현실태(actuality)와의 논리적 관계 또는 기호적인 관계에서 실재할 뿐이다. 그의 철학을 기호학적 실재론이라고 부를 수 있는 이유가 여기에 있다. 이렇듯 그의 실재론이 설득력을 얻는다면 그가 말하는 실재는 관계 속에서 존재하는 실재인 것이다.

관계논리는 그 추론적인 성격상 거의 무한대로 계속되며 해석학적 연속성을 가지고 계속된다. 그리하여 그의 관계논리는 앞서 언급했듯이 연속성(continuum)이라는 맥락에서 이해될 수 있다. 연속성 개념을 이해하려면 연속성의 과정에 자신을 설정해 보면 된다. 나는 그 주어진 의미에 손상을 입히지 않는 차원에서 끊임없는 관계의 연속성에 살아간다. 나의 존재는 추론 과정 또는 해석 과정을 통해 다양하게 변화된다. 이때의 나의 연속됨은 구체적이며 수많은 가능실재를 담고 있다. 나는 추론의 과정만 계속 주어진다면 내가 알 수 없는 곳으로 끝없이 확장될 수 있다. 이런 차원에서 지금 여기에는 없지만 미래의 어느 시점에서 나의 가능태 또는 나의 정체성이라고도 부를 수 있는 특성이 실재할 수 있다. 관계논리의 과정에서 자신의 실재성을 담보할 수 있는 것이다.

퍼스의 실재론이 플라톤식의 지정된 시공간을 갖고 있는 실재가 아닌, 즉 이데아적인 실재가 아니라는 사실은 이러한 연속성의 특성에서도 확인할 수 있다. 지금의 나의 실재성은 무엇이라고 지정할 수 있는 고정된 것이 아닌 잠정적인(potential) 것에 불과하다. 나의 실재는 지금 이 순간에 어떤 하나로 지정될 수 있지만 그것은 관계논리의 연속성에 의해 다른 어떤 것으로 얼마든지 전환된다. 그러므로 퍼스에게 있어 일반화라는 말은 추상화된 실재성이 아니라 우리의 생각, 느낌, 행동 등에서 시시각각으로 구체화되는 실재성이다. 그리고 그러한 실재성은 언제든지 다른 생각이나 느낌, 그리고 행동에 의해 변화된다. 이것이 삶의 진정한 모습일 것이다.[19]

연속성은 각자가 위치한 장소의 성격이 무엇인가를 들여다보게 한다. 자기 자신을 들여다본다는 말이나 자신을 무엇이라고 규정한다는 말도 과거로부터 미래로 이어지는 삶의 연속선상의 한 지점에 위치해 있다는 것을 전제로 하기 때문이다. 이는 삶의 동일성을 손상시키지 않는 수준에서 자신이 관계에 들어 있음을 의미하며 그런 방식의 관계적 사유나 추론을 하고 있다는 것을 의미한다. 인간은 논리적 추론 과정에서 실재하며 논리적 기호 안에서 실재한다. 퍼스가 인간을 기호(Man as a Sign)라고 한 것도 인간이 관계 속에 들어 있다는 뜻이다.

---

19) 주역의 괘도 동일성의 반복이 아니라는 것, 그리고 괘들 간의 관계도 동일성의 반복이 될 수 없다는 사실을 이해하는 것이 중요하다. 이는 유사성이 아니라 상대적 모순이 오히려 진정한 의미에서 관계를 만든다는 퍼스의 관계논리를 통해 공감할 수 있다. 퍼스의 실재는 관계에 있다는 말은 괘의 진정한 실재성은 관계에 있다는 말에도 그대로 적용될 수 있다.

4장 도상의 재현

　　서양철학의 오랜 난제인 자아의 성격 규정이 유럽을 중심으로 해체라는 이름하에 재논의되고 있지만, 퍼스는 이 문제를 이미 1867년부터 그의 철학 과제로 삼아 자아의 형이상학적 성격을 배제하기 위해 노력했다. 그는 주체나 자아에 본질이나 실재라는 옷을 덧대는 식의 형이상학적 논의가 아니라 그것을 철저히 '기호해석의 과학'으로 밑그림을 그려 내고자 했다. 그에게 과학은 논증이 아닌 "논의할 수 있는 또는 논의해야 하는" 그 어떤 것이었다. 시네키즘(synechism)이라 부르는 그의 독특한 과학관은 과학과 종교 그리고 이론과 실천의 융합을 의미한다. 그에게 과학은 인문학과 자연과학을 모두 지칭하며 기호학도 이론과 실천의 합으로서의 학문이어야 한다.

　　퍼스 기호학의 가장 큰 철학적 업적이 무엇이냐고 한다면 영국 경험론의 주제였던 관념(idea)을 기호화한 것에 있다. 관념 속으로 들어온 사물을 관념으로 처리하지 않고 기호화하는 것이다. '자아 벗어나기'의 장치로서 그의 기호학은 새로운 의미의 과학적 위상을 갖게 되었으며 그 중심에 도상(icon)이 자리하고 있다. 4장에서는 도상을 재현(representation)이라는 차원에서 자세히 살펴보고자 한다. 이는 앞서 도상에 대한 설명을 보충하는 의미도 있고 3부 "주역의 재현과 관계" 논의를 할 때도 필요하다. 도상 기호는 퍼스 기호학의 핵심을 이룬다. 지표와 상징 기호도 중요하지만 기호들의 시작점은 도상이기 때문이다.

1. 도상: 지속성, 관습성, 재현성

퍼스는 자아 개념을 해체하기 위해 도상의 특성을 확대한다. 이러한 특성의 중심을 이루는 것이 재현이다. 이 장에서는 퍼스의 도상에 대해 의미 있는 연구를 해 온 두 명의 퍼스 연구자들인 토머스 세벽(Thomas Sebeok)과 조셉 랜스델(Joseph Ransdell)의 논의를 중점적으로 살펴본다. 퍼스는 '기호학적 전환'(the semiotic turn)을 통해 관념의 위치를 새롭게 하고자 했다. 관념이 순전히 뇌 활동이라면 사물의 실재를 인정할 수 없게 된다. 그러나 퍼스는 그의 기호학적 전환을 통해 사물을 살려낼 수 있었고 그것 또한 말 그대로 실재하는 것이 아닌 기호학적으로 실재한다는 방식으로 철학적 난제의 물꼬를 틀어나갔다. 바로 이 지점에 퍼스의 도상이 있는 것이다.

도상은 사물이나 사건을 일반화한다. 사물과의 닮음이나 유사성만으로 관념을 일반화하기는 어렵지만 도상성이 주어지면 일반화가 가능하다. 도상은 물질적인 것 외에 추상적인 것의 일반화도 가능하다. 추상의 극단에 있는 인간의 도덕성을 예로 들어보자. 특정 부류의 사람들이 갖고 있는 도덕성의 공통분모를 두고 "저것이 바로 도덕성이다"라고 했을 때 거기에는 일반화할 수 있는 도덕성의 유사점이 있어야 한다. 퍼스의 유사성 또는 닮음의 이론에서 도상의 질적 특성은 이러한 내재적이고 추상적인 것까지 포함한다.

도상은 흔히 이미지와 함께 혼용되어 사용되는데 많은 경우 이미지가 도상의 역할을 하는 것은 분명하다. 그러나 도상이 이미지일 수는 있지만 이미지가 곧 도상은 아니다. 이미지는 도상의 특징을 갖지만 반대로 이미지는 도상성에 필요한 충분조건을 마련하지 못한다. 도상은 이미지뿐만 아니라 도식(diagram)과 은유를 포함하지만 이미지는 도상의 세부 기호일 뿐이다. 그러므로 도상은 그 자체로 완벽한 기호 구실을 한다기보다는 오히려 이미지,

도식, 은유 중 하나의 형태로서 기능한다. 이 말은 도상을 실을 뽑아 올리듯이 시각적으로 추출하는 것이 불가능하다는 뜻이다. 이미지는 볼 수 있지만 도상은 볼 수 없다. 도상을 분류상 기호라고 부르긴 해도 실제로 그것은 기호라고 할 수 없으며 어떤 하나의 차원의 형태로 있으면서 현실적으로는 이미지를 통해 드러나는 것이다. 이는 도상이 반드시 지표와 상징과 함께 나타나는 것을 보면 알 수 있다. 지표 안에 또는 지표에 앞서 도상이 있으며 상징 안에 또는 상징 앞에 도상이 있다는 것은 도상의 존재론적 위치나 논리적 위치를 가늠하게 한다.

도상이 실제적인 방식으로 기능하는 이미지에 대해 좀 더 살펴보자. 이미지는 자연적 이미지와 인위적 이미지로 나눌 수 있다. 자연적 이미지는 자연 상태에서 일반적으로 볼 수 있는 것이다. '사람의 그림자'를 예로 들 수 있다. 이 경우 그림자를 만들어 내는 빛이 사라지면 그림자도 함께 사라지게 된다. '물속에 비친 얼굴' 사례도 마찬가지이다. 물속의 얼굴이 물에 비친다는 측면에서는 이미지일 수 있지만 물을 흐리게 하거나 손으로 저어 버리면 그 얼굴 이미지는 이내 사라진다. 그림자나 물에 비친 얼굴은 이미지이되 대상의 유동성 또는 순간성 때문에 이미지로서 가져야 할 최소한의 지속성을 결여하게 된다. 이 사례들과 달리 인위적으로 사진 찍어 놓은 그림자나 그림을 상정해 볼 수 있다. 사진으로 찍은 그림자나 그림의 이미지는 어느 정도의 지속성을 갖고 있으며 여기에 더해 그러한 지속성을 유지하고자 하는 사람의 의도가 들어가 있다.

자연적 이미지에는 적극적인 의도성과 지속성이 결여되어 있다. 물론 빛에 의해 만들어지는 그림자와 물에 비친 얼굴 모습도 조건이나 상황에 따라 의도적으로 사용되어 어느 정도의 지속성을 갖는다면 인위적이라고 할 수는 있다. 그러나 어떤 경우이든 이미지가 정상적인 기호로 작동하려면 인위적인 의도성과 지속성의 조건을 충족해야 한다. 그렇지 않으면 기호로서의 최소한의 능력이나 권한을 상실하게 된다. 그러므로 삼라만상의 자연 현상을 신적 상징으로 보는 서양 중세적 기호학은 엄밀한 의미에서 보면 정상 기호학이라 할 수 없을 것이다.

그림자나 얼굴의 예처럼 대상이 사라질 때 그 대상의 이미지도 사라진다면 해석이 자리할 여지도 없어진다. 이를 퍼스식으로 말하면 재현이 없으면 해석체(interpretant)도 없다는 뜻이 된다. 해석체도 하나의 기호로서 인위적 개입이나 참여가 기호화된 것이기 때문에 그러한 역할을 해 주는 해석체의 역할도 사라진다. 기호는 주어진 대상을 대신할 수 있을 때 기호로서의 의의를 가지며 대상의 흔적이 어떤 식으로든 지속되어야 기호로서의 정상성을 유지할 수 있다. 대상이 없으면 기호도 없다는 주장은 퍼스가 그의 기호학을 대상(object), 해석체(interpretant), 기호(sign)의 한 묶음으로 보듯이 이 중 어느 것 하나만 없어도 기호학이 성립할 수 없음을 말해 준다. 지속성이 없는 기호도 해석 과정에서 이차적 대상으로 바뀔 수 있겠지만 이 경우 그림자나 물에 비친 얼굴은 해석되어 새로운 대상으로 존재하기보다는 항상 원점으로 돌아가 새롭게 해석을 시작해야 하는 문제가 있다. 즉 그 본래의 사람이나 얼굴을 끊임없이 불러와야 한다. 어제의 그림자나 물에 비친 얼굴을 오늘 재해석하려면 그것들이 오늘의 이 시점까지 지속되어야 하는데 그렇지 못하다. 그러므로 도상을 기호라는 차원에 두려면 인위적인 의도성과 지속성이라는 기능이 선제적으로 작동해야 한다.

도상은 본래 플라톤의 "기호는 대상을 모방한다"(The sign imitates the signified)라는 말에 기원을 둔다. 모방이라는 것은 닮음(likeness)이라는 말로 바꾸어 이해할 수 있다. 퍼스가 도상을 "성질의 집합체"(a mere community in some quality)[1]라고 했을 때 그 성질은 바로 닮음을 뜻하며 플라톤식으로 말해 모방을 의미한다.

이러한 도상은 "유사성에 의해 대상을 재현한다"[2]. 여기에서 주목할 사항은 닮음이 관습(convention)에 의해 규정된다는 사실이다. 퍼스는 "많은 물질 이미지는 대체로 관습적으로 재현 양식을 만들어 낸다"[3]고 하면서 도상에서의 닮음이 관습적인 규칙에 의해 정해지는 것으로 본다. 에코(Umberto Eco)도 이에 동의하면서 "도상은 문화적으로 코드화된 것이며 보다 유연한 의미에서 관습적으로 이루어진 것"으로 본다.[4]

닮음의 이러한 관습의 특성을 설명하는 방식은 다양하다. 세벅이 제시하는 몇 가지 사례를 보자. 첫째, 고대에 흔히 행해진 마술 치료의 경우 이 마술의 근거를 제공하는 것이 닮음이다. "닮은 것이 닮은 것을 생산한다" 또는 "원인과 결과는 닮은 것이다"라는 동종요법식의 진술이다. 손을 다쳤을 때 손과 닮은 나뭇잎을 달여 먹는다든지 하는 것이 바로 이러한 닮음에 근거한다. 여기에 들어 있는 원칙이 바로 '유사성의 원칙'(the law of similarity)이며, '친근성이나 접촉의 원칙'(the law of contact or contagion)으로서 닮음에 근거한 도상적 성격을 치료에 적용한 사례이다. 둘째, 게슈탈트 심리학에서 보이듯 무작위로 흩어진 여러 형태, 색, 소리 등에서 같거나 다른 것을 취사선택하는 방식이다. 같은 류의 것들을 한 묶음으로 묶을 수 있다는 것은 유사성이나 친근성의 요소가 게재되었다는 뜻이다. 셋째, 인지언어학의 동시성과 계속성의 축, 패러다임적(paradigmatic) 또는 통어적(syntagmatic) 관계, 그리고 은유와 환유에서도 이러한 도상성이 작용한다. 은유의 경우 퍼스는 그것을 이미지와 도형을 포함하여 원 도상(hypoicon)의 하나로 보고 있는데, 이 경우에도 도상이 작용한다. 예를 들어 수박을 '설탕 같은 과일'이라고 한다면 이는 '달다'라는 맛의 도상

---

1) CP; 1.558.
2) CP; 2.276.
3) CP; 2.279.
4) Eco, 1976; 192-200.

성질이 수박에서 '설탕 같은 과알에 이전된 것으로 볼 수 있다. 넷째, 세벅뿐만 아니라 퍼스 기호학을 활용한 생물기호학(biosemiotics)이나 동물기호학(zoosemiotics)에서 유전자 조직의 전이 현상에도 닮음의 기능이 작용한다. 생물조직이 갖고 있는 항상성(homeostasis)은 생물이 유전자 조절을 하면서 일종의 도상적 기호화를 한다고 볼 수 있다.[5] 도상은 후천적이고 관습적인 형태로 진행되는 여러 현상들에서 나타난다. 어떤 주어진 자극이나 조건에 따라 반응한다는 것도 결국 사물이 가진 성질을 재현한다는 뜻이 된다.

퍼스가 도상을 이미지, 도식, 그리고 은유로 분류했을 때[6] 그가 가장 강조한 것은 이미지이다. 앞서 도상과 이미지의 차이를 잠시 언급했지만 그는 이 두 개념을 자주 같은 의미로 혼용해 사용하고 있다. 그가 말하는 이미지는 단순히 시각적인 것뿐만 아니라 소리나 맛, 냄새와 같이 후각적이거나 미각적인 것도 포함하는 넓은 의미에서의 이미지이다. 도상이 이렇게 시각, 청각, 후각, 또는 미각의 이미지로 나타날 때 이들이 공통적으로 갖고 있는 것은 재현성을 드러내는 도상의 성질이다. 도식(diagram)도 도상성을 갖고 있다. 의미론(semantics)에서 단어나 문장은 대상을 지칭하는 데 그때 발생하는 관계가 '도식적 도상성'(a diagrammatic iconicity)이다. 단어의 의미를 구성하는 인간의 경험은 대상에 대한 구체적인 경험을 바탕으로 하고 있으며 이때의 경험은 대상과의 닮음의 성질을 기호로 전환하게 한다. 세벅은 우리가 흔히 경험하는 실수 중에서 말이나 문법의 실수 등도 이러한 도상의 재현성 때문으로 본다. 왜 실수가 일어나는가에 대한 물음이 아니라 어떻게 실수가 일어나는가 라고 물으면서 그러한 실수의 기제도 대상 경험과 그것의 언어화 과정에서 도상성이 강하게 작용한 것으로 본다. 말실수의 경우를 보자. 내가 누군가에게 A라는

---

5) Sebeok, 1989; 113-116.
6) CP; 2.277.

말을 하고 싶었는데 그 전에 나는 A1에 대한 생각에 사로잡혀 있다 보니까 A 대신에 A1이라는 말을 할 수가 있다. 이때 나의 실수가 된 A1은 방금 전에 기억한 내용이 내 머릿속에 가까이 입력되어 있다가, 즉 근접함이나 유사함으로 남아 있다가 나오게 된 것이라 할 수 있다.

경험과 기억에서 보이는 도상성은 앞에서 예시한 관습적인 도상성과는 달리 도상의 대표적인 특성인 재현을 보여 주는 경우이다. 재현은 동일성(identity)의 철학적 주제와도 밀접한 관련을 갖지만 여기에서는 도상성의 대칭적 특성(symmetry)과 퇴행적 특성(regression)으로 나누어 볼 수 있다. 상징은 지표에 의존하며 지표는 다시 도상에 의존한다는 기호 분류원칙에 따르면 기호는 본질적으로 퇴행성을 갖고 있다. 이 퇴행성은 앞서 2부 1장에서 되돌림(degeneracy)이라고 한 그것과 같은 의미이다. 퇴행성 또는 되돌림이 의미하는 것은 기호는 뒤로 돌아갈수록 그 성격이 뚜렷해진다는 데 있다. 자주 드는 예이지만 삼각형의 상징은 그것이 하나의 선이 될 때까지 끊임없이 되돌아갈 수 있으며, 그 결과 삼각형 상징은 선이라는 원초적인 도상에 근거해 있음을 보여 주게 된다. 논리학에서도 이런 일이 발생하는데, 퍼스의 직관적 추론 방식인 가추(abduction)도 돌아감의 원리를 따른다. 이는 기호학을 성격 짓는 논리학에서조차 '유사한 본질적 환원'(the pseudo-essential reduction)이라는 방식이 일어나고 있음을 말해 준다. 이런 모든 돌아감이 퍼스의 현상학이 보여 주는 특별함이다. 여기에 대해서는 후반부에서 랜스델의 본질주의적 경향을 논의할 때 다시 언급할 것이다.

퍼스의 도상적 성격을 퇴행이나 되돌림으로 보는 것이 일반적인 경향이지만, 세벅은 이 외에 도상의 대칭성의 부재 즉 비대칭성을 지적하고 있다.[7]

---

7) Sebeok, 1989; 119.

재현한다는 것은 먼저 있던 것을 닮아 내면서 앞으로 계속 진행되어 간다는 뜻이므로 재현에는 먼저 있던 것으로 되돌아가려고 하지 않는 경향이 있다. 예를 들어 모나리자라는 실제 인물을 모나리자 그림을 통해 재현할 수는 있지만, 모나리자라는 그림을 통해 실제의 인물을 재현할 수 없다는 의미에서의 비대칭이다. 그렇다면 재현은 미래 진행형의 일방향적인 것이며 이러한 계속성 속에서 기호학의 해석적 특성이 만들어진다고 해야 할 것이다. 대상 O를 재현하는 기호 OR1이 OR2로 계속 진행하면서 OR3, OR4 등의 한 방향으로 계속되는 것과 같다. 이 과정에서 OR1은 최초의 대상이었던 O와 같은 상황에 놓이게 되며 대상이 아닌 기호가 대상으로 전환되는 경우가 발생한다. 해석된 기호가 마치 대상 역할을 하는 것이다.[8]

이러한 비대칭이 다소 특이하게 발생하는 경우를 가정해 볼 수 있다. 만약 어떤 사람의 사진에 먼저 익숙해져 있다가 그 실제 인물을 만났을 경우를 생각해 보자. 이때는 실제 인물인 대상보다 닮은꼴을 하고 있는 사진이라는 기호를 먼저 본 경우이다. 그렇다면 어느 것을 대상이라 해야 하고 또 기호라 해야 할까. 아마 이미 오랫동안 보면서 익숙해져 온 사진을 대상이라 해야 하고 실제 인물을 기호라고 해야 할지 모른다. 그러나 이런 대상과 기호의 순서가 바뀐 이상한 상황에서도 대상과 기호를 자리 잡게 하는 본질적인 특성 자체는 바뀌지 않는다. 만약 앞의 모나리자의 예에서 화집의 모나리자 사진에 아무리 익숙해져 있다 하더라도 박물관의 진품 모나리자 그림을 보면 박물관

---

8) 본래는 대상이 아니었지만 대상의 역할을 하게 되는 것이 퍼스의 기호해석학의 요체이다. 기호학은 바로 이러한 해석의 끊임없는 연속으로 간주된다. 대상은 기호화되는 순간 다시 해석의 대상이 된다. 이러한 해석에 끝이 있을까. 퍼스는 이를 '마지막 해석체'(a final interpretant)라고 부른다. 해석이 종료되는 시점, 더 이상의 해석 작업이 필요 없는 시점에 이를 때 진리가 도출된다고 보는 것이 퍼스의 실용주의적 진리관이다. 그에게 있어 지식의 유토피아는 더 이상의 지적 논쟁이 일어나지 않는 해석이 종결되는 곳이기도 하다.

의 그 그림이 화집에 있는 대상이라는 것을 직관적으로 알 수 있다. 물론 모나리자 그림의 실제 인물이 현재 살아 있다면 그 사람이 대상이 될 것이고 박물관의 그림은 기호가 될 것이다. 세벽이 제기한 비대칭성 문제나 특이 현상의 비대칭성 둘 다 대상과 기호와의 선후 관계에 대한 고민을 하게 하지만, 그렇다고 해서 재현의 일방적인 방향성에 문제가 생기지는 않는다. 그것은 앞으로 나아갈 수도 있고 뒤로 돌아갈 수도 있다.[9]

도상의 비대칭적 또는 퇴행적 재현에서 기호화의 역동성을 볼 수 있다. 앞으로 끊임없이 진행하는 차원에서의 재현이든지 아니면 뒤로 퇴행하는 재현이든지간에 모든 존재는 재현 자체이면서 재현되어야 할 운명에 놓여 있는 존재이다. 달리 말하면 모든 존재는 기호학의 연속선상에 놓여 있는 존재이다. 퍼스식으로 말해 존재는 기호로 해석되는 존재이며 어떤 존재도 불완전한 존재로서 해석의 상태에 열려 있다. 그러나 퍼스가 진정으로 강조하는 지점은 퇴행적 의미인 되돌림으로서의 재현이다. 계속적이고 진행적인 재현은 세벽이 말한 것처럼 미래지향적인 경향이 아닌 오히려 방법론적 회귀, 그리고 기호학적 차원에서의 회귀에 초점이 맞추어져 있다. 이는 청년 퍼스가 젊은 시절 칸트의 '물자체'에 몰입했던 학문적 흔적이기도 하다. 물자체는 진리를 퇴행과 되돌림으로 이해한 결과이다.[10]

도상으로만 된 기호는 현실에는 없다. 도상은 시공간을 확보하여 지표가

---

9) 주역의 괘가 다른 괘로 이동하는 것도 이러한 재현의 방향성 때문이라 할 수 있다. 괘가 착종으로 인해 다른 괘로 이동하는 것은 전형적인 재현의 진행 모습인데 이 과정에서 앞선 괘는 착종에 의해 따라 나오는 다른 괘에 의해 대상이 된다. 기호로서의 괘가 대상이 되는 셈이다. 그러나 착종된 괘의 해석을 앞선 괘를 통해 얻어낼 수 있는 방법은 64괘 체계 내에서 충분히 제공된다. 그런 점에서 세벽이 제기한 비대칭성도 괘를 이해하는 데 장애 요인이 되지 않는다.
10) 퍼스의 초기 철학은 상당한 수준에서 칸트적이었지만 중기나 후기 철학으로 가면 칸트에서 벗어나 해석학자로서의 역할로 돌아서는 것을 알 수 있다.

되고, 지표는 삶의 현장에서 상징으로 전개되어 나간다. 도상은 이러한 지표와 상징이 동반된 속에서 찾아질 수 있는 것이며 도상 자체로만 존재한다는 것은 불가능하다. 동시에 상징은 지표로 되돌아가고, 지표는 다시 도상으로 되돌아가면서 기호학적 회귀가 일어난다. 그러므로 도상은 정확히 말하자면 감각되는 기호가 아닌 그렇고 그런 '도상의 경향성'(the iconic tendency)을 가진 기호라고 해야 할 것이다.

2. 진리 찾기와 기호해석

퍼스의 기호학을 이해하기가 쉽지 않은 이유는 범주를 가져와 복잡한 분류학을 전개하기 때문이다. 그러나 이 분류 문제는 이차적인 듯하다. 랜스델도 주장하다시피 기호가 어떻게 분류되느냐가 아니라 무엇이 퍼스로 하여금 그런 분류를 만들게 했는가 하는 물음이 더 중요하다. 퍼스의 기호 분류는 일관되게 셋으로 가지치기하는 그의 범주적 현상학 분류 방식 때문이다. 이 삼분적 관계에 따라 기호는 3개에서 10개로, 그리고 66개로 확장된다. 이런 분류 방식의 철학은 인간의 경험과 지능을 포함하는 지식의 계보를 찾고자 하는 정신의 현상학이기도 하다.[11]

랜스델이 말하는 정신은 인간의 다양한 행위와 사고 기능을 모두 포함한다. 이를 도상과 관련해 살펴보면 생물계의 자극과 반응까지도 정신 영역의 하나인 기호학으로 전환시킬 수 있다. 잔인한 비유이긴 하지만 실험용 개구리의 한쪽 다리를 염산으로 살짝 태우면 그 개구리는 다른 쪽 다리로 가져와

---

11) Ransdell, 1977; 159. 퍼스의 기호 분류나 주역의 괘 분류도 같은 맥락에 있다고 볼 수 있다. 64괘는 중국 고대의 지식 분류학이며 계보학이라 할 만하다.

탄 다리를 무의식적으로 비비게 된다. 이 과정을 연역 논리로 표현하면 염산으로 자극하는 행위는 소전제, 개구리의 습관적 반응은 대전제, 한쪽 다리를 비비는 것은 결론이 된다. 이 과정을 명제화해 보자. "모든 개구리는 한쪽 다리에 상처가 나면 다른 쪽 다리로 비빈다(대전제). 어떤 개구리의 한쪽 다리에 상처가 났다(소전제). 그러므로 이 개구리도 상처 난 다리를 다른 쪽 다리로 비빈다(결론)." 이러한 명제화는 생물계에 실재하는 일반 행위와 연역 추론 사이에도 유사성이 있음을 보여 준다. 퍼스 기호학이 정신의 영역을 가진다는 것은 현실의 자극과 반응행위까지도 기호적으로 또는 언어적으로 전환되어 설명될 수 있음을 뜻한다. 이 과정에서 중요한 역할을 하는 것이 재현의 특성을 보여 주는 도상인 것이다.

개구리 예화가 의미하는 바는 자극과 반응의 관계가 도상에 있다는 사실뿐만 아니라 인간 행위도 정신의 영역으로 환원될 수 있고 여기에 기호학적 추론 과정이 개입된다는 사실이다. 즉 대상에 대한 기호현상학적 전환이 발생한다. 퍼스가 행위의 정신영역으로의 전환, 그리고 기호학적 개입을 하는 목적은 진리 찾기에 있다. "기호의 목적은 진리를 가져오려는 데 있다"[12]는 그의 말은 기호학의 목적이 어디에 있는가를 분명하게 말해 준다. 그에게 있어 진리는 언젠가는 발견되며 또 찾아야 할 어떤 것이다. 진리는 언젠가는 찾아지는 것이지만 다만 그것이 어떤 특정인에 의해 찾아지는 것은 아니며 먼 훗날 지식 공동체가 발전되어 가는 과정에서 발견되는 것이다. 그에게 있어 정신은 모든 행위의 가장 보편적 양식이다.[13]

인간은 본능적으로 진리를 추구하는 존재이다. 진리 찾기는 은밀하고 산만하게 진행되는 것이 아니라 의도적이고 체계적인 정신적 행위이다. 이것이

---

12) CP; 2.444n, "The purpose of signs is to bring truth."
13) CP; 1.269.

추론의 과정이고 논리화의 과정이며 기호 행위인 것이다. 기호학은 진리 추구라는 목적 지향적 기능을 수행한다. 그 구체적인 증거가 기호학의 해석 과정이다. 앞으로 나아가거나 되돌아가거나 하면서 해석은 쉼 없이 이루어진다. 진리는 해석의 순차적인 연속을 통해서 이루어지며 여기에는 어떠한 지적 비약이 있을 수 없다. 즉 하나의 해석을 통해 또 다른 해석이 만들어지고 그렇게 해석된 것에 대한 해석이 끊임없이 계속된다. 기호는 해석됨으로써 그 의미가 있다. 실재 또는 진리는 알려지되 이러한 해석 과정을 통해서만 가능하다. 해석의 특성이 그러하듯이 목적은 정해져 있지만 그 방법은 열려 있다. 진리가 있어 그것을 찾는다는 의미에서는 닫혀 있지만 그 방법은 해석의 차원에 의해 열려 있다.

퍼스에게 진리는 결국 의사소통의 문제이다. 플라톤 이래 진리 찾기는 대화의 과정이었고 그 대화의 성격은 기호학적으로 말해 서로의 의견에 대한 끊임없는 해석이라 할 수 있다. 나의 의견이 상대에게 건너가면 나의 의견은 해석 대상으로 바뀌고 그렇게 해석된 상대의 의견은 다시 나에게로 되돌아와 또 다른 해석의 대상이 된다. 서로의 주고받는 말은 기호가 되고 그러한 기호에 해석이 따라 나온다. 대화를 구성하는 상징도 "해석이 없게 되면 그 본래의 성격을 상실하게 되는 기호"[14]이다. 대화는 끊임없는 상징의 주고받기이며 '해석되어야 할' 운명에 놓인 상징 기호인 것이다.

진리 찾기와 그것의 해석적 의의, 그리고 기호가 갖는 '해석적 운명'을 보면 도상이 그 중심에 있음을 알 수 있다. 퍼스 연구자들 중에서도 특히 랜스델이 이러한 문제를 집요하게 추구했다. 도상은 사물의 실재를 재현하는 '드러내기'(revelation)에 있다. 자연의 성질을 드러내고 대화의 의미를 드러내는

---

14) CP; 2.307.

것, 이 모든 것에 재현이 있다.

3. 보이는 주체, 드러나는 자아

퍼스가 해석의 중요성을 강조한 이유는 대상이 실체화되는 것을 방지하기 위해서였다. 하지만 실체나 본질이라는 말을 피하려고 관념으로 도망가다 보면 관념론자가 되거나 그보다 더 위험한 회의론자가 되어 버린다. 물론 잘못된 이해지만 퍼스가 가끔씩 관념론자라는 누명을 받는 것도 그가 실체를 해석으로 전환하는 과정에서 발생했다. 그의 해석학은 본질론적인 환원이 불가능하다는 데 있지 관념으로의 도피를 위한 것이 아니다. 그는 실체를 기호학적으로 인정하려고 했던 기호학적 실재론자라 할 수 있다. 랜스델이 도상을 본질적이고 신비주의적으로 처리하는 경우가 자주 있는데 이것은 잘못이다. 여기서 도상의 재현적 특징을 다시 한 번 살펴본 뒤 이 논쟁으로 다시 돌아가자.

퍼스 기호학에서 기호의 재현성은 기호가 지닌 해석에 달려 있다. 해석은 기호가 대상의 어떤 것을 드러내려고 하는지 그리고 그것이 드러낼 수 있는 것이 무엇인지를 매개하는 데 있다. 기호는 사물과 사물의 속성을 매개할 수 있는 수단이기 때문이다. 이 과정에서 세 가지의 요소인 대상, 그 대상의 속성이 구체화되는 해석체, 그리고 그 해석의 결과물로서의 기호가 거대한 기호학의 파노라마를 가져온다. 이 세 요소에서 기호는 기존의 철학에서는 주체나 자아로 대변되는 행위자(agency) 역할을 하지만 퍼스에게는 그러한 행위자가 사라지고 그 행위가 사라진 곳에 기호의 연속체가 대신한다. 매개로서의 기호는 그 성격상 끊임없는 해석체를 동반하게 되어 세계는 이 세 요소들의 합으로 구성되어 나간다. 여기에 주체나 자아가 들어설 자리는 없게 되며 기호가 그 자리를 차지한다. 기호의 구성적 공간이 자아를 대신한다. 대상을 정의하고 규정했던 자아의 존재가 사라지고 기호해석의 임시성만 남게 된다. 기호로의 전환은 퍼스가 얼마나 자아 문제에 천착했으며 동시에 그것에서 빠져나오려고 했던가를 보여 준다. 모더니즘이 만들어 놓은 강렬한 자아의식은 퍼스의 기호학에 의해 설 자리가 없게 된 것이다.

도상이 재현성을 띠는 이유는 그 술어적 성격 때문이다. "무엇은 붉다"라고 했을 때 이 무엇의 특성을 나타내는 '붉다'는 개념은 그 '무엇'의 속성을 드러내는 데 있으며, 이 속성을 술어화하는 과정이 도상의 역할이다. 퍼스는 '붉다'라는 속성은 대상이 술어화되는 질적기호(qualisign), 즉 붉음의 원초적 성질이며 대상과의 자기 동일성이라고 한다. 붉은 사과에서 '붉다'라는 속성만을 추출해 낸 것이 도상이다. 그러나 붉음의 순수 도상만으로는 사과를 만들어 낼 수 없다. 사과의 붉은색은 붉은 사과로 있어야만 한다. 붉음의 도상이 주어진 조건에 따라 작용한다는 것을 미루어 짐작은 할 수 있겠지만 구체적으로 도상이 어떤 것이라는 것을 확인할 길은 없다. 이는 도상이 지표나 상징에 들어 있기 때문이다. 즉 '붉다'는 것의 정체성을 인정한다고 하더라도 그 붉음의 조건, 즉 지표와 상징이 마련되지 않으면 확인할 방법이 없는 것이다. 붉은 노을이나 붉은 표지의 책을 보면서 붉음을 볼 수는 있겠지만 붉음 그 자체를 볼 수는 없다. 이렇게 되면 도상의 재현성은 전통적인 의미에서 추상(abstraction)에 가까울 수 있다. 랜스델은 대상의 속성을 추상적으로 규정할 수 있는 자기동일성(self-identity), 즉 특정 사물이 그러한 속성이 없으면 자기 존재를 상실하게 되는 그런 차원으로 간주하고 도상을 실재(entity)를 드러내기 위한 것으로 본다.15)

앞에서 잠시 미루어 두었던 의문을 다시 가져와 보자. 랜스델은 도상을 본질적인 것으로 이해해서 도상이 갖는 직접성(direct-ness)이나 분리성(prescind-ness)을 말 그대로 칸트의 '물자체'로 취급한다.16) 그러나 퍼스는 이런 의미에서 도상의 추상성을 말한 것이 아니다. 그에게 있어 도상은 기능적일 수는 있되 끝까지 구체성을 결여한 추상이 아니다. 그것은 실체적 추상(substantial abstraction)이라기보다는 어디까지나 논리적 추상(logical abstraction)이며 지표나 상징을 전제로 하는 추상이다. 랜스델이 플라톤의 이데아적인 추상을 이야기하고 있다면, 퍼스는 아리스토텔레스적인 사물 내재적 추상을 이야기한다고 할 수 있다. 랜스델은 실재하든 하지 않든 모든 것을 도상으로 환원하려 했고 그 과정에서 진리가 드러날 가능성이 있는 것으로 본다. 그러나 퍼스에게 도상은 어디까지나 기호화 과정 속에 있는 것이지 그 바깥에 있는 것이 아니다. 도상이 기호라는 사실을 잊어버리는 순간 본질론자가 되고 실체론자가 될 위험이 있다. 퍼스가 끝까지 견지하려는 점이 여기에 있는 것이다. 기호의 재현성이 술어화된다고 하더라도 그것은 기호적인 공간에서 실재하는 것이지 기호의 구성을 무너뜨리면서까지 실재하는 것은 아니다. 실재하는 것이 플라톤의 이데아적인 것이든 아니면 칸트의 물자체적인 것이든, 이는 퍼스가 추구하려 했던 도상성은 아니다. 퍼스의 실재론은 어디까지나 기호학적 실재론인 것이다.

랜스델의 이런 문제점에도 불구하고 그는 퍼스의 '자아 없애기' 작업을 잘 수행했다. 흥미로운 것은 그가 '예견한다'(foreseeing)는 행위에도 도상이 자리 잡고 있는 것으로 본다는 데 있다.17) 이것은 퍼스가 확인하지 못했던 사항인 듯하다. 즉 미래에 닥칠 일, 그것이 꿈으로 나타나든 환상으로 나타나든, 그것 또한 기호화의 과정인 것이다. 이런 점만 본다면 랜스델이 어떤 면에서는

---

15) Ransdell, 1986; 69.
16) Ransdell, 1986; 72.
17) Ransdell, 1986; 73.

퍼스보다 더 철저히 자아 없애기에 치중했다고 볼 수도 있다.[18] 퍼스는 어쩌면 유럽의 해체 담론 이전부터 이미 '자아 없애기'를 그의 기호학을 통해 전개했다고 할 수 있다. 도상에 의한 재현에는 일종의 시뮬라크르가 존재할 수 있다. 이는 도상에 물질성을 추가하는 지표 때문이다. 최근의 유럽 철학자들의 퍼스 기호학에 대한 관심은 기호학적 실재론의 논리 체제보다 오히려 도상과 함께 지표 기호가 만들어 내는 일련의 비논리적인 추상 즉 새로운 형이상학으로의 회귀에 있는지도 모른다.

퍼스의 후기 철학에서 시네키즘(synechism)이나 타이키즘(tychism)과 같은 개념들은 그가 우연(chance)의 문제를 다루는 속에서 나왔다. 이 시기의 그의 철학에는 분명 형이상학적인 요소가 있으며 신비주의적인 성격이 들어 있다. 칼 포퍼가 퍼스의 철학 방법을 두고 '구름 속의 시계'(clocks in cloud)라는 유명한 비유를 던진 까닭이 있다. 구름은 혼돈으로 비이성을 의미하지만 시계는 이성이다. 퍼스의 철학하는 방식이 꼭 이와 같이 비이성을 근거로 이성을 이야기하는 것으로 보였기 때문이다. 이는 퍼스의 신비주의적 형이상학의 한 단면을 말해 준다. 그러나 이런 점만 떼어 내 퍼스를 형이상학자로 부르는 것은 적절하지 않다. 왜냐하면 모든 철학자는 일정 정도의 형이상학자이기 때문이다.

퍼스가 그의 일생을 통해 추구한 것은 형이상학에서 벗어나는 것이었고 그것의 구체적 결과물이 그의 기호학이다. 지표의 기호적 특성으로 사물을 이해하려는 태도가 틀린 것이 아니고 지표와 대상과의 관련성을 이야기하다 보면 형이상학적인 논의가 자연스러울 수도 있다. 지표는 주어진 대상을 순간적으로 무엇이라고 규정하고 정의내리는 역할을 하기 때문이다. 그러나 지표

---

18) 어떤 일이 일어날 것을 예상하는 것조차 기호화할 수 있다는 랜스델의 주장은 주역의 占辭를 기호화할 수 있는 가능성을 보여 준다. 점사는 분명히 텍스트를 벗어나 실제적이고 구체적인 행위를 예견하는 것이지만 넓게 보면 거대한 기호화의 기획의 결과라 할 수 있다.

는 어디까지나 기호학의 체계에서 이해해야 한다. 퍼스의 해석학이나 현상학도 사물 자체를 다루기 위한 것이 아닌 어디까지나 기호학의 해석학이었고 기호학의 현상학인 것이다. 이런 의미에서 퍼스의 자아는 '보이는 자아'이고 '드러나는 자아'일 뿐이다. 기호가 작동하지 않는다면 전혀 알 수 없는 자아인 것이다.

3부

주역의 재현과 관계

이제 퍼스 기호학에서 빠져나와 다시 주역으로 돌아가자. 2부에서는 퍼스 기호학의 중요 개념들과 논쟁들을 살펴보면서 재현의 기호학적 실재론의 성격을 확인했다. 3부에서는 재현의 특징을 여러 사례를 통해 점검하면서 괘의 특성의 한 축인 관계 문제를 점검하고자 한다. 재현성에 여전히 주목하지만 괘 자체보다는 괘들 간의 관계를 좀 더 상세히 보고자 한다. 괘들 간의 논리 구조는 괘 변화의 형식을 이해하는 데 필수적이며 이때 퍼스의 '관계논리' 논의가 도움이 될 것이다.

괘와 괘 사이, 효와 효 사이의 형식적이고 내용적인 관계는 괘 현상의 해석학적 논의를 통해 좀 더 분명해질 수 있다. 괘의 형식과 괘의 상 사이의 불가분의 관계나 괘 순서의 정합성은 단순히 괘들 간의 상반되고 변증적인 관점에서만 파악될 수 없고 재현의 기능이 받쳐 주어야 한다. 그리고 무엇보다 괘와 대상 사이의 관계는 유동적이므로 정확히 어느 정도의 도상, 지표, 또는 상징이 괘에 각각 자리하고 있는가를 가늠하기가 쉽지 않다. 이런 점을 보완하기 위해 계사전의 재현의 특성을 좀 더 개관하고 괘의 짜임의 특성, 관괘를 통한 재현의 철학적 의의, 그리고 퍼스의 10개 분류 기호에 의한 괘사의 특성을 점검한다.

1장   계사전의 재현

1부 3장에서 상象의 문제를 백서본 계사전의 어휘 변화를 통해 살펴봤다면 여기서는 현행본 계사전으로 다시 돌아가 주역의 재현의 성격을 점검하고자 한다. 이 논의를 전개함에 있어 대체로 1982년 발표된 윌러드 피터슨(Willard. J. Peterson)의 기념비적 계사전 연구 결과를 따라갈 예정이다. 계사전의 철학적 성격, 특히 재현의 성격을 피터슨만큼 체계적으로 풀어나간 논문을 찾기가 쉽지 않다는 것은 이후의 계사전 연구자들이 그의 글을 일차적으로 언급하고 있는 것을 보면 잘 알 수 있다. 마지막으로 그의 주장에 많은 부분 동의하면서도 그의 논문이 지닌 한계도 지적하고자 한다.

1. 계사전의 상象

피터슨에게 있어 계사전은 주역 경전의 수준을 넘어서 있다. 그 이유는 역易이라는 글자에서 나오는 '변화'에 대한 철학적 담론이 계사전에서 독자적으로 전개되고 있다고 믿기 때문이다. 그는 역은 넓게는 우주의 변화, 좁게는 괘효卦爻의 변화 둘 다를 지시하고 있으며 점사의 효의 변화와 우주변화에도 기능하는 것으로 본다.[1] 그러나 그가 좀 더 주목하는 것은 계사전이 우주변화의 속성과 원리를 어떻게 풀어나가는가와 그러한 변화를 사람들은 어떻게

---

1) Peterson. 1982; 82.

읽어 내어 현실 삶과 연결고리를 맺는가에 있다. '천지변화와 인간 삶과의 관계'라는 주제는 전통적인 계사전 연구와 맥을 같이 하지만, 그의 문제의식은 도대체 어느 정도의 수준에서 인간의 삶과 천지자연의 변화가 일치될 수 있는 가 하는 것과 이 과정에서 계사전의 진정한 역할이 무엇인가 하는 데 있다.

피터슨은 계사전이야말로 '앎의 논리'를 종합적으로 구축하려고 한 것이라고 본다. 그의 천지자연의 이치를 계사전을 통해 주역을 알 수 있다는 일반론에 더해 계사전의 텍스트로서의 해석 기능을 강조하는 데 그 독특함이 있다. 나중에 자세히 이야기하겠지만 계사전에 등장하는 성인聖人의 성스러움의 의미를 잠깐 언급하고 넘어가자. 계사전의 성인은 사람들의 세계 인식에 어떤 도움을 주는가, 어떻게 인간의 불완전한 인식으로 완전한 앎을 가질 수 있는가를 생각해 봐야 한다. 계사전에서 성인이 맡고 있는 기능은 결코 소홀히 할 수 없다. 성인의 역할이 무엇인가 라는 피터슨의 질문은 그의 계사전 읽기의 독특함이다. 인간은 완전한 지식을 가질 수 없지만 적어도 계사전은 알고 있을 수 있으며, 인간은 '직접' 천지자연을 알 수 없지만 적어도 '계사전의 앎'은 세계 인식의 통로를 만들어 준다. 이것이 피터슨이 계사전에서 성인을 소환하고자 하는 이유일 것이다.

피터슨의 상象에 대한 이해는 역易의 '변화와 쉬움'의 특성으로부터 시작한다. 역의 쉬움의 의미는 나중에 그것이 논의되는 곳에서 다시 다루기로 하고 먼저 역의 한 뜻인 변화에 대해 살펴보면서 그의 논의를 따라가 보도록 한다. 역이 변화를 뜻한다고 했을 때 그가 암묵적으로 의도하는 것은 주역이 단순한 점서에 불과한 것이 아니라 우주변화의 원리를 담고 있는 책이며 계사전이 단순히 역경易經에 대한 주석서 이상의 글이라는 사실을 인정하는 것이다. 이러한 두 가지 동의를 이끌어 내기 위한 예비 작업으로서 상을 설명한다.

그에게 계사전의 상은 우리 인간이 천지변화의 속성을 끌어내는 방식

또는 태도를 의미한다.

계사전에 보이다시피, 상象이라는 글자는 영어에서는 닮음이라는 뜻을 담고
있으며 적극적으로는 사물에 대한 인식 행위를 의미한다. 또한 상은 동사 '관
찰한다'(觀)의 목적어 즉 대상이 되기도 한다. 이 경우 상은 이미지(image)라는
말로 번역될 수 있다. 그러나 상은 우리 인간이라는 관찰자와는 동떨어져 사
용되는 말이다. 다시 말해 상이란 우리가 인식하든 하지 않든 저 밖에 홀로
객관적으로 있는 것이다. 그러므로 나는 영어 단어의 '묘사 또는 그림이라는
말'(figure)이 상의 의미에 좀 더 부합된다고 본다. 묘사한다는 것은 하나의 이
미지이기도 하고 같음 또는 닮음이기도 한 말이다. 그것은 형태, 모양, 디자
인, 양태, 패턴, 또는 글자로 쓰인 상징이기도 하다. 묘사한다는 말은 상징
또는 이미지로서 재현함을 의미하며 어떠한 모양을 구체적으로 부여하는 것
이다. 상은 형태(form)로 번역되기도 하는 '形'이라는 말과는 다른 차원에 있
다. 형이란 말은 물리적 대상의 집단 또는 손으로 직접 만질 수 있는 물리적
대상의 뜻을 갖지만, 상은 대상의 집단 또는 '구체적인 물리적 대상'(器)과 사
건(事)의 뜻을 광범위하게 포함하고 있다. 계사전에는 인간 행위의 징조로서
의 모든 일을 모두 상으로 취급하고 있다. 어떤 사물을 형태화한다거나 묘사
한다는 말은 어떤 것을 우리가 인식하고 있다는 뜻이다. 계사전에 따라 상은
묘사 또는 묘사한다 라는 뜻으로 이해하는 것이 좋다.[2]

피터슨이 상이라는 말을 굳이 "그려 낸다"라는 말로 이해하고자 하는 이유
는, 계사전은 천지의 변화를 그려 내는 것이라는 자신의 주장을 옹호하기
위해서이다. 상이야말로 계사전의 철학 근거가 될 수 있고 중국철학의 독특한
인식을 만든다고 보는 것이다. 계사전의 인식론은 기존의 서구적 인식의 틀을
완전히 와해시키는 인식론이라 할 수 있다. 즉 인식하는 주체와 인식되는

---

2) Peterson. 1982; 80-81.

객체를 전제로 하는 이원론적 인식의 틀을 계사전에서는 찾아볼 수 없기 때문이다. 이러한 이원론적 인식의 틀이 거부되는 이유는 괘상의 독특한 성격으로 인해 대상이 재현의 연속성으로 설정되기 때문이다. 괘는 천지를 묘사해 내고 64괘는 재현의 연속 과정의 집합체이다. 인간은 사물이나 사건의 대상을 끊임없이 이어지는 괘의 변화 과정을 통해서 보고 읽는다. 마침내 이렇게 보고 읽은 괘를 통해 천지의 변화에 직접 참여한다. 변화에 참여한다는 말은 대상의 변화에 멀리 떨어져 있는 것이 아니라 변화에 직접 뛰어 들어 실천하고 행동한다는 것을 의미한다.

상의 특성은 앞서 마왕퇴 백서본 계사전에서 살펴봤듯이 건鍵이라는 글자가 '(문을) 열다' 또는 (문을 여는) '열쇠'의 의미를 가질 때 잘 나타난다고 할 수 있다. 이때의 건은 어떤 행위를 시작하거나 행위의 동기를 뜻한다. 문을 여는 빗장의 구실을 하는 건鍵은 곤坤과 천川과 서로 관계하며 사람들로 하여금 변화의 행위로 이끌어 내며 변화의 문을 열고 들어가도록 역동적인 상황을 만들어 낸다. 곤坤의 백서적인 표현인 말(馬)도 마찬가지라 할 수 있다. 천지지도天地之道의 도道도 '계속되어 가는 과정'이며 계사전에 자주 등장하는 동動이라는 글자도 변화를 말해 준다. 변화로서의 역易은 주역이 '변화의 책'이라는 사실을 뚜렷하게 보여 준다. 이 변화가 상象의 재현성을 어떻게 가져오는지 보자.

2. 계사전의 성인聖人: 피터슨의 네 주장

제1주장. "계사전은 천지간에 작용하는 모든 관계나 과정을 복사하거나 재현하는 기능을 갖고 있다."[3]

피터슨은 계사상전 1장 1절~5절까지와 6절~10절까지의 관련성에 주목한다. 먼저 1절에서 5절까지를 보자.

계사상전繫辭上傳

1.1 (1) 天尊地卑 (2) 乾坤定矣

1.2 (1) 卑高以陣 (2) 貴賤位矣

1.3 (1) 動靜有常 (2) 剛柔斷矣

1.4 (1) 方以類聚物以群分 (2) 吉凶生矣

1.5 (1) 在天成象在地成形 (2) 變化見矣

그는 이 절들을 번역하면서 각 절 서두에 모두 'Just as'라는 말을 추가하고 있다. 1절의 영어 문장은 다음과 같다. "(Just as) the heavens are eminent and the earth is humble, (the relative positions of) ch'ien and k'un (as aspects of the Change) are fixed." 이를 옮기면 "하늘은 뛰어나고 땅은 천하듯, (주역의 뭇 양상들로서) 건곤의 상대적인 위치가 정해진다"가 된다. 여기서 그는 '…하듯'의 뜻인 'just as'를 의도적으로 넣고 있다. 위 각 절들의 앞부분 (1)의 진술은 천지간의 현상을 지칭하고, 뒷부분 (2)의 진술은 괘와 효를 지칭하고 있다. 그는 이 앞부분과 뒷부분의 병렬 관계가 무엇을 의미하고 있는지를 묻고, 이러한 관계에서는 천지간의 자연현상과 괘효와의 병렬 관계가 제대로 부합되지 않는다고 본다. 그래서 'Just as'라는 문구를 삽입함으로써 앞과 뒷부분의 닮음의 구조를 분명하게 드러낸다. 다시 말해 높고 낮음, 움직임과 멈춤, 집단과 개별, 그림과 형태의 자연현상을 나타내는 절들은 괘효와 서로 잘 부합되어야 한다는 것을 보여 주려고 한다.

---

3) "The Commentary on the Attached Verbalizations duplicates relationships and processes at work in the realm of heaven-and-earth."(Peterson, 1982; 85)

천지간의 현상은 대상의 사실을 복사하는 기능을 갖고 있다는 것이 'Just as'를 삽입함으로써 주역의 재현 기능이 분명해진다. 닮음의 관계인 재현 기능이 본격적으로 발휘되는 모습은 다음의 다섯 절에도 나타난다.

계사상전繫辭上傳
1.6 是故剛柔相摩八卦相盪
1.7 鼓之以雷霆潤之以風雨
1.8 一月運行一寒一暑
1.9 乾道成男坤道成女
1.10 乾知大始坤作成物

여기서는 1장 6절의 '是故'의 시是가 무엇을 가리키는지가 명확해야 된다. 영어 번역은 "In Consequence of this, Hard and Soft (lines) rub against each other; the eight trigrams stir against each other"로 되어 있다. 한국어 번역 "이런 결과로서 단단하고 부드러운 (효는) 서로를 마찰하여 팔괘가 서로 뒤섞인다"에서 '이런 결과로서'라는 말이 앞의 다섯 절의 상황을 명확하게 한다. 6절~10절까지의 괘와 효의 변화에 자연의 현상이 구체적으로 어떻게 기술되고 있는가를 보는 것은 흥미롭다. 예를 들어, "강유상마팔괘상탕剛柔相摩八卦相盪"은 양효와 음효 그리고 팔괘를 각각 지칭하고 "고지이뢰정윤지이풍우鼓之以雷霆潤之以風雨"는 팔괘 중 네 괘인 진괘震卦, 리괘離卦, 손괘巽卦, 그리고 감괘坎卦를 각각 지칭한다.

계사상전의 1장 1절에서 10절까지의 의의는 천지간에 일관되게 진행되고 있는 사물 현상의 변화 과정과 주역의 괘효 사이에 '일련의 연속성'(a continuum)이 놓여 있다는 데 있다. 이 말은 천지간의 모든 변화가 괘효에 그대로 재현되고 있다는 것을 뜻한다. 그러나 이 정도로는 주역이라는 책이 천지만물의 변화를 '직접적으로' 재현한다고 말하기 어렵다. 텍스트와 대상과의 관계를 보여 주는 장면이 계사상전과 계사하전에 있다.

계사상전繫辭上傳

6.1 夫易廣矣大矣

6.2 以言乎遠則不禦

6.3 以言乎邇則靜而正

6.4 以言乎天地之間則備矣

계사하전繫辭下傳

10.1 易之爲書也廣大悉備

10.2 有天道焉

10.3 有人道焉

10.4 有地道焉

계사하전의 10장 1절은 역서易書의 의미를 진술하면서 주역이 천지현상에 놓인 변화와의 관계를 드러낸다. 2절~4절 각 절의 천도天道, 인도人道, 지도地道의 주어는 1절에 있는 역易자로서 "역이라는 책이 그렇고 그런 것의 속성을 갖고 있다"라고 번역하는 데 큰 문제가 없다. 그러나 유有라는 글자에 의지하므로 계사상전의 6장 1절~4절의 진술이 필요하다. 즉 주역의 책이 모든 곳에 적용될 수 있으며 그래서 천지간의 모든 현상을 다루지 않음이 없다는 것이다.

주역의 책과 천지자연과의 관계를 좀 더 확실하게 보려면 위 계사상전 6장의 나머지를 볼 필요가 있다.

계사상전繫辭上傳

6.5 夫乾其靜也專其動也直

6.6 是以大生焉

6.7 夫坤其靜也翕其動也闢

6.8 是以廣生焉

6.9 廣大配天地

6.10 變通配四時

6.11 陰陽之義配日月

6.12 易簡之善配至德

여기서 유의할 단어는 6장 9절~12절의 '배配'이다. 피터슨은 주역이 천지를 재현한다고 할 때 이 배라는 단어에 주목한다. 영어에서 재현 또는 복사는 'copy' 또는 'duplicate'로 번역되는데 이 배라는 글자는 앞의 두 단어들에 비해 상호적인 관계에 더 초점을 두기 때문에 'match'로 번역하는 것이 좋다. 그렇게 되면 10장 2절~4절의 역유易有에서 유有는 6장 9절~12절의 배配를 의미한다. 주역의 책이 무언가를 '갖고 있다'(有)는 것은 주역이 그것과 서로 "잘 어울리고 배합된다"는 뜻이기 때문이다.

피터슨의 제1주장에 따라 주역은 천지자연의 변화를 재현한다. 주역이 천지변화를 정확하고 치밀하게 재현하고 있다는 사실, 그리고 한 치의 빈틈도 없이 그런 변화에 잘 배합된다는 사실은 주역의 책을 통해 천지자연의 법도를 이해할 근거를 마련한다. 그 결과 천지의 모든 것은 주역의 책에 재현된다. 이렇게 되면 인식 주체인 인간과 인식 객체라는 이분법적 구분이 필요 없어진다. "(여기서) 인식론과 같은 문제는 끼어들 수가 없다."[4] 그의 이야기를 좀 더 들어 보자.

주역과 천지만물은 각각 서로 닮은 두 가지의 하나이며 서로를 물고 있으며

---

4) Peterson, 1982; 91, "An epistemological problem is denied."

서로를 포함하고 있다. 모든 곳에 항상 변화가 있으며 이렇게 서로 다른 영역에서 (주역이라는 책과 천지간에) 존재하는 변화는 서로 닮은 변화가 된다. 이 관계가 제1주장의 근거이다.[5]

주역과 천지자연의 변화가 서로 닮아 있다는 사실로부터 '직접적 관여'의 인식이 필요 없어진다. 사물과 사건들의 관계가 주역의 괘효에 재현되어 있으므로 직접적으로 자연을 인식해야 할 이유를 발견하지 못한다. 대신 '주역의 책을 통해서' 외부 인식의 근거를 마련하면 된다. 계사전을 통해 자연세계를 알 수 있다는 것이 피터슨의 이어지는 제2주장이기도 하지만 적어도 그의 제1주장은 주역의 인식 방법은 실재론에 근거한다는 것이라 할 수 있다. 그리고 이러한 실재론은 어디까지나 주역의 책을 매개로 한 실재론이므로 해석이 개입될 수밖에 없다. 이 책의 1부에서 괘효의 구조를 통해 실재론적 성격을 확인했다면, 피터슨의 계사전 분석의 제1주장을 통해서도 실재론의 성격을 읽어 낼 수 있다. 단 피터슨이 괘효의 해석적 특징을 강조하지 않은 탓에 '기호학적'이라는 수식어를 실재론이라는 말에 추가하지 못했던 점은 있다. 물론 그의 제3주장에서는 인식의 매개로서 주역의 책에 더해 성인의 해석적 역할이 재현에 기여할 수 있음을 볼 수 있다. 자연, 주역 책, 그리고 그 사이에 성인이 개입되는 계사전의 구조는 주역철학을 기호학적 실재론으로 전개할 수 있는 틀을 제공한다.

> 제2주장. "우주의 (道적) 과정은 (우리가) 알 수 있으며, 이러한 이해 능력에 근거해서 우리 자신의 행동을 교정할 수 있다."[6]

---

5) Peterson, 1982; 91.
6) "Cosmological processes are intelligible and humans can adjust their conduct on the basis of that intelligence" in ibid.(Peterson, 1982; 91)

주역의 천인합일의 덕목이 성공적으로 이루어지려면 천지변화에 대한 이해력이 전제되어야 한다. 피터슨도 이 점을 중시하여 인간의 이해력이 어떻게 만들어질 수 있는가에 주의를 기울인다. 그가 특별히 관심을 갖고 있는 절은 계사상전 1장 12절이다. 그는 이 절이 앞의 1장 9절~11절과 뒤의 13절~17절을 연결하는 중요한 역할을 한다고 본다.

계사상전繫辭上傳

1.9 乾道成男坤道成女

1.10 乾知大始坤作成物

1.11 坤以易知坤以簡能

1.12 易則易知簡則易從

1.13 易知則有親易從則有功

1.14 有親則可久有功則可大

1.15 可久則賢人之德可大則賢人之業

1.16 易簡而天下之理得矣

1.17 天下之理得而成位乎其中矣

위의 9절~11절에서 건과 곤은 문장에서 주어 역할을 하며 내용적으로는 우주의 도적 과정이 이루어질 수 있도록 한다. 문제는 12절인데 여기서는 앞의 세 절의 건곤의 이중적 기능이 하나의 종합판단으로 나타나고 있다. 즉 역易이라는 글자가 동사인 지知와 종從이라는 글자의 주어로서 '변화'와 '쉬움'의 뜻을 함께 가진다. 역을 단순히 주역 책의 역 또는 변화의 역으로 해석할 수 없다. 이 부분이 바로 역의 '변화'의 의미와 함께 '쉽고 간단함'의 의미이다. 피터슨은 이를 위해 세 가지 번역을 시도한다.

1.12-1 "(Its aspect ch'ien) being easy, change (i.e., the process at work in the cosmos) knows (and commands). (Its aspect k'un) being simple, change (i.e., the process at work in the cosmos) follows along."

건乾의 모습은 쉬우므로 우주 작용의 과정인 변화는 (사물을) 알고 또 명령하게 된다. 곤坤의 모습은 간단하므로 우주 작용의 과정인 변화가 따르게 된다.

1.12-2 "What is easy, is easy to know; what is simple, is easy to follow."

쉬운 것은 알기가 쉽고 간단한 것은 따르기가 쉽다.

1.12-3 "(Ch'ien) being easy, change thus (is easy to) know; (k'un) being simple, (change) thus is easy to follow."

건은 쉬워서 변화하는 모습을 알기가 쉬우며 곤은 간단해서 변화하는 모습을 따르기가 쉽다.[7]

위에서 1.12-1과 1.12-3은 역을 변화로, 1.12-2는 역을 쉬움으로 이해한 번역이다. 1.12-2는 빌헬름(Richard Wilhelm)의 독일어본을 참고한 번역인데, 독일어에서 이 절은 "Was leicht ist, ist leicht zu erkennen; was einfach ist, ist leicht zu befolgen"으로 되어 있다. 1장 12절의 역易이 건곤의 모습인지 아니면 건곤의 기능을 말하는 것인지가 분명하지 않지만, 이 번역에 따르면 주역을 변화라기보다는 쉬움의 성질로 봐야 한다. 역이 쉬움을 뜻한다면, 1장 12절은 앞의 세 절과는 아무런 상관이 없다. 그것은 앞의 세 절을 다음의 13절~17절에 연결해 주는 고리 역할로 보는 것이 타당하다. 즉 13절과 15절에서처럼 천지의 일과 인간의 일의 연결고리로서 '쉬움으로서의 역'을 생각해야 한다. 1장 12절은 "어떻게 하면 쉽고 간단하게 (천지의 일을) 알고 따를 수 있겠는가?"라고 묻는다. 천지를 잘 재현하되 어떻게 어려움 없이 그것을 쉽고 간단하게 재현하

---

7) Peterson. 1982; 92-93.

여 일상적 삶에 적용할 것인가의 물음이다. 피터슨은 이것을 계사전의 성인을 통해서 찾을 수 있다고 생각한다. 성인이 만들고 도움말을 해 놓은 괘상卦象과 괘사卦辭를 통해 찾을 수 있다는 것이다. 그의 세 번째 주장을 들어보자.

제3주장. "우리는 주역에 있는 말을 통해서 알 수 있으며, 이 말에 도움을 받아 (삶의) 지침을 세울 수 있다."[8]

"쉽고 간단하게" 지속되는 천지변화의 모습은 말 그대로 쉽고 간단하게 이해되어야 한다. 주역이 천지만물의 변화를 재현한 것이고 주역의 책이 그러한 변화를 가능하게 해 준다면 책의 무엇이 그렇게 하게 하는가. 변화의 재현을 가능하게 하는 쉽고 간단함의 역할, 그리고 쉽고 간단하게 우리의 삶을 만들어 가는 것이 무엇인가. 피터슨은 쉽고 간단하게 천지변화를 꿰뚫어 볼 수 있는 두 가지 논거를 제시한다. 이는 64괘의 변화가 보여 주려는 것이 무엇인지를 묻는 질문 과정에서 얻어질 수 있다.

피터슨이 주목하고 있는 부분은 괘를 만든 성인에 있다. 괘를 고안하고 거기에 괘사를 붙인 '성인聖人에 의해' 괘가 이해되어야 한다. '성인에 의해'라는 말이 피상적으로 들릴 수는 있지만 천지자연 이해를 매개하고 운용하는 그의 역할은 주역 독해에 해석의 틀을 제공한다. 주역을 읽는다는 것은 성인의 해석이 들어가 있는 괘를 통해 천지변화를 읽고 있다는 것을 의미한다. 이런 점에서 주역 독해에는 주역의 책과 함께 성인의 역할이라는 이중의 해석 구조가 생겨난다. 괘효가 해석의 기호로 성립할 수 있는 근거도 이러한 성인의 역할 때문이다. 괘를 만든 성인의 역할이 계사전에서 어떻게 기술되고 있는가를 보자.

---

8) "We can know by means of the words in the Change, and we can be guided by their counsel."(Peterson, 1982; 94)

계사상전繫辭上傳

2.1 聖人設卦

2.2 觀象繫辭焉而明吉凶

2.3 剛柔相推而生變化

2.4 是故吉凶者失得之象也

2.5 悔吝者憂虞之象也

2.6 變化者進退之象也

2.7 剛柔者晝夜之象也

2.8 六爻之動三極之道也

성인이 만든 괘와 함께 괘사를 보고 인간사의 길흉을 밝혀내는 것, 그리고 천지간의 그 뒷면에 놓인 도道의 진행 과정을 알아내는 것이야말로 성인에 의존함으로써 일의 쉽고 간단함을 끌어낼 수 있도록 한다. 그리고 이렇게 성인이 만든 괘를 통해 삶을 살아감에 있어 무엇이 지침이 되고 되지 않음에 대해 생각해 보게 된다. 그러나 도의 변화의 속내를 밝히는 일이 아무런 노력 없이 이루어지지는 않는다. 주역을 군자君子의 학문이라고 할 때 군자의 의의 는 성인이 설계한 괘를 쉽고 간단하게 알아내는 데 있다. 군자의 덕을 쌓아 군자가 됨으로써 쉽고 간단하게 사물의 변화를 알 수 있다. 피터슨은 군자를 '주역을 이해하고 따르는 사람'(one who understands and follows the Change)9), 그리고 지혜로운 삶을 살아가기 위한 '모범적 인간'(an exemplary person)으로 본다.10)

주역은 천지자연의 이해력을 깊고 섬세하게 한다. 그 안에서 괘사나 효사 는 사물이나 사건들에 사람들이 어떻게 개입하고 관여하며 행동할 수 있는

---

9) Peterson, 1982; 96.

10) 계사상전 2장의 9절에서 13절이 군자의 역할에 대한 설명이다. "是故君子所居而安者易之書也. 所樂而玩者爻之辭也. 是故君子居則觀其象而玩其辭, 動則觀其變而玩其占. 是以自天祐之吉無不利."

지침을 제공한다. 이와 관련된 절은 계사상전의 여러 곳에 보인다.

계사상전繫辭上傳

2.4 吉凶者實得之象也

3.3 吉凶者言乎其實得也

3.8 變吉凶者存乎辭

2.5 悔吝者憂虞之象也

3.4 悔吝者言乎其小疵也

3.9 憂悔吝者存乎介

3.5 無咎者善補過也

3.10 震無咎者存乎悔

위의 절들은 주어진 상황마다 사람들이 어떻게 대처할 것인가를 효과적으로 가르치고 있다. 괘사와 효사의 여러 진술들은 일상의 행동이 어떠해야 하는가를 가르쳐 준다. 물론 괘사와 효사가 갖는 진술들이 그런 행위의 절대 지침이 될 것인가는 의문이다. 말이란 그 자체가 불완전하다. 성인의 말로도 담을 수 없는 것이 있다면 어떻게 할 것인가. 보통 사람들이 성인의 도움을 받아 쉽고 간단하게 천지변화의 의미를 파악할 수 있다는 것은 다소 성급한 생각일지도 모른다. 그럼에도 성인의 말이 쉽고 간단하게 천지변화를 이해로 간주될 수 있는 근거를 계사전은 다음과 같이 말한다.

계사상전繫辭上傳

12.7 子曰書不盡言言不盡意

12.8 然則聖人之意其不可見乎

12.9 子曰聖人立象以盡意

12.10 設卦以盡情僞

12.11 繫辭焉以盡其言

12.12 變而通之以盡利

　주역이 괘효와 더불어 수많은 괘사와 효사로 이루어진 것만은 틀림없고, 그것들이 성인의 세계 해석을 통해 재현되어 있다는 사실에서 계사전의 신뢰성을 의심하기는 쉽지 않다. 하지만 위의 절들에서도 요구되듯 성인조차 진실을 드러낼 수 없는 말이 있을 수 있다. 물론 그것은 성인의 잘못이 아니라 말 자체가 가지는 한계이다. 피터슨은 바로 이 점에 주목을 한다. 즉 그 말에 일차적으로 의존할 수밖에 없는 인간의 지적 능력의 한계를 인정하는 것이다. 물론 피터슨이 쉽고 간단히 알 수 있는 수단인 말의 실제적 효용성을 너무 소박하게 이해한다고도 할 수 있다.

　왕필王弼이 『주역약례周易略例』의 「명상明象」편에서 주장하고자 했던 "뜻을 얻기 위한 수단으로서의 말과 상象의 한계"는 위의 12장에 근거한다. 상을 버리고 말(言)을 버리고 마침내 그 본래의 뜻(意)을 찾고자 했을 때 그가 의도한 바는 어떻게 하면 쉽고 간단하게 지식을 가질 수 있을 것인가에 있었다. 그러나 말과 상 그리고 뜻의 인지 과정에서 왕필이 상을 단순히 뜻을 위한 매개 정도로 취급한 것은 문제이다. 12장 7절~8절에서 보다시피 말이 그 뜻을 다할 수 없다는 것은 맞는 이야기이고 성인이 의도하고자 하는 것을 말을 통해 다 알 수 없다는 것도 사실이다. 그러나 같은 장의 9절~11절의 "성인이 상을 세워 괘를 만들고 거기에 설명을 가한 것"에 유의해야 한다. 여기서 상의 중요성을 다시 한 번 강조할 수밖에 없는 이유는 왕필이 뜻을 위해 버리고자 했던 상이야말로 쉽고 간단하게 천지자연의 변화를 이해하는 통로가 된다는 것이다. 변화의 이해 차원에서 보면 말은 상에 필적할 수가 없다.

피터슨은 계사전이 제안하는 상의 잠정적인 위상과 왕필의 상에 대한 부정적 이해 둘 다에 지나치게 의존하고 있는 것 같다. 계사전이 기술하는 개괄적인 논리 전개에 너무 쉽게 끌려가고 있다는 뜻이다. 다시 강조하지만 위의 계사상전의 12장 7절~12절의 진정한 의미는 말의 불필요성이라기보다는 오히려 "쉽고 단순하게"라는 상의 중요성에 있다. 여기에 주역의 재현의 의의가 있다. 상은 괘나 효를 지칭하는 명사의 역할도 하지만 천지변화의 뜻을 재현하는 동사의 역할도 한다. 상과 의 사이에는 어떠한 어긋남도 있을 수 없으며 이 둘은 모두 성인의 의도 속에 있는 하나이면서 둘이고 둘이면서 하나인 것이다. 그러므로 위의 12장 7~12절을 읽으면서 단순히 말의 한계성이나 상의 한계성을 지적하는 것에 그쳐서는 안 된다. 오히려 상의 의미를 적극적으로 살려 줌으로써 '쉽고 간단하게'라는 선언이 담고 있는 의미를 끌어내야 한다.

주역의 책은 성인이 설괘한 상象의 모음집이다. 상을 읽는다는 것은 괘나 효의 변화를 읽어 내는 것이며 동시에 천지의 변화와 인간 세계의 변화를 읽는 것이다. 상의 이러한 내재적 읽기가 성공하지 못하면 성인이 괘를 설치한 의도를 읽어 낼 수 없다. 상이란 주역 읽기의 시작이자 마지막이다. 뜻을 읽기 위한 단순한 도구로서의 상이 아니라 성인의 뜻을 가져오기 위한 차원에서의 상으로 이해했을 때 그것의 진정한 의미를 파악할 수 있다. 그렇지 않다면 주역 64괘의 의미는 공허할 수밖에 없고 주역의 정체성도 불분명해진다. 피터슨이 비록 상의 내재적 성격을 본격적으로 드러내고 있지는 못하지만 아래 네 번째의 주장에서 계사전의 신神을 등장시켜 그런 접근에 한 발 들어서고 있다.

제4주장. "신神적인 것으로 뜻하고자 하는 바는, 주역이 신적인 모든 것에 관여할 수 있는 매개가 된다는 것을 의미한다."[11]

우주변화에 신비스럽게 숨어 있는 성질이 상의 내적 특징을 통해 드러난다. 그러나 이러한 성질이 쉽고 단순하게 밝혀지지 않는다면 주역 독해는 실패하게 된다. '앎과 행위'의 대조적인 모습이 신神에 어떻게 작용하는가를 보자.

계사상전繫辭上傳

4.1 易與天地準故能彌綸天地之道

4.2 仰以觀於天文俯以察於地理是故知幽明之故

4.3 原始反終故知死生之說

4.4 精氣爲物遊魂爲變是故知鬼神之情狀

4.5 與天地相似故不違

4.6 知周乎萬物而道濟天下故不過

4.7 旁行而不流樂天知命故不憂

4.8 安土敦乎仁故能愛

4장 2절~4절이 앎에 대한 절이라면 5절~8절은 이러한 앎을 통한 느낌과 반응에 대한 절이다. 피터슨은 이 차이를 구분하면서 덧붙여 4장 5절의 "천지와 더불어 서로 닮고 있는 것"에 대해 묻는다. 그 닮음의 주체는 주역 책일 수 있고 성인일 수도 있다. 이 절의 진술만으로는 주역이 천지와 더불어 서로 닮는다는 것인지 아니면 성인이 천지와 더불어 서로 닮는다는 것인지 정확하게 알 수 없다. 이 절은 자연과의 재현의 주체를 주역 책으로 보느냐 아니면

---

11) "By being numinous, the Change is the medium giving us access to all that is numinous."(Peterson, 1982; 110)

성인으로 보느냐 라는 논란을 가져온다. 4장 1절의 역易의 글자를 주역 책이라는 주어로 볼 수도 있고 또는 4장 2절의 천문을 보고 지리를 보는 주체인 성인을 주어로 볼 수도 있다.

주역이 주체가 되던 성인의 이해력이 주체가 되던 앎이 주역 책을 통해 직접 파악되느냐 아니면 성인의 이해력이 동반되어야 가능한 것이냐는 언뜻 보면 같은 문제를 이야기하는 것이라 할 수도 있다. 하지만 성인의 이해력이 주어짐으로써 주역의 책으로서의 매개성도 강화될 수 있다는 데 주목을 해야 한다. 이렇게 되면 성인이 천지변화의 재현에 관여함으로써 해석을 심화시키는 장점이 있다. 즉 '성인의 도움'이 만들어지면 주역 책과 함께 괘의 해석 방식이 중첩될 수 있다.

아래의 계사상전 4장의 앞 세 절은 지금까지 논의해 온 주역의 재현 또는 복사 기능과 그러한 기능을 어떻게 이해할 수 있는가를 설명한다. 마지막 절은 이러한 이해의 극점으로서 신의 의미를 제시되고 있다.

계사상전繫辭上傳

4.9 範圍天地之化而不過

4.10 曲成萬物而不遺

4.11 通乎晝夜之道而知

4.12 故神無方而易無體

위의 4장 12절에서는 신의 의미가 '방方'으로 다시 정의된다. 방의 글자는 "각을 이루다"라는 뜻을 갖지만 실제 사용될 때는 "(어디에) 적합하다 또는 맞추다 일치시키다"라는 뜻을 갖는다. 피터슨은 방을 정사각형인 어떤 것으로 보지만 그 안에는 계사상전의 1장 4절에서처럼 "개인적이고 구체적인 것들로 묶인 것"(clearly bounded sets of individual things)으로 이해하거나 계사상전 11장 4절의 "올바른 지식을 갖기 위해 갖추어 될 것"으로 이해한다.[12] 방은 물리적이고 외적인 경계를 갖고 있는 것 이상의 뜻을 가진다. 그래서 '무방無方'이라고 했을 때의 각이 없다는 뜻은 "부분으로 나누어질 수 없고 개념적인 한계를 갖고 있지 않다"는 뜻이 된다.[13]

'신무방神無方'하다는 것은 신은 어떠한 경계가 없으며 전체적으로 이해되어야 하는 어떤 것이다. 피터슨은 신을 'spiritual' 또는 'divine' 이라든지 'psychic' 정도로 이해하면 신의 의미를 파악하기가 힘들다고 보고 대신 'numinous'라는 단어로 대치한다. 이 단어는 라틴어 'numen'으로부터 와서 지금은 'divinity'의 뜻을 갖고 있다. 영어 'numinous'에 있는 종교적인 의미를 배제하고 그 단어가 본래 지닌 "완전히 이해될 수 없는 성질 · 상태 · 조건이나 추상적이면서 비인격적인 성질"[14]에 초점을 맞춘다면 계사전의 신의 성격이 잘 드러난다. 피터슨이 신神을 영어 'numinous'로 번역한 것은 옳다고 본다. 계사상전 5장 18절의 '음양불측지위신陰陽不測之謂神'이라는 말에서처럼 이러한 신은 천지간의 온갖 것들의 예측할 수 없는 그런 성질과 상태 그리고 조건들의 집합체의 성질을 가진다. 이 성질은 음양의 현상으로 나타나면서 동시에 그 깊이를 가늠할 수 없는 것이기도 하다. 신은 인식의 한계를 벗어나 있고 어떠한 직관으로도 그 성질을 파악할 수 없지만 항상 인식의 근거가 된다. 피터슨은 신의 속성을 인간의 인식 밖에 있으면서도 인식의 바탕이 되는 것으로 본다.

계사전의 신은 인격적인 것도 아니며 초심리적인 차원의 존재는 더욱

---

12) Peterson. 1982; 103.

13) "To be not susceptible of being differentiated into parts and to be not adequately by any conceptual bounds."(Peterson, 1982; 103)

14) "A certain quality, state or condition which cannot be fully apprehended and which……might acknowledge……in an abstracted depersonalized manner."(Peterson, 1982; 104)

아니다. 그것은 도덕적 삶을 근거 지우는 그런 존재이다. 그럼에도 계사전의 신은 괘를 통해 드러나며 괘의 판단에 실현되는 것이다. 계사전이 말하고자 하는 바는 변화에는 인간이 도저히 알 수 없는 비밀이 있다는 것이 아니다. 감추어져 있는 현상 너머의 어떤 것이 있으면서도 그것으로 도덕적 실천을 할 수 있는 가능성을 제시하려는 데 있다고 해야 할 것이다. 이런 차원에서 천지와 인간과의 매개 역할을 하는 주역 책과 그러한 매개를 적극적으로 도와 주는 역할이 강조된다. 다만 군자가 되고자 하는 도덕적인 실천 노력이 따라 나와야 한다. 계사하전 5장 16절의 "궁신지화덕지성야窮神之化德之盛也"가 그런 의미를 드러낸다. 모르는 어떤 것이 노력 여하에 따라 알 수 있는 것으로 바뀔 수 있음을 계사전은 전하려고 하는 것이다.[15]

주역은 비밀의 정체를 밝혀낼 수 있는 매개체로서의 역할을 다한다. 동시에 "쉽고 간단하게 알 수 있다"는 계사전의 선언이야말로 주역의 재현적 특성을 잘 드러내는 말이다. 괘상의 기능이 이러한 선언을 정당화할 수 있는 근거가 된다. 아래 계사상전의 11장이 이를 잘 말해 준다.

계사상전繫辭上傳

11.26 是故天生神物聖人則之

11.27 天地變化聖人效之

11.28 天垂象見吉凶聖人象之

11.29 河出圖洛出書聖人則之

11.30 易有四象所以示也

11.31 繫辭焉所以告也

11.32 定之以吉凶所以斷也

---

15) 이런 점은 아래의 계사상전의 10장에 잘 나타나 있다. "易無思也無爲也. 寂然不動. 感而遂通天下之故. 非天下之至神其孰能與於此. 夫易聖人之所以極深而研幾也."

11.4 是故蓍之德圓而神卦之德方以知六爻之義易以貢

11장 26절~29절에서 변화의 비밀은 성인의 역할로 인해 그대로 주역 책으로 들어오게 된다. 그렇게 들어온 변화의 원리는 괘와 그에 따르는 말인 상사象辭와 단사斷辭로 진행되면서 알 수 없는 것으로 조금씩 근접하게 된다. 괘는 알 수 없는 것을 알게 하고 직접적으로는 도저히 알 수 없는 변화의 비밀을 알 수 있는 것으로 전환시킨다. 이어지는 30절~32절에 시筮, 고告, 단斷의 괘에 대한 인식 과정은 알 수 없는 것을 성인의 도움을 받아 더 나은 지식으로 전환시키는 역할을 한다.

3. 象象과 象像

피터슨의 계사전에 대한 네 가지 주장에 일관되게 흐르는 주역의 정신은 재현이다. 재현의 인식론이라 할 수도 있는 주역의 독특한 철학 방식은 서구의 경험론적 인식에 필수적으로 따라 나오는 회의론에서 벗어날 수 있으며, 주역 책과 함께 성인의 도움이라는 중첩구조를 택함으로써 본체론적인 실재론과도 구분될 수 있다. 여기에서 주역이 해석학적으로 전환되는 계기를 마련할 수 있다. 즉 괘의 기호에 대한 해석과 아울러 성인이라는 전통과 권위에 의한 해석이 없이는 올바른 인식이 불가능한 그런 해석 방식이다.16)

많은 장점이 있지만 피터슨의 계사전 연구의 한계는 주역 괘의 기호학적

---

16) 가다머(Hans-Georg Gadamer)는 전통을 본질적으로 언어적인 것으로 이해하며 그것을 해석의 결과로 본다.(Gadamer, 1994; 389) 이런 면에서 괘의 언어적 서술에 전통의 상징인 성인의 참여는 괘의 해석학적 접근에 일조할 수 있다.

분석이 거의 없고 최소한 그러한 분석의 가능성에 대해 어떤 암시도 주지 못하고 있음에 있다. 이는 결과적으로 괘의 이해를 소박한 해석의 수준에 머물게 한다. 그의 이런 부주의는 괘의 상에 대한 이해 부족에 있다고 할 것이다. 그의 상의 논증은 '약하다'. 그는 상象이 상像과 무엇이 다른지를 정확히 구별하지 않기 때문에 상의 순수한 의미를 고려하지 않는다. 상은 단순히 현상으로서 본질을 드러내는 어떤 물리적 매개체만은 아니다. 그것이 단순 현상에 불과하다면 상像과 다를 바가 없다. 또한 피터슨은 자기 나름대로의 주역 인식론을 드러내려고 했지만 여전히 서양의 이원론적인 주체와 객체와의 대립 틀에서 완전히 벗어나지 못하고 있다. 그의 주역의 철학은 개별자들의 실재론적 환원을 인정하는 존재론적 실재론(the ontological realism)에 머물러 있다. 이런 실재론으로는 주역의 "천지간의 모든 것의 변화"를 정당화할 수 없다. 주역이 말하는 변화는 실재론적으로 접근하되 괘의 기호해석학적 접근이 반드시 따라 나와야 한다.

상象은 상像과 달리 구체성과 개별성을 띠고 있으면서도 대표성 또는 추상성을 갖고 있는 독특한 철학적 위상을 갖고 있다. 피터슨은 상을 단순히 여러 구체적인 복수로서의 사물들의 구체적인 상像으로만 이해한다. 이렇게 되면 주역 64괘는 사물 분류학의 수준으로 떨어지고 말 것이다. 피터슨의 계사전 연구가 서구권에서 주역 연구의 수준을 한 차원 올려놓은 것은 분명하지만, 그는 여전히 상의 기호해석학적인 담론에 소홀히 함으로써 서구 인식론의 이원론적인 틀의 한계를 벗어나지 못했다. 그러나 그가 주역에서 성인의 역할을 단순한 도덕적 안내자가 아닌 상을 이해하기 위한 안내자 역할로 올려놓은 것은 주역의 해석학적 연구에 중요한 계기를 마련한 것이라 할 수 있다.

2장 괘의 짜임

1장에서 월러드 피터슨의 계사전 분석을 일별하면서 주역의 재현의 특성을 재확인했다면 2장에서는 재현 과정에서 발생하는 관계의 특성을 알아본다. 관계의 특성은 1부 4장 「괘와 도식」과 2부 3장 「이미지와 관계논리」에서도 알아보았지만, 여기서는 『부정변증법』의 저자인 아도르노(Theodor W. Adorno)의 짜임이론을 가져와 관계 주제를 좀 더 심화시키고자 한다. 아도르노의 짜임존재론은 존재자의 고유성이 항상 다른 존재자들과의 매개 관계 속에서 의미를 발현한다는 사실에 근거를 두고 있다.

짜임을 의미하는 독일어 'Gestirn', 영어 'constellation'은 별자리나 성좌의 뜻에서 파생되어 "생각, 사물, 또는 사람들의 무리"를 의미하는 것으로 여기서는 괘를 서로 다른 색으로 짜인 옷감처럼 짜인 모습으로 비유해서 '짜임'이라는 말로 번역했다. 짜임은 당연히 서로 다른 색들의 관계를 의미하며 동시에 그 안에 재현의 성질인 미메시즈적인 성격도 들어 있음을 의미한다. 미메시스적 성격은 괘들 간의 서로를 닮으려는 동일화 현상을 규명하는 데 좋다. 아도르노 짜임존재론의 관계와 재현 두 가지 특징은 괘 자체의 재현성과 괘들 사이의 관계성을 파악하는 데 도움이 되며, 결과적으로 괘의 존재론적 발달 과정이나 기호해석학적 발달 과정을 이해하는 데도 필요하다.

1. 관계적 사유

관계의 존재론적 의의는 실존주의 철학자들의 주된 관심이었지만 특히 아도르노(Theodor W. Adorno)는 '짜임'(constellation)이라는 개념을 통해 관계의 중요성을 역설하고 있다. 아도르노는 관계를 주체와 객체를 매개하는 존재로 어떤 고정적이고 실체적인 존재가 아닌 '희미한 보편자[1]'로 보고, 새로운 관계에서 새롭게 짜여 나가는 '관계로서의 존재자'를 상정한다. 퍼스도 '해석체로서의 존재'를 상정함으로써 인식 주체를 관념화하거나 본질화하는 전통 인식론의 한계에서 벗어나 인간을 끊임없이 해석되어야 하는 존재로 규정했다. 인식하는 존재인 인간마저도 하나의 기호로 정의함으로써 해석의 유연성을 만들어 내고자 한 것이다. 의미의 발생을 시니피앙과 시니피에와의 관계에서 찾아내려 했던 소쉬르도 어떤 면에서는 의미가 개념화되거나 관념화되는 것을 방지하려 했다고 할 수 있다.

주역도 결국 괘를 통한 관계의 현상학이다. 사람들의 모듬살이도 타인들과의 '사이'를 의식화하고 실천하는 일이며, 관계 의식이 없다면 건전한 모듬살이를 견뎌 낼 수 없다. 아도르노, 퍼스 그리고 소쉬르와 같은 사상가들은 관계의 유용한 방법론을 제공한다. 특히 아도르노의 짜임관계는 괘의 짜임의 특성에 도움이 된다. 괘는 형식뿐만 아니라 내용에서도 짜임관계를 구성하고 있다. 64괘 전체가 하나의 짜임일 수도 있고 특정 괘들의 모이거나 묶어지는 모습에서도 마치 별자리와 같은 짜임을 볼 수 있다. 이는 사람들의 살아가는 모습으로 쉽게 비유되기도 한다. 괘와 나 그리고 괘들의 묶음과 이웃은 기호가 삶을 유비하는 모습과 닮아 있다. 주역에 나타나는 인간의 모습은 삶의 현장에

---

1) 아도르노, 1999; 173.

서 살아가는 사회적 인간이다. 패사卦辭가 실제로 벌어지는 그러한 사회적 사건이나 상황을 잘 그려 낸다. 주역의 '사회학적 전화' 속에서 연출되는 개인은 사회로부터 고립된 인간이 아니며 끊임없이 사회에 개입하며 행동하는 인간이다.

개인의 도덕이나 기질 형성은 사회 속에서 그가 차지하고 있는 위치와 밀접하게 관련이 있다. 패는 개인이 사회와 관련하여 맺고 있는 상황을 기술한다.[2] 그러나 패가 특수한 상황을 기술하고 있긴 해도 그러한 상황에 고정적으로 매이지는 않는다. 하나의 패에서 일어나고 있는 상황은 항상 다른 상황과 관련을 지으며 끊임없이 역동적으로 변화한다. 패가 보여 주는 주역의 정신은 하나의 상황을 언제든지 다른 상황으로 변화시키는 열린 체계이다. 패의 상황적 특성은 관계의 상황이며 변화의 상황이다. 패의 관계와 변화 상황은 예를 들어 건패乾卦의 남성성이 곤패坤卦의 여성성으로 바뀌면서 한쪽으로 치우친 성질을 언제든지 극복하고 균형감을 잡을 수 있도록 한다. 건패가 박패剝卦로 차츰 바뀌어 나가다가 마침내 곤패로 바뀌는 패의 관계 상황은 64패 전체가 짜임의 관계에 놓여 있음을 보여 준다. 패는 패 그 자체로 이해되는 것을 넘어 다른 패들과의 관계 속에서 이해되는 것이다. 관계라는 말에는 어쩔 수 없이 '옳은 관계'나 '좋은 관계'라는 도덕적 표현이 전제된다. 사람들 간의 조화로운 관계 또는 균형 잡힌 관계라는 말이 그러하다. '도덕적 관계'는 사물의 존재적 차원을 넘어 사람 간의 행위 가치를 설정한다. 패나 효는 기호의 기능적 관계를 넘어 사람의 일로 전이되어 설명된다.[3]

---

2) 주역을 사회학적 관점에서 논의한 책으로 정창수의 *The I Ching on Man and Society* 가 있다. 그는 이 책에서 사회적 상황에 놓인 인간을 패의 변화를 통해 다양하게 설명한다.

3) 패의 도덕적 관계 성질은 「결론」에서 다시 살펴보기로 하고, 이 장에서는 패의 존재론적 특성에만 초점을 둔다. 중요한 사실은 도덕 담론을 끌어내는 패사들이 패와 효

서구에서 처음으로 중국철학의 관계적 사유를 기존의 인과적 사유의 대안으로 제시한 이는 그레이엄(A. C. Graham)이다. 그가 생각하는 관계적 사유를 간단히 요약해 보자. 첫째, 관계적 사유는 반-논리적 절차(a non-logical procedure)를 따른다. 아리스토텔레스 이후 서양의 근대 논리가 자연종이나 부분-전체와 같이 인과적 관계에 치중해 왔다면, 반-논리적 추론 방식은 유비(analogy)에 근거한 관계 형태를 갖는다. 둘째, 관계적 사유는 애매성, 모호성 또는 비정합성으로 구성되는 은유와 이미지의 모임을 적극적으로 가져온다. 그리하여 인과적 사유의 분명함 또는 불분명함의 이분적 사유 방식에서 발생하는 지나친 단순화의 문제를 해결하고자 한다. 셋째, 관계적 사유는 직접적인 설명 대신에 사례, 목록, 또는 분류를 통해 진술 내용을 '점점 더 뚜렷하게 진행해 가는' 절차를 밟고 있으며, 구체적이고 직접적인 느낌, 감각, 상상력, 그리고 경험 목록을 제시함으로써 추상적이고 초월적으로 이해하려는 경향성을 제거하려고 한다.4) 괘는 유비이고 은유이며 사례의 모음집이다. 관계적 사유가 가장 빛을 내는 곳이다.

　　관계적 사유는 괘 변화의 기능성에 그대로 적용된다. 하나의 괘가 다른 괘로 이동함에 있어 효의 시공간적 증감 현상은 단순한 개념 변화의 이동이 아닌 효들 간의 친화성 또는 친근성을 따른다. 시간과 공간의 연속성을 통해 괘의 이미지의 모임은 다른 괘로 전환된다. 그리고 괘의 전환은 다른 괘로의 비약적인 탈바꿈이라기보다는 항상 자신의 흔적을 남겨 놓은 채 이루어진다. 그러므로 괘의 존재는 일시적이고 잠정적(ad hoc)인 의미 체계를 유지한다. 이런 점은 1부 4장에서 언급한 호괘의 착종 절차로서, 애벌레에서 나비로의 변화의 예를 들며 설명한 바 있다. 주역에서는 괘의 의미가 절대 고립되어

───────────────

의 기능적 관계에 의존해 있다는 것이다.

4) Hall and Ames. 1995; 123-4.

있지 않다. 괘는 다른 괘들과의 관계를 통해 이해될 수 있는 통로를 열어 놓고 있는 것이다. 괘를 관계적 사유로 끌어오면 해석의 건전성을 유지할 수 있고, 결과적으로 인간관계를 대함에 있어서도 갈등이 아닌 조화, 옳고 그름이 아닌 적절성을 얻어 낼 수 있다. 괘의 관계 중심적 사유를 통해 인간관계의 건강한 생태적 그물망을 형성하고 유지할 수 있다는 것 그 자체가 재현의 유비이다.

2. 짜임관계 존재론

아도르노의 짜임관계는 인과관계와 반대되는 말이다. 인과관계가 설명 방식을 원인과 결과의 관계에서 가져온다면, 짜임관계는 주어진 상황에서 시간적으로나 공간적으로 유사한 것들의 모임이 어떻게 관련되어 있는가에 주목한다. 짜임관계는 계속적이고 열린 상태에서 새로운 결정 요인을 '맞이하고 보내려' 한다. 이러한 관계에는 항상 두 개 이상의 개체가 전제되며 주체인 한쪽과 객체인 다른 쪽과의 연결이 중요하므로 '매개가 중요한 역할을 한다.[5] 여기서 주체와 객체는 모두 고정된 것이 아니며, 주체와 객체를 매개하는 연결고리도 고정되어 있지 않다. 주체, 객체, 그리고 매개체 세 항목 중 어떤 것도 시간적으로나 공간적으로 다른 항목들에 우선하거나 원인의 역할을 하지 않는다. 매개체를 설정하지 않으면 주체와 객체 어느 곳도 존재나 인식의 우선권을 받을 수 없다. 이런 방식은 철학사적으로 중요한 의미를 갖는다. 만약 주체가 우선한다면 그것은 관념론을 옹호하는 것이 되며, 반대로 객체를

---

5) 아도르노, 1999; 168.

우선하는 원인으로 취급하면 실재론을 옹호하는 것이 된다. 퍼스가 그의 철학에서 배제하고자 했던 관념론과 실재론을 생각한다면 아도르노가 왜 주체와 객체 어느 것도 고정된 것이 아닌, 즉 실체로 규정하지 않으려는 이유를 알 수 있다.

아도르노의 짜임관계에서 매개체는 주체와 객체의 짜임관계 속에서만 타당성을 갖는다. "매개는 매개된 것에 의해 매개될 수밖에 없다"[6]는 그의 주장은 어떠한 개체도 실체화된 존재로 간주되어서는 안 되며 오직 다른 개체들과의 관계 안에서만 규정되어야 한다는 데 있다. 매개의 철학적 근거는 다음과 같다.

> 존재 A가 규정되려면 A가 아닌 다른 존재 B, C, D와 같은 존재가 있어야 한다. 그러므로 존재 A의 근거는 항상 A 아닌 것에 있으며 A의 존재 근거를 A 자체에서 찾아서는 안 된다. 매개된다 함은 항상 매개의 '자체 너머'를 의미한다. 그리고 A와 B라는 두 개체 사이에는 C라는 존재가 있다. 흔히 계사로 알려진 영어의 'be'동사처럼 '…이다'의 경우가 이러한 매개의 성질을 잘 드러내는 사례이다.[7]

"A is B"라는 문장에서 A를 주체로 B를 객체로 그리고 'is'를 매개체라고 했을 경우, 이때의 'is'는 A와 B를 매개한다. 이때 'is'는 특정 존재자도 아니고 자신의 본질을 드러내지도 않으면서 A와 B를 매개한다. 그것은 말 그대로 두 개체를 연결하는 매개체의 역할만 할 뿐이다.

주체와 객체를 포함해 매개체는 초월적이거나 제3자적인 것도 아니며 다른 개체들보다 차원이 더 높은 것도 아니다. 매개체는 단순히 다른 개체들을

---

6) 아도르노, 1999; 168.
7) 아도르노, 1999; 173.

짜 맞춤해 주는 역할을 할 뿐이다. 어떤 실체화된 개체도 있을 수 없다. 그 자체로 자신의 모든 것을 규정하는 실체화되거나 스스로 정의되는 개체는 없다. 마치 계사 역할을 하는 'be'동사처럼 개체는 오직 다른 개체들과의 관계에서만 타당성을 가진다. 매개체가 진정한 매개 역할을 하려면 자신의 존재를 내부에 고정시켜서는 안 된다. 내부에 고정되는 순간 존재는 '의식적인 어떤 것'이 되기 때문이다. 실제로 모나드적인 자기 세계로만 구성된 세계는 있을 수 없으며, 데카르트식의 지극히 개인적 사유 체계로는 자기 아닌 타자를 인식할 수도 없다.

주역의 괘도 그 자체가 아닌 항상 다른 괘들과의 관계에서 자신을 드러낸다. 어떤 괘도 주어진 현실 세계를 독점할 수 없다. 만약 괘의 의미가 다른 괘들과 고립되어 있으면, 그에 따른 괘사도 우연적 사실에 의존하게 된다. 실제로 괘사들의 많은 부분은 특정 괘에만 사용되지 않고 괘들 사이에서 공유된다. 각각의 괘는 세계를 베껴 내면서 대상들의 유사한 성질을 가져오며, 이것은 괘사가 공유될 가능성을 예정하고 있다. 괘가 대상을 재현하는 순간 괘 안에 이미 관계의 성질이 스며들었음을 말해 준다. 하나의 괘는 앞선 괘의 인과성 '때문에' 발생하지 않는다. 괘들 사이에는 짜임관계가 총체적으로 작동한다.

괘의 짜임관계를 도식화해 보자. 괘B가 있다. 괘B는 그 자체로 설명될 수 없으므로 괘B를 가까이에서 시간적으로나 공간적으로 형성했던 괘A의 영향을 받는다. 이 상황만 보면 괘A와 괘B는 인과관계에 놓인 것처럼 보이지만, 실제로 괘B는 다른 괘C를 예정하고 있기 때문에 매개의 위치에 놓여 있다. 즉 괘B는 독립적으로 설명되지 않고 다른 인접해 있는 괘A와 C를 매개하는 괘가 된다. 64괘의 어떤 괘도 이러한 매개로서의 역할을 하지 않는 것이 없다. 괘는 주체인 순간에 객체가 되고 또 매개체가 되어 아도르노가 말한 짜임의 관계 차원으로 들어가게 되는 것이다. 이런 관점으로 괘를 보게 되면 괘는 그 자체로 실체적인 조건에서 빠져나올 수 있게 된다.

주어진 조건이나 사물이 실체적이라는 것은 그 의미를 자체 내에서 확인할 수 있다는 뜻이며 그렇게 하지 않으면 자신의 의미를 찾아낼 수 없다는 뜻이다. 괘는 스스로 자신의 의미를 확정할 수 있는 근거나 원리를 품고 있지 않다. 괘를 따로 떼어 놓으면 왜 그 괘에서 그렇고 그런 괘사가 나오는지를 알 수 없다. 괘사마다의 서로 다른 진술은 이웃하는 괘들과의 맥락을 고려하지 않는다면 의사소통이 되지 않는다. 괘 이해는 항상 이웃하는 괘들과의 관계를 통해 가능하다. 아도르노가 "표현 불가능한 존재라고 해서 추상적인 객체가 아니다. 그것은 흐름의 과정이다"[8]라고 했을 때 그 '흐름의 과정'은 괘의 관계 특성을 이해하는 데 도움이 된다.

괘들의 짜임관계는 효의 증감, 위치, 착종 등에서도 확인할 수 있다.

첫째, 음효 또는 양효 수의 증감에 의해 변화되는 경우이다. 건괘乾卦에는 어떤 음효도 없지만 음효 하나가 초효에서 만들어지면 구괘姤卦로 바뀌게 되고, 초효와 2효가 모두 음효이면 돈괘遯卦로, 초효, 2효, 3효가 음효이면 비괘否卦로, 초효에서 4효까지가 음효이면 관괘觀卦로, 초효에서 5효까지가 음효이면 박괘剝卦로, 그리고 전체 효가 모두 음효가 되면 곤괘坤卦가 된다. 한편 양효의 증가에 의해서 괘가 배열되기도 한다. 모든 효가 음효인 곤괘坤卦에서 초효가 양효가 되면 복괘復卦가 되고, 초효와 2효 모두 양효이면 임괘臨卦로, 초효에서 3효까지 모두 양효이면 태괘泰卦로, 초효에서 4효까지 모두 양효이면 대장괘大壯卦로, 초효에서 5효까지 양효이면 쾌괘夬卦가 되어, 마침내 모든 효가 양효이면 건괘乾卦가 된다. 이렇게 음효와 양효의 증감에 의해 건괘와 곤괘 사이의

---

8) 아도르노, 1999; 180.

구姤, 돈遯, 비否, 관觀, 박剝, 복復, 임臨, 태泰, 대장大壯, 쾌夬괘의 괘사들이 짜임관
계에 놓이게 되며 각각의 괘는 주체와 객체가 아닌 매개체로 작용한다.

둘째, 음효 또는 양효의 위치에 따라 변화되는 경우이다. 초효가 음효인
구괘姤卦에서 2효가 음인 동인괘同人卦, 3효가 음인 리괘履卦, 4효가 음인 소축괘
小畜卦, 5효가 음인 대유괘大有卦, 6효가 음인 쾌괘夬卦의 배열이 그러하다. 한편
초효가 양인 복괘復卦, 2효가 양인 사괘師卦, 3효가 양인 겸괘謙卦, 4효가 양인
예괘豫卦, 5효가 양인 비괘比卦, 마지막으로 6효가 양인 박괘剝卦의 배열도 그러
하다. 여기서도 각각의 괘는 서로 다른 괘들의 매개체의 역할을 할 뿐 인과적
기능을 하지 않는다.

셋째, 괘의 착종에 의해 효의 성질이 변화되는 경우이다. "모든 사람들이
뜻을 하나로 한다"는 동인괘同人卦(䷌)는 "크게 소유한다"는 대유괘大有卦(䷍)로
이동될 수 있는데, 이것은 동인괘의 육이효가 대유괘의 육오효와의 응함 때문
이다. "아랫사람을 이끌어 나간다"는 뜻의 사괘師卦(䷆)는 동인괘 육이효의
강력한 힘이 사괘의 구이효인 양효로 바뀜으로써 가능해진다. "서로 만나서
뜻을 구한다"는 의미의 구괘姤卦(䷫)는 동인괘의 육이효인 음효가 더욱 낮은
곳에 처할 수 있도록 초효가 음이 됨으로써 가능한 것이다. 괘의 착종은 짜임
관계를 좀 더 섬세하게 하며 그 안의 어떤 효도 독립적인 역할을 할 수 없게
한다.

괘는 그 자체로서는 의미를 갖지 못하며, 다른 괘와의 끊임없는 관계 속에
서 의미를 새롭게 만들어 간다. 그러므로 괘는 닫힌 공간이 아닌 새로운 의미
를 만들어 가는 열린 공간이며, 다른 괘에 의해서 만들어졌다가 이내 다른
괘로 만들어지는 매개체의 역할을 한다. 매개의 연속으로서 64괘는 모임의
통합체를 이루고 있다. 그렇다고 괘가 다른 괘로 이동할 때 앞선 괘의 의미를
완전히 상실하는 것도 아니며 절대적 모순을 일으키지도 않는다. 주역의 괘를

변증적 모순으로 보는 관점도 있지만 실제로 괘 변화는 모순의 과정이 아닌 다른 괘를 '엮어 내는' 과정이다. 자기모순이 아닌 자기변화의 과정이다. 건괘 乾卦와 곤괘坤卦로 바뀜이 모순처럼 보여도 그 안에는 이미 짜임에 의한 연속성의 변화가 있다. 겉모습만 마치 '뛰어 건넌' 것처럼 보일 뿐이다. 건괘에서 곤괘를 읽어 내거나 반대로 곤괘를 통해 건괘를 읽어 낼 수 있는 이유는 괘 변화에는 어떠한 빈틈이나 비약도 없다는 것을 알기 때문이다.

물론 하나의 괘가 다른 괘와 짜임관계에 있다고 해서 괘가 그 자체의 고유성을 갖고 있지 않다는 뜻은 아니다. 다른 괘들과의 관련성에 유의하는 이유는 괘 해석이 절대화되어 추상적으로 빠지는 것을 막기 위해서이다. 앞의 동인괘의 경우 음효인 2효가 양효인 2효로 바뀐 사괘師卦에 의해 동인괘 고유의 성질이 잘 드러나며 주어진 여건에 따라 전혀 다른 의미의 괘로 나타날 수 있음을 말해 준다. 중요한 것은 동인괘와 사괘 둘의 관계를 보지 않고 동인괘의 육이효로만 "같이함"을 읽어 내면 오히려 동인괘 고유 의미를 파악할 수 없게 된다. 동인괘는 사괘와의 짜임관계에서 동인괘의 중요한 측면인 공동체성을 드러낼 수 있다. 지배적 사회성이 아닌 공동체성을 드러내기 위해서 동인괘의 육이효에 주목할 수 있고, 사괘 구이효의 '허물없는 명령'의 의미를 중中과 길吉의 결과로 만들어 낼 수 있는 것이다.

아도르노는 "통합을 이루는 계기는 부정의 부정 없이, 그러나 또한 최고 원칙으로서의 추상에 따르는 일도 없이 개념들이 짜임관계 속에 들어섬으로써 살아남는다"고 한다.[9] 이 주장대로라면 괘를 단일한 그리고 추상화된 개념으로 이해하려는 태도는 괘의 다른 괘들과의 통합적 특징을 보는 데 방해요인이 된다. "짜임관계만이 내부에서 개념이 잘라내 버린 것, 즉 개념이 될 수는

---

9) 아도르노, 1999; 180.

없지만 또한 그만큼 되고자 원하는 것, 개념 이상의 것을 외부로부터 표현한다. 개념들은 인식되어야 할 사물의 주위에 모임으로써 잠재적으로 그 사물의 내적 측면을 규정하며, 또 사유가 필연적으로 자체로부터 배제해 버린 바에 사유로써 도달한다."10) 이 말도 하나의 개체는 그 개체의 다른 인접된 관계 속에서 이해되어야 한다는 뜻이다. 비록 개체가 그 자체로는 추상화될 수 있고 개념화될 수 있다고 해도 개체의 의미는 항상 그 주위의 관계들에서 나온다.

괘의 짜임관계가 설정되면 괘사의 사건이나 사례 제시 방식의 우연성을 제거할 수 있다. 실제로 많은 괘사들에서 모델 제시와 사례 제시 방식이 동시에 이루어지고 있지만 이 방식들은 만들어진 동기나 의도가 판이하다. 괘사의 사례 제시 경우는 그 진술 내용이 괘효의 구조와는 너무 동떨어져 있고 우연적인 사건으로 기술될 때가 많다. 그러나 모델 제시의 경우는 이와 달리 그 주어진 예화가 괘나 효의 구조적 변화에 따라 만들어진다. 퍼스식으로 말하자면 아도르노의 모델 제시가 재현에 더 가깝다고 할 것이다. 모델 제시의 의미를 아도르노가 제안하는 미메시스 개념을 통해 살펴보자.

3. 관계의 미메시스

아도르노에게 있어 미메시스적 행위는 주체와 객체와의 친화력을 통해 관계를 인식하려는 태도이다. 이러한 태도에는 객체와의 직접적이고 사실적인 동일화 행위가 아니라 객체를 주체와 '비슷하게' 인식함으로써 자신의 정체

---

10) 아도르노, 1999; 240.

성을 파악하려는 데 있다. 미메시스적 행위는 구체성을 살리고 추상화 또는 객관화될 수 있는 문제의 소지를 없애 나가는 재현 행위이다. 괘는 많은 점에서 미메시스적이다. 주어진 하나의 괘는 객체가 되고 이어지는 괘는 주체가 된다. 앞선 괘를 거쳐 나오는 동안 괘는 자기-해석의 기호체계에 들어가게 되고 스스로 끊임없이 다양한 해석을 만들어 내면서 객체와 주체의 과정을 밟는다. 이러한 괘들 간의 닮음 또는 친화적 관계, 즉 이미지의 친근성을 드러내는 관계가 미메시스적 관계이다. 괘마다의 성격이 다른 괘들과의 닮음에 의해서 서로 간에 미메시스적 관계를 만든다.

괘는 대상에 대한 직접적이고 즉물적인 흔적이 아니라 괘 전체를 형성하는 적극적인 의지의 구성체라고 할 수 있다. 괘의 변화 과정은 아도르노가 말한 것처럼 '미메시스적 이성'이라고 불릴 만하다.[11] 즉 의도적 친근성에 의해 대상과 괘는 관계를 만들어 내려는 인간 의지의 '뒤엉킨 총합으로서의 총체성'[12]이 된다. 세계를 닮음의 방식으로 구축하려는 미메시스적 이성이 주역에도 그대로 적용된다고 할 수 있다. 괘가 보여 주는 세계는 서로 다른 주체로 기능하려는 괘들의 총체적인 의지의 향연의 장이기도 하다. 괘는 사물이나 사건 대상들에 인간의 미메시스적 이성, 즉 그 과정에서 대상들이 의미가 나타나는 짜임관계의 집합이라고 할 수 있다. 이것은 기호가 세계를 반영하듯이 주역의 정신이 '기호학적 실재론'으로 정의될 수 있는 증거이다. 괘사가 만들어지는 과정이 단순히 사례 제시가 아닌 모델 제시의 경우라면 괘사는 세계를 반영하는 미메시스적 이성의 산물이 된다. 앙리(Michel Henry)가 말한 것처럼 괘사는 일종의 '물질의 현상학'이다.[13] 대상에 의해 괘가 만들어지고

---

11) 아도르노, 1999; 73.
12) 사이블레, 1997; 88.
13) "삶은 자기를 느끼는 정념적인 직접성"이라는 앙리의 말처럼, 미메시스적 이성은 대상과 괘와의 의존적인 친밀성에 있다고 할 것이다. 물질 현상학에 대한 최근 논의는

괘사가 만들어진다. 괘사의 물질성은 세계로부터 나와 괘의 형식성에 의존한다. 대상, 괘, 그리고 괘사를 하나의 짜임관계로 엮어 주는 데는 미메시스적 이성, 즉 재현의 정신이 자리하고 있다.

아도르노는 "예술은 어떤 불변 요인을 통해서가 아니라 그것이 아닌 것에 대한 관계 속에서 규정된다"고 했다.[14] 심미성을 다루는 예술도 변화하는 여러 계기들의 짜임관계에 의해 이루어진다. 개체의 고유함이나 새로움의 미학은 개체 자체가 아닌 짜임의 관계에서 이루어진다. 타자의 관계를 미학적인 관점에서 주장하는 아도르노의 말을 잠시 새겨보자.

> 예술은 타자에 대해 마치 자석이 쇳가루를 펼쳐 놓은 곳에서 작용하는 것과 같은 작용을 한다. 예술의 요소들만이 아니라 이것들의 짜임관계, 즉 사람들이 흔히 예술의 정신으로 간주하는 특유의 계기인 타자도 암시해 준다. '존재하는 현실과 예술작품의 동일성'은 작품에서의 존재자의 흔적들을 자신의 주위에 모아 놓는 작품의 통합력이 지니는 동일성이다. 작품은 정신이 세계 자체를 정돈하는 데에 이용하는 원칙, 또 현실과 작품을 대조시켜 주는 원칙을 통해 세계와 유사하게 된다.[15]

위의 주장은 미학 형성의 일반 조건으로 타자와의 짜임관계를 지적한 것이며 개체의 존재 조건을 지적한 것이다. 주역의 괘도 나름대로의 자율적 운용을 영위하려면 다른 괘들과의 단순한 인접성 정도로는 불충분하며 '자율적인 상황'을 만들어 내기 위한 심미적 관계를 유지해야 한다. 괘는 자율성을 갖되 다른 괘들과 같이 있을 때 안정적이 된다. 그래야만 다른 괘들과의 관계

미셸 앙리(박영옥 옮김)의 『물질 현상학』을 참고할 것.
14) 아도르노, 1994; 14.
15) 아도르노, 1994; 21.

가 차단되는 위험을 피할 수 있고 스스로도 현재적인 기호체계를 유지할 수 있다. 괘의 자율성이나 고유성은 다른 괘들과의 관계 속에 있을 때 새로움을 갖기 위한 조건이 된다. 괘는 끊임없이 새로움으로 진행되는 동시에 스스로를 익숙함의 존재로 변화시킨다.

괘의 변화는 '미메시스적 전이'이다. "불변적인 요인은 조작해 낸 것이며 중요하지도 않다"[16]는 아도르노의 말처럼 변화가 없이 굳어지고 닫힌 개념은 가상이거나 오도된 인식의 결과이다. 개체의 진정한 특성이 아니다. 괘는 갇혀 있어 굳어진 기호가 아닌 끊임없이 어딘가에서 와서 다른 것으로 전이되어 가는 가변적이고 상황적인 체계 속에 놓여 있다.

괘는 그 자체가 해체의 성격을 갖는다. 괘에는 어떤 고정된 근본 요소도 전제되지 않는다. 아도르노의 말을 빌리면, 괘는 "아프리오리한 요소가 아니라 시간에 대한 반성이며 계기"[17]로 작용한다. 괘에 불변적 요소도 없고 확실한 해석의 근거도 주어지지 않는다면 괘의 해석 방식은 끊임없는 실험 또는 경험 그 자체로 불릴 만하다. 괘가 불변적인 구성을 자체 내에서만 갖는다면 괘의 해석은 아도르노가 '지속'이라고 말하는 의미로서의 객관화, 불변성, 보편성, 고전성, 권위, 원리성, 비극성, 계몽성 그리고 초월성과 같은 많은 고답적인 의미로서만 한정될 것이다. 괘는 이와 같이 영원의 의미를 갖는 지속의 상징이 아니라 특정한 개별자이자 자율적인 개별자로서 다른 괘들과의 짜임 관계 속에서 의미를 생성해 나간다. 하나의 괘는 음효와 양효의 점증적인 변화를 통해 다른 괘로 끊임없이 변화한다. 다른 괘들로의 끊임없는 동일화 과정이 괘로 하여금 더욱 미메시스적이 되게 한다.

아도르노는 해석을 "현실 너머 또는 현실 뒤에 있는 무엇을 지시하는

---

16) 아도르노, 1994; 47.
17) 아도르노, 1994; 47.

것이 아니라 현실 자체가 언어로 변화하도록 도와준다"고 정의한다.[18] 괘가 세계를 해석하는 도구라고 했을 때 그 도구의 가능성은 괘가 지닌 기호 때문이다. 괘들의 집합은 기호적 해석이 진행되는 공간이며 현실 대상의 흔적을 지우지 않는 선에서 '괘 엮기'를 하는 곳이다. 만약 괘만 남고 현실이 없다면 그것은 유명론적 위험에 갇혀 버리며 괘가 없어지고 현실만 남는다면 실재론적 위험에 갇히게 된다. 괘사는 많은 부분 괘효의 변화에 의존하고 동시에 그러한 변화를 지시하기도 하지만 끊임없이 '세상 밖의 앎'을 기술하려는 자신의 임무를 버리지 않는다. 이 또한 대상에 대한 괘사의 미메시스적 화용론이다.

괘효사는 세상의 틈새나 속내를 들여다보는 도구적 수준에 머물러 있지 않다. 주역에서 괘효사는 반드시 괘효를 통해 세상을 설명한다. 실제 괘효사와 세상일과의 연관성은 기대한 만큼의 정합성을 이루는 것 같지는 않다. 세상과의 정합성은 괘효의 변화에 따라야 한다. 세상일이 괘효를 위해 존재하는 것이지 괘효가 세상일을 위해 있는 것이 아니다. 그러므로 괘효를 엮어 내기 위한 목적으로 가져 온 괘사야말로 괘사로서의 가치가 있다. 이러한 논의는 텍스트가 현실보다 더 현실적이며 현실은 텍스트를 위해 있을 뿐이라는 바르트식의 텍스트적 전복일 수 있다. "재현의 즐거움이 반드시 대상과 연결될 필요는 없는 것"이다.[19] 주역을 단순히 세계와 대응되는 직접 자료로만 이해한다면 주역 읽기의 어려움은 사라지지 않는다. 비록 괘효의 변화 모습을 진술하기 위해 세상 밖의 대상의 예화를 가져오더라도 그것이 '직접적인' 인용이 되어서는 안 된다. 괘사나 효사는 단순한 사례 제시라기보다는 아도르노의 말처럼 모델 제시에 더 가까운 것이기 때문이다. 괘사가 괘효의 모델로서 역할을 할 때 진정한 의미에서의 재현이 이루어지는 것이다.

---

18) 사이블레, 1997; 90.
19) 바르트, 1999; 103.

괘는 다른 괘로 변화하면서 끊임없는 자기 생산을 한다. 흔히 '생생生生'으로 표현되는 이 말은 괘가 실체가 있음으로 인해 만들어지는 생산이 아니라 자신을 비워 두거나 열어 둠으로써 만들어지는 생산이다. 계사전은 괘의 비워짐의 이미지 또는 괘의 생생 조건이 태극의 실체가 아닌 '없음의 상태' 때문이라 한다. 태극이 어떤 상태에 있는지는 모르지만 적어도 그것은 괘들과 짜임의 관계를 형성하고 있을 것이다. 비록 이런 식의 추측이 '형이상학적 상상력'이 될 수는 있지만, 쉼 없는 음양 변화로서의 태극과 괘들과의 관계도 짜임관계로 주역을 읽어 낼 때 중요하다.[20]

---

20) 태극의 존재를 형이상학적 상상력으로 치부하는 것이 누군가에게는 불편할 수 있다. 다만 여기서는 그것을 괘와의 짜임관계 속에 두는 정도로 한다. 태극의 기호학적 성격과 음양과의 관계는 「결론」 1장에서 다시 논의한다.

3장 관찰의 논리
관괘觀卦의 경우

'보다'라는 말은 직관이나 통찰과 유사한 뜻으로 거기에는 정당화의 능력도 없고 설명의 기능도 없는 것으로 이해될 수 있다. 그러나 퍼스의 논리 중 하나인 '가추법'(abduction)이라는 추론을 적용하면 거기에도 논리 구조가 있음을 알게 된다. 가추법은 기존의 추론 방식인 연역이나 귀납과는 다르다. 이것은 일종의 가정적 추론으로서 직관이나 통찰과 같은 사유 방식에 설명의 장치를 마련하는 추론 방식이다. 주역 관괘觀卦의 관觀도 가추적 추론 방식으로 이해하면 직관이나 통찰과 같은 사유 방식을 이해하는 데 도움이 되며, "직관은 추론이 아니다"라는 부정적 견해에서 빠져 나올 수 있다. 아울러 관의 독특한 추론 방식을 통해 재현의 철학적 특성을 아울러 밝힐 수 있다.

1. 가추적 추론과 관觀

퍼스의 가추법假推法(abduction) 또는 가추적 추론(abductive reasoning)은 연역 또는 귀납적 추론과 함께 퍼스가 새로이 첨가한 추론 방식이다.[1] 퍼스에게 가추법은 '가정'(hypothesis)이라는 말과 의미가 비슷하다. 그는 가추법을 "단순

---

1) 가추법(abduction)에 대해서는 앞서 여러 곳에서 설명을 해 왔다. 여기서는 가추법에 대한 이해가 어느 정도 되었다는 것을 전제로 논의를 전개하며, 한글 번역어 가추는 김성도가 "가정해서 추리한다"는 뜻으로 사용한 것을 그대로 차용한다.

한 감탄에 지나지 않든 아니면 어느 정도의 확신을 가지고 말하든, 가정을 함에 있어 첫 출발이 가추법이라는 추론이다"[2]라고 정의했다. 그러나 만약 가추법이 추론의 첫 단계로서 단순한 가정에 불과하다면 하나의 종합적 지식을 갖기 위한 시작에 지나지 않게 되며 가추법이 주역철학을 이해하기 위한 독특한 인식 방법이라고도 할 수 없다. 그러므로 가추법에 주역의 인식 방법을 전체적으로 파악할 수 있는 근거를 찾는 것이 중요하다.

가추적 추론은 흔히 말하는 직관이나 통찰과는 다르다. 그것은 경이의 자세로 세계에 대한 인식을 출발시키는 추론 과정으로서 세계 내의 구체적 사실을 소박하고 진지하게 경이로운 마음으로 받아들이는 자세이다. 인식론적으로는 세계에 대한 새로운 해석을 끊임없이 재구성하여 사물과 사물 사이를 유기적으로 이해하는 방식이며, 논리적으로는 새롭게 만들어지는 해석들의 관련에 지속적인 관여를 하는 방식이다. 가추법은 새로운 가정을 만들어 낸다는 뜻에서 창의적이며 창의성을 통해 "설명을 형성하는 과정"[3]이므로 이성적인 추론 과정이기도 하다. 즉 가정의 전체적인 성격을 구성하는 인식 논리이다.

퍼스에게 이성(reason)이라는 말은 넓게 사용된다. 기호화된 대상을 해석하는 과정 자체가 모두 이성적인 것이다. 인간의 인식적, 감성적, 그리고 의지적 특성은 모두 기호로 취급될 수 있으며 그렇게 기호로 취급된 특성은 언제든지 해석이 가능하다. 이런 의미에서 해석은 기본적으로 가추적 추론의 하나인 관찰에 의해 출발한다. 단 퍼스가 말하는 관찰은 감각적 관찰만을 뜻하지 않고 일종의 '추상적 관찰'(abstractive observation)이며 이것이 가추적 추론의 본래 뜻이다. 가추적 추론은 연역이나 귀납적 추론이 설명할 수 없는 기초적인

---

2) CP; 6.525.
3) CP; 5.171, 7.202.

인식 과정인 직관 또는 통찰을 '설명'하고자 한다. 그리하여 직관한다라든지 통찰력을 갖는다는 식의 인식 과정을 추상적 관찰의 차원에서 설명할 수 있게 된다.

세계에 대해 끊임없는 새로운 해석을 가져오게 하는 전일적(holistic)인 인식 과정, 그리고 그러한 해석에 근거해서 새로운 의미를 계속적으로 만들어 가는 기호화 과정은 퍼스가 제시한 가추적 추론으로 구성되어 있다. 가추법은 '세계 해석의 전일적 인식'에 근거한다. 예를 들어 만약에 '도道'라는 것이 "실재하는 것은 알 수 있다"는 의미로 실재한다면 그 도는 어떤 식으로든 '알려져야' 한다. 한편 "실재하는 것은 오직 생각될 수 있을 뿐이다"는 의미라면 그 도는 이름으로만 남을 수밖에 없다. 도는 어떻게 알려져야 할까. 그것이 실체도 아니고 이름도 아니라면 어떤 식으로 실재한다고 말해야 할까. 도의 존재 여부를 알 수는 없지만 최소한 관괘의 관觀과 같은 직관이나 통찰의 인식 수준에서 알려질 수 있으며 그 정도의 수준에서 도는 실재할 수 있다.[4] 도를 관觀하려면 일상의 경험적 인식 수준으로 불가능하다. 퍼스의 "경이로움을 설명"하는 방식인 가추적 추론을 빌려 오는 이유가 여기에 있다.

"새로운 의미 형성의 기호학적 과장"이라는 가추법의 또 다른 특성은 괘의 일반적 구조를 이해하는 데도 도움이 된다. 괘가 '품고 있는' 음양의 상을 찾아들어 가는 기호화 과정은 일종의 가추적 추론이다. 퍼스에게는 가추적 추론 자체가 도상의 재현 과정이기 때문이다. 예를 하나 들어보자. 대성괘는 소성괘와의 유사성, 그리고 중첩된 각각의 소성괘들의 음양효들의 유사성으로 이해된다. 괘와 효들이 만들어 내는 유사성은 퍼스가 말하는 '도상의 관

---

4) "도가 실재한다"고 했을 때 그것을 자연적 실재(the natural reality)로 볼 수 있느냐 하는 것은 여전히 논쟁이 될 수 있다. 그러나 이 책에서는 지금까지 주장했듯이 주역 의 인식론을 '기호학적 실재론'(the semeiotic realism)으로 규정하면서 계속 논의를 진행한다.

계'(the iconic relation)를 잘 보여 준다. 팔괘의 체계 내에서 각각의 소성괘들이 서로 상호 관련한다든지, 건괘가 순수한 양효로부터 도출된다든지 하는 이 모든 것들에 도상의 관계가 기능한다. 도상을 추적하는 방식이 가추적 추론의 특성인 "새로운 의미 형성의 기호학적 과정" 이라고 할 수 있다.

"괘를 본다"는 것은 괘의 순수 상象을 찾아가는 추론 과정이라 할 수 있다. 팔괘八卦, 사상四象, 양의兩儀의 순서를 밟는 추론 과정에서 도상성이 발생한다. 대성괘를 보고 그 괘를 해석하는 순간 음양의 도상과 그것을 직관하고 통찰하려는 가추적 추론이 진행된다. 괘의 논리나 주역의 인식론은 귀납과 연역의 추론으로는 한계가 있다. 물론 괘를 올바르게 이해했는가, 즉 그 괘에 대한 해석의 정합성을 제대로 가져왔는가의 문제는 점사占辭와도 연계될 수 있기 때문에 "괘를 본다"는 행위는 돌아가든지 앞으로 나아가든지 절대 단순하지 않다. 이 모든 것이 괘를 연역이나 귀납의 추론으로 이해하는 데 한계가 있음을 말해 준다.

2. 관괘觀卦의 관찰

숨겨진 세계의 모습에 더 가까이 다가가려면 본다는 행위도 그에 걸맞아야 한다. 주역이라는 책은 괘들로 구축되어 있고 이 괘들은 "세계를 보여 주는" 역할을 충분히 수행해 왔다. 보는 행위의 전형적인 모델을 제시하는 관괘觀卦로 들어가 보자. 관괘는 주역이 세계를 보는 인식 과정이 한눈에 파악될 수 있도록 잘 짜여 있고 구조화된 괘이다. 관괘가 전하는 메시지는 세계를 "어떻게 생각하느냐"라기보다는 "어떻게 보느냐"에 있다. 말 그대로 "어떻게 세계의 도상을 보느냐"에 있다. 관괘는 가추적 추론의 범례가 될 수 있다.

관괘의 관觀은 동사 '관찰하다'와 명사 '관찰'로 번역되기도 하지만 '보다', '명상하다', '숙고하다'는 뜻으로도 번역되기도 한다. 여기서 '보다'는 관의 외연에 가깝고, '명상하다'와 '숙고하다'는 관의 내포에 가깝다. 여기서는 외연과 내포 둘 중 하나에 치우칠 수 있는 문제가 있으므로 '관찰하다'라는 중립적 번역어를 사용하지만 필요한 경우에는 '보다' 또는 '명상하다, 살피다, 숙고하다' 등과 같은 용어를 문맥에 따라 적절히 사용하고자 한다.

관괘觀卦(☰)는 주역의 20번째 괘로서, 위의 소성괘 손괘巽卦와 아래의 소성괘 곤괘坤卦로 이루어져 있고, 4개의 음효와 2개의 양효가 아래로부터 위로 차례로 올라가는 모습을 하고 있다. 괘상과 효상은 아래와 같다.

〈卦象〉 바람이 땅 위로 부니 관의 상을 만들어 낸다. 이와 마찬가지로 이전의 왕들은 모든 곳을 샅샅이 살피며 백성들을 살핌에 최선을 다했다.

初六. 젊은이의 관찰을 지칭한다. 그 젊은이가 소인이면 어떠한 잘못된 부끄러움이 없으며, 그가 군자라면 (그의 관찰에는) 비천함이 있을 것이다. 〈爻象〉 젊은이의 관찰이며 소인의 도를 가리킨다.

六二. 문틈을 통해 보는 관찰이다. 여자가 자신의 항상심을 실천하는 데 어울린다. 〈爻象〉 문틈을 통해 보는 관찰이며 여자가 자신의 항상심을 실천해 보는 효이다. 그러나 여전히 멸시받을 수밖에 없는 한계를 지닌 관찰이다.

六三. 자신을 살피고 반성함에 있어 적절한 행위를 수행하기에 알맞은 관찰이다. 세상일에 적절하게 나아갈 것인가 아니면 물러설 것인가와 관련된다. 〈爻象〉 관찰은 자신의 행위를 적절히 수행하기 위함이며, 이러한 관찰의 나아감과 물러섬은 그의 도를 행하는 데 있어 어떠한 잘못도 없이 (적절하게) 이루어진다.

六四. 나라의 영광을 드러내는 데 있어 조금도 손색이 없는 관찰이다. 이러한 관찰을 수행하는 사람은 한 나라 왕의 손님이 되는 데 손색이 없다. 〈爻象〉 그의 관찰이 나라의 영광으로까지 나아가므로 그는 왕의 손님으로서의 영광을 누린다.

九五. (앞의 효와 같이) 사람이 자신의 행위를 수행함에 있어 적절한 관찰이
다. 이러한 관찰을 하는 사람이 군자라면 어떠한 비난도 받지 아니한
다. 〈爻象〉 그의 관찰이 그의 행위를 수행하기에 적절하면 그런 사람은
백성들을 잘 보살피는 사람이다.

上九. 백성들이 이러한 군자의 행위를 관찰한다. 그가 군자라면 그에게는 어
떠한 허물도 있을 수가 없다. 〈爻象〉 백성들이 그의 행위를 관찰함으로
써 그 군자가 이루고자 하는 일에 어떠한 느슨한 게으름도 일어나지
않도록 한다.[5]

위의 괘상과 효상의 설명을 다시 정리해 보자. 효가 위로 올라갈수록 관찰
의 범위가 커지고 동시에 음효가 양효로 바뀌면서 심도 깊은 반성적 가치가
만들어진다. 효의 이러한 변화와 그에 따른 시각의 변화는 산을 오르는 것에
비유될 수 있다. 산은 오를수록 더 크고 높은 조망을 갖게 한다. 가장 작고
낮은 조망은 초육효에서 일어나고 가장 크고 높은 조망은 상구효에서 일어나
다양한 수준의 관찰의 형태가 만들어진다. 도덕적인 차원에서도 다양한 형태
의 반성적 가치가 일어난다. 소인과 여자에게는 편견에 사로잡히지 않도록
하며 군자에게는 악으로 흘러들지 않고 사실을 사실로 받아들이도록 하는
자기반성적 관찰이 각각 요구된다.

관괘는 마치 '새의 눈'으로 높은 곳에서 아래를 살필 수 있게 한다.[6] 새가
하늘을 오르내리는 모습처럼 효爻의 시공간적 변화에 따라 효사의 가치도
순환되고 반복되면서 다양한 모습으로 해석된다. 한편 새가 지상을 모두 내려

---

5) 이 번역은 王弼本을 근거로 하되 전체 뜻에 어긋나지 않는 범위 내에서 부분적으로
   의역을 했다. 한문 원본은 생략했음.
6) 이 괘의 자의는 본래 새를 뜻한다. 『莊子』에서는 觀을 鸛(황새 관)으로 쓴다. '隹'도
   작은 꼬리를 갖는 새 일반을 총칭한다. 그렇다면 관이라는 글자의 "하늘 높이서 멀리
   조망할 수 있는 새의 관찰" 능력을 포함하고 있다는 뜻이 분명해진다.

다본다는 의미에서는 포괄적이며 지상의 세계를 음미한다는 의미에서는 명상적(contemplative)이기도 하다. 관괘의 포괄적이고 명상적인 특징은 끊임없이 새로운 창조적 관찰로 이끈다. 이런 점에서 관괘의 관찰 방식은 퍼스의 가추적 추론처럼 세계를 끊임없이 해석하고 그것을 규정하기 위해 노력한다. 새의 눈을 통해 세계를 보고 자신을 돌아보고자 한다.[7]

잠시 계사전에서 성인에 의해 이루어지는 관찰 방식을 보자. 계사상전 2장의 현상을 관찰하는 관상觀象이나 판단을 깊이 생각하는 완기사玩其辭, 4장의 하늘의 모양을 보는 관어천문觀於天文, 그리고 계사하전 2장의 하늘과 땅의 형상을 살피는 관상어천觀象於天과 관법어지觀法於地 등은 복희씨伏羲氏가 새와 동물의 모습을 관찰하며 성스러움의 힘을 파악하고 만물의 움직이는 유형을 분명히 드러내려는 모습이다. 한편 계사하전 1장의 사물의 형태를 정확히 제시하려는 정관貞觀의 관찰은 하늘과 땅의 도가 근본적이어야 함을 말해 준다. 계사전이 제시하는 관찰은 성인의 만물 변화의 원리를 보고자 하는 태도에 의해 가능해진다. 성인이 자신의 판단을 깊이 생각함으로써 이루어지는 이 모든 관찰은 그의 직관과 통찰에 의한 것이다. 성인이 천지의 도를 추구함에 빚어지는 이러한 관찰에 세계를 인식하려는 태도가 있다. 그것은 세계를 통째로 포괄하고 명상하려는 관찰 태도이다.

성중영은 관괘의 관찰이나 계사전의 관찰 모두를 포괄적 관찰로 규정한다. 거기에는 성실함과 올바른 관찰이라는 성격이 부여되어 있다. 그는 주역의 "관찰은 이 세상 만물의 형태와 만물이 하는 일을 이해하기 위한 본질적인

---

7) 성중영은 자신의 '존재해석학'(onto-hermeneutics)이라는 말로 관괘의 상사나 효사를 '해석의 순환'(hermeneutic circle)으로 설명한다.(Cheng, 1991; 48-9) 어떻게 객관적 세계와 주관적 인간이 존재론적으로 통합될 수 있느냐 하는 것, 즉 대상을 설명하는 인간이 어떻게 존재론적으로 하나의 해석체로 이해될 수 있느냐 하는 것은 해석학의 오랜 숙제이다.

인간의 행위 그 자체이다"라고 말한다.8) 그의 이런 주장은 관찰이 감각에 의존하든 아니하든 '최초의 추론'(an initial reasoning)을 필요로 함을 의미한다. 관찰의 과정은 항상 '열려 있는' 것, 즉 사물을 실제 있는 그대로 살펴 그것에서 일련의 추상적 모델을 찾아내고 그러한 모델로 사물을 더 잘 이해하기 위한 도구로 삼는 끊임없이 열린 작업이다.9) 비록 인간의 경험이나 판단이 잘못될 수 있다 해도, 관찰 행위를 인식의 시작으로 하지 않을 수 없다는 사실과 그렇게 열린 관찰의 과정이 지속됨으로써 성인이 추구하고자 했던 '바른 관찰'(正見)에 도달할 수 있다. 성중영은 말한다.

> 우리는 추상화 과정을 창조적 정신의 원초로 간주한다. 그리고 이러한 원초적 창조 정신이야말로 포괄적이고 명상적인 관찰에 근거하고 있다. 이러한 정신은 세계의 내외적 실재를 바르게 이해함으로써 가능하다. 괘의 점사와 그것의 해석이 실제로 가능한 것은 바로 관찰을 포괄적이고 명상적이고 창조적 행위로 가정하기 때문이다.10)

주역의 괘는 이러한 열린 공간으로서 관찰에 의한 시각적이고 직접적인 기호로 나타나며, 가추적 추론에 의해 그것의 도상성을 드러내려고 한다. 주역의 책이 세계를 인식하는 판단 자료가 될 수 있는 것도 세계를 해석하는 기호의 모음집이 될 수 있는 것도 관찰이 지닌 가추적 성격 때문이다.

관괘의 괘효의 상사에서도 발견되듯 관괘는 성誠의 개념과 깊은 관련이

---

8) "Guan is an activity of the human person essential for understanding forms and activities of things in the world."(Cheng Chung-ying의 논문 "Philosophical Significances of Guan[Contemplative Observation]: On Guan as Onto-Hermeneutical Unity of Methodology and Ontology", 3쪽 참고)
9) Cheng, 1994; 3-4.
10) Cheng, 1994; 21.

있다. 관찰이 제대로 이루어지려면 믿음과 엄숙한 삶의 태도가 없이는 불가능하다. 관괘의 괘사에 이르길, "제물을 바침에 있어 몸을 깨끗이 씻는 것은 (올바른) 관찰이 이루어져야 한다는 믿음과 아울러 엄숙한 자세가 요구되기 때문이다"(觀盥而不薦有孚顒若)라고 한 것이 관찰의 엄숙성을 잘 보여 준다. 왕필도 바로 이 점에 주의를 두고 있다. 그는 말한다.

진정한 군주의 도가 이루어지기 위해 조상의 제단을 성스럽게 하는 것(살피는 것)보다 더 나은 것이 없다. 그리고 조상의 제단이 성스러워지려면 몸을 깨끗이 씻음으로써 공경을 다하는 것보다 더 나은 게 없다. 제물을 드릴 때는 조심스럽게 살피는 것이 최선의 방책이다. 바로 이것이 제물 자체보다는 제물을 바침에 있어 몸을 깨끗이 하는 것이 진정한 살핌이라 할 수 있는 이유가 된다.[11]

관괘의 괘사에 대한 왕필의 주석으로부터 다음과 같이 결론을 내릴 수 있다. 즉 몸과 마음을 정결히 하는 것이 살핌의 진정한 특성이라는 것, 그리고 이러한 정결에 대한 살핌은 제물 자체보다 더 귀한 것이라는 것이다. 몸과 마음의 정결을 관찰하려면 성실하고 엄수한 삶의 자세와 믿음이 요구된다. 이러한 성실한 삶의 자세는 관괘의 구오효에서 발견된다. 구오효의 관찰은 끊임없이 성실해지고자 하는 노력에 의해 완전해지는 관찰이며 그러한 노력 없이는 올바른 정견을 가질 수가 없는 관찰이다. 이러한 노력은 "몸을 깨끗이 씻는다"는 비유처럼 정결한 삶의 자세, 즉 경건과 성실에 의해 가능하다. 이러한 삶의 자세는 마음속에 항상 유지될 수 있도록 습관화되어야 한다. 그래야만 생활 태도에 하나의 규범으로서 작용할 수 있다. 구오효에서 그 자신의 행위를

---

11) 王道之可觀者, 莫盛乎宗廟. 宗廟之可觀者, 莫盛於盥也. 至薦. 簡略不足復觀, 故觀盥而不觀薦也.

잘 살피는 것과 자신의 삶을 반성하는 것은 성실함을 보여 주는 자세이다. 군자가 "어떠한 잘못도 없이" 그의 행위를 성실히 수행할 수 있음은 그의 행위가 공적인 모든 상황에서 올바르게 이루어진다는 것을 보여 준다.

일을 함에 있어 성실히 수행하는 정결함의 자세로 바른 견해 곧 정견正見을 가지는 것은 중요하다. 이 성실함이 바르게 보는 습관을 지니게 하며 이런 습관이 유지될 때 영속적인 관찰이 된다. 이로써 관괘 상구효의 말처럼 "군자는 어떠한 비난도 받지 않는다." 이를 위해 열린 자세가 필요하며 관괘 괘상의 "바람이 땅 위에서 불듯이" 이러한 상을 명상할 수 있어야 한다. 정견은 우리의 올바른 수행과 자기성찰에 의해 이루어지는 것이다. 누구든지 편견을 피하고 올바른 지식을 갖고자 한다. 정견을 가진다는 것은 삶을 원초적인 자연스러움에서 출발시키는 것이며 올바른 위치에서 삶을 꾸려 나가는 것이다. 이를 위해 새의 눈처럼 포괄적으로 세상을 볼 수 있어야 한다.

이 세계의 실재 모습을 이해하려고 하는 사람은 자신을 존재론적 프레임에 놓고 시작한다. 즉 우리 자신의 세계 내에서의 존재론적 한계를 인정해야 하고 그러한 한계를 인정하여야 자연스러운 상태에서 인식을 출발시킬 수 있는 것이다. 우리는 이 세계를 떠나 놓일 가능성은 없으며 세계 밖에 서서 세계를 한눈에 다 파악할 수 있는 능력도 없다. 다만, 우리의 한계적 삶의 형태 속에서 최대한 가질 수 있는 능력을 통해 정견을 가질 수 있도록 노력하는 것이 바람직하다. 그리고 이 노력은 여러 다양한 관찰 유형이 보여 주듯 단계적으로, 그리고 계속적으로 이루어져야 한다. 이러한 지속적인 인식 태도를 통해 마침내 정견을 갖기 위한 포괄적 관찰을 얻어 낼 수 있는 것이다.

세계는 사물의 아름다움과 진실을 구체적인 시공간을 통해 보여 준다. 괘의 음양효가 전일적으로 짜인 것도 이러한 구체적인 시공간을 도상적으로 드러내기 위함이다. 세계 이해는 넓고 편견 없이 보려는 포괄적 관찰에 의해 가능하다. 주역의 변화로서의 실재 그리고 선善으로서의 진리는 서양의 형이상학적 접근과는 사뭇 다르다. 그리고 이러한 포괄적인 관찰이야말로 대상 이해뿐만 아니라 괘의 변화를 제대로 읽어 내게 한다. 포괄적 관찰이 이루어지게 될 때 음양이 세계에 대한 해석을 하나로 묶어 주는 기본 단위임을 알게 되고, 여기서 음양의 두 가지 양상이 변화의 순수 가능태로서의 태극이라는 것에도 다가갈 수 있게 된다. 주역이 그려내는 세계가 무엇인가 하는 물음은 사물이 변화되어 나가는 것을 보여 주는 태극이라 할 것이다. 음陰의 요소인 어둠 · 부드러움 · 쉼과 양陽의 요소인 밝음 · 단단함 · 운동은 오직 포괄적인 관찰에 의해서만 가능하다. 이 세계 내에 조화롭게 설정되어 있는 음양의 묘합은 주관과 객관의 이분법적인 인식으로는 파악할 수 없다. 관괘의 정신인 포괄적 관찰이 해답이 될 것이다.

관괘의 관찰적 사유에는 세계를 창조적으로 보게 하는 힘이 있다.

관괘의 관찰은 포괄적이고 명상적인 관찰에 '근거한' 창조적인 관찰이다. 그리고 이렇게 만들어지는 창조적 관찰은 우리로 하여금 더 많고 새로운 포괄적이며 명상적인 관찰로 이끌어 나간다. 이러한 관찰은 서로 물리고 물리면서 하나의 순환적 원을 만든다. 즉 세상 사물을 포괄적으로 보는 눈과 주어진 사태를 조용히 명상하는 자세는 삶의 창조성으로 이끌어 내며, 이러한 창조성은 더 많고 새로운 명상과 포괄적 삶의 자세를 가져온다. 이러한 과정은 끊임없이 계속된다.[12]

성중영은 포괄적 · 명상적 · 창조적 관찰 사이에 순환적 해석의 연결고리를 가정하고 있다. 그의 "관괘의 관찰은 포괄적이고 명상적인 관찰에 '근거한'

---

12) Cheng, 1994; 21.

창조적인 관찰이다"라는 구절에서 '근거한'이라는 말은 '정당화되는'이라는
말로 대치될 수 있다. 이 말은 "창조적인 관찰은 포괄적이고 명상적인 관찰에
의해 정당화된다"라는 말이기도 하다. "정당화된다"는 말은 어떤 지식의 성취
를 완성하는 표현으로서 정당화될 수 없는 지식은 지식이 아닌 것을 뜻한다.
이런 점에서 관괘의 창조적 관찰은 퍼스가 말한 가추적 추론의 역할을 한다.
물론 관괘의 인식론은 영미의 인식론에서 논의되는 지식의 정당화 과정과는
달리 존재론적이고 도덕적인 과정을 포함한다. 관괘에는 관찰하는 자의 존재
론적인 특성이 자주 도덕적 존재자로 나타나기 때문이다. 주역의 독특한 인식
론은 관괘의 단사象辭를 볼 때 보다 분명해진다. 단사에 이르길, "여기서 (곤괘
에 의해 나오는) 순종(順)은 (손괘에 의해 나오는) 복종(巽)과 서로 어울리며,
중용을 견지하며 바르게 이끌려져(中正) (어떠한) 관찰이 좋은 것인가 하는
정형화된 모델을(大觀) 세계에 나타낸다"[13]라고 했다. 관괘 단사의 관찰 방식은
도덕의 인식론을 필요로 한다. 올바른 관찰을 하는 목적이 궁극적으로 도덕적
이 되고자 하는 데 있다면 그 도덕성의 본질은 중정中正이다. 중정이 관괘의
관찰의 목적이 되는 것이다. 중中을 주관적 자기반성 그리고 정正을 객관적
자기반성이라 한다면 중정의 중용적 삶의 태도는 정견正見을 성취하기 위해
필수적이다.

사실 퍼스의 가추법에는 순전한 의미에서의 도덕 반성적인 요소가 없으므
로 이를 관괘의 관찰을 이해하는 방식으로 사용하기에는 한계가 있다. 다만
여기서는 관괘나 계사전이 가진 관찰의 방식을 연역이나 귀납 어떤 것으로도
설명할 수 없다면, 그리고 그것의 독특한 논리 구조를 명시적으로 보여 주려면
그의 가추법은 유용하다. 세계를 처음 무엇이라고 규정하고자 할 때나 괘를

---

13) 象曰, 大觀在上 順而巽 中正以觀天下.

통해 세계를 보려고 할 때 내릴 수 있는 인식은 가정법일 수밖에 없으며, 그것은 관괘의 관찰처럼 전개되어야 한다.

3. 관찰의 정당화

퍼스의 가추적 추론은 귀납이나 연역 추론과는 다르며 퍼스는 이 세 가지 추론 방식에서 가추적 추론을 우선적으로 둔다. 왜냐하면 범주나 기호의 모든 측면에서 '도상의 일차성'(the iconic firstness)이 가추에 있다고 보기 때문이다. 가추적 추론은 귀납이나 연역 추론을 정당화하는 데 있지 않다.14) 그것은 이러한 추론들이 만들어질 수 있는 근거를 마련해 주는 역할을 한다. 예를 들어 "태극은 음양이다"라는 명제도 하나의 추론인데 이것은 연역도 아니고 귀납도 아니다. 이 명제는 가추적 추론, 즉 강력한 가정을 동반하는 직관적이고 통찰적인 추론이며 은유의 방식을 따르는 '자기 정당화의 추론'(the self-justifying reasoning)이다. 이러한 추론은 직관이나 통찰로 구성된 명제들을 논리화하는 데 유효하다. 세계를 경험하는 방식이나 원초적인 경험을 논리화하는 데 도움이 된다.

관괘의 관찰도 그 인식적 특성은 귀납도 아니고 연역도 아니다. 그것은 앞서 성중영이 말한 창조적 관찰로서 전형적인 가추적 추론이다. 주역의 저자들이 어떤 대상을 음효나 양효로 기호화했을 때 그들이 따른 추론 방식은 가추였으며 거기에는 귀납이나 연역의 추론이 개입할 여지가 없다. 그러나

---

14) 실제로 어떤 추론이 우선하는가에 대해서는 퍼스 연구자들 간에 많은 논란이 있다. 가추를 연역이나 귀납의 결과로 보는 견해도 있고 이 둘에 앞선 최초의 추론으로 보기도 한다. 여기서는 가추를 최초의 추론으로 설정했다.

이러한 가추적 추론 형태인 "대상A는 음효의 기호를 갖는다"라든지 "대상B는 양효의 기호를 갖는다"라는 명제가 성립한 이후에는 귀납이나 연역의 추론 방식이 전개될 수 있다. 즉 괘효의 발달과 그에 따른 괘사의 여러 진술들은 귀납이나 연역의 방식으로 이어진다. 어떻게 보면 계사전의 성인의 최초 인식 태도인 "사물을 두루 살핀다"는 명제를 귀납적 추론으로 볼 여지도 있다. 하지만 성인의 관찰은 천지만물의 음양 운동인 도를 직접적으로 파악하려는 태도 또는 직관하고 통찰하려는 태도에서 시작하기 때문에 귀납이라 할 수는 없다. 괘나 효의 필요성은 직관이나 통찰이 있고 난 다음의 일이었을 것이다.

괘효의 역할은 직관과 통찰로 이해된 세계를 기호화하는 데 있다. 직관되고 통찰된 세계의 모습은 괘효의 기호화 과정에서 형상화된다. 관괘의 관찰의 초입에 가추적 추론이 놓인다는 것은 주역의 인식론을 귀납과 연역의 인식의 조합으로 보는 태도를 없앨 수 있다. 그리고 무엇보다도 이러한 관찰의 가추적 추론의 특성에 도상의 일차성이 있다는 것, 그리고 그것이 대상의 재현을 동반한다는 것이 중요하다. 관괘의 관찰 단계는 효를 통해 세계를 들여다보고 있다. 괘가 기호학적 실재론에 근거할 수 있는 증거이기도 하다.

4장 제사의 기호
형亨의 경우

괘를 분석할 때도 마찬가지였지만 퍼스의 기호학으로 기호 분석을 할 때는 주로 삼분적 분류 기호학인 도상, 지표, 상징을 사용하는 것이 일반적이다. 그러나 퍼스의 10개 분류 기호로도 괘를 분석할 수 있다. 4장에서는 기호의 삼분적 분류가 아닌 10개 분류를 사용하고자 한다. 분류가 3개가 아닌 10개로 늘어나면 분석 대상의 성격이 훨씬 더 섬세해지는 장점이 있다. 분석 방식은 다음과 같은 절차를 밟는다. 첫째, 64괘에서 제사와 관련된 단어인 형亨의 의미, 그 단어에서 파생되어 나오는 점사占辭의 재현성, 그리고 제사와 점사를 설명하고 있는 괘사卦辭의 특성을 정리한다. 둘째, 각각의 괘에서 형亨자가 쓰인 순서, 횟수, 절차 등을 정리한 뒤 이것들을 유형별로 나눈다. 셋째, 그 결과 10개 기호 중에서 강도가 가장 높은 대표 기호를 통해 제사의 기호학적 의미를 살펴보는 것이다.

4장의 논의는 고대사회의 제사 행위가 재현성에 있을 것이라는 가정에서 출발하고 있다. 괘효사에 나타나는 제사에는 하늘로 상징되는 자연대상과 인간 사이에 강력한 재현의 특성이 있을 것이라고 전제하고 있다. 그리고 이러한 재현이 제사 행위에 실제로 작동하고 있는가를 확인한 결과 그러한 가정과 전제가 옳다는 것을 알 수 있었다. 실제 퍼스의 10개 기호를 사용하려면 분석 대상을 상당한 수준으로 구조화해야 한다. 이 구조화가 결코 쉬운 일이 아니다. 이러한 분석에서 한 가지 아쉬운 점은 64괘 전체를 대상으로 제사 행위를 추적하다 보니 각 괘가 지닌 제사, 점, 괘사의 삼분적 관계에서 발생되는 특이사항은 별도로 설명할 수 없었다는 것과 괘가 지닌 길흉의 서사적 읽기의 즐거움이나 괘와 괘들 사이에서 상호 연속되는 길흉의 특징들을 살필 수가 없었던 점이다.

1. 제사의 재현성

지금까지 퍼스의 기호학을 통해 괘를 분석하면서 주역의 재현적 특성을 기호학적 실재론(the semiotic realism)이라는 관점에서 논의해 왔다. 음양 기호가 발달되어 괘를 형성하며 괘사를 만들어 내는 과정을 해석의 차원에 놓게 되면 주역의 독특한 실재론이 만들어진다. 태극과 음양, 그리고 괘의 관계를 일련의 기호적 연속체로 보게 되는 순간 태극이 실체가 아닌 해석되는 기호로 전환되어 태극과 괘와의 개념적 분리 문제도 해결할 수 있다. 기호해석의 과정에는 실체나 관념이 설 자리가 없어지며 기호화된 실재가 일련의 파노라마를 이루며 전개되는 것을 볼 수 있다.

이 장에서 괘효에 나타나는 제사 행위를 통해 특별히 살펴보고자 하는 것도 주역의 기호학적 실재론적 특성을 재확인하는 데 있다. 제사에는 지표적인 모습인 의례, 잔치, 행사, 모임이 있는가 하면 점占이 개입되는 과정에서 공경, 성의, 소원, 의지, 기도 등과 같이 하늘과의 관계에서 벌어지는 도상의 모습도 자리하고 있다. 제사에 이미 지표와 도상이라는 기호가 작동하고 있었다는 뜻이다. '하늘'이라는 추상성이 인간의 제사라는 구체적 행위와 긴밀한 관련성을 맺고 있다는 것은 재현의 구조가 제사에 들어 있음을 말해 준다. 이를 위해 64괘에서 제사의 의미를 뜻하는 형亨자를 분석하고 이어지는 괘효의 점사가 제사의 재현에 어떻게 관여하고 있는가를 살펴본다. 이를 위해 제사의 근거, 이유, 그리고 동기 등이 재현에 끼치는 관련성에 주목한다.

이 논의는 고형高亨의 『주역고경금주周易古經今注』의 김상섭 번역본인 『고형의 주역』의 입장을 따른다. 그는 원형이정元亨利貞의 형亨과 정貞에 대해 기존의 이해 방식과는 다른 접근을 시도하고 있다. 즉 형亨을 "형통하다"라는 일반적 이해와 달리 제사로 해석하고 정貞은 "옳다거나 바르다"가 아닌 점으로 설명한다. 이는 십익十翼을 근거로 역경을 분석하던 기존의 방식과는 차별된 순수 고증적 접근의 연구 결과이다. 형을 '형통하다'로 번역하거나 원형元亨으로 묶어 '크게 형통하다'로 번역하는 것이 일반적이다. 그리고 원형이정 네 글자를 하나로 묶어 해석하는 경우와 원형과 이정 둘로 묶어서 해석하는 경우가 있지만, 고형은 원元은 말 그대로 크다(大)로, 이利는 이로움으로 해석하면서 원형일 때는 큰 제사로, 이정利貞은 점치는 것이 이롭다는 식으로 번역한다. 정리하자면 원은 크다(大), 형은 제사 지내다(祀), 이는 이익(利), 그리고 정은 치다(卜)가 된다.

고형은 형亨을 제사를 지낸다는 뜻의 향享의 의미로 받아들인다. 형亨이 제사의 의미를 가질 수 있는 문헌적 근거는, 음식을 올린다는 뜻의 헌獻, 고高의 생략된 글자 모양으로 "앞으로 나아가 물건을 잡는다"는 뜻, 공물을 바친다는 뜻, 그리고 제물을 올리며 제사를 지낸다(祀)는 데 있다. 형亨과 향享은 본래 하나의 글자로서 종묘의 모양을 상징하거나 제사 때 바치는 그릇의 모양을 상징한다고 본 것이다.[1]

고형은 괘명과 괘사의 관련은 물론이고 특정 괘와 이웃 괘들과의 관련성에도 의미를 부여하지 않는다. 그가 괘와 괘의 관련성에서 유일하게 인정하는

---

[1] 고형, 『고형의 주역』, 85쪽.(亨이라는 글자를 제사의 享으로 보는 데는 다른 의견이 있을 수 있지만 여기서는 제사의 재현성을 드러내기 위한 방편으로 그의 고증학적 입장을 수용하고자 한다.)

것은 점에 필요한 본괘本卦와 지괘之卦의 관계뿐이다. 그는 괘명에 이어지는 괘사나 효사의 내용이 간혹 일치하는 경우는 있지만 그것은 64괘 모두의 현상도 아니며 거기에 어떤 일관성이 있는 것도 아니라고 본다.[2] 괘명에 본래 뜻이 없다면 괘 이름과 괘사의 연결성을 만들 필요가 없고 괘상 자체만으로 봐야 한다는 의미가 된다. 그의 이런 생각에 모두 동의하지는 않지만, 여기서는 그의 주장을 따라 괘명의 상징과 괘사의 관련성을 무리하게 연결시키지 않았고, 한 괘와 다른 괘들과의 관련성을 굳이 가져오지도 않았으며, 괘와 효와의 관계도 고려하지 않았다. 괘와 괘사는 같은 맥락에서 다룰 수도 있고 그렇지 않을 수도 있기 때문이다. 그리고 64괘 전체에서 연속해서 나타나는 제사의 형亨에만 주목하고 그것의 성격을 분석한다면 괘들 사이의 관련 문제는 잠시 미루어 두어도 괜찮다고 생각한다.

　64괘에서 제사와 관련되어 형亨자가 직접 쓰였거나 제사의 의미를 간접적으로 보여 주는 구절은 괘사에서 45회, 효사에서 20회이며, 원형이정 네 글자가 있는 곳은 무려 188군데에 이른다. 형亨은 "옛날 사람이 제사를 지내면서 점을 쳐 이 괘를 얻었으므로"라는 의미로 반복되면서 고대 제례의 다양한 모습을 제시한다. 이런 표현은 서로 다른 괘들 사이에서 동일하게 나타나고 하나의 연속된 의미론을 구성하는데, 제사의 서사 방식이나 제례 상징에 대한 일종의 '기호 연속'(the semiotic continuity)이 반복되고 있다. 퍼스 기호학으로 분석하고자 하는 것은 이 "옛날 사람이 제사를 거행할 때 점을 쳐서 이 괘를 얻었으므로"라는 표현이다. 이 표현은 형亨자가 사용되는 괘나 효의 반복되는 제사와 관련되어 있으며 제사와 괘 그리고 점을 표현하는 대표 명제로서 여러 다양한 형태의 제사 모습을 보여 준다. 제사의 의미, 필요성, 방법, 태도, 대상 등이 괘나

---

2) 고형, 1995; 72.

효에 의해 다양하게 제시되고 있지만 궁극적으로 제사의 대표적인 반복은 위의 명제이다. 이 명제를 분석하려면 몇 가지 절차를 밟아야 한다.

먼저 각각의 괘와 효에 나타나는 형亨자를 분석하고 정貞자와의 관련성, 그리고 제사를 지내고 점을 치는 전체 앞뒤 상황에서 벌어지는 결과를 함께 살펴보는 것이다.[3] 이 작업을 위해 제사와 관련된 괘와 효의 내용을 모두 정리한다. 그 과정에서 괘효사의 형과 점, 그리고 괘사와 효사의 좋고 나쁨의 내용을 찾아 제사와 점, 괘효사의 실제적 상황이 갖는 구조적 특성을 보고자 한다. 여기에는 상당히 주의 깊은 관찰이 따라야 하며 괘효사의 내용을 면밀히 들여다보고 그 맥락의 중요 의미를 놓치지 말아야 하는 어려움이 있다. 형의 글자 쓰임새나 풀이되는 방식, 즉 형의 글자가 괘효사의 처음, 중간, 또는 끝에서 사용될 때의 괘효사의 특징을 봐야 한다. 나아가 형의 글자가 괘상과 관련성이 있는 경우 괘 단독으로 형이 나올 때, 괘에도 나오고 같은 괘의 효에도 나올 때, 그리고 괘에는 없는데 효에만 나올 때의 서로 다른 특성도 살펴야 한다. 이 작업이 모두 마무리되면 다시 "옛날 사람이 제사를 거행할 때 점을 쳐서 이 괘를 얻었으므로"라는 대표 명제로 돌아가서 퍼스의 10개 기호 분류에 따른 분석을 실시하는 것이다.

---

3) 貞과 관련된 점의 다양한 사례를 보면 다음과 같다. 貞吉은 그 점이 길하다, 貞凶은 그 점이 흉하다, 貞吝은 그 점이 어렵다, 貞厲는 그 점이 위태롭다, 可貞은 그 점에 묻는 일을 해도 좋다, 不可貞은 그 점에 묻는 일을 해서는 안 된다, 利貞은 그 점이 이롭다, 利某貞은 그 점이 어떤 점에 이롭다, 安貞은 점에 안부를 묻다, 즉 안부를 묻는 점이다. 이런 사례는 괘효사에서 다양하게 사용되고 있는데 괘사를 기호화할 때 유용하게 사용된다.

2. 제사 괘효사의 내용과 구조

제사 형亨이 들어간 괘들은 대체적으로 제사를 지내는 이유나 목적, 방식, 태도, 그리고 대상에 대한 내용으로 구성되어 있다. 64괘 전체에는 제사와 관련된 논의가 생각 외로 많이 나오는데 이는 앞에서 고형의 주석으로 인해 형亨을 제사로 해석했기 때문에 발생한 탓이다. 그의 고증학적 주석이 다소 파격적이긴 해도 어쨌든 이와 관련해 살펴봐야 할 일이 몇 가지 있다. 첫째, 제사가 점과 함께 이루어지면서 괘사의 내용이 좋은 쪽(吉)으로 기술되는지 아니면 나쁜 쪽(凶)으로 기술되는지 아니면 좋기는 하지만 그저 그런 정도(无咎)인지를 확인하는 것이다. 괘사의 길, 흉, 무구는 괘의 정체성에 영향을 미치며 이어 나오는 효사에도 영향을 미친다. 둘째, 제사와 관련된 괘들은 제사와 점이 동시에 이루어지지만 어떤 경우에는 제사를 지낸 후 점을 치기도 한다. 즉 제사라는 의례를 먼저 거행하면서 당면한 제사가 좋은 결과를 가져올지를 확인할 목적으로 점을 친다. 셋째, 어떤 경우에는 제사 자체의 길흉을 알기 위해 먼저 점을 치는데 이는 제사를 거행해도 될지를 먼저 점을 침으로써 결정하는 것이다. 넷째, 제사와 점의 순서와 관계없이 점의 결과로써 괘를 얻게 되는 과정과 괘의 실제적인 이야기가 만들어지는 경우이다. 이렇게 만들어지는 점사는 길, 흉, 무구 등의 수많은 경우의 수를 통해 미래를 예측하게 한다.

괘는 이미 64개로 결정되어 있기 때문에 이 괘들 안에서 점의 결과가 만들어질 수밖에 없다. 이런 면에서 괘사의 산출 방식은 "제사 → 점 → 괘(괘사)"라는 세 단계로 이루어진다. 제사와 관련된 괘는 몇 개의 괘를 제외하고는 어김없이 점과 관련되어 있으며 길흉의 정도가 자세하게 기술되어 있다. 이 방식을 퍼스 기호학의 관점에서 보면, 제사가 먼저라면 제사 행위가 중심이

되어 점이라는 가능성과 괘사의 현실성으로 옮아가게 되는 것이 되고, 만약 점이 먼저라면 정확히 제사가 수행적인 것이 된다. 이 우선 순위의 문제는 제사 명제인 "옛날 사람이 제사를 지내면서 점을 쳐 이 괘를 얻었으므로"를 기호화하는 데 중요한 근거가 된다. 점은 도상이고 제사는 지표이며 괘사는 상징이라고 단순하게 말할 수 없는 근거가 여기에 있으며, 이러한 분석의 한계 때문에 퍼스의 도상, 지표, 상징의 기본적 분석이 아닌 10개의 기호 분류를 통한 분석이 필요한 것이다.

괘를 기호학적으로 분석하기 위해 다음과 같이 기호로 표시한다.

첫째, 제사, 점, 괘사의 순서를 위해 '→' 기호를 사용한다. 예를 들어 제사 → 점 → 괘는 각각의 실행 순서를 보여 준다. 그러나 이것은 어디까지나 실행의 현상에 주목한 것이지 내적으로도 이 순서로 진행한다는 것은 아니다. 행위의 순서가 그러하더라도 내용에 따라 순서의 문제를 다른 방식으로 논의할 여지가 있다.

둘째, 괘에는 좋은 점과 좋지 않은 점을 비롯하여 여러 점이 기술되기 때문에 좋은 점은 '점○'으로, 나쁜 점은 '점⊘'으로, 그리고 좋지도 나쁘지도 않은 점은 '점◇'으로 표기한다. 점이 없이 괘사 자체의 좋고 나쁜 상황을 표기할 때는 그냥 '○, ⊘, ◇'으로 한다. 괘사에 길흉에 대한 어떠한 설명이 없거나 제사 상황에 대한 부연 설명이 없을 때는 '( )'으로 표기한다. 그리고 큰 제사, 작은 제사, 또는 제사를 나타내는 '형亨'자가 직접 표시되지 않고 다만 제사의 특징을 띠는 희생이나 공물을 바치는 경우들에는 '제사⌒'로 표기한다. 이러한 표기는 제사와 관련된 괘사를 분류하고 분석할 때 유용하게 사용될 것이다.

셋째, 점이 나오는 원문은 밑줄(예: 安貞)로 표시한다. 필요에 따라 제사와 관련된 고형의 설명을 곁들였으며 위의 구조화에 따른 괘사의 형식을 '[ ]'

라고 표시해 끝에 넣었다. 이제 제사 형亨자가 들어간 괘들을 64괘 전체를 통해 하나씩 살펴보자.

乾(1)　　乾. 元亨. 利貞. [제사^ → 점○ → (　)]

"옛날 사람이 큰 제사를 거행할 때 점을 쳐서 이 괘를 얻었으므로"라는 대표 구절이 나오는 괘이다. 利貞은 "점을 쳐서 이 괘를 얻으면 일을 일으키는 것이 이롭다"는 뜻으로 다른 괘에도 자주 쓰인다.4)(이 괘의 기호화 과정은 앞에서 설명한 것처럼 다음과 같이 읽으면 된다. "희생이나 공물을 바쳐 제사를 올렸더니(제사^) 좋은 점이 나왔다(점○). 그러나 그 제사 상황이 어떠했는지를 알 수 없다(　)." 나머지 기호를 읽는 방식은 위에서 설명한 것을 참조.)

坤(2)　　坤. 元亨. 利牝馬之貞. 君子有攸往, 先迷後得主. 利. 西南得朋, 東北喪朋. 安貞吉. [제사^ → 점○ → ◇]

屯(3)　　屯. 元亨. 利貞. 勿用有攸往. 利建侯. [제사^ → 점○ → ○]

蒙(4)　　蒙. 亨. 匪我求童蒙, 童蒙求我. 初筮告, 再三瀆, 瀆則不告. 利貞. [제사 → ◇ → 점○]

"동몽은 점을 보려는 사람이며 나(我)는 점을 치는 사람 자신이다. '비아구동몽, 동몽구아'는 와서 점을 보는 것이지 가서 점을 치는 것이 아님을 의미한다."(이 경우는 점의 결과에 대한 내용이 아니라 점을 치는 태도를 기술한다.)

需(5)　　需. 有孚, 光. 亨. 貞吉, 利涉大川. [○ → 제사 → 점 → ○]

(제사의 목적, 제사, 점, 점사의 순서를 지시)

比(8)　　比. 吉. 原筮元(亨)永貞无咎. 不寧方來, 後夫凶. [○ → 제사^ → 점○ → ◇]

(제사와 동시에 점을 치는 경우)

小畜(9)　小畜. 亨. 密雲不雨, 自我西郊. [제사→ ◇]

履(10)　履虎尾, 不咥人. 亨. [◇ → 제사]

泰(11)　泰. 小往大來, 吉. 亨. [○ → 제사]

　　　　(九三) 无平不陂, 无往不復, 艱貞无咎. 勿恤其孚, 于食有福. [◇ → 제사]

否(12)　(初六) 拔茅茹以其彙, 貞吉. 亨. [○ → 제사]

　　　　(띠 줄기의 준비가 제사를 위해 좋은 상황)

　　　　(六二) (亨)包承, 小人吉, 大人否. [제사 → ◇]

　　　　(六三) (亨)包羞. [제사 → (　)]

　　　　(길흉에 대한 언급이 없음)

同人(13)　同人于野. 亨. 利涉大川. 利君子貞. [(　) → 제사 → 점○]

　　　　(上九) 同人于郊, 无悔. [(　) → 제사 → ◇]

　　　　"많은 사람이 교외에 모여 제사를 지내는 것은 당연히 하늘에 제사 지내는 한 가지 일에만 그치지 않는다. 교외에서 제사를 지낼 때는 많은 사람이 함께 갔다고 한다."(점을 친 모습이 나타나지 않지만 고형은 "많은 사람이 교외에 모여 제사를 지내는 일을 위해 점을 쳐 이 효를 얻었다"고 해석한다. 점을 치는 이유가 제사를 지낼지를 결정하기 위한 것으로 본다.)

大有(14)　大有. 元亨. [○ → 제사^]

　　　　"옛날에는 그해의 풍작과 흉작을 미리 점을 쳤다. 옛날에 풍년을 일러 有라 하였는데 大有는 대풍년을 의미한다."(점에 대한 직접적인 언급은 없지만 풍년을 기원하기 위해 점을 쳤을 것으로 상상할 수 있다. 이때의 점은 풍년 자체를 위한 점이지 제사를 위한 점은 아니라 할 수 있으므로 점과 제사를 직접 연결시킬 수는 없다.)

　　　　(九三) 公用亨于天子. 小人弗克. [제사 → ◇]

　　　　(고형은 이 효의 亨을 제사의 특성 중 하나인 공물을 바치는 행위로 해석한다. 공후의 경우에는 길한 것으로 이해할 수 있겠지만 소인의 경우에는 해당 사항이 없으므로 점사의 결과를 좋지도 나쁘지도 않은 것으로 표기했다.)

謙(15)　謙. 亨. 君子有終. [제사 → ○]

(좋음에 대한 직접적인 언급은 없지만 '일을 마침'의 의미는 좋은 뜻을 가지기 때문에 좋은 결과가 나온 것으로 본다.)

隨(17)　隨. 元亨. 利貞. 无咎. [제사 → 점○]

(上六) 拘係之, 乃從維之. 王用亨于西山. [○ → 제사]

"문왕이 주나라로 돌아가 신의 비호를 받아 어려움을 면할 수 있었다고 여겨 산에 제사를 지내 그 은혜를 갚고자 한 고사와 관련이 있다."(좋은 일로 제사를 지내는 경우이다.)

蠱(18)　蠱. 元亨. 利涉大川, 先甲三日, 後甲三日. [제사⌒ → ○]

臨(19)　臨. 元亨. 利貞, 至于八月有凶. [제사⌒ → 점○ → ⊘]

(점은 이롭지만 실제의 일을 만났을 때는 나쁜 경우이다. 이렇게 좋은 점이 나왔다가 나쁜 일이 발생하는 경우는 드물다고 할 수 있다.)

觀(20)　觀. 盥而不薦, 有孚顒若. [제사 → ⊘ → ○]

"盥은 술잔을 올려 땅에 뿌려서 신을 내리게 함이다. 제사에 제물을 올리지 않은 것은 포로가 있기 때문이다. 이 포로를 죽여 제물로 삼을 수 있다."(제사에 술이 없었다는 것은 나쁜 상황이나 포로를 희생으로 했다는 데에서는 좋은 상황이 만들어졌음을 의미한다. 이 경우에도 나쁘고 좋은 상황이 연속해서 일어나는 드문 경우이다.)

噬嗑(21)　噬嗑. 亨. 利用獄. [제사 → ○]

賁(22)　賁. 亨. 小利有攸往. [제사 → ○]

復(24)　復. 亨. 出入无疾. 朋來无咎. 反復其道, 七日來復. 利有攸往. [제사 → ○]

无妄(25)　无妄. 元亨. 利貞. 其匪正有眚. 不利有攸往. [제사 → 점○ → ⊘]

(좋은 점이지만 경우에 따라 그 반대로 나쁘게 될 수도 있는 상황이다.)

大畜(26) (上九) 何天之衢(休). 亨. [○→제사]

(괘사를 그대로 해석하면 하늘의 비호에 감사해서 제사를 지냈다는 뜻으로 하늘에
감사하기 위해 제사를 지낸 것으로 봐야 한다. 그러나 고형은 "점을 쳐서 이 효를
얻으면 실제 하늘의 비호를 받는다'고 하면서 1) 점이 제사와 함께 쳐졌고 2) 점으
로 인해 하늘의 비호라는 결과가 생기는 것으로 해석하고 있다. 이러한 경우 제사
가 결과인지 원인인지의 우선순위의 문제가 오게 되고 실제 기호 분석을 할 때
혼란이 올 수 있다.)

大過(28) 大過. 棟橈, 利有攸往. (亨). [◎→○]

"대들보가 굽어 집이 무너지는 경우이지만 이를 예상하고 집밖을 나간다면 화를
면할 수 있다는 뜻이다. 집밖을 나간다는 조건 하에서 나쁜 일이 좋은 일로 바뀔
수 있음을 말하고 있다."(고형의 해석대로라면 이 효는 제사와는 직접 관련이 없지
만 다음 초육효와 관련된다.)

(初六) (亨)藉用白茅, 无咎. [제사→○]

坎(29) 習坎. 有孚維心. 亨. 行有尙. [○→제사→○]

離(30) 離. 利貞. 亨. 畜牝牛吉. [점○→제사→○]

咸(31) 咸. 亨. 利貞. 取女吉. [제사→점○→○]

恒(32) 恒. 亨. 无咎, 利貞, 利有攸往. [제사→점○→○]

遯(33) 遯. 亨. 小利貞. [제사→점^○]

損(41) 損. 有孚, 元吉, 无咎. 可貞. 利有攸往, 曷之用二簋. 可用亨. [○→점^
○→제사]

(初九) 已事遄往, 无咎. 酌損之. [제사→◇]

(대체로 허물이 없음을 말하기 때문에 좋은 일로 볼 수도 있으나 제사에 늦을 때
벌을 받는 풍습 등을 고려하면 좋거나 나쁘거나 할 수 없는 상황이라고 볼 수 있다.)

益(42) (六二) 或益之十朋之龜, 弗克違. 永貞吉. 王用享于帝, 吉. [점⌒ ○ → 제사 → ○]

姤(44) (九四) 包无魚, 起(祀)凶. [◎ → 제사◎]

"물고기는 쉽게 얻을 수 있는 것이다. 집이 가난하여 제사에 소나 돼지고기를 올리지 못하더라도 귀신은 책망하지 않는다. 그러나 물고기는 낚싯대만 드리워도 잡을 수 있는 것이고 그물만 치면 얻을 수 있는 것인데 물고기마저 없다면 귀신은 그 태만함에 노하여 재앙을 내릴 것이다."(제사 자체는 좋고 나쁜 것이 없지만 제사를 나쁜 상황으로 몰아갈 수는 있다. 이 괘는 좋지 않은 제사 태도로 인해 나쁜 상황이 된 경우이다. 제사에 나쁜 일이 발생할 수 있다고 한 것은 이 구괘의 구사효가 유일하다.)

萃(45) 萃. 亨, 王假有廟. 利見大人. 亨. 利貞. 用大牲吉. 利有攸往. [제사 → ○ → 제사 → 점○ → ○]

(앞의 제사는 아직 일어나지 않은 제사로서 왕이 종묘에 오는 이유가 장차 행해질 제사를 위한 것이다. 뒤의 제사는 실제의 제사이다.)

(六二) 引吉, 无咎. 孚乃利用禴. [○ → 제사⌒ → ○]

"약제를 지낼 때는 소를 사용하지 않고 새나 보리와 채소를 사용하였다. 집의 희생 대신에 간단히 구할 수 있는 것으로 제사를 지냈기 때문에 제사가 변변치 못한 상황이라 할 수 있다. 그럼에도 귀신을 제사 지낼 때는 충성과 신의가 중요하며, 참으로 충성과 신의가 있다면 제물이 변변치 못하다 하더라도 귀신은 그것을 받을 것이다."(제사에 조건이 붙는 경우로서 제사의 태도가 제한되어 있어도 그 결과는 좋을 수 있다.)

升(46) 升. 元亨. 用見大人, 勿恤, 南征吉. [제사⌒ → ○]

(九二) 孚乃利用禴, 无咎. [제사 → ○]

(앞의 취괘의 간단 제사의 맥락과 같다.)

(六四) 王用亨于岐山, 吉, 无咎. [제사 → ○]

困(47) 困. 亨. 貞大人吉, 无咎. 有言不信. [제사 → ○]

(九二) 困于酒食, 朱紱方來. 利用亨祀. 征凶, 无咎. [◎, ○ → 제사○ → ◇]

(좋은 제사 상황을 만들기 위한 조건이 모순 속에서 일어난다. 동시에 제사의 결과 또한 주어진 조건이 맞지 않으면 나쁜 상황이 된다.)

(九五) 劓刖, 困于赤紱, 乃徐有說. 利用祭祀. [◎, ○ → 제사○]

"앞의 구이효와 같은 맥락이다. 제사의 필요성이 강조된다. 그러나 제사의 결과로서 부가적인 조건은 없다."(고형은 『석문』을 근거로 제사라는 말을 향사로 교정해야 한다고 한다.)

革(49) 革. 已日乃孚. 元亨. 利貞, 悔亡. [○ → 제사⌒ → 점○ → ○]

"제사에서 상벌 행위가 벌어지는 이유는 일을 공정하고 평등하게 처리했음을 보여 주기 위한 것이다. 제사의 의의가 상당히 폭이 넓었음을 알 수 있다."(상벌 행위는 사회적 공평을 의미함으로 단순히 벌을 내린다는 차원에서 나쁜 것으로 봐서는 안 된다. 悔亡은 아주 좋은 상태는 아니지만 그렇다고 나쁜 상황도 아니다.)

(六二) 已(祀)日乃革之. 征吉, 无咎. [점 → 제사 → ○]

"제사를 지내기에 앞서 그 날짜를 점쳤는데 길하지 않으면 먼 날을 점쳤다." (이효는 제사를 지내면 길하다는 단순한 주장을 하는 것 같지만 실제로는 제사의 길일을 알기 위해 점의 행위가 우선되었음을 알 수 있다. 그래서 점 행위를 추가해 기호화했다.)

鼎(50) 鼎. 元亨. [○ → 제사]

震(51) 震. 亨. 震來虩虩, 笑言啞啞. 震驚百里, 不喪匕鬯. [제사 → ○]

"숟가락은 祭器로서 희생을 담는 데나 솥 안의 음식물을 뜨는 데 사용하였으며, 또 곡물을 뜨는 데나 국을 뜨는 데 사용하였다. 匕鬯은 강신제에 사용하는 것이다. 옛날 사람이 제사를 거행하는데 마침 큰 우레가 울려서 멀리 백 리를 놀라게 하나, 제사를 지내는 사람은 여전히 조용히 예를 행하여 숟가락으로 울창주를 뜨는 것을 소홀히 하지 않았다는 상황을 묘사한다."

豐(55) 豐. 亨. 王假之, 勿憂. 宜日中. [제사 → ○]

"宜日中은 제사를 거행하는데 마땅히 해가 중천에 있을 때 거행할 것을 말한다."(제사의 필요성과 방식을 설명)

旅(56) 旅. 小亨. 旅貞吉. [제사⌒ → 점⌒ ○]

巽(57)　巽. 小亨. 利有攸往, 利見大人. [제사 ∧ → ○]

(九二) 巽在牀下, 用史巫紛若吉. 无咎. [○ → 제사 → ○]

"紛은 釁의 의미를 빌려 쓴 것이다.『설문』에 "釁은 피를 그릇에 발라 제사를 지내는 것이다. 부뚜막 귀신에게 제사지내는 것을 나타낸다"고 하였다. 즉 희생을 죽어서 그 피를 물건에 발라 제사를 지낸다. "상 아래에 엎드려 있다"는 것은 사람을 가리켜 한 말이니, 피를 바르는 것은 당연히 그 사람에게 피를 바르는 것을 말한다. 피를 바르는 사람은 먼저 희생의 피를 바르고 뒤에 목욕을 한다. 귀신을 물리치고 상서롭지 못한 것을 없애는 것이다."(피를 바르는 행위 자체는 좋고 나쁜 것이 없지만 여기서는 제사를 위한 행위로 보고 좋은 것으로 규정했다.)

兌(58)　兌. 亨. 利貞. [제사 → 점○]

渙(59)　渙. 亨. 王假有廟. 利涉大川, 利貞. [제사 → ○ → 점○]

(제사로 인해 이로운 사건의 발생을 예측하며 동시에 점의 이로움이 발생하는 경우로서 점이 좋은 일의 최종적 해석으로 작용한다.)

節(60)　節. 亨. 苦節, 不可貞. [제사 → ⊗ → 점 ∧ ⊗]

(제사와 점의 관련성이 분명하지 않다.)

(六四) 安節. 亨. [○ → 제사]

中孚(61)　中孚, 豚魚吉. 利涉大川. 利貞. [제사 → ○]

(上九) 翰音登于天, 貞凶. [제사 → 점⊗]

"노나라에서 교외의 제사를 거행하면서 붉은 닭을 올려 기원한 데에서 유래하는 것으로 이 괘에서는 제사를 닭의 날아오름이라는 환유로 표현하였다. 어쨌든 이 상황은 제사와 긴밀하게 관련이 있다. 닭은 본래 높이 날지 못하는데 지금 높이 날아서 하늘로 올라간 것이기 때문에 흉하다."

小過(62)　小過. 亨. 利貞. 可小事, 不可大事. 飛鳥遺之音, 不宜上宜下. 大吉. [제사 → 점○ → ◇ → ○]

(점 이후에 서로 반대되는 상황이 발생하다가 최종적으로는 길한 상태가 되는 다소 복잡한 괘사이다.)

旣濟(63) 旣濟. 亨. <u>小利貞</u>. 初吉終亂 [제사 → 점 ◠ ○ → ○ → ⊘]

   (이 괘도 앞의 소과괘처럼 제사와 점이 끝나고 상황이 좋았다가 나빠지는 단계를
   반복한다.)

   (九五) 東鄰殺牛, 不如西鄰之禴祭, 實受其福. [○ → 제사 → ○]

未濟(64) 未濟. 亨. 小狐汔濟, 濡其尾, 无攸利. [제사 → ⊘]

　　다소 난삽한 부분이 있지만 이렇게 기호화를 한 까닭은 이어지는 퍼스의
10개 기호 분류를 적용하기 위해서이다. 위의 기호화 과정을 대략 정리해
보면 제사, 점, 괘의 순서가 어느 정도 일정하게 지켜진다는 것을 알 수 있었다.
그러나 30번의 리괘離卦나 49번 혁괘革卦의 육이효의 경우에는 제사에 앞서
점을 친 것으로 나온다. 그리고 제사를 지낸 후라도 점이 생략되는 경우도
있다. 이제 이러한 여러 상황을 분석하기 전에 퍼스의 10개 기호 분류가 어떤
것인지에 대해 살펴보고자 한다.

3. 퍼스의 10개 기호 분류

　　퍼스는 기호 분류를 3개에서 10개, 66개로 확장해서 설명하고 있는데 실제
로 66개 분류는 하나의 상황을 분석하기에는 번거롭고 혼란이 가중될 수 있다.
한편 3개의 분류로는 조금이라도 복잡한 상황을 분석하기에는 한계가 있다.
점과 제사, 괘의 관계를 도상, 지표, 상징으로 다루어 점을 도상, 제사를 지표,
괘를 상징으로 보면 일면 편리할 수 있지만 제한된 논의밖에 할 수가 없다.
점이 일련의 순수하고 추상적인 상황을 묘사한다고 하더라도 점도 특정한
상황에서는 실제 행위이므로 지표적 요소가 있다. 왜냐하면 제사는 전형적인

의례 행위로서 희생을 바치고 잔치를 열고 사람을 모으는 행위이기 때문이다. 그러나 여기에도 제사의 속성이 갖는 헌신과 경배의 추상적인 의미가 있으므로 도상의 특성을 갖고 있다. 마지막으로 괘는 법적 관습적 특성을 드러내기 때문에 상징으로 볼 수 있지만 괘에 따라 나오는 괘사에는 특정한 행위를 하게끔 하는 행운이나 불행 등의 도상이 있으므로 상징 자체로만 볼 수 없다. 이런 이유로 퍼스의 기호학에서 10개의 범주로 나누어진 기호체계로 설명하면 좀 더 구체적으로 점, 제사, 괘의 관계를 설명할 수 있게 된다.

2부 1장에서 설명한 바처럼 기호의 의미 관계를 설명하는 3가지 기호 요소는 기호(sign), 대상(object), 해석체(interpretant)이고, 이 세 요소가 모두 기호이다. 처음의 기호는 기호체계 안에서의 세부적 특성으로서 가능 양식(the possible modality)을 갖고 있는 기호이며 대상은 실제 양식(the actual modality)의 기호이며 상징은 필연적 양식(the necessary modality)으로서 습관 등을 나타내는 기호이다.[5] 퍼스 기호학은 사물이나 사건의 현상을 재현하면서 기호체계를 형성한다. 이 세 요소는 각각의 상황에서 기호로 작용하면서 의미 관계를 형성한다. 그리고 이러한 의미 관계는 일상의 현실에서 함께 일어난다. 순수한 차원에서 기호만 있고 대상이나 해석체가 없는 상황을 상정할 수는 있지만 현실 세계에서는 이 세 요소가 함께 일어난다. 대상도 기호이므로 대상이라는 기호를 기호로 기호화하고 그런 기호화된 대상을 해석하는 기호가 있는 것이다. 대상, 기호, 해석체는 모두 하나의 기호로 작동한다. 그리고 이러한 세 요소의 관계를 의미 있는 관계로 만들어 주는 과정을 매개(mediation)라고 할 수 있는데 결국은 세 요소의 각각의 기호는 매개라는 과정을 통해 의미 있는 관계를 형성하게 되며 그것이 현실세계 속에서 하나의 기호로 나타난다.

---

5) CP; 8.376.

각각의 기호가 표현되는 과정에서 표현의 층위도 각각 3개 단위로 만들어 지는데, 이 부분을 제대로 이해해야 한다. 퍼스 기호학이 10개, 66개로 발전되는 생성 과정을 파악하는 데 도움이 되기 때문이다. 처음 표현의 층위는 기호, 두 번째 표현의 층위는 대상, 세 번째 표현의 층위는 상징과 관련이 된다. 즉 기호, 대상, 상징은 각각의 표현 형태에서 가능성, 실제성, 실재성으로 나누어진다. 이 세 가지 표현 방식이 퍼스가 사물이나 사건을 인식하는 기본 구조이다. 10개의 기호 분류로 나누기 위해 이 세 가지 표현 방식을 다시 정리해 보자.

1) 기호의 표현 방식: 기호는 질적기호(qualisign), 실제기호(sinsign), 그리고 현실기호(legisign)로 나뉜다. 질적기호는 기호의 질적 특성을 실제기호는 기호의 현실적 특성을 현실기호는 기호의 매개적 특성을 보여 준다.

2) 대상의 표현 방식: 대상은 도상(icon), 지표(index), 그리고 상징(symbol)으로 나뉜다. 도상은 대상을 그대로 보여 준다(resemble)는 의미에서 기호이며, 지표는 대상을 연결한다(connect)는 의미에서 기호이며, 상징은 대상의 연결을 통해 일련의 규칙적 일관성(law-like regularity)을 드러낸다는 의미에서 기호이다.

3) 해석체(interpretant)의 표현 방식: 해석체는 원질기호(rheme), 실행기호(dicent), 그리고 논의기호(argument)로 나뉜다. 원질기호는 서술 형태로 해석되는 것으로서 동사나 형용사처럼 어떤 상황을 서술적으로 풀어 주는 표현 방식이며 즉각적 해석체(immediate interpretant)이다. 이 기호는 하나의 기호가 만들어 내는 의미 효과를 뜻한다. 상황기호는 주어진 시점에서 하나의 개별 행위를 실행하게끔 하는 기호로서 동적 해석체(dynamic interpretant)이다. 마지막으로 논의기호는 스스로 다양한 자의적 수행을 위해 필요한 것으로서 주어진 상황을 해석하는 사람이 설명적인 해석을 주어야 하는 기호로서 논리적 해석체(logical intrepretant)이다.

퍼스의 위 세 기호 표현 방식은 범주로 구분되기도 한다. 질적기호, 도상, 원질기호의 묶음은 가능성의 1차 범주에 해당되고, 실제기호, 지표, 실행기호는 실제성의 2차 범주에 해당되며, 현실기호, 상징, 논의기호는 실재성의 3차 범주에 각각 해당된다. 그리하여 1차 범주의 대표적 기호를 "원질적 도상의 질적기호"(rhematic iconic qualisign)라고 하며 기호 표시는 111(일일일)로 한다. 2차 범주의 대표 기호는 "실행적 지표의 실제기호"(dicent indexical sisign)로 하여 222(이이이)로 한다. 마지막으로 3차 범주의 대표 기호는 "논의적 상징적 현실기호"(argument symbolic legisign)로 하여 333(삼삼삼)으로 한다. 111의 기호는 기호의 조건이 되기 위한 순수 가능한 상태로서 거기에는 어떠한 실제성이나 현실성이 없어야 한다. 실제 이러한 기호를 현실세계에서는 발견할 수 없다. 관념에만 있는 정삼각형, 정사각형, 또는 상상 속의 용의 이미지가 여기에 해당된다. 222의 기호는 어떠한 관념이나 추상도 없고 연속되는 사건도 없는 특정 시점과 공간의 기호를 표현한다. 이 기호는 물리적 사건이 만들어지는 구체적인 시점의 기호이다. 333의 기호는 특정 사건이 해체되는 과정에서 이야기를 만들어내고 관습이나 법, 전통 등 모든 현실세계의 논의가 만들어지는 기호이다. 후자의 두 기호인 222의 기호나 333의 기호 각각은 111의 기호와는 다르게 실제세계에서 볼 수는 있지만 그렇다고 해서 자주 발견되는 것은 아니다.

퍼스는 111, 222, 333의 기호를 각각 완전한 순수기호(the genuine sign)라고 지칭한다. 그러나 이것은 어디까지나 가능성, 실제성, 현실성을 대표하는 의미에서의 순수기호이다. 가능성의 기호는 그 자체 하나밖에 없으므로 111로 표시될 수 있지만 그 외의 나머지 두 대표 기호는 그러한 완전성을 가질 수 없다. 즉 실제성이 이루어지려면 가능성이 전제되어야 하며 현실성이 이루어지려면 가능성과 실제성이 함께 전제되어야 한다. 이는 논리적 차원에서뿐만 아니라 기호세계에서 실제로 발생하는 현상이다. 이러한 이유로 퍼스는 기호를 더 세분화시켜 10개의 기호로 만들어 낸 것이다. 다음은 그 10개의 기호이다. 괄호 안의 숫자는 가능성, 실제성, 현실성을 나타내는 것으로 만약 123의 기호이면 가능성, 실제성, 현실성이 합쳐진 기호를 의미한다. 여기에서 처음의 숫자 1은 해석체의 가능성, 둘째 숫자 2는 대상의 실제성, 셋째 숫자 3은 기호의 현실성을 각각 순서대로 보여 준다.

기호: 질적기호(qualisign: 1), 실제기호(sinsign: 2), 현실기호(legisign: 3)
대상: 도상(icon: 1), 지표(index: 2), 상징(symbol: 3)
해석체: 원질기호(rheme: 1), 실행기호(dicent: 2), 그리고 논의기호(argument: 3)

기호학 체계에서 일차 층위는 기호(sign)인 질적기호(qualisign: 1), 실제기호(sinsign: 2), 그리고 현실기호(legisign: 3)이다. 이차 층위의 대상이 일차 층위의 기호와 섞이면 도상적 질적기호(11), 도상적 실제기호(12)와 지표적 실제기호(22)의 두 기호, 그리고 도상적 현실기호(13), 지표적 현실기호(23), 상징적 현실기호(33)의 세 기호가 각각 만들어진다. 삼차 층위의 해석체(interpretant)는 일차 층위의 기호와 이차 층위의 대상기호가 섞여서 만들어진다. 이를 도식화하면 다음과 같다.

도상적 질적기호(11) → 원질적 도상적 질적기호(111)
도상적 실제기호(12) → 원질적 도상적 실제기호(112)
지표적 실제기호(22) → 원질적 지표적 실제기호(122)
실행적 지표적 실제기호(222)
도상적 현실기호(13) → 원질적 도상적 현실기호(113)
지표적 현실기호(23) → 원질적 지표적 현실기호(123)
실행적 지표적 현실기호(223)

상징적 현실기호(33) → 원질적 상징적 현실기호(133)

실행적 상징적 현실기호(233)

논의적 상징적 현실기호(333)

이렇게 하여 기호, 대상, 해석체로 표현되는 10개의 기호가 만들어진다. 퍼스는 세계 속의 복잡하고 다양한 현상은 모두 이 10개의 범주 안에서 기호적으로 분석이 가능하다고 보았다.[6] 사례를 하나 들어 이 분석의 틀을 적용해 보자. "어떤 사람이 이른 아침 동료와 함께 식당에서 짙은 커피를 마시며 사업 이야기를 하고 있는" 장면을 상상해 보자.

> "위 장면을 단지 상상한다."(111), "짙은 커피"(112), "짙은 커피를 마신다."(122), "동료와 함께 짙은 커피를 마신다."(222), "커피를 마시며 이야기한다."(113), "짙은 커피를 마시며 이야기를 한다."(123), "동료와 함께 이른 아침 이야기를 한다."(223), "짙은 커피를 마시며 사업 이야기를 한다."(133), "동료와 함께 이른 아침 사업 이야기를 한다."(233), "동료와 함께 이른 아침 짙은 커피를 마시며 사업 이야기를 한다."(333)

여기에서는 "짙은 커피"에만 원질적이고 도상적 기호를 부여했는데 만약 '동료'의 특정 색의 옷을 기술했다면 도상의 특성을 더 첨가해야 할 것이고 기호체계도 더 확대되어야 한다. 그러나 위의 장면에서는 도상의 특성을 '짙은'이라는 것 하나에만 두고 있기 때문에 그러한 문제는 더 이상 발생하지 않을 것이다. '이야기하는' 것과 '사업 이야기를 하는' 것의 차이는, '이야기하다'라는 것은 그 자체로 지표적인 특정 상황과 이야기를 한다는 표현이 지닌

---

6) 이 10개 기호의 분화 과정을 퍼스가 상세하게 논의하지 않았기 때문에 많은 퍼스 연구자들로 하여금 다양한 방법을 궁리하게끔 하였다. 분화 과정을 어떻게 구조화하는가의 문제는 연구자들에게 많은 논쟁을 불러 일으켰다.

담론의 특성을 보여 주지만, 구체적인 수행 일거리를 두고 설득을 한다든지 하는 상황을 기술하려면 지표의 상황을 넘어선 사회 속에서의 사업의 현실적 의미를 다양하게 기술할 수 있어야 하기 때문에 상징적 기호 특성이 부여된 것이다. 하나의 장면을 이러한 방식으로 분석해 낼 수 있듯이 앞서 제사의 문장을 기호화한 것을 이 분석 틀에 적용할 수 있다.

4. 제사의 기호 분석

"제사를 거행하면서 점을 쳐서 이 괘(또는 효)를 얻었다"는 문장에서 점의 경우를 보자. 이 점이 '점치는 행위'라면 그것은 행위이므로 퍼스의 범주로 보면 이차성에 해당되고 실제적 연속성이 담보된다. 그러나 점을 '점의 성질' 이란 관점에 보면 점의 속성인 예측이나 예언을 의미하므로 일차성을 갖는다. 일차성의 점의 경우는 하늘의 뜻이 인간에게 전해진다는 차원에서 재현의 특성이 강하다. 이런 면에서 점 행위 실제적 연속성은 이차성으로 점의 예측이 나 예언의 재현성은 일차성으로 볼 수 있다. 점을 대상기호로 간주했을 때 점에는 이렇게 지표적인 면과 도상적인 면이 함께 일어난다.

"점을 쳐서 특정 괘를 얻으면 좋은 일이 발생한다"는 문장은 점의 일차적 속성과 함께 좋은 일이 발생할 가능성을 보여 준다. 좋은 일의 발생은 괘사가 어떤 개연성을 미리 보여 준다는 의미에서 하나의 가능성을 제시한다. 예를 들어 감괘坎卦 "거듭된 감은 믿음이 있어서 오직 마음이 형통하리니 행하면 숭상함이 있을 것이다"[7]에서 마음의 형통함과 행동의 숭상함 등은 좋은 일이

---

7) 習坎有孚維心亨, 行, 有尙.

생길 수 있는 가능성을 보여 준다. 곤괘困卦 구오효 "코를 베이고 발꿈치를 베임이니 적불에 곤하나, 이에 서서히 기쁨이 있으리니 제사를 지내듯이 함이 이롭다"[8]에서 점을 쳐서 이 효를 얻으면 위험에서 벗어날 수 있는 실제적 효과를 보여 준다. 점이 어떤 일을 하게끔 하는 수행 효과를 갖는다.

위 곤괘 구오효의 "점을 치기 위해 제사를 지내고 그에 따른 괘를 얻어내는" 과정에서 점은 도상의 범주에 속한다. 그러나 이와 달리 제사의 필요성에 의해 점이 요청되고 그에 따른 괘가 나온다면, 즉 제사를 지낼 때 반드시 점을 쳐 보고 제사의 가부를 결정한다면 이때의 점은 강력한 특정 행위를 요구하게 되므로 지표의 범주에 속하게 된다. 즉 이때의 점은 어떤 지정된 구체적 장소에서 이루어지는 것이므로 제사를 위한 지표가 되는 것이다. 물론 어떤 식이 되던 이렇게 얻은 괘나 효는 상징이 된다. 이 도식은 "점(도상) → 제사(지표) → 괘(상징)"의 구조를 갖는다. 물론 괘들을 기호화할 때 가장 많이 나타난 순서는 제사가 먼저이고 점이 나중인 "제사(지표) → 점(도상) → 괘(상징)"이었다. 하지만 점의 도상적 성격이나 지표적 성격을 감안한다면 제사와 점의 순서가 다른 것은 크게 문제될 것은 없다고 본다.

이제 본격적으로 제사와 관련해 괘와 효들을 도식화했던 것을 퍼스의 10개 기호 분류의 체계로 기호화해 보자. 단 제사의 구조를 분류함에 있어 괘들 사이의 연계성 자체까지 만족시킬 정도로 괘의 연결고리를 만들지는 못했다. 이는 고형의 상수象數에 대한 불만에 어느 정도 동조하는 것이기도 하고, 굳이 이러한 상수적 고찰이 없다고 하더라도 제사의 구조를 드러내는 데는 큰 문제가 없다고 봤기 때문이다. 특히 괘사와 효사를 굳이 구분하지 않고 대표적 유형이 있을 때는 하나로 합쳐 정리하였다.

---

8) 劓刖, 困于赤紱, 乃徐有說, 利用祭祀.

점, 제사, 괘사의 대표적 기호를 만들어 본 뒤의 괘의 공통 구조는 다음과 같다.

첫째, 점은 하늘의 도움을 받아 어떤 일을 예측한다는 차원에서 보면 순수한 재현성에서 출발한다. 그런 면에서 점은 질적기호의 특성을 갖고 있다. 동시에 어떤 특정 시공간에서 점을 칠 때는 지표의 성격이 다른 기호들보다 강하다. 마지막으로 점은 해석에서 출발하기 때문에 원질기호를 갖는다. 그렇다면 점의 대표적 기호화는 "원질적 지표적 질적기호(121)"라고 할 수 있다.

둘째, 제사에는 제사 행위의 연속성 때문에 수행 측면이 강조되고 특정 장소와 시간을 통해 이루어지는 것이기 때문에 당연히 지표의 특성을 가진다. 제사에는 그것을 지낼 것인가 말 것인가, 지낸다면 어떻게 지낼 것인가의 현실성도 담보되어야 한다. 그렇다면 제사의 대표 기호는 "실행적 지표적 현실기호(223)"가 될 수 있다.

셋째, 제사를 통해 얻어낸 괘사를 어떻게 해석할 것인가를 따지게 되면 괘는 논의기호가 된다. 괘사는 자신의 이야기 속에서 상징을 만들어 내며 이 과정에서 환유와 은유의 방식이 적용되기도 한다. 그것은 실제로 우리의 현실생활에 적절하게 적용될 수 있는가의 문제를 다루기 때문에 괘사의 대표기호는 "논의적 상징적 현실기호(333)"가 된다.

이제 이 각각의 대표 기호인 점의 "원질적 지표적 질적기호(121)", 제사의 "실행적 지표적 현실기호(223)", 그리고 괘의 "논의적 상징적 현실기호(333)"를 근거로 해서 다양하게 변용된 각 괘의 기호 형태를 표시할 수 있다. 그러나 점, 제사, 괘사의 수많은 모습을 온전히 다 담을 수는 없고 다만 각각의 괘의 대표 기호를 기술하는 수준이 될 것이다. 즉 괘사의 길흉은 논의기호로 볼 수 있고 그것은 괘사의 종결적인 설명으로서 다양한 스펙트럼의 서사로 진행되어 제사의 의미에 풍부한 자료를 제공한다. 하지만 길흉은 점의 도상적

속성을 여전히 갖고 있어 논의기호로 처리할 수도 없는 어려움이 있다.

다음은 이렇게 분석한 제사 구조를 퍼스의 10개 기호 분류의 대표 기호로 제시한 것이다. 제사, 점, 괘의 3요소를 유형별로 분류하여 각각의 유형이 갖는 기호적 특성을 제시한다. 볼드로 처리된 기호는 분석의 결과이다. 이러한 결과를 도출함에 있어 주로 사용한 방식은 2부 1장에서 논의했던 퍼스의 되돌림(degeneracy) 이론이다. 이 이론은 기호뿐만 아니라 범주 분류에도 적용될 수 있기 때문에 적용의 문제가 없다. 왼쪽 항목은 주역의 제사 구조로 제사와 관련된 모든 괘와 효들의 진술을 일차적으로 도식화한 것이고, 오른쪽 항목은 이 구조를 퍼스의 10개 분류의 기호학으로 표시하고 그것의 의미를 정리한 것이다.

주역의 제사 구조	퍼스의 10개 범주에 의한 대표적 기호 분석
〈제사와 점의 구조〉 제사 → 점○ 제사 → 점˄ ○ 제사 → 점⊘ 제사˄ → 점○ 제사˄ → 점˄ ○	제사: "실행적 지표적 현실기호(223)" 점 : "원질적 지표적 질적기호(121)" – 제사에 실행적 특성이 있지만 점의 가능성으로 먼저 시작하기 때문에 원질적 특성을 갖는다. 즉 123으로 바뀌어야 한다. 점은 본래의 지표 특성을 그대로 갖고 있기 때문에 121의 변화가 없다. 괘사가 없기 때문에 마지막 기호를 생략할 수 있다. 그러므로 이 구조는 제사와 점의 2개 구조로 만족되므로 **"도상적 실제기호(12)"**로 돌아가는 되돌림의 구조로 설명할 수 있다. – 괘사가 보이지 않는 제사와 점의 2항 관계에서는 제사의 정신과 점을 친다는 실제성만 남아 있다.
〈제사와 점, 괘사의 구조〉 제사 → 점○ → ○ 제사˄ → 점○ → ○ 제사˄˄ → 점○ → ◇ 제사˄˄ → 점○ → ⊘ 제사 → 점○ → ⊘ 제사 → 점○ → ◇ → ○ 제사 → 점˄ ○ → ○ → ⊘	제사: "실행적 지표적 현실기호(223)" 점 : "원질적 지표적 질적기호(121)" 괘사: "논의적 상징적 현실기호(333)" – 괘사가 마지막으로 나오기 때문에 괘사의 마지막 위치에 놓인 현실기호가 강조된다. 그러므로 2항으로 수렴될 필요가 없이 **"원질적 지표적 현실기호(123)"**를 보여 준다. – 나머지 괘사들의 변용은 생략할 수 있다.

〈제사, 패사, 점의 구조〉 제사→○→점○ 제사→⊘→점︿⊘ 제사→◇→점○ 제사→○→제사→점○→○	제사: "실행적 지표적 현실기호(223)" 패사: "논의적 상징적 현실기호(333)" 점 : "원질적 지표적 질적기호(121)" – 제사의 대표기호는 그대로 있고 점의 위치가 3번째로 이동을 하고 패사가 중간으로 들어왔다. 그러므로 점의 대표 기호는 123 으로 바뀌게 되며, 패사의 2번째 위치에 있는 즉 대상과 관련된 기호가 상징적인 것에서 지표적인 것으로 바뀐다. 전체기호는 **"원질적 지표적 현실기호(123)"**로 변경된다. – 기호체계에는 실제적인 변화가 없다. 이는 패사가 중간에 있든 마지막에 있든 패의 의미론적 구조에는 변화가 없음을 말해 준다.
〈패사, 제사, 점, 패사의 구조〉 ○→제사→점→○ ○→제사︿→점○→◇ ○→제사︿→점○→○	패사: "논의적 상징적 현실기호(333)" 제사: "실행적 지표적 현실기호(223)" 패사: "논의적 상징적 현실기호(333)" 점 : "원질적 지표적 질적기호(121)" – 두 가지 경우의 수를 생각할 수 있다. 하나는 패사, (제사, 점), 패사의 형식이고 다른 하나는 패사, 제사, (점, 패사)의 형식이다. 처음 경우의 수에서는 패사의 처음 위치의 논의적 기호가 실행적 기호로 한 단계 되돌아가며, 제사와 점은 지표적 특성을 그대로 유지하며 패사의 마지막 위치도 현실기호를 그대로 갖는다. 그러 므로 **"실행적 지표적 현실기호(223)"**가 된다. 두 번째 경우의 수에서는 점의 마지막 위치의 질적기호가 현실기 호로 변경된다. 그러므로 **"실행적 지표적 현실기호(223)"**가 된다. – 두 가지 경우의 수가 나오지만 결과적으로 같은 기호체계를 갖는다. 이는 분화되는 과정에서는 서로 다른 경우의 수로 나타났 지만 제사와 점을 두 번째에 두느냐 마지막에 두느냐와 실제적으 로는 차이가 없음을 말해 준다.
〈제사와 패사의 구조〉 제사︿→○ 제사→○ 제사→◇ 제사→⊘ 제사→( ) 제사→⊘→○	제사: "실행적 지표적 현실기호(223)" 패사: "논의적 상징적 현실기호(333)" – 제사의 실행적 해석체 기호가 처음으로 등장하기 때문에 한 단계 되돌아가(퇴행하여) 원질기호로 변경된다. 패사의 상징적 대 상기호도 퇴행하여 지표적 대상기호로 돌아간다. 이 기호는 2항 으로 수렴되어 **"지표적 실제기호(22)"**가 된다. – 제사와 패사의 2항 구조는 제사를 지내는 것이 철저하게 어떤 구체적인 행위를 유발하게 하는 모습을 보여 주는 경우이다.

〈괘사와 제사, 또는 괘사의 구조〉 ○ → 제사 ○ → 제사⌒ ◇ → 제사 ◎ → 제사◎ ◎, ○ → 제사○ ○ → 제사⌒ → ○ ○ → 제사 → ○ ○ → 제사 → ○ ◎, ○ → 제사○ → ◇	괘사: "논의적 상징적 현실기호(333)" 제사: "실행적 지표적 현실기호(223)" 괘사: "논의적 상징적 현실기호(333)" – 괘사의 논의기호는 퇴행하여 실행적 기호가 되고 제사의 지표적 구조는 변화가 없다. 뒤에 괘사가 있는 경우에는 현실기호가 그대로 유지된다. 그러므로 두 가지 경우의 수를 상정할 수 있는데, 전자의 경우는 괘사와 제사의 2항 구조로 퇴행하여 **"실행적 지표적 기호(22)"**가 된다. 이는 앞의 구조와 같은 기호 형태를 띠는데, 결국 제사가 먼저 나오든 괘사가 먼저 나오든 기호의 성질은 같다는 것을 의미한다. 후자의 경우는 괘사의 현실기호가 그대로 유지된다. 그러므로 **"실행적 지표적 현실기호(223)"**가 된다. 이 구조의 특성은 앞의 괘사, 점, 제사, 괘사의 구조와 결과적으로 같은 기호를 갖는다.
〈점, 제사, 괘사의 구조〉 1. 점⌒ ○ → 제사 → ○ 2. 점○ → 제사 → ○ 3. ○ → 점⌒ ○ → 제사	점 : "원질적 지표적 질적기호(121)" 제사: "실행적 지표적 현실기호(223)" 괘사: "논의적 상징적 현실기호(333)" – 1과 2는 점의 원질적 특성, 제사는 지표적, 괘사의 현실적 기호의 특성을 그대로 유지한다. 그러므로 이 기호는 **"원질적 지표적 현실기호(123)"**가 된다. – 3은 괘사의 논의적 특성이 실행적 특성으로 돌아가고, 점은 지표적 기능을 그대로 가지며, 제사도 현실기호를 그대로 유지한다. 그러므로 **"실행적 지표적 현실기호(223)"**가 된다.

제사를 나타내는 형亨의 의미를 이러한 10개의 기호 분류로 분석한다는 것이 결코 쉬운 일이 아니다. 그럼에도 위와 같은 분석을 통해 제사의 의미를 다음 몇 가지로 정리해 볼 수 있다. 첫째, 주역에서 제사의 의미는 단순한 의례가 아니라 점이나 괘사와의 관련성을 강하게 띠고 있으며 일상적 삶의 길흉과 밀접하게 관련되어 있다. 둘째, 제사의 대표기호를 설정할 때 "실행적 지표적 현실기호(223)"로 하였는데, 위의 분석을 통해 보면 공통된 기호로서 "원질적 도상적 현실기호(113)"를 갖는다는 사실도 동시에 알 수 있다. 이 결과는 어느 정도 예상된 것이지만 제사에는 도상과 일차성에 의한 강력한 재현성

이 작용하고 있다는 사실이다. 즉 주역의 철학이 천인합일의 사유, 즉 괘를 통해 자연의 대상을 드러내려는 재현의 철학임을 재확인하는 근거가 된다. 셋째, 제사 자체는 몇몇 괘들을 제외하고는 나쁘고 좋다고 할 것이 없지만 점과 괘사와 밀접한 영향을 주고받는 관계에 놓여 있다는 것이다.

"옛날 사람이 제사를 지내면서 점을 쳐 이 괘를 얻었으므로"에서 보이는 제사와 점, 그리고 괘사의 관계는 수많은 변용을 거치면서 반복해서 서술되는 일련의 이야기를 담고 있다. 제사는 각각의 괘와 효에서 그 고유한 특성을 담지하면서도 위의 표현과 같은 기본 명제를 반복적으로 보여 준다. 제사에 단순한 의례적 수행 기능에 앞선 원질적이고 도상적인 재현의 특성이 있다는 사실은 주역의 철학이 기호학적 실재론에 근거한다는 증거이다. 이는 괘의 기호학적 특성 외에도 제사의 내용에서까지도 그러한 기호학적 실재론의 경향을 보여 주는 사례가 된다. 제사가 갖는 내적 특징은 옛날이나 지금이나 크게 달라진 게 없다. 공경과 성의는 희생犧牲의 깨끗함이나 희생의 소박함에서 나타난다. 이는 제사를 지나치게 지표적인 경향으로 이해하고자 하는 태도에서 벗어나 어디까지나 하늘과 매개하려는 기본적인 태도를 견지하는 모습이라 하겠다. 특히 점占이 제사의 매개 역할을 하는 것을 볼 때 점이 지닌 그 도상으로 인해 주역철학이 재현에 근거한다는 사실이 더욱 분명해진다.

결론_ 재현과 관계자아

주역은 괘가 세계를 어떻게 재현하고 있는가를 잘 보여 준다. 재현은 다시 관계의 정신으로 괘를 형성하면서 주역의 기호학적 실재론의 철학을 만들어 낸다. 그리고 재현과 관계의 구성물인 괘는 단순히 존재론적 위상에서 끝나지 않고 자연과의 조화와 인간들 사이의 윤리적 변용으로 이어진다. 괘는 세계 해석의 매개가 되고 그 속에서 하나의 인격체로 거듭나며 관계자아 즉 자신과 이웃을 돌아보는 주체로 비화된다. 괘가 있는 곳에 자아가 있고 그런 괘는 다른 괘를 만나면서 새로운 관계자아로 거듭난다. 지금껏 퍼스 기호학을 통해 괘를 해석한 것의 의의도 괘를 통해 주체의 성격, 즉 자아를 실체적 자아가 아닌 해석적 자아로 변용시키는 데 있다. 괘의 기호해석적 특성이 인간을 담아내는 것이다.

결론의 1장은 괘 생성의 시작이라 할 수 있는 태극의 문제를 다룬다. 태극에 대해서는 간간히 언급은 했지만 자세히 다루지 못했기 때문이다. 태극은 음양 도상 발달 과정에서 최초 이미지 역할을 한다. 퍼스 기호학의 입장에서 보면 태극도 사람들의 마음속에 '가능한 실재'로 자리 잡을 수 있다. 2장에서는 주역의 괘를 개인의 자아 문제와 연결해서 논의한다. 특히 괘의 변화 모습을 '관계자아'(the relational self)라는 관점에서 살펴본다. 주역에 윤리가 있다면 자아도 관계자아로 보는 것이 적절하다고 생각한다. 괘는 그 자체로도 하나의 온전한 자아를 구성하지만 그것이 다른 괘들과 조우할 때 진정한 자아로 변화될 수 있다. 자아의 관계적 성격은 마치 괘가 변화되는 모습과 닮았다. 개인의 닫힌 몸에서 열린 몸으로 변화가 괘의 변화와 닮아 있다. '몸의 겹 구조'가 괘에서도 일어난다고 해야 할 것이다.

1장_ 태극의 상, 그리고 재현

1. 태극의 기호해석학

소성괘들의 중첩으로 인해 그 도상성은 대성괘로 이전된다. 이때 소성괘의 지표적이고 상징적인 특성도 활성화된다. 물론 음양효가 소성괘로 이전될 때도 같은 상황이 그대로 일어난다. 이런 상황은 음양효가 태극太極을 가져올 때도 마찬가지이다. 괘의 생성과 진화 과정에서 보면 태극이 괘의 발달의 시작점이 된다. 괘의 위상을 논리적으로 보든 생성적인 것으로 보든 그 위상을 논의하려면 태극을 전제하지 않을 수 없다. 퍼스 기호학의 관점에서 보면 태극은 인간의 인식 너머의 어떤 이데아와 같이 실재하는 것이 아닌 일종의 순수 도상이다. 사실 태극을 자연만물의 생성 조건인 실체적인 것으로 규정해 버리면 주역의 철학은 많은 난제에 부딪히게 된다. 그러므로 태극은 가능 실재로 존재하되 기호화되는 과정, 즉 음양효로 그리고 괘로 이미지화되는 과정에서 드러나는 순수 도상이어야 할 것이다. 단지 그것은 음양효와 괘로 이르는 동안 자신의 도상의 성질은 약화되고 지표나 상징의 특성으로 바뀌어 나갈 뿐이다. "괘를 본다"는 행위의 진정성은 어쩌면 태극이라는 도상을 보는 것이라고 할 수 있다.

다만 괘의 겉모습으로는 태극이 보이지 않는다. 태극은 보이지 않는 세계의 어떤 것이며 감각 너머의 것이다. 눈으로 볼 수 있는 64괘의 배열 과정에서도 태극은 보이지 않는다. 그렇다면 태극의 위상은 요청된 것인가. 적어도 계사전이 없었다면 그것의 정체조차도 알 수 없었을 것이다. 그럼에도 태극은 괘로 소환되어 기호가 되어 눈앞에 있다. 태극이 만들어 내는 음양적 성격은 도상적으로 온전히 존재한다. 남은 일은 그 위상을 설명할 수 있는 사람들의 능력에 있을 뿐이다. 음양의 원초적 모습을 태극이라고 했을 때 태극의 도상은 음과 양이 쉼 없이 분화되는 모습으로 그려진다. 그러나 도상이 기호로 존재하려면 반드시 그 기호가 지칭하는 대상이 있어야 한다. 태극에 의해 재현되는 대상이 있을까. 그리고 그것을 어떻게 확인할 수 있을까. 퍼스 기호학의 관점에서 보면 대상이 없는 기호는 '기호학적 비약'(the semiotic jumping)에 속한다. 즉 대상이 없거나 있었다 해도 현저히 그 대상의 성격이 사라진 기호이다.

기호학적 비약이란 기호가 도상이나 지표 그리고 상징으로 바뀌는 과정에서 이 중 어느 하나가 생략되거나 손상을 입은 경우, 아니면 재현될 대상을 갖지 못한 경우이다. 아마 태극은 재현될 대상을 가지지 못한 경우에 해당될 것이며, 음양이라는 기호에 의해 유추되는 음양의 기호화 과정의 대상기호로 있을 뿐이다. 태극이 강력한 추상성으로 떨어지지 않게 하는 원인도 음양 기호 때문에 가능하다. 음양효와 태극 사이에 시각적인 유사성은 없다고 해도 이 둘 사이에는 "태극이 지금 여기에 음양의 모습으로 작동한다"는 것을 보여주는 지표 기호가 있다. 즉 음양의 두 가지 형상으로 발전되는 속에 밝음과 어둠을 지시하는 지표적 성질이 나타나기 때문이다. 도상이 없다면 지표로 대신할 수 있다. 재현될 대상이 없는 태극, 그리고 음양으로 진행할 수 있는 도상이 없는 태극은 괘의 원리나 구조를 기호학적으로 설명하는 데 있어 일종의 장애라고 할 수 있다. 그러므로 태극을 세계의 원리라거나 태극은 음양을 내포하고 있다는 식으로 간단히 처리하지 않는 선에서 태극의 실재성을 찾아봐야 할 것이다.

리理와 기氣의 전통적인 방식으로 태극 논의를 시작해 보자. 태극이 음양을 생성하는 과정을 리의 기능으로 보는 것으로 리일원론理一元論이 있다. 그러나 리理의 성질에는 무엇을 만들 수 있는 생성의 요소가 없다. 리가 말 그대로 리라면 그것에는 생성을 실제로 가능하게 하는 기와 같은 물질 요소가 있을 수 없다. 그렇다고 해서 태극의 음양으로의 발전 단계에 리의 원리적이고 당위적인 역할을 마치 사실적인 것으로 끌어내면 설명의 어려움에 처하게 된다. "태극에서 음양을 생성하는"(太極生兩儀) 상황 전체를 사실적인 것으로 끌고 나가야 하는 어려움이다. 위의 상황은 가치적인 것이지 사실적인 것은 아니다. 가치 또는 당위의 관계를 사실적인 것으로 접근했을 때 일어나는 문제 중 하나가 자연주의적 도덕(the naturalistic moralism)이다. 당위로서 풀어야 할 도덕 상황을 자연주의적 또는 사실적 관계로서 이해하는 것이다.

태극이 양의를 생성하는 과정을 기氣 중심으로 전개하면 더 큰 어려움에 봉착한다. 무엇이 무엇을 실질적으로 만들려면 물질적이어야 하기 때문에 태극을 물질적인 기일원론氣一元論으로 접근하는 것은 더 많은 어려움을 발생시킨다. 태극이 물질적인 것이라면 그러한 태극을 만든 그 어떤 것도 물질적인 것이어야 하며, 그렇다고 무극無極 개념을 가져오면 기일원론적인 입장에서는 자체 모순이 생긴다. 무극에는 생성의 기능이 없기 때문이다. 그렇다면 태극을 비물질적인 것으로 간주하는 것이 그나마 낫고 태극의 대상관계나 태극의 음양의 관계를 당위로 받아들이는 것이 그나마 설명력을 가진다.

비물질적인 태극이 음양이 되어 물질을 분류해 내고 그것을 설명하는 과정을 설명해 낼 수 있겠는가. 즉 비물질적인 태극에서 음양으로의 도약이 실질적으로 가능하지 않더라도 적어도 그 과정을 설명할 수 있는 방법을 찾는 것이 중요하다. 설명할 수 있는 능력이 필요하다. 이러한 문제의식을 가지고 태극의 양의로의 전개 과정을 사실과 당위의 이분법적인 모순에 처하지 않으면서도 설명하는 일이 중요하다. 한편으로 태극의 존재 여부를 통찰이나 직관의 관점에서도 말할 수 있다. 즉 태극을 상정하지 않으면 안 되었던 어떤 무의식에 가까운 통찰이 있을 수 있다. 태극이 음양을 만든다는 말을 명제 분석하듯이 할 수는 없다. 이것은 태극은 추상적인 것이고 음양의 전개는 물질적인 것이라고 이미 전제를 했기 때문에 일어난 것이다.

태극은 말 그대로 추상적이고 원리적인 것일까. 다시 논의하겠지만 태극의 성질을 그렇게 추상 개념으로 몰고 가기는 어렵다. 왜냐하면 태극과 음양의 관계를 추상에서 구체로의 단순한 전환 관계로 치부할 수 없기 때문이다. 태극이 기호로 형상화되는 과정에 어떤 요인이 작용했겠지만 절대적인 성질 변화가 있었다고는 할 수 없다. 이 과정을 퍼스 기호학의 관점에서 보면 다음과 같이 말할 수 있다. 음양의 성질을 괘효로 기호화할 수 있듯이 그러한 음양의 도상으로서 태극을 상정할 수 있고, 즉 음양의 기호에서 태극의 기호로 '되돌릴 수' 있다. 태극은 또한 세계라는 대상으로 되돌릴 수 있다. 이렇게 되돌아가는 과정에서 기호학적 비약이 생겨날 수 있지만 그렇다고 해서 음양, 태극, 세계 전체가 기호화 체계에서 벗어나는 것은 아니다. '태극까지' 상정할 수 있는 일종의 통찰이며 퍼스식으로 말하면 가추적(abductive)인 인식 방법이다. 물론 이런 접근도 넓은 의미에서 보면 또 하나의 설명 방식이라고 할 수는 있다. 문제는 태극의 존재 여부이기보다는 주역이라는 텍스트 안에 놓인 태극을 정당성을 갖고 설명해 내는 데 있다. 주역철학이 기호학적 실재론이 되려면 괘 속에 놓인 태극을 설명할 수 있어야 한다. 이 논의를 좀 더 세밀히 들여다보기 위해 태극의 사실명제에서 가치명제로의 전환 과정을 좀 더 살펴봐야 한다.

2. 체용의 변용: 가능명제

"태극이 양의를 생성한다"(太極生兩儀)에서 태극은 일체의 법칙을 포함하는 보편 원리이며 '추상의 추상'으로서 모든 구체적이고 물질적인 것들이 존재하는 것으로 설명된다. 말 그대로 태극이 양의의 원인이므로 어떤 사실을 진술하는 것으로 간주된다. 그러나 이 말을 "양의가 있기 위해서는 태극이 있어야 한다"는 가치 또는 당위 명제로 바꿀 수 있다. 단 사실명제를 가치명제로 바꾸려면 그 징검다리 역할로 가능명제를 둘 사이에 배치해야 한다. 즉 "태극이 양의를 생성한다"는 사실명제와 "태극이 양의를 생성해야 한다"는 가치명제 사이에 "태극이 양의를 생성할 수 있다"는 가능명제를 개입시키는 것이다. 태극에 양의를 생성할 수 있는 능력 또는 조건을 부여한다는 뜻이다. 문제는 태극에 그런 능력을 부여할 수 있는 요건을 어디에서 찾을 수 있을까 하는 데 있다.

생生 또는 동動과 같은 개념에 주목할 필요가 있다. 이 두 개념을 "리理가 발發한다"라는 발생론의 차원에서 보기도 하지만 오히려 사실명제를 가능명제로 치환시켜 설명할 수 있는 가능명제의 자격 요건으로 볼 수 있다. 윤사순의 글에서 생과 동의 성격이 잘 나타난다.

> 서천西天은 일찍이 황면제黃勉齊가 "太極動而生陽 靜而生陰"이라는 것을 "太極動而陽生 靜而陰生"과 같은 것이라고 해석한 것을 발견하였다. 즉 생자生字가 본래 타동사로 사용되었던 것을 자동사로 개정하고 해석하였음을 발견하였다.[1]

위 인용에서 생生과 동動이 타동사가 되면 태극이 양의로 전환됨에 있어 적극적인 역할을 수행하는 것으로 볼 수 있고, 반면에 생生자가 자동사가 되면

---

1) 윤사순. 1969; 28.

태극과 양의 사이에 발생론적인 관계가 아닌 논리적 관계가 강조된다. 타동사인 경우에는 태극이 양의를 직접 발생시킨다는 강력한 의미가 들어가게 되어 태극과 양의가 같은 차원이 된다. 생이라는 글자가 타동사로 쓰이느냐 아니면 자동사로 쓰이느냐 하는 것이 논란이 되는 이유는 태극과 같은 추상적인 존재에서 양의와 같은 물질적인 존재가 나올 수 있느냐 하는 비판 때문이었다. 생을 자동사로 바꾸면 태극의 리理적 특성과 양의의 기氣적 성질은 그대로 보존하면서 태극과 양의와의 관계를 설정할 수 있다고 봤기 때문일 것이다.

그러나 이 논란에서 주목되는 것은 동動이나 정靜과 같은 성질이 태극이 양의를 생성할 수 있는 능력을 적극적으로 보여 준다는 데 있다. 태극이 동할 수 있다거나 정할 수 있다는 것은 태극의 능력 형태의 두 가지 모습이다. 만약에 동하거나 정할 수 있다면, 즉 그런 능력을 갖추고 있다면 "태극은 양의를 생성한다"는 사실명제가 "태극은 양의를 생성해야 한다"는 가치명제로 치환될 수 있는 길이 열리게 된다. 퇴계는, 태극은 이미 자연적인 용用의 능력을 갖고 있다고 생각해서 "리理에는 용用의 면이 있기 때문에 자연히 음양을 생한다"고 말한다.[2] 퇴계의 이 주장은 리理와 기氣를 구분하기 위해서이다. 리가 직접 기를 생성할 수 없는 대신에 리의 다른 기능인 용의 능력으로 생성이 가능하다는 뜻이다. 그러나 이렇게 되면 문제가 더 어려워진다. 리를 원리로 설정해 놓고는 그런 리에 기능적인 면을 부가하면 자체 모순이 되기 때문이다.

퇴계의 주장을 정리해 보면 두 가지 흥미 있는 사실을 얻어 낼 수 있다. 하나는 태극에 동과 정하는 능력이 있다는 것이며, 다른 하나는 이런 동하고 정하는 능력은 외적 요인에 의한 능력이 아닌 '스스로 자연적으로' 동하고

---

2) "理自有用故自然而生陽生陰." 윤사순, 1969; 15; 재인용.

정하는 능력이라는 것이다. 이것은 마치 아리스토텔레스의 '부동不動의 동자動者'(the Unmoved Mover)라는 개념을 떠올리게 한다. 퇴계가 태극의 리적 성질을 강조하다보니 우연히도 아리스토텔레스와 같은 맥락의 형이상학적 상상력이 발휘되었다고 할 수 있다. 태극을 철저하게 원리적인 것으로 두려는 기본 논조가 변하지는 않겠지만 퇴계가 태극의 동과 정의 기능성을 태극의 용으로 설명하는 과정에서 사실명제를 가치명제로 전환시킬 수 있는 가능명제를 만들어 냈다는 것은 흥미롭다.

가능명제를 보여 주는 용用의 의미를 체용體用의 관점에서 좀 더 살펴보자. 퇴계는 체용을 사물의 체용과 도리道理의 체용으로 나누어 설명하는데, 사물적 체용에서 체는 가능성의 원리로 설명되고 용은 그 원리의 실현으로서 설명된다. 이것은 퇴계가 이연방李連坊의 주장을 적용할 때 확연해진다. 이연방은 "체體는 상象에서 일어나고 용用은 동動에서 일어난다"[3]고 한다. 도리道理적 체용에서 퇴계는 정이천이 말한 "허적하여 아무 징조가 없으며 한편으로는 온갖 물상이 빠짐없이 갖추어져 있다"[4]는 예를 가져온다. 이를 두고 윤사순은 감각을 초월한 어떤 공허한 상태 즉 이른바 무의 상태인 '충막무짐冲漠無朕'의 상태가 체에 해당하고 모든 사물을 생성할 수 있는 원리가 다 갖추어져 있는 상태인 '만상삼연이구萬象森然已具'가 용에 해당한다고 설명한다.[5]

체용을 밖에서 보면 사물에도 체와 용이 있고 사물의 체 안에 다시 도리적 체와 용이 있을 수 있다. 한편 체용을 안에서 보면 도리적 체와 용이 있어 그것이 사물을 만들고 이 사물은 다시 체와 용으로 갈라진다. 여기서 밖이라는 것은 존재의 방식을, 그리고 안이라는 것은 인식 방식을 의미한다. 이 두

---

3) 體起於象, 用起於動.
4) 冲漠無朕, 而萬象森然已具.
5) 윤사순, 1969; 25.

개의 서로 다른 설명 방식을 도식화해 보자.

존재 방식(밖에서 안을 보는): 도리적 체(無朕) → 도리적 용(森然) → 사물적 체 →
　　　　　　　사물적 용
인식 방식(안에서 밖을 보는): 사물적 용(動) → 사물적 체(象) → 도리적 용 →
　　　　　　　도리적 체

　흔히 체용의 관계를 도리적 체와 사물적 용의 단순 관계로 이해하기 쉽다. 그러나 이런 단순한 체용 설명은 단순한 만큼 설명의 어려움을 겪게 된다. 어째서 '없는 것'(도리적 체)에서 '있는 것'(사물적 용)이 만들어지는가 하는 데서 오는 어려움이다. "물질을 생성하는 것은 물질이다"라고 말하게 되면 최초의 물질로 끊임없이 되돌아가야 하는 문제가 있다. 그렇다고 "원리에서 사물이 만들어진다"라고 하면 없는 것에서 있는 것이 만들어져야 하는 이유를 설명할 수 없다. 도리적 체의 정체를 인간의 인식으로는 가늠할 수 없다. 존재 방식과 인식 방식 모두에서 체에서 용으로 또는 용에서 체로의 급격한 전개는 어떻게 가능할까. 존재 방식에서 도리적 용은 사물적 체를 가능하도록 도와줄 수 있는가, 그리고 인식 방식에서 사물적 체는 도리적 용에 의존할 수 있는가. 존재나 인식 방식 둘 모두에서 체와 용의 단절이 끊임없이 일어난다. 마치 하나의 직선을 영원히 자를 수 없는 이론적 한계가 있듯이 체와 용 사이를 메꾸어 주어야 할 일이 무한히 계속된다. 대안이 있다면 태극이 양의를 생성한다고 할 때 이 태극의 성질에 보다 기호학적 관여를 끊임없이 해 주는 것이고 '없는' 체가 '있는' 용으로 쉽게 넘어갈 수 있도록 길을 열어 주는 것뿐이다. 이 길이 기호화 과정이며 그 과정에 재현이 있다.

　'체기어상體起於象'이라는 표현과 '충막무짐冲漠無朕'이라는 표현에 대해 좀 더 생각해 보자. 이것은 태극의 도상적 요소를 이해하는 데 있어 도움이 되기 때문이다. '체기어상'에서 체가 상으로부터 일어난다는 것이 흥미롭다. 체가 상으로부터 일어난다고 하는 것은 진리를 얻으려면 상은 반드시 거쳐야 할 단계이고 이 단계는 감각으로 확인할 수 있다. 본질이 구체성으로부터 그 의미의 단초가 열릴 수 있는 방식은 두 가지로서, 하나는 본질을 인식하려면 구체적인 사물에 대한 이해가 있어야 하고, 다른 하나는 체가 체다워지려면 상이 있어야 한다는 것이다. 그렇다면 상은 체와 거의 같은 단계에서 시작되는 그 무엇이다. 상이 없다면 체가 있을 수 없다. 체가 체로서 역할을 하는 바로 그 순간 상이 같이 기능하기 때문이다.

본질이 본질로 불리는 순간에 상이라는 구체성이 함께 떠올려져야 한다. 이런 말이 다소 애매하게 들릴 수 있지만 상을 떠올리지 않고는 본질을 상정할 수 없다. 상이 없거나 구체성을 떠난 체나 본질을 가정할 수 없다. 구체성을 통해서 본질로 들어갈 수 있는 것이다. 구체적인 사물의 상을 본질이라고는 할 수 없지만 적어도 상이 없이는 본질로 진입할 수 없다는 뜻이다. 물론 이런 생각은 상을 본질의 과정으로 전제하기 때문이다. 중요한 것은 본질이라 부르는 그런 순수한 상태도 완전한 의미에서 개념화할 수 없다는 데 있다. 본질에 이미 상이 들어 있다. 구체적 사물의 형상과는 다른 의미에서 '순수의 상像' 또는 순수 이미지라고 부를 수 있는 것이 본질이다. 개념이란 것도 구체성이 조금씩 추상화된 것의 연장이지 구체성에서 완전한 본질로 급격히 떨어지는 그런 본질로의 이행은 불가능하다. 본질이란 구체성이 최소화된 상태 또는 아주 약화되어 추상적으로 보이거나 개념적으로 보이는 것일 뿐이다.

사실명제가 가치명제로 바뀌려면 가능명제가 있어야 한다는 것을 여러 다양한 방식으로 설명해 왔지만 사실 한계가 있다. 퍼스 기호학의 긍정적 효과는 가능명제를 본질과 상 사이에 기호적으로 엮어 낼 수 있는 해석의 연속성을 갖는다는 데 있다. 앞서 백서본 계사전의 건乾이 열쇠 건鍵으로 곤坤이 천川으로 되는 모습은 개념을 이미지로 대치하는 좋은 사례가 된다. 개념은 항상 어떤 구체적인 이미지를 통해 이해된다. 체가 상에서 일어난다고 했을 때 체는 이미 하나의 상을 그려내고 있다. 태극은 오랜 시간을 통해 구축되어 온 세계 이미지라고 할 수 있다. 체기어상體起於象에서 체가 상과 함께 인식된다는 조건하에서만 체는 상을 드러낼 수 있는 능력이 갖추어져 있다. "체가 상을 드러낸다"는 것을 사실명제로 "체가 상을 드러내야 한다"는 것을 가치명제라고 한다면, 이 두 명제 사이를 메꾸어 줄 가능명제는 "체가 상을 드러낼 수 있다"이다. 가능명제는 체 안에 있는 상이 활동할 수 있어야 한다. 동動과 정靜이 바로 그 상이라 할 수 있다. 건곤에 "움직임과 고요함이 항상 있는 것"(動靜有常)과 같다.

3. 태극의 이미지

태극은 순수 도상이지만 도식으로 이미지화된다.[6] 퇴계의 「천명도天命圖」가 주렴계의 「태극도太極圖」에 비해 설명의 경제성을 더 많이 확보하고 있는 것은 분명한 듯하다. 「태극도」에서 보여 주는 태극에서 만물화생까지의 도식은 시간적 진행 과정을 보여 주긴 해도 전체를 한눈에 공간적으로 인식시키지

---

6) 「태극도」나 「천명도」를 도상으로 간주하고 도상학의 차원에서 이야기하지만 엄격한 의미에서는 도식(diagram)으로 봐야 한다. 앞서 도식을 설명했던 것처럼 태극도나 천명도는 사실을 있는 그대로 보여 주기보다는 상당한 수준에서 추상화된 모습을 보여 주기 때문이다. 칼튼(Michael C. Kalton)도 圖를 도식(diagram)으로 번역한다. 그의 『성학십도』 번역본인 *To Become a Sage*를 참조. 이와 관련해서 특히 圖說로서의 태극도나 천명도의 평면성을 "입체적 인지공간으로 구조화하고 체계화"하는 도식(diagram)의 차원에서 분석하는 엄소연의 「조선 전기 성리학 도설의 '다이어그램적' 특징과 의미」가 주목된다. 그는 이 논문에서 도설이 지닌 평면적 시각 공간을 융합성, 상호 관계성, 그리고 사이공간성의 형태론으로 분석한다.(274쪽)

못하는 단점이 있다. 그에 비해 퇴계의 「천명도」는 양의를 이미 포함하고 있는 도형으로 그려져 있어 태극에서 만물의 화생, 그리고 인간의 특질을 공간적인 차원에서 한눈에 들여다볼 수 있게 한다. 이와 같은 차이는 단순하고 사소한 문제인 듯해도 실제로 그렇지 않다. 「태극도」에서는 태극과 양의의 관계가 발생론적으로 처리되어 "태극이 양의를 만들어 낸다"라는 명제를 인과적으로 이해하도록 한다. 그러나 「천명도」에서는 양의가 이미 태극 속에 들어와 있어 양의와 태극과의 관계가 시간적인 발생 과정의 문제가 아닌 존재론적인 문제에 초점을 맞추게 한다. "태극이 양의를 생한다"는 명제를 단순히 시간의 흐름이 아닌 입체적이면서 동시적인 관계로 파악하게끔 하는 것이다. 그런 면에서 계사전의 '일음일양지위도—陰—陽之謂道'라는 진술은 「천명도」에서 의미가 더 분명해진다. 일음일양지위도라고 했을 때 그것은 태극에 이미 음양이 들어 있다는 것을 포함하고 있기 때문이다.

태극 속에 음양의 상이 내재된 것으로 보면 태극과 음양이 발생론적인 관계가 아닌 논리적 관계로 이해될 수 있다. 이는 태극과 양의의 발생론적 관계에서 일어나는 태극의 실체적 존재 여부에 대한 논란을 피할 수 있다. 「태극도」의 태극에서 양의, 오행, 만물화생으로의 진행이 끊어지고 비약하는 대대對待적 과정이라면 「천명도」의 "양의를 품고 있는 태극"은 앞서 논의한 태극의 개념과 상象의 물상적 관계를 더 잘 설명할 수 있다.[7] 태극과 양의와의 관계를 박양자는 다음과 같이 설명하고 있다.

천명도의 천원天圓은 음양이 유행하여 순환하는 것을 주로 하였기 때문에, 때

---

7) 이 관계에 대한 좀 더 많은 설명은 금장태의 「退溪에 있어서 「太極圖」와 「天命新圖」의 解析과 相關性」의 184쪽과 박양자의 「退溪의 「天命圖說後序」에 관하여—특히 「太極圖」와의 비교를 중심으로—」의 103쪽 참고.

를 만난 것 즉 양은 원의 안쪽에 두고, 이미 공功을 이룬 것 즉 음은 천원의 바깥쪽에 두되, 음이 극성한 자子에서 양의 시작이 이어지고, 양이 극성한 오午에서 음이 시작되고 있(다).[8]

이런 식으로 태극을 이해하게 되면 음양의 상을 내포하고 있는 태극에 유의할 수 있다. 태극의 과정을 거쳐서 나온 음양이 아니라 음양의 운동을 그 속에 갖고 있는 태극을 포착할 수 있는 것이다. 퇴계가 직접적으로 문제를 삼지는 않지만 「태극도」에 나타나는 무극無極을 「천명도」에서 생략한 것은 이러한 태극과 양의와의 관계에 대한 자신의 입장 때문이라 할 수 있다. 퇴계가 주렴계처럼 무극을 도형화할 수 없어서 그의 「천명도」에 그려 넣지 않은 것은 분명하다. 그에게는 무극 개념을 설정하는 것이 필요하지 않다는 확신에 의해서 그것이 생략되었을 것이고 그 결과로 음양을 내포하고 있는 태극을 제1원리로서 상정했을 것으로 봐야 한다. 이러한 퇴계의 확신은 일음일양지위도라는 계사전의 논지에 보다 충실하고자 했던 의도로 볼 수 있다. 이것은 금장태의 주장에서도 잘 드러난다.

> 퇴계는 "오행은 하나의 음양이요, 음양은 하나의 태극이다"라는 명제에 따라, 혼륜渾淪하여 말하면 태극, 음양, 오행이 하나일 뿐이라 지적한다. 곧 「태극도」가 분개의 관점이라면 「천명도」는 혼륜混淪의 관점으로 차이가 있을 뿐이며, 일체의 양면적 관계로 파악하고 있을 뿐이다.[9]

이는 태극의 상象인 음양의 특성을 잘 보여 준다. 무극이라는 원리적 특성에서 음양과 오행의 운행적 특성이 나오는 것이 아니라 원리적인 태극에 이미

---

8) 박양자, 1990; 103.
9) 금장태, 1995; 226.

운행적 특성인 음양이 들어있다는 뜻이 된다. 태극을 아무것도 없는 허공의 상태로 보는 것은 옳지 않다. 그것은 지각할 수 없는 상일 뿐 그런 상도 상이다. 64괘의 전개 과정이나 계사전의 어디에도 순수 원리로 규정되어야 할 명제는 없다. 순수 원리라는 것은 애초부터 존재하지 않는지도 모른다. 세계의 상은 원리나 원칙이 아닌 사물의 변화에 수반되는 것이다. 실제로도 그렇게 '수반되는' 세계를 볼 수밖에 없다. 음양은 태극이라는 원리를 통해 이해되지도 않으며 그런 식으로 적극적으로 구분되지도 않는다.

태극생양의太極生兩儀에서 일어나는 사실명제와 당위명제에 대한 논란은 태극의 실재를 어떻게 규정하느냐에 따라 해소될 수 있다. 태극이나 태극의 음양과의 관계는 해석되어야 할 성질의 것이지 문자 그대로 실재하는 것일 수는 없다. "태극이 없는 곳이 없다"고 하듯이 그것이 사람과 사물에 골고루 실재하는 것으로 보려면 역설적으로 태극은 사물이 되어서도 안 되고 사람이 되어서도 안 된다. 그것은 실재하는 태극이 아닌 상징의 기호로서 존재한다. 물론 태극의 상징은 도구적인 것은 아니다. "태극은 허구적인 존재가 아니라 상징의 방식을 통해서 사회의 규범을 형성 변화 창출하는 살아 있는 본체이다"[10]라는 말이나, "퇴계에 있어서 리理는 존재법칙의 의미보다는 모든 존재가 마땅히 지키고 따라야 할 규준이라는 당위법칙에 더욱 의미 있는 것이다"[11]라는 말은 자칫 태극을 규범 형성이나 윤리적 규준을 위한 도구적 상징으로 볼 수 있는 여지가 있다. 이렇게 되면 규범이나 규준을 굳이 태극이라는 말로 하지 않아도 되고 태극의 도상을 애써 만들어 낼 필요도 없다.

태극이 원리 찾기의 도구가 되거나 도덕법칙의 상징이 되어 버리면 그것은 도상성이나 지표성이 사라진 '죽은 상징' 또는 '죽은 은유'가 되어 버린다.

---

10) 김정진 · 이영경. 1992; 36.
11) 김정진 · 이영경. 1992; 44.

습관적으로 태극을 원리와 원칙으로 말하게 된다는 뜻이다. 재현이 사라진 상징은 유명론의 전형이다. 오히려 개념과 물상의 관계 설정은 상당한 수준에서 실존적인 문제라고 할 수 있다. 만약 물질의 발생 원인을 묻고 거기에 최초의 원인자가 무엇인지 쉽게 대답할 수 있었다면 철학도 일찌감치 끝났을 것이다. 이원론적인 사유는 물질이 물질을 낳는다는 생각에 모순이 있다는 것을 인식하면서 만들어졌고, 어쩌면 인간의 지적 능력의 한계 또는 절망에서 비롯된 것일 수 있다. 태극을 단순히 상징이라고 말해 버리면 상징의 재현성, 퍼스식으로 말하자면 도상성을 상실하게 된다. 괘가 지닌 상象 즉 이미지의 복원은 이런 의미에서 중요하다. 태극을 실재론적으로 설명하는 것도 문제다. 태극이 아무리 당위적 존재이며 윤리 규범의 표상이라 하더라도 그것의 실재성 여부는 끊임없이 제기될 수밖에 없다. "스스로 존재하는 실재"는 그 어떤 것에도 영향을 받지 않아야 하는 실재이다. 완전한 실재, 절대적 실재 또는 초월적 실재라는 것들이 모두 그러하다. 퇴계가 「천명도」에서 무극을 대신해 태극을 넣고 그 태극을 음양이 나뉘어 있는 도형으로 나타낸 것은 놀라운 일이다. 태극이 움직이는 시점과 음양이 움직이는 시점이 같은 것이다.

퇴계의 잘 알려진 '리발理發' 논의도 음양이 전제되지 않은 상태에서 작동하는 것으로 본다면 문제가 되겠지만 리발을 음양 자체로 본다면 그렇지 않다. 원리로서의 태극은 리理에 불과한 것이므로 절대로 발할 수가 없다. 그러나 만약 태극을 음양으로 이해할 수 있다면 발發할 수 있는 가능성을 갖고 있다. '능발能發'이 그것이다. 퍼스식으로 말하자면 이것이 태극의 '가능 실재'(a possible reality)이다. 태극은 음양을 낳기 전의 상태가 아니라 처음부터 음양을 예상하고 있었다고 봐야 할 것이다. 태극의 실재 양식을 이렇게 보면 태극이 양의를 만든다는 명제에서 사실명제와 가치명제의 지루한 구분이 필요가 없어진다. 태극의 양의로의 전환에는 발생론적 시간 차이가 아닌 논리적 관계만 있게 된다. 예를 들어 "태극이 양의를 '논리적으로' 만든다"는 표현에는 전혀 이상한 점을 발견할 수 없다.

태극과 양의가 하나라면 굳이 태극이라는 말을 사용하지 않고 양의라고만 하지 않느냐 하는 물음이 따라 나올 수 있다. 또 양의와 태극이 하나이고 양의가 태극으로 환원될 수 있다면 왜 양의라는 표현 대신에 굳이 태극이라는 말을 썼을까 하는 물음도 있을 수 있다. 이 물음이 적절하지 못한 이유가 있다. 그 이름을 무엇이라고 부르든 간에 태극이라는 말에는 이원론적 실존에 갇힌 인간들의 한계가 있고 음양이라는 말에는 그것을 설명할 수 없는 해석의 한계가 있다. 태극 논변이 발생론적으로 전개되든 당위적으로 전개되든 어느 방식도 계사전의 정신은 아닌 듯하다. 태극은 그 어느 쪽 편도 들어줄 것 같지 않다. 그것은 지금까지 이야기한 대로 기호해석학의 긴 여정에 있다고 해야 할 것이다.

2장_ 괘와 관계자아

주역의 괘와 효가 만들어 내는 변화의 모습은 장엄한 '관계의 기호학'이다. 반복의 재현과 차이의 해석이 관계의 장엄함을 연출한다. 재현된 것은 반복되지만 이전과는 다른 형태의 반복을 만들어 낸다. 괘는 그 자체로 끊임없는 반복의 연속성에 놓이며 그 안에서는 지속적인 생산과 소멸이 일어난다. 괘들의 관계의 기호학인 것이다. 들뢰즈가 "반복은 더 이상 같음의 반복이 아니다. 그것은 다름을 포괄하는 반복이고, 하나의 물결과 몸짓에서 또 다른 물결과 몸짓으로 이어지는 차이를 포괄하는 반복이다"[12]라고 한 것과 같다. 사람들은 그 괘를 흉내 내며 자신의 삶을 재현해 내고 타인들과의 관계를 맺어 나간다.

괘효의 서술 형태를 따라가다 보면 삶의 다양한 변모를 본다. 괘의 기호학이 윤리의 기호학을 만들어 내는 것이다.

1. 관계자아

괘는 차이를 만드는 과정에서 자아의 존재 방식도 전개한다. 괘효의 차이와 반복은 인간에 와서 몸의 겹 구조를 만들어 내며 자아를 관계의 자아로 보게 한다. 괘들의 관계가 자아를 관계적 자아로 재현하는 것이다. 관계자아는 소외가 아닌 자유, 타자와는 차별이 아닌 차이로 관계 설정을 하는 자아이다. 그것은 윤리적 자아로서 자기를 자신 안에 가두어 놓고 있지 않으며 주위의 상황을 적극적으로 가져와 자신을 만들어 가는 자아이다.

유교의 자아는 큰 자아와 작은 자아로 크게 나누어진다. 큰 자아는 대체大體 또는 대아大我로 불리고, 작은 자아는 소체小體 또는 소아小我로 불린다. 자아의 인격성으로 본다면 큰 자아는 대인으로 나타나며 작은 자아는 소인으로 나타난다. 천리天理의 인간적 재현을 인체仁體로 규정할 때 이는 대아이며 이것이 인격적으로 나타날 때 대인이 되는 것이다. 인체는 '유가적 몸'이기도 하다.13) 대아로서의 내 몸은 보편화된 몸이고 타자로 '나아가기' 위한 윤리적인 몸이며, 궁극적으로는 타자와 나 사이에 주체를 설정하는 '사이자아'이다. 유가의 '도덕적 개인'은 관계자아로 거듭날 수 있는 선결 조건이 된다. 즉 개인의 자기실현으로서 수양하는 또는 자기를 닦는 자아가 필요하다. 이 수행 과정이

---

12) 질 들뢰즈, 2004; 72-73.
13) 유가적 몸을 큰 몸, 즉 大體로 정의하는 것은 『孟子』의 「告子上」에 나와 있으며 소인과 반대되는 개념인 대인으로 이해할 수 있다. 최일범은 왕양명의 「대학문」을 인용하면서 대체를 "仁의 확충에 의해 작은 마음이 큰마음으로 자아변화(self-transformation) 하는 과정"으로, 또 "인간으로부터 우주만물로 인을 확충하는" 차원으로 보면서 대체의 특성을 인간의 범위를 벗어나 자연에게까지 확대시킨다.(최일범, 「유교의 자아와 수양」, 69·72쪽 참고)

관계자아로 이끌어 내는 것이다.

자아는 하늘에 의해 담보된 내적 가치이기도 하지만 『논어』 「위정」 1장의 "덕 있는 자는 외롭지 않고 반드시 이웃이 있다"는 표현처럼 타자로 향하는 자아이기도 하다. 자아 형성에 자연의 재현과 이웃과의 관계도 순차적으로 작동하고 있다. 즉 맹자의 천부적 본성으로서 양지良知로 나타나는 본질적 자아가 있다면 공자의 자연과의 교감을 통한 사회적이고 공동체적 자아가 함께 있는 것이다. 성즉리性卽理라는 표현처럼 인간의 본성은 안으로는 '자아에 대한 의식의 심화'로 그리고 밖으로는 인仁의 사회화로 확대된다.14) 성리학에서 자아를 윤리적 관계라는 측면에서 보고 이를 정상화하기 위해 수양이나 인격을 강조하는 것은 어쩌면 당연한 일이다. 인仁, 서恕, 또는 경敬의 다양한 윤리적 기능이 관계자아의 다양한 표상이 될 수 있다.

유가에서의 자아와 타자의 문제를 상관관계적인 것으로 보고 크게 자기정립과 타자완성의 두 축으로 이해한 뒤 둘을 종합하려는 시도는 임헌규에게 잘 나타난다. 그는 유가적 자아의 개인적 그리고 사회적 관계의 상호성을 인정하여 이 둘 중 어느 하나도 독립적으로 존재할 수 없는 것으로 본다.15) 다른 맥락에서 신정근은 『논어』 「자한」의 무아毋無 개념을 인용하여 공자의 무아에는 사적인 자아가 없는 것으로 본다. 그러나 완전한 의미에서의 자아가 없다기보다는 윤리적 장애 요인이 되는 소인적 자아가 없다는 뜻일 것이다. 소인적 자아를 통제하면서 긍정적이고 사회적인 관계를 유지할 수 있는 자아가 별도로 있어야 한다. 즉 자아가 전혀 없는 것이 아니라 '나로 말미암아' 통제와 조절을 가능하게 하는 자아, 즉 "유기由己적인 자아"는 있어야 한다.16)

---

14) 이동희, 2009; 132.
15) 임헌규, 2009.
16) 신정근, 2009; 112-113.

무아마저 관찰하고 제어함으로써 협동과 책임의 관계를 이끌어 가기 위한 자아가 필요한 것이다.

2. 경敬: 몸의 겹 구조

관계자아로서의 유가적 몸은 타인과 나 사이에서 기능하는 몸이며 타인과 관계하면서 존재하는 몸이다. 유교에서는 타인과의 사이에서 기능하는 대표적인 윤리적 매개를 인仁으로 두어 인간다움의 실천 가능성을 몸과 몸 사이에 작동하게 한다. 인간다움의 몸은 타인과의 다름에서 변증적으로 작동하는 '더불어 하는 몸'이다. 인仁은 인간과 사물 사이에도 적용될 수 있다. 인간과 사물이 서로 다른 몸을 하고 있음에도 인에 의해 더불어 한 몸이 될 수 있고 그리하여 인성人性과 물성物性의 합주 또는 변주가 일어날 수 있다. 비록 가깝고 멀리하는 정도만 있을 뿐이지 더불어 하나로 만들어 내는 인仁의 역할에는 변함이 없다.

유가적 몸 담론의 성격을 보자. 유교의 몸과 자아는 사회적 경향성을 띤다. 타인들과의 관계를 의식하는 몸이다. 몸은 생리적이고 혈연적인 것에서 출발하여 도덕적이고 사회언어적인 몸으로 변환된다. 효孝나 예禮의 행위가 그러하다. 자기를 낮추는 행위, 남을 높이는 행위, 남을 내 몸처럼 이해하는 행위 모두가 '몸의 사회화' 과정의 하나이다. 유가적 몸은 '만들어지는' 몸이기도 하다. 윤리적 몸짓은 타인과의 관계에 적용 가능한 형태의 몸이다. 그리하여 '사람 만들기'의 적극적 양식이 만들어진다. 이 속에 자기를 수양하는 몸 또는 자기를 닦는 몸이 자리하게 된다.

효孝가 좋은 사례가 되겠지만 효의 전 과정을 지배하고 있는 철학은 '몸 경계의 모호성'에 있다. 즉 부모와 나 사이에 놓여 있는 몸을 누구의 몸이라고 할 것인가의 물음이다. 이러한 물음은 실존적이며 윤리적 경계로서의 몸에 대한 물음이며 몸 안과 몸 밖과의 윤리적 소통 관계를 어떻게 설정할 것인가의 물음이기도 하다. 몸의 경계에 대한 '윤리적 불안'17)의 대안으로 '경敬'에 주목해 보자. 『논어』「헌문憲問」의 "몸을 경으로 닦는다"는 말, 「안연顔淵」의 "내가 원하지 않는 것을 타인에게 요구하지 말라"는 말, 「옹야雍也」의 "내가 원하는 것을 타인도 할 수 있도록 도우라"라는 말은 모두 타인들과의 사회화에 대한 것이다.18) 이러한 경에는 인위적인 거리두기의 성격이 있으며 윤리적 불안에서 벗어나 어떻게 하면 타자와 안정적이고 적절한 관계를 맺을 것인가에 대한 자기반성이 들어 있다. 그것은 자기 자신마저도 외재화하여 낯설게 한다. "몸을 닦는다"는 말에 또 하나의 자기를 설정하여 자신을 관찰한다는 의미가 있듯이 경은 거리두기에 의해 몸의 예禮적 장치의 유효성을 담보하려고 한다.

몸의 공동체성의 양식은 '몸의 겹 구조'로 나타난다. 이것은 개인의 닫힌 몸에서 타인과의 관계로서의 열린 몸으로 나아갈 수 있게 하는 몸이다. 닫힌 몸이 타인과 더불어 살아가려면 겸손의 몸짓도 나와야 하고 미안함의 몸짓도 나와야 하며 사적이고 개인적인 몸을 사회적이고 공적인 몸으로 변화시킬 수 있어야 한다. 몸은 홑 구조에서 벗어나 자기만을 위해서 사용되던 몸이 마치 허물을 벗듯 전혀 다른 모습이 되어 열리게 된다. '사소하고 너무나 사소한' 존재가 이성적 존재 또는 인격적 존재로 거듭나며 '몸의 사회화'가 일어나는 것이다.

---

17) '윤리적 불안'은 사람들과의 관계에서 생성되는 불안으로 정의할 수 있다. 다른 경계에 있는 나만의 고유한 생리적 활동적 자리에서 안주하지 못하고 끊임없이 도덕적으로 요구되는 요청 앞에서 만들어지는 불안이라 할 수 있다. 유가의 仁이나 恕, 그리고 敬의 다양한 도덕 기능에도 이와 같은 심리가 작용한다.

18) 『論語』, 「憲問」, "修己以敬." 『論語』, 「顔淵」, "己所不欲, 勿施於人." 『論語』, 「雍也」, "己欲立而立人, 己欲達而達人."

3. 괘의 몸

퍼스의 "인간은 기호이다"(Man is a Sign)라는 말은 그가 인간을 어떻게 정의하는가를 잘 보여 준다. 사물이나 사건 대상만이 기호화될 수 있는 것이 아니라 그것을 기호화하는 인간도 거대한 기호체계에 들어 있다. 인간은 자아라는 실체로 고정된 것이 아니며 유동적이고 관계적이어서 끊임없이 해석되어야 하는 관계자아로 존재한다. 마찬가지로 주역의 괘로부터 나오는 인간의 모습도 관계자아의 재현이다. 주역의 기호학에서 본다면 "인간은 괘이다"라는 말이 성립될 수 있는 것이다.

괘도 거리두기를 한다. 괘의 다른 괘로의 변화에는 반복되고 연속되어 절대 한 몸이 될 수 없는 거리두기가 만들어진다. 괘의 겹 구조도 하나의 괘에서 빠져나와 다른 괘로 이동하는 과정에서 자신만의 닫힌 해석에서 벗어나 다른 괘들과의 관계 속에서 자신을 해석한다. 괘는 그 자체로도 해석되지만 항상 그것을 다른 방식으로 '재구성'하고자 한다.[19] 이러한 관계자아로서 괘의 비유적 성격을 보자.

계사상전 5장의 "음양이 갈마드는 것을 도라 한다"(一陰一陽之爲道)고 했을 때 일음일양一陰一陽이 의미하는 것은 양만으로는 낳지 못하고 음만으로는 자라지 못한다는 뜻이다. 음양은 서로 거리를 두고 겹치는 과정에서 균형을 유지한다. 음이 극에 달해 양이 생기고 양이 극에 달하면 음이 생기는 생생生生의 이치도 그러하다. 계사상전 1장에는 "사물의 성질별로 유를 모으고 물건으로 무리를 나누는"[20] 관계 지향적 변화가 끊임없이 일어난다. 사실 주역의

---

19) 괘의 '재구성'이 일어나는 이유는 도식(diagram)의 관계성 때문이다. 앞서 1부 4장에서 진괘를 설명하면서 도식에 대해 살펴봤지만, 도식의 가장 큰 특성은 관계에 있다. 이에 대한 논의는 전동열의 「그래머톨로지에서 다이어그래머톨로지로」의 21~24쪽 참고.
20) 方以類聚, 物以群分.

64괘 중 어느 괘도 좋고 나쁜 것이 없으며 동시에 어떤 괘도 좋은 괘일 수 있으며 나쁜 괘일 수 있다. 적합한 자리에 있으면 좋은 괘가 된다는 것은 괘가 폐쇄되어 있거나 갇혀 있지 않다는 뜻이다. 절대적인 길흉吉凶은 없고 절대적인 옳고 그름도 없다는 것은 괘가 단일자아로 있는 것이 아니라 관계자아로 있음을 말해 준다.

계사상전 6장의 "대저 역은 넓고 크다. 먼 곳을 말하면 막히지 아니하고 가까운 곳을 말하면 고요하고 바르다. 건은 그 고요함에 온전하고 그 움직임에 곧다. 이로써 큼이 생한다. 곤은 그 고요함에 닫히고 그 움직임에 열린다"[21]라는 말처럼, 건곤괘는 각각 먼 곳과 가까운 곳 그리고 고요함과 움직임이 서로 관계한다. 동인괘同人卦(䷌)의 착괘錯卦인 사괘師卦(䷆)는 음양이 바뀐 경우로서 처한 위치가 달라지면서 보는 관점도 달라지고 현상이 바뀐다. 동인괘의 종괘綜卦인 대유괘大有卦(䷍)는 처지는 같으나 목표가 달라 그 관점이 달라진다. 즉 괘 속에 효가 있으며 효 속에 또 괘가 있고 그 괘 속에 다시 효가 있다. 괘는 움직이는 순간 양이나 음으로 변한다. 잠시라도 괘를 정지시키는 것은 마치 물을 손으로 움켜쥐려고 하는 것만큼 어렵다. 조금의 움직임도 없던 효도 '건지는' 순간 움직인다. 괘효 모두 관계의 흐름 속에 있는 것이다. 괘효의 이런 모습에 인간의 관계적 자아를 볼 수 있다. 인간 몸이 겹 구조이듯이 어떤 괘도 홑 구조로 있을 수 없다. 동인괘 구오효 자체에는 웃음과 울음이 섞여 있고, 동인괘가 사괘나 대유괘로 착종되는 과정에는 거리두기가 일어나면서 관계의 특성이 강화된다.

계사상전 11장에는 음양 관계의 아름다운 비유가 있다. "문을 닫는 것을 곤이라 이르고 문을 여는 것을 건이라 이르고, 한 번 닫고 한 번 여는 것을

---

21) 夫易廣矣大矣. 以言乎遠則不禦, 以言乎邇則靜而正, 以言乎天地之間則備矣. 夫乾其靜也專, 其動也直. 是以大生焉, 夫坤其靜也翕其動也闢.

변이라 한다."[22] 건곤이 닫히고 열리는 문[門]의 비유는 변화의 절창이 아닐 수 없다. 문의 닫히고 열림에 의해 괘는 변한다. 건곤으로 인해 괘의 몸은 어떤 하나로 닫혀 있지도 않고 열려 있지도 않다. 이 변화를 눈으로 볼 수 있게 하는 것이 괘상卦象이며 효상爻象인 것이다.

계사하전繫辭下傳 1장은 말한다. "팔괘가 열을 이루니 상이 그 가운데 있는 것이고, (팔괘로) 인하여 거듭하니 효가 그 가운데 있는 것이고, 강유가 서로 추이하여 가니 변화가 그 가운데 있는 것이다."[23] 내괘內卦와 외괘外卦 효들의 안과 속이 서로 교류하면서 하나가 된다. 괘의 겹 구조인 것이다. 계사하전 5장에서 인용된 함괘咸卦(䷞) 구사효의 효사는 "마음이 뒤숭숭하여 온갖 것이 왔다 갔다 한다"[24] 하였다. 여기서도 효의 겹 구조를 볼 수 있다. 점을 쳐 함괘를 얻어 동효動爻를 얻은 공자가 "천하에 무엇을 생각하고 무엇을 염려한단 말인가. 천하가 돌아가는 곳은 같으나 그 길이 다르며, 이르는 것은 하나이지만 백 가지 생각이니 천하에 무엇을 생각하고 염려할 것인가"[25]라고 했듯이, 효의 움직임이 마음이 뒤숭숭해지는 것을 안정시킨다. 효가 동動함은 상황의 변화로서 점치는 사람의 변화를 의미한다. 점사로서의 함괘 구사효에는 자아의 강도(intensity)가 발생해 자아의 관계에 질적 변화를 가져온다. 점사 속의 효는 상황의 우연성이나 동시성을 제공한다. 누군가를 지금 어떤 괘 속에 있게 하고 또 그 사람을 다른 괘로 가게 하고 그 점사에 한 사람의 자아가 놓이게 한다. 점사가 변용되는 과정에서 수많은 관계자아의 조각들이 모이는 것이다.

괘를 해석할 때는 무엇보다 그 괘의 효의 관계가 중요하다. 중정中正, 비응

---

22) 闔戶謂之坤, 闢戶謂之乾, 一闔一闢謂之變.
23) 八卦成列象在其中矣, 因而重之爻在其中矣, 剛柔相推變在其中矣.
24) 憧憧往來, 朋從爾思.
25) 子曰天下何思何慮. 天下同歸而殊塗, 一致而百慮, 天下何思何慮.

比應, 효위爻位와 같이 효의 자리와 음양의 자질, 그리고 효의 상호 간의 관계에 따라 성질이 달라지기 때문이다. 한편으로 괘들 사이의 의미 연관성도 봐야 한다. 「서괘전」에서 태괘泰卦(䷊)의 형통의 의미가 속박의 비괘否卦(䷋)로 이어지고, 그것이 다시 함께함의 덕목인 동인괘同人卦(䷌)로 이어지다가 마침내 함께함을 강화해 주는 대유괘大有卦(䷍)로 가는 모습은 마치 괘들이 인격화되어 살아 움직이는 것과 같다. 이는 자아가 홀로 있을 수 없음이며 관계 속에서 자신을 이끌어 가는 것과 같다.

괘나 효는 항상 새로운 것으로 나아간다. 이유유왕利有攸往하고 이섭대천利涉大川한다. 들뢰즈도 이와 비슷한 이야기를 했다. "반복한다는 것은 행동한다는 것이다"라는 말은 주역에도 그대로 적용될 수 있다. "반복은 유사한 것도 등가적인 것도 갖지 않는 어떤 유일무이하고 독특한 것과 관계하면서 행동한다."[26] 반복은 자기 안에 차이들을 포괄하면서 하나의 특이점에서 다른 특이점으로 직물처럼 짜여 나간다. 괘들 사이에서 일어나는 비대칭도 어떻게 보면 차이를 지닌 반복으로서 그 속에는 이유유왕하고 이섭대천하는 힘이 들어 있다고 할 수 있다. 들뢰즈는 이런 차이에서 기호의 특성을 보고자 했다. "우리는 비대칭적 요소들을 갖추고 불균등한 크기의 질서들을 거느리고 있는 하나의 체계를 '신호'라 부른다. 그리고 그런 체계 안에서 발생하는 것, 간격 안에서 섬광처럼 번득이는 것, 불균등한 것들 사이에서 성립하는 어떤 소통 같은 것을 '기호'라 부른다."[27]

기호는 차이에서 발생하여 반복을 이루되 항상 새로움으로 전개된다. 주역의 괘도 서로 다르게 자신의 정체성을 형성하면서 새로움으로 변화된다. 퍼스가 들뢰즈처럼 차이 문제를 직접적으로 언급하지는 않았지만 궁극적으로

---

26) 들뢰즈, 2004; 26.
27) 들뢰즈, 2004; 66.

기호의 생성은 서로 다른 어떤 것이 순차적으로 발생하는 과정에서 가능한 것이다. 차이가 없다면 새로운 해석을 내릴 수가 없다. 그것이 사물에서 기호로 표시되든 아니면 기호에서 새로운 기호가 만들어지든 간에 기호는 서로 다른 두 사건의 차이를 전제로 한다. 괘의 착종도 전형적인 차이의 과정이다. 복괘復卦가 구괘姤卦로 변하는 착錯의 과정이나 박괘剝卦로의 종綜의 과정은 비대칭의 관계이다. 그러면서도 착종된 구괘나 박괘는 이전의 복괘와 관계를 형성한다.

괘와 괘 사이, 효와 효 사이의 형식적이거나 내용적 관계에서 하나의 괘는 하나의 자아로서 충실한 역할을 한다. 괘 하나를 이해하기 위해 다른 괘를 필요로 하듯이 한 개인의 자아도 타인과의 관계적 자아 속에서 만들어진다. 「서괘전」의 괘들 간의 정합성이나 착종된 괘들 사이에서 일어나는 거리두기의 긴장감은 괘를 관계된 자아로 받아들이게 한다. 유가의 관계자아에 대한 논변이나 주역 괘의 관계 논변에는 닮은꼴이 있다. 괘가 움직일 때 그 괘를 해석하는 사람도 같이 움직인다는 것, 이것은 괘에 퍼스가 말한 기호로서의 성격이 들어 있다는 뜻이다. 괘는 기호가 되어야 해석되듯이 그 괘를 보는 사람도 기호가 되어야 해석된다. 괘의 힘은 관계로서의 자아를 만들어 주며 자아를 기호화하고 해석하게 한다. 그리하여 세계를 재현하면서 길고 긴 이야기를 만들어 내는 것이다.

책을 끝내며

이 책에서 다룬 재현은 어디까지나 기호학적 재현이다. 플라톤의 이데아처럼 어떤 바탕이 되는 실체가 있거나 유가의 천인합일 이념처럼 하늘이라는 바탕을 전제로 해야만 주역이 성립되는 것은 아닐 것이다. 실체가 무엇인지는 모르지만 적어도 그런 개념을 상정한 데에는 실존적인 이유도 있었을 것이다. 그러므로 어떤 고정되거나 고착된 실체적 재현을 논의할 필요는 없으며, 다만 태극을 가져오고 괘를 가져오는 이 연속된 재현의 과정을 해석할 일만 남아 있다. 괘효들은 조금씩 양상을 달리하면서 끊임없는 차이를 만들어 내고 있다. 어떤 괘도 그 자신으로 있는 것에 만족하지 못하고 끊임없이 다른 괘들로 반복되고 이어지는 이 기호학적 관계에 주목하는 것이 현명할지도 모른다.

괘는 어떻게 출현했을까. 보이지 않았던 어떤 상황이나 사건, 사물이 괘 하나로 인해 구체성을 띠고 살아 움직이는 모습이 경이로울 뿐이고 그것도 다른 괘들과의 관계 속에서 살아 움직인다는 것이 더욱 그렇다. 주역에는 보이는 상징과 보이지 않는 상징이 있다. 보이지 않는 것과 보이는 것의 철학적 의미는 무엇일까. 보이지 않는 것이 인간의 손이나 눈길이 닿지 않은 시원의 상태라면 보인다는 것은 인간의 인지 능력 안에 들어왔다는 뜻이다. 보이지 않는 것이 보이는 것으로 나타남이 재현의 특성이며 괘는 그러한 재현의 길목에 있다고 할 것이다. 이 책에서는 이러한 재현의 특성을 기호, 특히 퍼스의 기호학으로 읽어 내려고 노력했다.

주역에서 얻어낼 수 있는 인문적 가치는 재현과 관계이다. 괘와 효는 인간이 처한 그때마다의 상태를 보여 준다. 한 사람의 인격으로 전이되어 생동감을 더해 준다. 괘와 효는 인간의 전형이 되고 미시적인 삶의 형태가 되어 삶을 역동적인 모습으로 만들어준다. 문법적으로 비유하자면 삶의 모습은 동사의 형태이다. 한순간도 고정시킬 수 없고 멈추게 할 수 없으며 추상시킬 수 없다. 삶의 모습을 정지시키는 행위가 명사의 형태라면 주역이라는 책은 잠시 삶의 흐름을 한순간 명사화한 것이라 볼 수 있다. 그러나 눈앞에 놓인 괘가 명사로서 잠시 정적이고 본질적이며 실체적인 모습으로 보일지 몰라도 그것은 이내 동사가 되어 빠져나가려 한다. 주역의 정신이 변화에 있다는 것은 어떤 것도 정지시켜 사고할 수 없음을 말해 준다. 멈춰 있음은 삶의 현실 모습이 아니다. 현실 삶이 어느 한순간 멈추어질 수 없듯이 괘도 그렇게 흐름 속에 있다.

늦은 밤이나 이른 새벽, 하나의 점사를 마주할 때 괘가 지닌 '갇힌' 영향에 압도될 수밖에 없다. 그 순간 나는 자신이 마주한 점사를 두려운 마음으로 직면해야 하고 점이 제시하는 주문을 따라갈 수밖에 없다. 어떻게 할 수 없는 상황에서 점사가 내려 주는 말에 몸과 마음을 맡기게 된다. 이것은 괘를 마주하는 한 인간의 운명적인 모습이기도 하다. 점사는 엄숙할 수도 있고 비장할

330

수도 있다. 그러나 나는 그 점사의 재현에 충실하다가도 다음 날이면 또 다른 괘 앞에서 전혀 다른 상황을 맞이하고 전날의 재현에 매몰되지 않으려고 한다. 괘를 기호학적 실재론으로 이해한다는 것은 단독자로서의 인간이 한순간의 체념에서 벗어나 이내 또 다른 괘 해석의 흐름을 따라 변화하는 데 있다. 주역은 재현에 의한 관계의 철학이다. '주역하기'를 재생산하는 의의도 여기에 있을 것이다.

참고문헌

【주역 및 중국철학 일반】

곽신환, 『주역의 이해: 주역의 자연관과 인간관』, 서광사, 1990.

금장태, 『조선유학의 주역사상』, 예문서원, 2007.

김상섭, 『바르게 풀어쓴 주역 점법』, 지호, 2007.

김상섭, 『마왕퇴 출토 백서주역』 上, 下, 비봉출판사, 2012.

김인철, 『다산의 주역 해석 체계』, 경인문화사, 2003.

김재범, 『주역사회학』, 예문서원, 2001.

김진근, 『왕부지의 주역철학』, 예문서원, 1996.

김진희, 『주역의 근원적 이해: 천문 역법을 중심으로』, 보고사, 2010.

박재주, 『주역의 생성논리와 과정 철학』, 청계, 1999.

방인, 『다산 정약용의 『주역사전』, 기호학으로 읽다』, 예문서원, 2014.

엄연석, 『조선전기역철학사』, 학자원, 2013.

이승률, 『죽간, 목간, 백서, 중국 고대 간백자료의 세계 1』, 예문서원, 2013.

이창일, 『주역 인간의 법칙』, 위즈덤 하우스, 2011.

이현중, 『역경철학』, 문예출판사, 2014.

정병석, 『주역(상)』, 을유문화사, 2010.

정병석, 『주역(하)』, 을유문화사, 2011.

정병석, 『점에서 철학으로』, 동과서, 2014.

황병기, 『정약용의 주역철학』, 동과서, 2014.

고형, 김상섭 역, 『고형의 주역』, 예문서원, 1995.

高亨·李鏡池·容肇祖, 김상섭 역, 『주역점의 이해』, 지호, 2009.

고회민, 숭실대학교 동양철학연구실 역, 『중국고대역학사』, 숭실대학교 출판부, 1990.

고회민, 신하령·김태완 공역, 『상수역학』, 신지서원, 1994.

고회민, 정병석 옮김, 『주역철학의 이해』, 문예출판사, 1996.

김경방·여소강, 한국철학사상연구회 기철학분과 옮김, 『역의 철학; 주역 계사전』, 예
    문지, 1993.

남회근, 신원봉 옮김, 『주역계사 강의』, 부키, 2015.

등구백, 황준연 엮음, 『백서주역교석』 1·2, 학고방, 2016.

왕필, 임채우 옮김, 『주역 왕필주』, 길, 1999.

왕필·한강백, 공영달 소, 성백효·신상후 역, 『주역정의』 1·2, 전통문화연구회, 2016.

廖名春 외, 심경호 옮김, 『주역철학사』, 예문서원, 1994.
정약용, 방인·장정욱 옮김, 『역주 주역사전(1-8)』, 소명출판, 2007.
정이천, 심의용 옮김, 『주역: 의리역의 정수; 정이천 역전 완역』, 글항아리, 2015.
주백곤, 김학권 역, 『주역산책』, 예문서원, 1999.
주희, 김상섭 해설, 『역학계몽』, 예문서원, 1994.
주희, 김진근 역, 『완역 역학계몽』, 청계, 2008.
진고응, 최진석 외 역, 『주역 유가의 사상인가 도가의 사상인가』, 예문서원, 1996.
홍비모·강옥진, 문재곤 옮김, 『時의 철학』, 예문지, 1993.

孔穎達, 『周易正義』.
王夫之, 『周易外傳』.
王弼, 『周易註』.
李鼎祚, 『周易集解』.
程頤, 『伊川易傳』.
鄭玄, 『周易註』.
朱熹, 『周易本義』; 『易學啓蒙』.

鄧球柏, 『帛書周易校釋』, 湖南人民出版社, 1987.
鄧球柏, 『白話帛書周易』, 岳麓書社, 1995.

Cheng, Chung-ying, *New Dimensions of Confucian and Neo-Confucian Philosophy*, Albany: State University of New York, 1991.
Chung, Chang-Soo, *The I Ching on Man and Society*, University Press of America, 2000.
Hall David and Roger T. Ames, *Thinking Through Confucius*, SUNY Press, 1987.
Hall David and Roger T. Ames, *Anticipating China: Thinking Through The Narratives of Chinese and Western Culture*, SUNY Press, 1995.
Hall David and Roger T. Ames, *Thinking from the Han: Self, Truth and Transcendence in Chinese and Western Culture*, SUNY Press, 1998.
Keightley, David N., *Sources of Shang History: The Oracle-Bone Inscriptions of Bronze Age China*, Berkeley: University of California Press, 1978.
Lynn, Richard John, *The Classic of Changes: A New Translation of the I Ching as Interpreted By Wang Bi*, New York: Columbia University Press, 1994.
Shaughnessy, Edward I. (trans.), *I Ching: The First English Translation of the Newly discovered Second-Century B.C. Mawangdui Texts*, New York: Ballantine Books, 1996.
Wilhelm, Richard(tr.), *The I Ching or Book of Changes*, Translated by Cary F. Baynes, Princeton: Princeton University Press, 1967.

금장태, 「退溪에 있어서 「太極圖」와 「天命新圖」의 解析과 相關性」, 『퇴계학보』 제87·88집, 1995.

김성기, 「주역의 神人관계에 대한 해석학적 접근」, 『주역과 한국역학』, 1996.

김정진·이영경, 「退溪 太極槪念의 倫理的 志向性」, 『한국의 철학』 제20집, 경북대, 1992.

박상준, 「주역의 본질—주역의 은유적 서술구조의 측면에서」, 『정신문화연구』 제32권 제4호 통권 117호, 한국학중앙연구원, 2009.

박양자, 「退溪의 「天命圖說後序」에 관하여—특히 「太極圖」와의 비교를 중심으로—」, 『퇴계학보』 제68집, 1990.

박연규, 「성학십도를 통한 청소년 인성교육 프로그램」, 『인문학연구』 23호, 경희대 인문학연구원, 2013.

박연규, 「유가적 사유에 의한 도산서당 원림 이해」, 『철학, 사상, 문화』 15호, 2013.

박연규, 「유가의 관계자아에서 타자와의 거리두기와 낯설게 하기」, 『공자학』 28호, 2015.

박연규, 「레비나스의 '가족'에서 분리와 거리두기의 관계윤리」, 『문화와 융합』 제38권 2호, 2016.

박연규, 「유교명상 프로그램의 사례; 정심수련을 중심으로」, 『철학사상문화』 26호, 동서사상연구소, 2018.

신정근, 「공자와 장자는 무아론자인가」, 『동아시아의 문화의 정체성과 소통성』, 제3회 동아시아 문화·철학 국제학술회의, 성균관대, 2009.

안승우, 「주역의 위기상황의 은유적 개념화와 두려움의 감정 체계」, 『유교사상문화연구』 제65집, 2016.

엄연석, 「주역에서 상과 의미의 우연적 계기와 필연적 계기」, 『종교와 주역사상』, 2003년 춘계학술대회발표집, 주역학회/증산도사상연구소.

에드워드 쇼너시, 「이미지 불러일으키기: 주역 고대점복과 시의 상관성」, 『단국대학교 동양학연구소 해외석학초청포럼자료집』, 2009.6.23.

오태석, 「은유와 유동의 기호학—주역」, 『중국어문학지』 제31집, 중국어문학회, 2011.

오태석, 「주역 표상체계의 확장적 고찰」, 『중어중문학』 제53집, 한국중어중문학회, 2012.

윤사순, 「退溪의 太極生兩儀觀—그의 理의 문제점—」, 『아세아연구』 통권 제35호, 고려대, 1969.

이동희, 「유가 사상에 있어서 '자아'와 '개인'의 문제」, 『동아시아의 문화의 정체성과 소통성』, 제3회 동아시아 문화·철학 국제학술회의, 성균관대, 2009.

이정복, 「주역논리에 대한 해석학적 고찰, 철학과 현상학 연구」, 『한국현상학회』 9집, 1996.

이정복, 「후설, 비트겐슈타인의 數와 周易의 數」, 『주역과 한국역학』, 1996.

이정복, 「역의 논리 서설(1)」, 『주역연구』 2집, 1997.

이정복, 「주역논리의 원초와 그 해석의 문제」, 『주역연구』 3집, 1999.

이창일, 「천근과 월굴—『주역』의 그림과 자연주의적 사유」, 『기호학 연구』 제22집, 한국기호학회, 2007.

이창일, 「주술과 주역—점서역과 의리역의 통합적 이해의 역사」, 『서강인문논총』 제23집, 서강대학교 인문과 학연구소, 2008.

이향준, 「역학적 사유의 살아있는 기원」, 『동양철학』 제41집, 한국동양철학회, 2014.

임헌규, 「유가에서 자아와 타자」, 『동아시아의 문화의 정체성과 소통성』, 제3회 동아시아 문화·철학 국제학술회의, 성균관대, 2009.

정병석, 「「說卦傳」의 八卦卦象說에 나타난 우주의 해석체계」, 『주역연구』, 1999.

정병석, 「성인지서와 복서지서의 차이—새로운 출토자료를 통해 본 주역의 형성문제」, 『동양철학연구』 제42집, 동양철학연구회, 2005.

정병석, 「주역의 상 모형을 통해 본 세계와 인간」, 『철학연구』, 대한철학회, 2008.

정병석, 「주역 상의 실천적 성격—모종삼의 관점을 중심으로」, 『철학논총』 제70집 4권, 새한철학회, 2012.

최영진, 「周易 '十翼'에 있어서의 神의 개념」, 『주역연구』, 1997.

최영진, 「주역에서 보는 인간과 자연의 관계; 타자관을 중심으로」, 『東洋哲學』 13집, 2000.9.

최인영, 「주역 오체의 착종관계 분석; 착, 종, 착종의 관계 중심으로」, 『한문고전연구』 제38집, 2019.

최일범, 「유교의 자아와 수양」, 『동아시아의 문화의 정체성과 소통성』, 제3회 동아시아 문화·철학 국제학술회의, 성균관대, 2009.

최정묵, 「주역의 기본 논리에 대한 고찰」, 『유학연구』 제27집, 충남대학교 철학연구소, 2012.

허진웅, 「주역 진괘에 담긴 경사상 연구」, 『동서철학연구』 제96호, 2020.6.

황병기, 「원대 이후 『주역』 주석사에 나타난 중부괘 豚魚의 의미 연구」, 『溫知論叢』 37집, 온지학회, 2013.

Cheng, Chung-ying, "Philosophical Significances of Guan(Contemplative Observation); On Guan as Onto-Hermeneutical Unity of Methodology and Ontology" in the unpublished manuscript, *Philosophy of the I Ching*, 1994.

Cheng, C. Y., "Inquiring into the Primary Model: Yi Jing and the Onto-Hermeneutical Tradition", *Journal of Chinese Philosophy* Vol.30 No.3-4, 2003.

Cheng, C. Y., "On Harmony As Transformation: Paradigms From The Yijing 《易經》", *Journal of Chinese Philosophy* Vol.36/SUP1 No.-, 2009.

Doeringer, Franklin M., "Imaging the Imageless: Symbol and Perception in Early Chinese Thought", *JCP* 20, 1993.

Fleming, Jesse, "Categories and Meta-categories in the I-Ching", *Journal of Chinese Philosophy* 20, 1993.

Fleming, Jesse, "A Set Theory of Analysis of the Logic of the I Ching", *JCP* 20, 1993.

Hershock, P. D., "The Structure Of Change In The Yijing", *Journal of Chinese Philosophy*

Vol.36/SUP1 No.-, 2009.

Jiang, Xinyan, "The Concept of the Relational Self and Its Implications for Education", *Journal of Chinese Philosophy* Vol.33 Issue 4, 2006.

Kalton, Michael C., "To Become a Sage; The Ten diagrams on Sage Learning by Yi T'oegye", New York: Columbia University Press, 1988.

Ng, O. C., "Chinese Philosophy, Hermeneutics, and Onto-Hermeneutics", *Journal of Chinese Philosophy* Vol.30 No.3-4, 2003.

Palmquist, S. R., "Mapping Kant's Architectonic onto the Yijing Via the Geometry of Logic", *Journal of Chinese Philosophy* Vol.39//SUP1 No., 2012.

Park, Yeoun Gyu, "The Relational Self as distancing and Defamiliarizing of Others", Call Paper, Society for Asian & Comparative Philosophy, Australian Society for Asian & Comparative Philosophy, 2013 Joint Meeting in Singapore, 8-10 July, 2013.

Peterson, Willard J., "Making Connections: Commentary on the Attached Verbalizations of the Book of Change", *Harvard Journal of Asiatic Studies* 42, 1982.

Qinggjuan, Sun, "Confucian Ethics and Carer Ethics as Relational Ethics", Call Paper, Society for Asian & Comparative Philosophy, Australasian Society for Asian & Comparative Philosophy, 2013 Joint Meeting in Singapore, 8-10 July, 2013.

Shaughnessy, Edward L., "The Origins of an Yijing Line Statement", *Early China* 20, 1995.

Wong, David. B., "Relational and Autonomous Selves", *Journal of Chinese Philosophy* 31:4, 2004.

【퍼스 기호학 및 기호학 일반】

김경용, 『기호학이란 무엇인가』, 민음사, 1996.

김경용, 『기호학의 즐거움』, 민음사, 2002.

김성도, 『현대기호학 강의』, 민음사, 1998.

송효섭, 『인문학 기호학을 말하다: 송효섭 교수의 삶을 바꾸는 기호학 강의』, 이숲, 2013.

정해창, 『퍼스의 미완성 체계: 프래그마티시즘』, 청계, 2005.

롤랑 바르트, 김희영 옮김, 『텍스트의 즐거움』, 동문선, 1999.

미셸 앙리, 박영옥 옮김, 『물질 현상학』, 자음과 모음, 2012.

움베르토 에코, 김광현 옮김, 『기호: 개념과 역사』, 열린책들, 2001.

움베르토 에코, 김운찬 옮김, 『일반 기호학 이론』, 열린책들, 2009.

움베르토 에코·토머스 A. 세벅, 김주환·한은경 옮김, 『셜록 홈스, 기호학자를 만나다: 논리와 추리의 기호학』, 이마, 2016.

James Jakob Liszka, 이윤희 옮김, 『퍼스 기호학의 이해』, 한국외국어대학교출판부, 2013.

질 들뢰즈, 김상환 옮김, 『차이와 반복』, 민음사, 2004.

찰스 샌더스 퍼스, 김동식·이유선 옮김, 『퍼스의 기호학』, 나남, 2008.

찰스 샌더스 퍼스, 김성도 편역, 『퍼스의 기호 사상』, 민음사, 2008.

테오도르 아도르노, 홍승용 역, 『미학이론』, 문학과 지성사, 1994.

테오도르 아도르노, 홍승용 역, 『부정변증법』, 한길 그레이트 북스, 1999.

페르디낭 드 소쉬르, 최승언 옮김, 『일반언어학 강의』, 민음사.

하르트무트 사이블레, 김유동 역, 『아도르노』, 한길사, 1997.

Anderson, Douglas. R., *Strands of System*, West Lafayette Indiana: Purdue University Press, 1995.

Apel, Karl-Otto.(tr. John M. Krois), *Charles S. Peirce: from Pragmatism to Pragmaticism*, The University Of Massachusetts Press, 1981.

Black, Max, *Models and Metaphors*, Itacha and London: Cornell University Press, 1962.

Buchler, Justus, *Philosophical Writings of Peirce*, New York: Dover Publications, 1955.

Dewey, John, *Art As Experience*, New York: Perigee, 2005.

Eco, Umberto, *A Theory of Semiotics*, Bloomington: Indiana University Press, 1976.

Gadamer, Hans-Georg, *Truth and Method*, New York: Continuum, 1994.

Haley, M. C., *The Semeiosis of Poetic Metaphor*, Bloomington & Indianapolis: Indiana University Press, 1988.

Hardwick, Charles. S.(ed.), *Semiotic and Significs: The Correspondence between Charles S. Peirce and Victoria Welby*, Bloomington: Indiana University Press, 1977.

Hartshorne C, P. Weiss and A. Q. Burks(ed.), *The Collected Papers of Charles Sanders Peirce* Volumes 1-6 edited by C. Hartshorne and P. Weiss, 1931-5; Volumes 7 and 8 edited by A. W. Burks, Cambridge, Mass: Belknap Press, 1931-1.

Hauser Nathan and Christian Kloesel, *The Essential Peirce: Selected Philosophical Writings* Vol.1(1867-1893), Indiana University Press, 1992.

Hauser Nathan and Christian Kloesel, *The Essential Peirce: Selected Philosophical Writings* Vol.2(1893-1913), Indiana University Press, 1998.

Hookway, Christopher, *Peirce*, London and New York: Routledge, 1992.

Jappy, Tony, *Peirce's Twenty-Eight Classes of Signs and the Philosophy of Representation: Rhetoric, Interpretation and Hexadic Semiosis*, London: Bloomsbury, 2016.

Kent, Beverley E., *Charles S. Peirce: Logic and the Classification of Science*, Montreal: McGill-Queen's University Press, 1987.

Ketner, Kenneth Laine, *Reasoning and the Logic of Things*, Charles Sanders Peirce, Harvard University Press, 1992.

Murphey, Murray G., *The Development of Peirce's Philosophy*, Hackett Publishing Company,

1993.

Sebeok, Thomas A., *The sign and Its Masters*, University Press of America, 1989.

Sheriff, John K., *Charles Peirce's Guess at the Riddle*, Indiana University Press, 1994.

Stjernfelt, Frederik, *Natural Propositions*, Boston: Docent Press, 2014.

Turrisi, Patricia Ann(ed.), *Pragmatism as a Principle and Method of Right Thinking*, State University of New York Press, 1997.

강미정, 「습관과 의미: C. S. 퍼스의 해석체 이론 연구」, 『기호학 연구』 제25집, 2009.

강미정, 「가추법과 강제 선택: 무의식의 논리에 대한 경험적 정당화」, 『기호학 연구』 제41집, 2014.

강미정 외, 「가추법과 디자인 씽킹: 창의적 발상의 이론과 실제」, 『기호학 연구』 제38집, 2014.

강병창, 「말-그림 사이메체로서의 '디아그람마'」, 『말과 그림 사이』, 세미오시스 연구센터, 2018.

김동주, "The Possibility of Biosemiotics: Peircean Semiotics and the Question of the Menatal Interpretant", 『기호학 연구』 제42집, 2015.

김미주, 「퍼스의 기호학 연구」, 『예술연구』 제14집, 2008.

김선하, 「퍼스 기호론에 대한 고찰—인식, 존재, 진리」, 『동서철학연구』 제71집, 2014.

김성도, 「기호와 추론: 퍼스의 가추법을 중심으로」, 『기호학 연구』 제3집 1호, 1997.

노양진, 「퍼스의 기호 개념과 기호 해석」, 『철학논총』 제83집 제1권, 새한철학회, 2016.

박연규, 「시적 화자의 우연성과 은유」, 『오늘의 문예비평』, 2002.12.

박연규, 「퍼스의 종교적 믿음에서 묵상의 의미」, 『종교연구』 제34집, 2004.

박연규, 「레비나스 얼굴 윤리학의 퍼스 기호학적 이해」, 『기호학연구』 제50집, 2017.

박연규, 「이우환 〈관계항〉의 윤리적 변용」, 『시민인문학』 38집, 경기대 인문학연구소, 2020.

백서영, 「도상기호와 대상 사이의 인지적 공간압축에 관한 연구」, 『한국디자인문화학회지』 제17집 2호, 2011.

서병창, 「토마스 아퀴나스 관계개념 연구」, 『한국철학회』 Vol.70, 2002.

서준호, 「서사적 상호작용 공간에서의 모달리티: 퍼스(Peirce) 기호학적 접근」, 『디자인학연구』 제25집 2호, 2012.

신항식, 「소쉬르의 현재성과 탈현대성; 소쉬르와 퍼스의 인식론 비교—디지털시대 실재와 주체의 문제를 통해 본 두 사람의 인식론이 지닌 의미에 관하여」, 『기호학 연구』 제21집, 2007.

엄소연, 「조선전기 성리학 圖說의 '다이어그램적' 특징과 의미」, 『말과 그림 사이』, 세미오시스 연구센터, 2018.

이견실, 「상징기호에 함의된 지시의미 연구」, 『일러스트레이션 포름』 제30집, 2012.

이두원, 「찰스 퍼스의 커뮤니케인 사상에 대한 연구」, 『기호학연구』, 한국기호학회, 1997.

이두원, 「C. S. Peirce의 세노피타고리언 범주 체계의 응용과 확장: 21세기 휴먼 커뮤니케이션 난제에 대한 실용주의 시각의 논제 구축」, 『기호학 연구』 제41집, 2014.

이윤희, 「해석 활동에서 퍼스의 상징이 갖는 유의미성: 상징의 기능적 접근」, 『기호학 연구』 제20집, 2006.

이윤희, "Semiotic Understanding of Mimetic Action from Peirce's Perspective; Towards Narrative Cognition and Symbolization", 『기호학 연구』 제36집, 2013.

이윤희, 「퍼스의 기호학적 관점을 통해 본 소쉬르의 가치이론: 언어가치 개념과 삼차성 개념의 비교 고찰」, 『기호학 연구』 제37집, 2013.

이윤희, 「퍼스의 다이어그램과 네러티브 알레고리의 매체상호성」, 『말과 그림 사이』, 세미오시스 연구센터, 2018.

이희은, 「문화연구의 방법론으로서 가추법이 갖는 유용성」, 『한국언론정보학보』 제54집, 2011.

전동열, 「그래머톨로지에서 다이어그래머톨로지로」, 『말과 그림 사이』, 세미오시스 연구센터, 2018.

조창연, 「소셜 미디어의 매체 기호학적 함의: 퍼스 기호학을 중심으로」, 『기호학 연구』 제39집, 2014.

조창연, 「퍼스의 기호학적 커뮤니케이션에 대한 연구」, 『기호학 연구』 제42집, 2015.

황영삼, 「기호학의 주체 문제에 관한 고찰」, 『기호학 연구』 제43집, 2015.

Allemand, L.E. "Peirce's Notion of Firstness and French Phenomenology", in *Proceedings of C.S. Peirce bicentennial International Congress*, ed. K. Ketner, J. Ransdell & et al., Texas: Texas Tech Press, 1981.

Anderson, Douglas., "Peirce's on Metaphor", *Transactions of the Charles S. Peirce Society* Fall. vol.20 no.4, 1986.

Bellucci, Francesco, ""Logic, considered as Semeiotic": On Peirce's Philosophy of Logic", *Transactions of the Charles S. Peirce Society* Vol.50 No.4, 2014.

Brink, Chris, "On Peirce's Notation for the Logic of Relatives", *Transactions of the Charles S. Peirce Society* Vol.XIV No.4, 1978.

Burks, Arthur, "Logic, Learning, and Creativity in Evolution", *Studies in the Logic of Charles Sanders Peirce*, (ed) Nathan Houser, Don D. Roberts, and James Van Evra, Bloomington and Indianapolis: Indiana University Press, 1997.

Forest, M., "Peirce and Semiotic Foundationalism", *Transactions of the Charles S. Peirce Society* Vol.43 No.4, 2007.

Gorlee, Dinda L., "Degeneracy: A reading of Peirce's writing", *Semiotica* 81-1/2, 1990.

Hilpinen, R., "On the Objects and Interpretants of Signs: Comments on T. L. Short's Peirce's

Theory of Signs", *Transactions of the Charles S. Peirce Society* Vol.43 No.4, 2007.

Hoffmann, M. H. G., "Theoric Transformations and a New Classification of Abductive Inferences", *Transactions of the Charles S. Peirce Society* Vol.46 No.4, 2010.

Joswick, Hugh, "Peirce's Mathematical Model of Interpretation", *Transactions of the Charles S. Peirce Society* Vol.24 No.1, 1988.

Martin, R. M., "Some Comments on DeMorgan, Peirce, and the Logic of Relations", *Transactions of the Charles S. Peirce Society* Summer Vol.XII No.3, 1976.

Merrill, Daniel D., "DeMorgan, Peirce, and the Logic of Relations", *Transactions of the Charles S. Peirce Society* Vol.XIV No.4, 1978.

Michael, Emily, "Peirce's Early Study of the Logic of Relations, 1865-1867", *Transactions of the Charles S. Peirce Society* Vol.X, 1974.

Nöth, Winfried, "From Representation to Thirdness and Representamen to Medium: Evolution of Peircean Key Terms and Topics", *Transactions of the Charles S. Peirce Society* 47(4), 2011.

Olsen, L., "On Peirce's Systematic Division of Signs", *Transactions of the Charles S. Peirce Society* Vol.36 No.4, 2000.

Peirce, Charles Sanders, "The Logic of Continuity", in *Reasoning and the Logic of Things*, Harvard University Press, 1992.

Peirce, Charles Sanders, "The Logic of Relatives", in ed. Kenneth Laine Ketner's *Reasoning and the Logic of Things*, Harvard University Press, 1992.

Peirce, Charles Sanders, "On a New list of Categories"(1.545-559), in Hartshorne C, P. Weiss and A.Q. Burks (ed.), *Collected Papers of Charles Sanders Peirce*, Cambridge, Mass: Belknap Press, 1931-1935 & 1958.

Ransdell, Joseph, "On Peirce's Cognition of the Iconic Sign", in *Iconicity: Essays on the Nature of Culture*, eds. Paul Bouisac et. Stauffenburg verlag, 1986.

Ransdell, Joseph, "Some Leading Ideas of Peirce's Semiotic", *Semiotica* 19; 3/4, 1977.

Ransdell, J. M., "Kinds of Determinants of Semiosis", *Transactions of the Charles S. Peirce Society* Vol.49 No.4, 2013.

Short, T. L., "Was Peirce a Weak Foundationalist?", *Transactions of the Charles S. Peirce Society* Vol.36 No.4, 2000.

Sonesson, Göran, "The Natural History of Branching: Approaches to the Phenomenology of Firstness, Secondness, and Thirdness", *Signs and Society* 1(2), 2013.

Spiegelberg, H., "Husserl's and Peirce's Phenomenologies: Coincidence of Interaction", *Philosophy Phenomenological Research* Vol.XVII No.2, 1956.

찾아보기

예문서원의 책들

역학총서

주역철학사(周易研究史) 廖名春·康學偉·梁韋弦 지음, 심경호 옮김, 944쪽, 45,000원
송재국 교수의 주역 풀이 송재국 지음, 380쪽, 10,000원
송재국 교수의 역학담론 —하늘의 빛 正易, 땅의 소리 周易 송재국 지음, 536쪽, 32,000원
소강절의 선천역학 高懷民 지음, 곽신환 옮김, 368쪽, 23,000원
다산 정약용의 『주역사전』, 기호학으로 읽다 방인 지음, 704쪽, 50,000원
주역과 성인, 문화상징으로 읽다 정병석 지음, 440쪽, 40,000원
주역과 과학 신정원 지음, 344쪽, 30,000원
주역, 운명과 부조리 그리고 의지를 말하다 주광호 지음, 352쪽, 30,000원
다산 정약용의 역학서언, 주역의 해석사를 다시 쓰다 —고금의 역학사를 종단하고 동서 철학의 경계를 횡단하다 방인 지음, 736쪽, 65,000원
정현의 주역 林忠軍 지음, 손흥철, 임해순 옮김, 880쪽, 56,000원

한국철학총서

조선 유학의 학파들 한국사상사연구회 편저, 688쪽, 24,000원
조선유학의 개념들 한국사상사연구회 지음, 648쪽, 26,000원
유교개혁사상과 이병헌 금장태 지음, 336쪽, 17,000원
쉽게 읽는 퇴계의 성학십도 최재목 지음, 152쪽, 7,000원
홍대용의 실학과 18세기 북학사상 김문용 지음, 288쪽, 12,000원
남명 조식의 학문과 선비정신 김충열 지음, 512쪽, 26,000원
명재 윤증의 학문연원과 가학 충남대학교 유학연구소 편, 320쪽, 17,000원
조선유학의 주역사상 금장태 지음, 320쪽, 16,000원
심경부주와 조선유학 홍원식 외 지음, 328쪽, 20,000원
퇴계가 우리에게 이윤희 지음, 368쪽, 18,000원
조선의 유학자들, 켄타우로스를 상상하며 理와 氣를 논하다 이향준 지음, 400쪽, 25,000원
퇴계 이황의 철학 윤사순 지음, 320쪽, 24,000원
조선유학과 소강절 철학 곽신환 지음, 416쪽, 32,000원
되짚어 본 한국사상사 최영성 지음, 632쪽, 47,000원
한국 성리학 속의 심학 김세정 지음, 400쪽, 32,000원
동도관의 변화로 본 한국 근대철학 홍원식 지음, 320쪽, 27,000원
선비, 인을 품고 의를 걷다 한국국학진흥원 연구부 엮음, 352쪽, 27,000원
실학은 實學인가 서영이 지음, 264쪽, 25,000원
선사시대 고인돌의 성좌에 새겨진 한국의 고대철학 윤병렬 지음, 600쪽, 53,000원
사단칠정론으로 본 조선 성리학의 전개 홍원식 외 지음, 424쪽, 40,000원
국역 주자문록 —고봉 기대승이 엮은 주자의 문집 기대승 엮음, 김근호·김태년·남지만·전병욱·홍성민 옮김, 768쪽, 67,000원
최한기의 기학과 실학의 철학 김용헌 지음, 560쪽, 42,000원

성리총서

송명성리학(宋明理學) 陳來 지음, 안재호 옮김, 590쪽, 17,000원
주희의 철학(朱熹哲學研究) 陳來 지음, 이종란 외 옮김, 544쪽, 22,000원
양명 철학(有無之境—王陽明哲學的精神) 陳來 지음, 전병욱 옮김, 752쪽, 30,000원
정명도의 철학(程明道思想研究) 張德麟 지음, 박상리·이경남·정성희 옮김, 272쪽, 15,000원
송명유학사상사(宋明時代儒學思想の研究) 구스모토 마사쓰구(楠本正繼) 지음, 김병화·이혜경 옮김, 602쪽, 30,000원
북송도학사(道學の形成) 쓰치다 겐지로(土田健次郎) 지음, 성현창 옮김, 640쪽, 32,000원
성리학의 개념들(理學範疇系統) 蒙培元 지음, 홍원식·황지원·이기훈·이상호 옮김, 880쪽, 45,000원
역사 속의 성리학(Neo-Confucianism in History) Peter K. Bol 지음, 김영민 옮김, 488쪽, 28,000원
주자어류선집(朱子語類抄) 미우라 구니오(三浦國雄) 지음, 이승연 옮김, 504쪽, 30,000원
역학과 주자학 —역학은 어떻게 주자학을 만들었는가? 주광호 지음, 520쪽, 48,000원

불교(카르마)총서

유식무경, 유식 불교에서의 인식과 존재 한자경 지음, 208쪽, 7,000원
박성배 교수의 불교철학강의: 깨침과 깨달음 박성배 지음, 윤원철 옮김, 313쪽, 9,800원
불교 철학의 전개, 인도에서 한국까지 한자경 지음, 252쪽, 9,000원
인물로 보는 한국의 불교사상 한국불교원전연구회 지음, 388쪽, 20,000원
은정희 교수의 대승기신론 강의 은정희 지음, 184쪽, 10,000원
비구니와 한국 문학 이향순 지음, 320쪽, 16,000원
불교철학과 현대윤리의 만남 한자경 지음, 304쪽, 18,000원
유식삼십송과 유식불교 김명우 지음, 280쪽, 17,000원
유식불교, 『유식이십론』을 읽다 효도 가즈오 지음, 김명우·이상우 옮김, 288쪽, 18,000원
불교인식론 S. R. Bhatt & Anu Mehrotra 지음, 권서용·원철·유리 옮김, 288쪽, 22,000원
불교에서의 죽음 이후, 중음세계와 육도윤회 허암 지음, 232쪽, 17,000원
선사상사 강의 오가와 다카시(小川隆) 지음, 이승연 옮김, 232쪽, 20,000원
깨져야 깨친다 —불교학자 박성배 교수와 제자 심리학자 황경열 교수의 편지글 박성배·황경열 지음, 640쪽, 50,000원

경북의 종가문화

사당을 세운 뜻은, 고령 점필재 김종직 종가 정경주 지음, 203쪽, 15,000원
지금도 「어부가」가 귓전에 들려오는 듯, 안동 농암 이현보 종가 김서령 지음, 225쪽, 17,000원
종가의 멋과 맛이 넘쳐 나는 곳, 봉화 충재 권벌 종가 한필원 지음, 193쪽, 15,000원
한 점 부끄럼 없는 삶을 살다, 경주 회재 이언적 종가 이수환 지음, 178쪽, 14,000원
영남의 큰집, 안동 퇴계 이황 종가 정우락 지음, 227쪽, 17,000원
마르지 않는 효제의 샘물, 상주 소재 노수신 종가 이종호 지음, 303쪽, 22,000원
의리와 충절의 400년, 안동 학봉 김성일 종가 이해영 지음, 199쪽, 15,000원
충효당 높은 마루, 안동 서애 류성룡 종가 이세동 지음, 210쪽, 16,000원
낙중 지역 강안학을 열다, 성주 한강 정구 종가 김학수 지음, 180쪽, 14,000원
모원당 회화나무, 구미 여헌 장현광 종가 이종문 지음, 195쪽, 15,000원
보물은 오직 청백뿐, 안동 보백당 김계행 종가 최은주 지음, 160쪽, 15,000원
은둔과 화순의 선비들, 영주 송설헌 장말손 종가 정순우 지음, 176쪽, 16,000원
처마 끝 소나무에 갈무리한 세월, 경주 송재 손소 종가 황위주 지음, 256쪽, 23,000원
양대 문형과 직신의 가문, 문경 허백정 홍귀달 종가 홍원식 지음, 184쪽, 17,000원
어질고도 청빈한 마음이 이어진 집, 예천 약포 정탁 종가 김낙진 지음, 208쪽, 19,000원
임란의병의 힘, 영천 호수 정세아 종가 우인수 지음, 192쪽, 17,000원
영남을 넘어, 상주 우복 정경세 종가 정우락 지음, 264쪽, 23,000원
선비의 삶, 영덕 갈암 이현일 종가 장윤수 지음, 224쪽, 20,000원
청빈과 지조로 지켜 온 300년 세월, 안동 대산 이상정 종가 김순석 지음, 192쪽, 18,000원
독서종자 높은 뜻, 성주 응와 이원조 종가 이세동 지음, 216쪽, 20,000원
오천칠군자의 향기 서린, 안동 후조당 김부필 종가 김용만 지음, 256쪽, 24,000원
마음이 머무는 자리, 성주 동강 김우옹 종가 정병호 지음, 184쪽, 18,000원
문무의 길, 영덕 청신재 박의장 종가 우인수 지음, 216쪽, 20,000원
형제애의 본보기, 상주 창석 이준 종가 서정화 지음, 176쪽, 17,000원
경주 남쪽의 대종가, 경주 잠와 최진립 종가 손숙경 지음, 208쪽, 20,000원
변화하는 시대정신의 구현, 의성 자암 이민환 종가 이시활 지음, 248쪽, 23,000원
무로 빛고 문으로 다듬은 충효와 예학의 명가, 김천 정양공 이숙기 종가 김학수 지음, 184쪽, 18,000원
청백정신과 팔련오계로 빛나는, 안동 허백당 김양진 종가 배영동 지음, 272쪽, 27,000원
학문과 충절이 어우러진, 영천 지산 조호익 종가 박학래 지음, 216쪽, 21,000원
영남 남인의 정치 중심 돌밭, 칠곡 귀암 이원정 종가 박인호 지음, 208쪽, 21,000원
거문고에 새긴 외금내고, 청도 탁영 김일손 종가 강정화 지음, 240쪽, 24,000원
대를 이은 문장과 절의, 울진 해월 황여일 종가 오용원 지음, 200쪽, 20,000원
처사의 삶, 안동 경당 장흥효 종가 장윤수 지음, 240쪽, 24,000원
대의와 지족의 표상, 영양 옥천 조덕린 종가 백순철 지음, 152쪽, 15,000원
군자불기의 임청각, 안동 고성이씨 종가 이종서 지음, 216쪽, 22,000원
소학세가, 현풍 한훤당 김굉필 종가 김훈식 지음, 216쪽, 22,000원
송백의 지조와 지란의 문향으로 일군 명가, 구미 구암 김취문 종가 김학수 지음, 216쪽, 22,000원
백과사전의 산실, 예천 초간 권문해 종가 권경열 지음, 216쪽, 22,000원
전통을 계승하고 세상을 비추다, 성주 완석정 이언영 종가 이영춘 지음, 208쪽, 22,000원
영남학의 맥을 잇다, 안동 정재 류치명 종가 오용원 지음, 224쪽, 22,000원
사천 가에 핀 충효 쌍절, 청송 불훤재 신현 종가 백운용 지음, 216쪽, 22,000원
옛 부림의 땅에서 천년을 이어오다, 군위 경재 홍로 종가 홍원식 지음, 200쪽, 20,000원
16세기 문향 의성을 일군, 의성 회당 신원록 종가 신해진 지음, 296쪽, 30,000원
도학의 길을 걷다, 안동 유일재 김언기 종가 김미영 지음, 216쪽, 22,000원
실천으로 꽃핀 실사구시의 가풍, 고령 죽유 오운 종가 박원재 지음, 208쪽, 21,000원
민족고전 「춘향전」의 원류, 봉화 계서 성이성 종가 설성경 지음, 176쪽, 18,000원

기타

다산 정약용의 편지글 이용형 지음, 312쪽, 20,000원
유교와 칸트 李明輝 지음, 김기주・이기훈 옮김, 288쪽, 20,000원
유가 전통과 과학 김영식 지음, 320쪽, 24,000원
조선수학사 ―주자학적 전개와 그 종언 가와하라 히데키 지음, 안대옥 옮김, 536쪽, 48,000원
중국수학사 李儼・杜石然 지음, 안대옥 옮김, 384쪽, 38,000원